KB204339

한 시골뜨기가 눈떠가는 이야기

이만열의 삶과 생각 1

개정판

한 시골뜨기가 눈떠가는 이야기

개정판

이만열의 삶과 생각 1

이만열 지음

새물결플러스

개정판 서문

24년 전에 『한 시골뜨기가 눈떠가는 이야기』라는 첫 산문집을 냈다. 그 책은 고 김찬국 교수께서 당신의 정년퇴임 문집을 만들겠다고 군사정권 때 같이 해직된 교수들에게 각자의 해직 이야기를 써 달라는 것이 계기가 되었다. 그때 「쑥스러운 이야기」라는 제목으로 써 보냈으나, 그 문집은 출간되지 않았고 원고는 내게 반려되었다. 그러다가 「쑥스러운 이야기」와 함께 비슷한 시기에 발표한 글을 묶어 펴낸 것이 첫 산문집이었다. 그 내용은 그때마다의 생각을 정리한 것이었고, 생각의 흐름은 '한 시골뜨기가 신앙과 민족·역사를 향해 눈떠가는 과정'처럼 느껴졌다. 되돌아보니 '눈떠가는 과정'은 그때도 그랬고 지금도 진행 중이어서 결국 한 인생을 대신하는 말이 되고 말았다.

아현동 소재 아파트로 옮긴 지 벌써 5년 하고 몇 달이 지났다. 그 전 종로구 필운동에서는 15년 동안 인왕산을 마주하며 많은 추억을 남겼다. 인왕산에 등반하면서 정선(鄭敾)의 인왕제색도(仁王霽色圖)의 현장을 바라보고, 수성동 계곡 끝자락에 자리 잡았을 송석원(松石園)과 옥계시사(玉溪詩社)를 회상했으며, 인왕산에서 북악산으로 건너는 동산 어귀에 세운 윤동주의 '시비'(詩碑)를 돌아보고 옥인동·누하동 쪽으로 내려와 이중섭(李仲燮)과 이상(李箱)의 체취도 맡을 수 있었다. 아직도 그곳에는 조선시대 및 일제강점기 민족문화의 흔적이 잔존해 있다. 그러나 아현동으로 옮긴 뒤에는 필운동에서 경험했던 산수나 유서를 경험하기가 쉽지 않았다. 다만 자주 이용하는 지하철역 이름 '애오개'가 의료선교사 스크랜턴(Wm. B. Scranton)이 봉사한 진료소와 겹쳐 이 근처 어디겠거니 하는 생각을 해보았다. 또 내가 사는 아파트 남쪽 공덕동에 김교신(金敎臣) 선생의 고택이 있었다고 하나 지금은 흔적이 없으며, 그가 양정(養正) 학교 교사로서 가정방문했다는 '행화정'(杏花井)에 그 이름을 딴 교회와 어린이집이 있다는 정도를 알고 있다.

군이 아현동 이야기를 꺼내는 것은 몇 년 전 한국기독교역사연구소 주최로 존 로스(John Ross)의 유적을 찾아서 길림성 센양(瀋陽) 일대를 방문할 때 동행했고 이를 계기로 교제하게 된 서경대 이복규 교수를 호출하기 위함이다. 이 교수는 우리 아파트에서 가까운 산성교회(감리회)의 장로이며, 옥성득 교수와 학문적 교제를 나눈다고 했다. 그 인연으로 주일날 가끔 이 교회에서 예배를 드렸고 특강을 한 적도 있으며, 이 교수와는 저서를 교환하기도 했다. 그러다가 우연히 전두환 신군부 때의 내 해직 이야기가 나왔고 그 경위를 알고 싶다고 하기에, 해직 시절을 정리한 글 「쑥스러운 이야기」가 『한 시골뜨기가 눈떠가는 이야기』라는 산문집에 수록돼 있다고 했다.

이 교수는 국문학(사) 연구자로서 자료 찾는 일에는 타의 추종을 불허하는 베테랑이다. 내 이야기를 듣자 그는 곧 고서점을 뒤져 『한 시골뜨기가 눈떠가는 이야기』를 찾았고, 교회 근처에 자리 잡고 있는 '새물결플러스'의 김요한 대표께 전달했다. 며칠 후 김 대표가 내게 그 책을 다시 간행하면 좋겠다고 하면서 젊은이들에게 전달할 좋은 내용이 있다고 했다. "빈방의 불을 끄고" 같은 내용은 풍요 속에 살고 있는 젊은이들에게 근검 절약을 강조하는 내용이어서 좋다고

도 했다.

　'새물결플러스'의 김요한 대표는 몇 년 전 영등포 당산동에 있는 '새물결아카데미'에서 특강한 것을 계기로 만나게 되었다. 나는 강사료 대신, 평소 주목해왔던 '새물결플러스'의 책을 몇 권 달라고 했다. 그날 김 대표는 나더러 '새물결아카데미'의 강좌를 요청했으나 다음 기회에 보자며 사양했다. 김요한 대표는 집에까지 나를 바래다주었고 대화를 더 나눌 수 있었다.

　김 대표를 다시 만나게 된 것은 2017년 종교개혁 500주년을 맞아 복음주의권에서 연속기도회를 가졌을 때다. 상암 축구장 근처의 어느 교회에서 처음 시작된 기도회에서 김 대표는 첫 순서를 맡았는데 참가자들에게 기도의 강렬한 은사를 깨닫게 해주었다. 그 뒤 '새물결플러스'가 당산동에서 애오개 지하철역 근처로 옮겨왔다. 옮겨온 건물은 내가 『역사의 중심은 나다』(2007)라는 책을 간행한 '현암사'가 있던 곳이었다. 다시 만나게 된 김 대표는 전에 나를 이 근처의 아파트까지 태워준 것을 정확하게 기억하고 있었다. 이렇게 다시 만난 '새물결플러스'의 김 대표와는 애오개역을 오가면서 짬짬이 만날 수 있었다. 전에 부탁받았던 한국교회사 강좌가 10주간으로 성사되었고, 강좌가 진행되는 동안 다시 해방 후 한국교회사 강좌도 계획했다. 그러나 첫 강좌가 절반 정도 진행되다가 '코로나19'로 중단되었다. 그러는 동안 몇몇 지인들과 함께 맛집을 찾아 강화도를 찾고 바다 건너 북한을 바라보기도 했다. '새물결플러스' 카페에 들르면 누구에게나 공짜로 대접하는 커피를 마실 수 있었고, 김 대표를 만나면 신선한 정보들이 쏟아져 나왔다. 장황하게 늘어놓았지만, 이런 관계 속에서 이 책이 다시 나오게 되었다.

　다시 펴내는 이 산문집은 초판과 같이 1990년대 중반까지의 '삶과 생각'을 정리한 것이다. 그러나 초판에 실린 사진은 전부 제거했고, 인물 중에는 그 무렵에 영향을 받았지만 글은 그 뒤에 쓴 것도 있다. 1장 "내가 자라고 공부해온 길"은 새로 썼다. 이는 후손을 위해 삶을 정리해두는 것이 좋겠다는 자녀들의 권고를 고려한 것이다. 원래 이 책 출간의 계기가 된 해직 관련 2장 "쑥스러운 이야기"는 첨언할 것이 많지만 그대로 두었다. 3·4장의 "병을 만든 시대"와 "빈방의 불을 <u>끄고</u>" 부분은 그 무렵 KBS와 CBS에서 방송한 칼럼 몇 개를 추가했다. 5장의 "내가 만난 사람들"은 학술논문에서 본격적으로 다룬 박은식(朴殷植)과 신채호(申采浩)는 제외하고 그 무렵에 내 삶에 영향을 준 몇 분을 더 추가했다.

최근 책을 낼 때마다 인생 여정을 같이한 동시대인들의 교우기를 증언 삼아 실었다. 조동걸·이이화·손봉호·한영우·김경희·임한순 님이 참여해주셨다. 이번에도 복음주의권에서 30여 년 이상 뜻을 같이했던 강경민 목사께서 증언을 남겨주셨다. 부탁하기가 어려워 망설였지만, '인생 여정을 기록으로 남기는 일'에 기꺼이 참여하겠다고 허락해주셔서 감사한다.

이 책의 출간에 앞서 짬을 내어 경남문화예술진흥원 김우태 시인의 안내로, 70년 전 6·25 때 피난했던 의령(宜寧), 진양(晉陽)의 마을들을 돌아보게 된 것은 망외의 기쁨이다. 별로 도움이 되지 않는데도 출판을 권고한 김요한 대표와 이복규 교수, 그리고 편집에 힘쓴 정인철 선생과 여러분께 감사드린다.

2020년 9월 19일 아현동에서
한반도의 평화와 통일을 기원하면서

7

초판 서문

『한 시골뜨기가 눈떠가는 이야기』를 펴내는 변명

우리는 지금 말과 글의 홍수 속에 살고 있다. 말이 많으면 쓸 말이 적어지고, 글을 많이 쓰면 허튼 글이 불어난다. 나는 말과 글을 평생의 업으로 한 서생이지만, 평소 듣고 읽는 일을 미덕으로 생각한다. 책임이 없는 곳에서 되도록 말을 삼가려고 하는 것은 이 때문이다.

불필요한 말과 글은 그 자체를 오염시키고 때로는 거기에 염증을 느끼게 만든다. 나의 말과 글도 다른 분들의 듣고 읽을 호기심에 훼방을 놓아서는 안 되겠다고 다짐해본다. 이런 염려 때문에 책머리에 '변명'을 보탠다.

이 책은 내가 계획해서 펴내는 것은 아니다. 명색이 공부한다는 사람이 내는 책이라면 학문적인 내용이거나 아니면 그 비슷한 책을 펴내야 한다. 그런 평소의 생각에 '기독교윤리실천운동'이 제동을 걸었다. '기윤실'이 출판사를 만들어 실행위원들의 글들을 책으로 펴내겠다면서 나를 유혹하였다. 이미 발표한 바 있는 기독교에 관한 수필과 시론들을 모았으면 하는 취지였다.

그러나 '기윤실'의 출판 계획이 '두레시대'로 인계되면서 성격이 달라졌다. 그동안 내가 쓴 글을 모아 '두레시대' 나름대로의 포맷으로 정리하되, 살아온 여정에 초점을 맞추겠다는 것이다. 여정을 중심으로 하겠다는 이 같은 제의는 인생길이 아직 조금 남아 있다고 생각하는 나에게 곤혹스러움을 안겨주었다. 내가 벌써 인생의 여정을 되돌아볼 나이가 되었는가 하는 의구심도 그 하나다.

  그러나 따지고 보니 산 날보다 살아갈 날이 적다는 것은 분명하고, 그래서 이 나이까지 살아온 인생을 생각하니 부끄러움이 앞선다. 이 책은 그러니까 나의 살아온 부끄러움을 고백하는 데에 목적이 있다고 본다. 그렇게 생각하니 나의 부끄러움이 내 뒤를 살아올 후배들에게 '타산지석'의 의미는 있겠다는 생각도 든다. 책을 묶는데 오죽 명분이 없었으면, 이런 구차스러운 변명까지 늘어놓게 되는걸까?

  내용 중, 〈내가 자라고 공부해 온 길〉은 '기독교학문연구회'의 요청으로 1994년 여름수련회에서 〈나의 신앙과 학문〉이라는 제목으로 이야기한 내용을 채록해서 정리한 글이다. 아직 인생과 학문을 말할 정도로 성숙하지 못한 나에게는 과분하고 어색한 기회였지만, 이제 나도 보잘것 없는 여정이나마 정리하도록 요청받는 나이가 되었음을 깨닫도록 해주었다.

  〈쑥스러운 이야기〉는 해직생활에 대한 이야기다. 이것은 정말 말하기 쑥스러운 내용이다. 그것이 나의 해직과 관련있는 전·노 두 전직 대통령이 옥에 갇힌 시점에 책이 나오는 것은 더욱이나 유쾌할 수가 없다. 그러나 그 이야기는 요즘의 사태를 의식하고 쓴 것이 아니다. 이 글은 몇년 전 김찬국 교수의 제자들이 정년은퇴하시는 김교수님을 기념하기 위해 해직교수들의 해직시절 이야기를 써서 한 권의 책으로 묶겠다고 제의한 적이 있어, 3년 전에 써 준 글이다.

  해직 이야기를 싣고 보니 거기에 구색이 맞는 글은 역시 12·12나 5·18에 관한 내용이기에 거기에 관련된 글 몇편을 같이 묶었다. 〈병을 만든 시대〉는 이렇게 해서 덧붙여진 가름이다.

〈빈 방의 불을 끄고〉는 편집자들이 나의 생각의 일면을 보여준다고 생각하면서 뽑은 글들로 이해한다. 나의 삶이 실천면에서는 그렇게 철저하지 못하면서 이런 생각만을 돋보이게 하는 것 같아 부끄럽다. 단지 요즈음 풍요를 누리는 '굶어보지 못한 세대'가 해방과 6·25를 겪었던 '굶어 본 세대'를 이해하는 하나의 계기가 되었으면 하는 바람을 이 글을 통해 전하고 싶다.

〈내가 만난 사람들〉은 나의 부모님과 평소에 존경하는 분들에 대해 쓴 글을 묶은 가름이다. 이 분들 중에는 본격적인 논문으로 그 생애와 사상을 다룬 분들도 있다. 내가 살아오는 동안에 영향받은 분들이 어찌 여기에 실린 몇 분들뿐이겠는가! 지금까지도 영향과 감화를 주시는 많은 분들이 생존해 계신다.

시골에서 소에게 꼴을 먹이던 어린 시절, 나는 다윗의 목동생활에 크게 격려를 받았다. 그 때, 마을 앞을 멀리 지나가는 기차를 타 보는 것이 소원이었다. 이 꿈은 마산에 있는 중학교에 진학하면서 이루어지기 시작했지만, 6·25 전란은 앞날에 대한 절망과 동족에 대한 적대의식을 키워주면서 시골적인 폐쇄성을 조장했다. 전쟁 중의 마산은 세계와 통하는 개방성을 갖고 있었다. 그러나 시골 아버님의 유교적인 엄한 교훈은 좀처럼 마음의 문을 열지 못하게 만들었다.

거기에다 중고등학교 시절 '광적으로' 접했던 고신파 신앙의 경건성과 대결성은 나를 억압하고 폐쇄적으로 만들어갔다. 주일학교 시절 성경공부를 통해 배웠던 신앙과 민족은 대학시절 역사를 공부하면서 조금씩 열리기 시작했다. 그 시절 김형석 교수님의 성경강좌는 폐쇄적인 신앙관과 인생관, 세계관을 여는 데에 크게 도움이 되었다. 그래서 서울의 대학시절은 시골의 건강성과 도시의 개방성을 조화시켰고, 고신파 신앙의 순수성과 기독교의 에큐메니즘을 접목시키는 계기가 되었다.

결국 이 책은 한 시골뜨기가 신앙과 민족과 역사에 대해 눈떠가는 과정의 이야기며, 폐쇄적인 인간이 개방적인 인격으로 성장해가는 과정을 다룬 묶음이다. 책의 제목은 이런 내용을 반영하고 있다. 그러므로 '한 시골뜨기가 눈떠가는 이야기'는 지금까지 살아온 나의 이같은 여정을 압축한 표현이기도 하다. 아직도 열어야 할 부분이 많기에 '눈떠가는' 이라는 진행형을 썼다.

가장 먼저 신앙에 눈뜬 일은 민족과 역사에 대해 차례로 눈뜨게 해주는 계기가 되었다. 지금도 그 점을 감사하고 있다. 시골의 주일학교에서 신앙의 눈을 열어주지 않았다면, 대학에 재직하면서 세계를 드나들며 살아가는 지금까지도, 민족과 역사에 대해 눈을 뜨려고 하지 못했을 것이다.

이런 종류의 책을 내면서 하는 걱정이 있다. 이 책에서 돋보이는 점은 과장되었을 가능성이 크고 그런만큼 자신의 약점은 드러내지 않았을 것이다. 독자들께서는 먼저 행간 속에 숨겨진 이 점을 감안하고 대해주기를 바란다. 아울러 좀 더 용기있고 정직하게 되는 날, 나의 실패와 약점을 스스럼없이 드러낼 수 있기를 고대한다.

이 보잘 것 없는 책을 펴내기 위해 애쓰신 두레시대 여러분들에게 고마움을 전한다.

1996년 2월
한강 남쪽 반포에서

차례

내가 자라고 공부해온 길

소 먹이던 시절: 초등학교 시절

고향과 내력

경상남도 함안군 군북면 덕대리 텃골(垈岩)이 내가 나고 자란 동네다. 텃골을 감싸고 있는 동쪽과 북쪽의 산은 100m 안팎의 바위산이고 오랜 풍화작용 끝에 울창한 대나무 숲을 이루고 있다. 마을 앞에는 평관과 원북, 하림 등 남쪽에서 각각 흘러오는 두 줄기의 시내가 있는데 우리 동네 서쪽에서 합류하여 모로실, 죽산, 사도실, 장지리를 거쳐 낙동강 지류인 남강으로 흘러 들어간다. 예로부터 사도실과 장지리 앞에는 넓은 늪지가 있었는데, 남강으로 흘러 들어가지 못한 물이 오랫동안 괴어 형성된 것이다. 그러나 해방 후 진주에 남강 댐이 축조된 뒤에는 남강의 흐름이 빨라지고 지류의 물을 잘 흡수하여 홍수의 염려도 없어지자 그 늪지가 점차 광활한 평야로 변했고 지금은 미곡 생산의 옥토가 되었다.

마을에서 남쪽을 바라보면 역시 넓은 평야가 있고 그 뒤에 우람한 백이산(伯夷山)이 높이 서 있다. 백이산은 예부터 이 고을의 정신적 지주처럼 여겨 자랑해왔고 초등학교 교가에도 그 이름이 나온다. 백이산 동쪽에는 숙제산(叔齊山)이 있는데, 이는 아마도 중국 고사에 나오는 고죽국(孤竹國)의 두 왕자 백이와 숙제의 지조를 기리어 지은 산 이름인 듯하다. 그래서인가, 백이산 기슭에는 저 조선조 세조 때

불사이군의 지절을 지켜 생육신의 한 사람으로 추앙받는 어계(漁溪) 조여(趙旅)를 제향하는 서산(西山) 서원이 있다. 이렇듯 나의 고향은 예부터 충효와 지조를 중히 여기고 의리를 추앙하는 향풍(鄉風)이 아름답게 전승돼왔다.

우리 동네에서 서쪽을 바라보면 우리 집 소유였던 산을 비롯하여 그렇게 높지 않은 산들이 있고, 그 너머에는 원북·하림에서 하나의 지구대처럼 뻗은 평야가 늪실(水谷)을 거쳐 남강 둔치에까지 이른다. 그 지구대 서쪽 너머에 함안군과 진양군을 가르는 방어산(防禦山)이 우람하게 버티고 서 있다. 방어산 저쪽에는 진양군 지수면(智水面)인데, 그곳에는 1921년에 개교한 지수초등학교가 있다. 전해지는 말로는 한국의 세 재벌 조홍제(趙洪濟), 구인회(具仁會), 이병철(李秉喆)이 어린 시절 이곳에서 같이 공부했다고 한다. 얼마나 믿을는지 모르지만, 호사가들은 지수면을 두고 한국 재벌의 요람인 것처럼 말하기를 좋아한다.

어릴 때는 몰랐는데 나이 들면서 고향 땅이 임진왜란 당시 왜군에게 짓밟혔다는 것을 알게 되었다. 군북면은 함안군 서북쪽에 위치해 있으면서 서쪽으로는 진양군, 서북쪽으로는 의령군으로 통한다. 이런 지정학적 위치 때문에 임란(壬亂) 초기 의령과 진주를 공격하려는 왜군은 함안 군북을 거쳐야 했을 것이다. 망우당(忘憂堂) 곽재우(郭再祐)가 의병을 끌고 승리한 정암(鼎巖)은 의령군과 군북면을 사이에 두고 흐르는 남강변에 있다. 그래서인지 집안에서는 당시 의병 활동에 관한 이야기도 구전되고 있다. 이괄(李适)의 난을 서울의 안현(鞍峴)에서 격파하여 공신으로 봉해진 나의 선조 양졸정(養拙亭) 이휴복(李休復, 1568-1624)은 그에 앞서 임란 때 이곳에서 의병을 일으켜 곽재우의 의병에 합류했다. 이렇게 왜구의 침략을 받은 지역이어서 그럴까, 당시 죽임을 당했다는 효자·열녀의 비석들이 있다. 어릴 때는 몰랐지만 철이 들면서 고향을 찾게 되면 그들의 사적을 견문할 수 있어 눈시울을 붉힌 적도 있는데, 이 또한 이곳의 아름다운 전승과 무관하지 않다.

이런 지역이다 보니 고향을 말하면서 놓쳐서는 안 될 것이 있다. 바로 '군북 3·1운동'이다. 경남 지역에서 가장 먼저 일어난 '3·1운동'은 함안군 칠북면 연개장터에서다. 이곳의 운동은 이령교회를 중심으로 3월 9일에 일어났고, 이를 계기로 경남 각 지역에 파급되었다. 군북 3·1운동은 3월 19일의 함안읍내 운동에 이어, 3월 20일에 일어났다. 신창야학교에서 시작하여 거사 장소인 석교천에서는 3천여 명이 모여 독립선언서를 낭독하고 중암·소포·안도 등지를 거치면서 5천여 명의 만세 시위로 발전하여, 경찰 주재소까지 행진이 계속되었다. 일제 헌병 경찰들은 마산 경찰과 진해경포대의 지원을 받아 시위대에 총을 겨눠, 21명이 사망하고 18명이 부상을 당했다. 군북 3·1운동의 주체는 농민·유생·야소교인 등이었으며, 전국 3·1운동 중 면 단위의 독립운동으로는 희생자가 아주 많았던 곳의 하나로 손꼽힌다. 이는 백이·숙제와 의병의 정신을 이은 유생들과 농민, 그리고 19세기 말부터 이곳에 전래된 기독교의 영향과 무관하지 않은 것으로 보인다.

집안 내력에 대해서는 어릴 때부터 아버지께 들은 것도 있고, 역사 공부를 하면서 더 알게 되었다. 내 집안은 이허겸(李許謙)을 시조로 하는 인천 이씨(李氏)다. 인천 연수구에 있는 원인재(源仁齋)는 시조 묘가 있는 동산 아래에 세운 인천이씨 종중 재실이다. 원인재에서 얼마 떨어지지 않은 곳에 인천 지하철 원인재역이 있다. 인천이씨는 인주(仁州) 이씨, 경원(慶源) 이씨로 알려져 있는데, 고려 중기까지 수많은 왕비를 배출했고 후기에도 왕실과 통혼할 수 있는 여덟 개의 권문세족에 속했다고 『고려사』(高麗史)는 전하고 있다.

우리 집안은 시조 이허겸으로부터 14세손인 공도공(恭度公) 이문화(李文和)를 중시조로 한 공도공파에 속하는데, 22세의 인원군(仁原君) 휴복(休復)과 25세의 부사공(府使公) 기(岐)를 거쳐 34세의 내게 이른 것으로 족보는 전하고 있다. 그래서 아버님은 늘 "너는 인천 이씨 공도공파에 속하고 인원군과 부사공의 혈통을 잇고 있다"고 강조했다. 공도공의 묘소는 천안에 있지만, 인원군과 부사공의 묘는 함안 군북 명관리(평관)에 자리하고 있다. 평관에는 집안에서 세운 도천사(道川祠)와 도천재(道川齋)가 있는데, 도천(道川)이라는 명칭은 일제 말 '국민학교'에 입학했을 때 내 이름 앞에 붙여진 '미찌가와'(道川)라는 창씨명이기도 했다는 것을 부끄럽지만 뒷날 알게 되었다.

여기서 덧붙이고 싶은 것은 현대인으로서 자기 집안의 혈통이나 내력에 대해 신뢰하는 것이 온당한가 하는 점이다. 고려 시대까지만 해도 특수한 집안 외에는 성(姓)을 제대로 갖지 못했고, 조선조에 와서야 평민도 성을 갖게 되었지만 모든 백성이 성을 갖게 된 것은 그리 오래되지 않았다. 더구나 고려 무신정권 초기 최충헌의 노비 만적(萬積)은 "왕후장상이 어찌 원래부터 씨가 있었겠는가" 하고 외치며 신분 해방 운동을 벌이다 실패했다. 그런 상황에서 반상의 차이를 말하는 것이 온당할까 하는 의문은 역사를 공부한 사람이면 누구나 품을 수 있다. 조선 후기 호적 연구에 의하면, 숙종 때 양반호가 5%가 채 되지 않았고 노비호가 40%를 넘었으며, 그 나머지가 상민에 속했다. 그 120여 년 후 철종 때에 와서는 양반호가 40%를 넘었고 노비호가 2% 미만이었으며 나머지가 상민호였다고 한다.

이는 족보와 호적의 위장 등에서 신분제 동요가 뚜렷했기 때문에 나타난 현상이다. 이를 감안해본다면 지금 각 성씨들이 주장하는 집안 내력이나 족보가 신뢰할 만한 것인지 모를 일이다.

기독교를 받아들인 할머니 송 씨

공맹정주(孔孟程朱)의 유풍과 선대 모시기에 여념이 없던 이곳에 기독교회가 처음 세워진 때는 19세기 말이다. 1889년 호주 선교사 데이비스(J. H. Davies)가 와서 그 이듬해 부산에서 순직하자, 1892년 호주 장로교회에서는 한국 선교를 본격화했다. 그 뒤 손안로(孫安路, A. Adamson)를 선교사로 파송(1894)하고, 마산을 중심으로 함안 지역에도 선교하게 되었다. 1897년 3월 손안로 선교사는 군북면 사촌(舍村)에 교회를 세웠다. 이때 함안 조(趙) 씨 문중의 동규(棟奎)란 분이 「대한매일신보」를 통해 기독교와 조선독립에 대한 논설을 읽고 크게 감동하여 기독교를 받아들이고 사촌교회 설립에 나섰다. 유교 가문의 그는 당시로서는 사교(邪教)랄 수밖에 없는 '야소교에 미쳐', 교회 세우는 데에 논밭을 내놓았다. 이 무렵 사촌 근처에 살고 있던 나의 할머니 송(平于, 恩德) 씨도 복음을 받아들였던 것으로 보인다.

　사촌교회가 세워질 무렵 우리 윗대 어른들은 사촌에서 멀지 않은 곳에 살았다. 윗대 어른들의 삶에 대해서는 거의 알려진 바가 없기 때문에 할머니가 어떻게 예수를 믿게 되었는지 정확하게는 모른다. 전해지는 말로 할머니가 호주 선교사 손안로의 전도를 받고 예수를 믿게 되었다는 것 정도다. 그 때문에 인천이씨 집성촌(평관)에서는 소외될 수밖에 없어, 한때 할머니의 친정인 법수면 내송(內松)

으로 거처를 옮겼다가 할아버지가 돌아가신 후 군북면 텃골로 옮겼다. 이에 앞서 사촌교회 교세가 늘어나자 1909년에는 인구가 밀집한 면 소재지 근처인 신창에 군북교회를 세웠다.

군북교회는 나의 할머니께서 출석하셨고, 다른 삼촌들도 교회를 열심히 도왔다. 이 교회는 여섯 분의 아버님 형제분과 그 후손들이 신앙 훈련을 쌓은 곳이며 어릴 때 나의 신앙생활의 요람이기도 했다. 삼촌들 중 한 분(李弘植)은 이 교회의 영수로 있다가 1920년대 초에 평양신학교에서 수학하고 목사가 되었다. 이후 경남 일원에서 목회하다 군북교회의 당회장을 역임하기도 했다. 군북교회가 1930년대 아름다운 돌 예배당을 만들 때 당시 영수로 있던 셋째 삼촌(李圭植)은 물심으로 도왔다. 이 밖에도 우리 집안은 군북교회와 깊은 인연을 맺었다. 할머니의 아들 중에는 목사, 조사, 집사가 나왔고, 손자뻘인 내 사촌들 중에도 다섯 사람의 목사와 세 사람의 장로, 몇 사람의 권사가 나왔다. 고향 교회의 신앙 훈련 덕분이 아닌가 생각한다.

우리 부모님은 딸 일곱에 아들 셋을 두었다. 나는 이 대목에서 우리 엄마 아빠가 금슬이 좋아서 그렇게 많은 자녀를 두었다고 자랑한다. 누님 여섯 중 둘째 누님만 어릴 때 돌아갔고, 남은 9남매는 성혼하여 자녀를 두었으며, 현재 4남매가 생존해 있다. 9남매는 후손 23명을 두었는데 그들의 자녀들도 대부분 장성했다. 얼마 전에 할아버지의 묘소를 할머니 묘소와 합장하면서 후손들이 모여 예배를 드렸는데, 복음의 첫 전수자인 할머니의 후손들이 꽤 번성한 것을 확인했다. 1929년에 찍은 할머니의 회갑 기념사진에는 '송은덕 여사 회갑기념'이라는 문구 아래 6형제 내외분과 손위 고모 그리고 당시 갓 출생한 아이들의 모습까지 잡혀 있다.

당시 예수를 믿는다는 것은 무부무군(無父無君)의 패륜적 행위였다. 그 때문에 할머니와 후손들은 가문으로부터 소외될 수밖에 없었다. 군북면 텃골은 조(趙) 씨, 전(田) 씨, 배(裵) 씨, 황(黃) 씨, 김(金) 씨 등 여러 성씨가 혼재하고 천주교 신자도 있는 동네여서 신앙생활하기에 큰 지장이 없었다. 지금도 생존해계시는 구순의 사촌누님은 당시 할머니가 매일 아침 가정예배를 인도했다면서 면 소재지에 살던 자신의 아버님(李圭植)이 자전거에 자기를 태우고 아침마다 텃골의 할머니 집에 가서 예배에 참석했다는 것을 증언했다. 혹시 늦게 도착해도 그때까지 예배를 드리지 않고 기다리고 있더란다. 이 증언에 따르면, 환갑이 지난 연세에도 기품을 유지하던 할머니는 신앙생활의 모범을 후손들에게 보여주고 있었다.

예수를 믿는 것 때문에 인천이씨 마을을 벗어난 이들이 또 있었다. 부모님께서 그들의 이름을 화제에 자주 올린 것을 생각하면 그리 먼 친척은 아니었던 것 같다. 이학근, 이성근, 이주식 등의 어른으로 모두 내 숙항(叔行)에 속하는 이들이다. 이들은 일찍 부산 지역으로 진출하여 신앙생활을 자유롭게 했고 해방 후 대학 교수 등 교육자로 활동했다. 몽골에서 독립운동을 하다가 돌아간 이태준(李泰俊, 1883-1921)은 나의 조항(祖行)에 해당하는 분으로, 명관리 평관에 가면 그의 생가 터와 거주지를 확인할 수 있다. 그는 세브란스의학교 제2회 졸업생으로 중국 남경(南京)을 거쳐 몽골 울란바토르에 가서 개업하여 몽골 의술에 공헌하는 한편 의열단에 가입하는 등 한국 독립운동에도 물심으로 헌신했다. 그가 결혼하여 딸 둘을 시골에 두고 어떻게 서울로 가게 되었는지는 아직도 풀리지 않은 의문인데, 1897년에 사촌교회를 세운 조동규(趙棟奎)가 당시 「대한매일신보」를 읽었다는 데서 암시를 받게 된다. 이태준이 살았던 평관 마을은 사촌교회에서 그렇게 멀지 않아 그가 교회를 통해 세상 돌아가는 형편을 살핀 것이 아닌가 싶고, 그러다가 서울로 가게 된 것으로 보인다.

일제 강점하의 어린 시절

부모님은 막내딸을 둔 지 6년 후에 나를 포함하여 다시 4남매를 두었다. 당시 사회통념상으로 볼 때 딸 여섯을 낳은 후에 아들 3형제를 본 것은 큰 경사였을 것이다. 나는 누나들이 업어주기도 하고 할머니의 귀여움도 많이 받았다. 아버지는 6형제 중 장남인데 아들이 없어 조카를 양자로 들였다가, 내가 태어나자 그 종형을 자기 집으로 돌려보냈다. 앞서 언급한 구순의 사촌 누님은 우리 어머님이 아들이 없어 동서들로부터 설움을 당했다고 증언했다. 그게 당시 남아선호 풍습에 찌든 우리 사회 일각의 형편이었다.

　　내가 났던 1938년에는 여러 일이 있었다. 무엇보다 도산(島山) 안창호(安昌浩, 1878-1938) 선생이 이해 3월 10일 지금의 서울대병원에서 만 60세로 돌아가셨다. 그는 한국 독립운동가 중 가장 존경받는 분이며 세계적 표준으로 평가하더라도 한국이 내세울 만한 지도자다. 이해부터 일제의 조선지원병제도가 시행되어 조선 청년들이 일제의 침략전쟁에 동원되었다. 대한민국 임시정부는 '남목청(楠木廳) 사건'이 일어난 중국 장사(長沙)에서 광동성 광주(廣州)로 옮겼다가 10월에는 유주(柳州)로 옮겼다. 의열단을 창단했고 조선민족혁명당을 이끌던 김원봉(金元鳳)은 이해에 무한(武漢)에서 '조선의용대'를 조직했다. 무엇보다 이해에 한국교회에 충격적인 사건이 있었다. 이해 9월 10일 평양에서 모인 조선예수교장로회 제27회 총회가 신사참배를 결의하고 평양 신사에 참배한 일이다. 그런 속에서도 문세영(文世榮)이 이윤재, 한징의 도움을 받아 『조선어사전』을 간행했고, 다산(茶山) 정약용(丁若鏞, 1762-1836)의 저술인 『여유당전서』(與猶堂全書) 154권 76책이 정인보(鄭寅普), 안재홍(安在鴻)의 교열로 간행되었다.

어릴 때 기억이 몇 가지 겹친다. 내가 4살 되던 1941년 10월 초에 할머니가 돌아가셨다. 초상난 집에 사람들이 많이 모이니 나는 신이 났다. 그런데 할머니를 찾아도 보이지 않는다. 누가 나를 데리고 작은방에 가더니 통풍이 잘 되는 서늘한 방 안에 안치된 관(棺)을 가리키며 할머니가 그 안에 계시단다. 평소 할머니는 따뜻한 곳을 좋아하셔서 바람이 드는 이 방이 춥게 보여 몇 번 더듬거렸던 것 같다. 우리 집에 디딜방아가 있어 이웃집에서 와서 이용하는 것을 보았고, 또 저울 등 도량형 기구가 있어서 빌리러 오는 이웃들을 자주 보았다. 아주 가끔은 집에 있는 유성기(留聲機)를 틀면 옆집 사람들이 그 간드러진 노래를 들으러 오는 경우도 있었다. 그러나 할머니 때부터 예수를 믿었다고 했지만 해방될 때까지 교회에 가거나 가정 예배를 드린 기억은 없다. 1938년 조선의 예수교가 신사참배에 굴복함으로써 그 뒤 우리 시골 교회도 제대로 모이지 못한 것이 아닌가 한다. 한국교회는 박살이 났고 교인들은 매우 힘든 시기를 맞아 교회 출석마저 제대로 못했던 것이다.

일제 말기에 아버지는 동네 구장을 맡았다. 한문을 해독할 줄 아는 데다가 한때 야하다(八幡) 제철소에 근무하면서 익힌 일본어 실력도 그 일을 맡는 데 도움이 되었을 것이다. 일본으로 건너가기 전부터 신앙생활을 했던 아버지가 야하다에서 조선인 교회를 섬겼다는 「기독신보」의 증언은 공동체 관리의 경험도 있음을 말해준다. 일제 말기 콩깻묵 등을 배급할 때 동네 사람들이 우리 집 넓은 마당에 와서 부산하게 움직이는 것을 보았다. 구장은 일제 식민 지배의 가장 말단 조직이면서, 조선 민중과 접촉하는 경계에 있는 존재로서 일제 식민 지배 체제의 수족과 같은 역할을 맡았다. 아버지의 구장 경력을 떠올릴 때면, 비록 조선 민중을 위해 봉사한 점이 있다 하더라도 내 마음속 한구석에는 '친일에서 자유로울 수 있을까' 하는 의문과 자괴감이 늘 명멸한다.

해방을 전후한 시기에 우리 집은 15마지기(약 3천여 평)의 논밭과 동네 앞에 자그마한 두 봉우리의 산판을 갖고 있었다. 그 산을 관리하기 위해 부모님이 매우 애쓰시는 것 같았다. 논밭을 경작하는 일은 두 분만의 힘으로 감당하지 못해 해마다 머슴을 고용했다. 머슴살이를 가장 오래한 '재수'라는 분은 부인은 달아나고 아들 하나를 데리고 있었다. 그는 치질이 심해 일하다가 가끔 탈항되면 그것을 도로 집어넣는 데 내 도움을 청하기도 했다. 뒷날 그 아들이 부산으로 진출하여 큰 재산을 이루었다는 기쁜 소식을 들었다. 6·25를 전후해서는 젊은 사람들도 우리 집 머슴으로 일했는데 그중에는 일본에서 중학교까지 다니다가 귀국한 귀환 동포도 있었다. 그는 농사일을 거의 한 적이 없었지만 호구지책을 위해 머슴으로 고용되어 어려움을 겪었다. 해방 후 농지개혁 때 우리 동네 '돌이'네 집에 준 소작을 가지고 이런저런 논의를 하는 것을 들었다.

1945년 4월 '군북국민학교'에 입학하기 위해 일본어로 숫자 세는 법을 익힌 기억이 난다. '이치(일), 니(이), 산(삼), 시(사), 고(오), 로쿠(육), 시치(칠)'와 같은 식이다. 담임은 변영자 선생님이었다. 그때 공부한 내용은 생각나지 않고 운동장 한구석에서 '이치(하나), 니(둘)' 하는 구령에 맞추어 행진을 하는 일종의 초보 '제식훈련'이 기억난다. 아침에 등교할 때도 동네에서 아이들이 열을 지어 구령에 맞춰 학교로 행진했다. 그러다가 신사 앞을 지나가게 되면 그 앞에서 도열하여 구령에 따라 잠시 묵상하고 신사 마당을 거쳐 학교로 행진했다. 그런 의미에서 나는 무의식적으로나마 '신사참배'를 한 셈이다. 일제 치하에서 한 학기 동안 어떻게 지냈는지는 별로 기억이 없다. 다만 아침 전체 조회 시간에 안경을 쓴 짧은 콧수염의 일본인 교장 선생이 훈시하는 것을 보았던 것 같으나 1학년인 우리가 알아들을 형편은 아니었다. 때로는 학교 안에 있는 신사 앞으로 데려가 고개를 숙이도록 했다. 그런 때에 해방이 '도적같이' 다가왔다.

해방의 기쁨

해방을 맞기 15년 전 3월 1일, 『상록수』의 저자 심훈(沈薰)은 언제 다가올지 모를, 그러나 꼭 와야 하는 해방의 기쁨을 「그날이 오면」이라는 시를 통해 이렇게 노래했다.

> 그날이 오면 그날이 오면은
> 삼각산이 일어나 더덩실 춤이라도 추고
> 한강물이 뒤집혀 용솟음칠 그날이
> 이 목숨이 끊기기 전에 와주기만 할량이면
> 나는 밤하늘에 날으는 까마귀와 같이
> 종로의 인경을 머리로 들이받아 울리오리다.
> 두개골은 깨어져 산산조각이 나도
> 기뻐서 죽사오매 오히려 무슨 한이 남으오리까.

그날이 와서 오오 그날이 와서

육조 앞 넓은 길 울며 뛰며 뒹굴어도

그래도 넘치는 기쁨에 가슴이 미어질 듯하거든

드는 칼로 이 몸의 가죽이라도 벗겨서

커다란 북을 만들어 들쳐 메고는

여러분의 행렬에 앞장을 서오리다.

우렁찬 그 소리를 한 번이라도 듣기만 하면

그 자리에 거꾸러져도 눈을 감겠소이다.

나는 지금도 1945년 8월 해방을 맞던 날 우리 이웃들이 기뻐하던 광경을 잊을 수가 없다. 심훈이 「그날이 오면」에서 묘사한 기쁨 그 이상이었다. '8·15' 당일인지 하루 이틀이 지난 날이었는지 정확하지는 않으나, 해방을 맞던 때 시골 어른들의 얼굴에 희색이 만면했던 것을 지금도 생생하게 기억한다. 마침 그날은 어머님께서 부엌에서 자라를 삶아주셨다. 어머님은 자라를 먹으면 자라처럼 무병장수한다는 이야기를 들려주시면서 그 국물을 마시도록 했다. 그런 후 우리는 동네 앞의 개울을 건너 3-400m 앞에 있는 치도(馳道)로 달렸다. 마산에서 진주로 향하는 그 도로에는 벌써 흰옷을 입은 많은 사람이 나와 움직이고 있었다. 해방 소식이 들리자 그 도로에는 붕디미와 하림, 원북 등지에서 일단의 촌맹들이 몰려나왔고 두 손 들어 만세를 외치며 면 소재지로 향했다. 그들 중에는 흰 두루마기에 갓을 쓴 어르신들도 있었다. 우리 동네에서도 어른들이 면 소재지를 향해 움직였다. 그때 여러 동네에서 몰려든 면민(面民)들은 면 소재지 부근의 신사 마당에 집결했다. 어떤 이들은 태극기를 들고 만세를 외쳤고, 안면 있는 사람들끼리는 기쁨이 넘치는 얼굴로 서로 안부를 물었다. 나는 그렇게 기뻐하는 어르신들의 모습을 그 전후에 본 적이 없다. 그야말로 환호작약이었다.

조금 있으니까 신사 마당 위쪽에 있는 신사 건물에서 연기가 나기 시작했다. 누군가 신사에 불을 지른 것이다. 처음에는 연기만 나더니 조금 지나자 불꽃이 활활 타올랐다. 그러자 신사 마당에 모인 이들의 함성은 더욱 고조되었다. 일제 군국주의의 상징인 신사가 불타면서 일제의 조선 지배도 불에 타 재가 되고 연기처럼 사라졌다. 거듭 말하지만, 나는 그때의 감격적인 함성을 지금도 잊을 수가 없다. 뒤에 들은 이야기지만, 이 신사를 불태우는 데 당시 중학교에 다니던 종형(曾烈)도 가담했다. 그 종형은 그 후 6·25 때 대학생으로 미군 통역이 되었다가 행방불명된 채 지금까지 소식이 없다.

해방을 떠올리면 그 이듬해 콜레라가 돌아 많은 사람이 죽은 일도 생각난다. 콜레라는 조선조 때도 유행한 적이 있지만, 한말 개화기에 에비슨(O. R. Avison) 등 선교사들이 방역에 참여하여 서양인들에게도 부각된 전염병이다. 그때 서울에서는 하룻저녁에 수백 구의 시신이 시구문(屍軀門)을 통해 이송되었다는 기록이 있다. 콜레라는 1919-1920년에도 4만여 명에게 발병하여 5천여 명을 죽인 무서운 전염병이다. 해방 후 해외에서 귀국하는 귀환 동포들을 통해 다시 콜레라가 유입되어, 1946년 5-10월 사이에 1만 5천여 명이 감염되고 약 1만여 명이 죽었다. 우리 동네만 하더라도 골목길에 새끼줄을 쳐놓고 통행을 금지시켰다. 학교도 물론 쉬었다. 우리 동네 삼수네 집을 방문했던 손님 한 분은 참외까지 잘 대접받고 그날 오후 콜레라로 사망, 객사하는 비운도 있었다. 끔찍했던 콜레라 소동은 어린 시절의 지워지지 않은 상처로 남아 있다.

해방의 의미를 일깨워준 유년주일학교

해방이 된 지 얼마 안 되어 주일학교에 다니기 시작했다. 우리 형제들은 물론 한 동네에 사는 사촌들도 함께 다녔다. 텃골은 군북교회가 있는 신창까지 대략 3km 정도 거리에 있었다. 교회당에 채 못 미쳐 초등학교 정문 앞에는 고목들이 우거진 백정촌이 있었고, 그곳에서는 젊은이들이 나이 든 백정에게 하대하며 낮춤말을 썼다. 그때까지도 백정은 이렇게 신분 차별을 받았다. 백정촌에서 얼마 떨어지지 않은 군북교회에 무당 출신의 어느 부인이 출석해 무당 신풀이조로 찬송을 불렀지만, 백정은 그때까지 교회에 나온 적이 없었다.

해방이 되었어도 나는 해방의 의미가 어떤 것인지 잘 몰랐다. 역사를 몰랐고, 일제의 식민 지배에 대한 실상도 몰랐고, 더구나 민족의식 또한 없었다. 다만 일본어를 더 배울 필요가 없었고, 낮 12시 사이렌이 울려도 동쪽을 향해 고개를 숙이고 묵념할 필요가 없어진 것은 분명했다. 아침 등교 때도 모여서 행진할 필요가 없었고, 불타버린 신사는 이제 시야에서 사라졌다. 〈기미가요〉 대신 스코틀랜드 민요 〈올드 랭 사인〉(Auld Lang Syne) 곡에 맞춘 애국가를 불렀고, 더러는 지금도 기억하고 있는 〈해방가〉도 불렀다.

어둡고 괴로워라 밤이 깊더니
삼천리 이 강산에 먼동이 튼다
동포여 자리 차고 일어나거라
산 넘고 바다 건너 태평양까지
아아 자유의 자유의 종이 울린다

지금 생각해도 감격스러운 노랫말이지만 당시 나는 해방의 진정한 의미는 몰랐다. 해방의 의미를 제대로 이해하게 된 것은 주일학교 교육을 통해서다. 그때 주일학교에서 배운 성경 이야기 중에는 모세와 다윗이 가장 인상적이었다. 모세는 이집트에서 종노릇하던 이스라엘 백성을 이끌고 홍해를 건너 가나안 땅으로 안내한 지도자였다. 이 내용을 가르쳐주시던 문성주 선생님은 이집트에서 종노릇하던 이스라엘 백성을 일제하의 조선 백성에 비유했고, 이스라엘 백성을 종으로 부리던 이집트를 일본에 비유해서 말씀해주셨다. 다윗과 골리앗 이야기에서도 이스라엘을 압제한 블레셋과 골리앗은 일본으로, 이들과 싸우는 연약한 이스라엘과 다윗은 조선에 비유할 수 있다고 각인시켜주었다. 골리앗과 싸워 승리한 어린 다윗은 일제와 싸워 승리한 조선의 독립운동가처럼 묘사되었다. 구약성경에 나타난 민족적 위인들의 이야기는 조선의 독립운동과 무관하지 않았고 이스라엘 민족의 해방 역사는 우리 민족의 해방 역사와 연결되었다.

그 무렵 저녁에 가끔 초등학교 운동장에서 무성 영화가 변사의 절묘한 해설과 짝을 맞춰 상영되곤 했다. 그 영화 중에는 항일독립투쟁 관련 영화도 있었다. 일제 헌병·경찰에 쫓겨 도망한 독립투사가 험한 바위산으로 피신하면서 간발의 차이로 잡힐 듯 말듯 하다 구사일생으로 위기를 탈출하는 광경도 있었다. 그럴 때는 실로 손에 땀을 쥐게 하는 아슬아슬한 긴장감이 내 의식을 엄습했다. 어린 마음이었지만, 쫓기는 독립투사와 그를 뒤쫓는 헌병·경찰을 대비하면서 소박한 민족의식을 키우고 있었다. 그런 영화가 주일학교에서 배운 이스라엘 자유의 역사와 함께 우리 민족 해방 독립의 역사를 조금씩 인각시켜주었다.

이때부터 차츰 일제 강점하에서 나라를 되찾기 위해 목숨까지 바친 독립운동가들이 있었다는 사실을 깨달아갔다. 그들의 노력으로 새 세상을 맞았다는 것을 알게 되면서 비로소 해방 독립의 의미가 조금씩 깨쳐지기 시작했다. 해방을 말할 때 주일학교에서는 모세와 다윗을 함께 가르쳐주었기 때문에 우리는 어릴 때부터 신앙과 애국을 분리해서 생각하지 않았다. 교회에서는 모세와 다윗뿐만 아니라 삼손과 다니엘도 가르쳐주었고, 자기 민족을 살리려고 '죽으면 죽으리라'는 각오로 왕 앞에 나선 왕후 에스더의 용기도 배웠다. 해방 후 내가 배운 주일학교 교육은 신앙교육 못지않은 민족교육이었고 애국교육이었다. 기회 있을 때마다 고백하는 것이지만 내가 국사를 공부하게 된 것은 바로 주일학교 교육 때문이었고 거기에는 문성주 선생님 같은 분이 계셨다. 그는 민족을 알게 해주었고 국사 공부를 할 수 있는 동기를 부여했을 만큼 나에게 큰 영향을 미친 분이다. 내 생각의 삼각점을 이루는 '신앙, 민족, 역사'는 주일학교 교육에서 이미 형성되고 있었다.

소를 먹이면서 기차 타는 꿈을 꾸다

어릴 때 살던 우리 집은 시골집치고는 꽤 넓은 편이었다. 헛간까지 합하면 네 채의 건물이 마당을 가운데 두고 디근 형태를 이루고 있었다. 남향의 본채에는 거의 1m 높이의 축담이 있었고 그 위에 대청마루가, 그 뒤와 옆에 방이 세 개 있었고 안방 곁에 부엌이 함께 있었으며 부엌 뒤쪽에는 깊은 우물이 있었다. 부엌 앞쪽에는 디딜방앗간이 있고 기역으로 꺾어서 화장실과 곳간, 소 마구간에 이어 사랑채가 함석으로 덮여 있었다. 본채의 작은방에는 뒷문이 있어서 그

문을 열면 수백 미터 떨어진 개울가의 큰 바위가 보였다. 여름에 그 문을 열면 시원한 바람이 들어와 피서하기에 좋았다. 마당을 가로질러 화장실과 거름 저장고를 겸한 헛간이 있었는데 사랑채와 헛간 사이에 역시 함석으로 된 대문이 있었다. 마당 동쪽의 담 곁에는 물감나무가 있어서 해마다 수백 개의 홍시를 얻을 수 있었다.

어릴 때의 고향 집을 생각하면, 함석집에 대한 향수가 피어오른다. 특히 비 오는 날이면 함석 지붕을 때리는 빗소리에 대한 추억 때문에 어릴 때 살았던 고향 집이 연상된다. 사랑채와 대문은 함석으로 지붕을 덮었는데, 비가 오는 날이면 강우량에 따라 함석에 닿는 빗소리가 다양하게 들린다. 또 함석 처마를 통해 내리는 낙수 소리도 리드미컬하게 들린다. 비가 세게 몰아칠 때나 가는 비가 올 때 함석에 닿는 소리의 강약과 리듬이 각각일 뿐만 아니라 함석 지붕을 타고 내려오는 물소리도 각각이다. 비가 그치고 난 뒤에 함석을 통해 간헐적으로 떨어지는 똑똑 하는 낙수 소리 역시 강약과 리듬이 각양각색으로 나타난다. 함석 지붕에서 떨어지는 낙수 소리가 형형색색이라는 것을 막연하게 느끼고만 있다가 중고등학교에 가서 심포니오케스트라 음반을 들었을 때, 고향에서 듣던 그 빗소리가 연상되었고 그것이 마치 종합 악기가 내는 소리와 비슷하다는 느낌을 받았다. 나는 지금도 비가 오는 날이면 기분이 좋아진다. 빗소리를 듣는 것이 즐거운 탓이다. 빗소리가 마치 오케스트라 음악처럼 기분 좋게 들리는데 이는 전적으로 어릴 때의 함석집 덕분이라고 생각한다.

내가 초등학교 3학년 무렵, 하루는 집안 대청소를 한 적이 있다. 안방 청소를 하면서 출입문 위의 선반을 보니 먼지를 뽀얗게 뒤집어 쓴 신약성경책이 있었다. 먼지를 털어내고 보니 성경의 맨 처음 몇 장과 뒤의 몇 장이 찢겨 있었다. 책이 너무 신기해서 읽어보려고 했으나 쉽게 읽을 수가 없었다. 옛 한글 자모 때문이었다. 하나님 같은 단어는 '하나님'으로 썼고, 그 밖에 '?르침'(가르침), '뎨쟈'(제자), 이런 식의 표기법을 사용했다. 얼마 전까지 우리 집에서 읽던 신약성경이 틀림없었다. 일제 말기 교회에 대한 핍박이 심해지자 그 책조차 선반에 올려놓은 채 그대로 방치해둔 것이다. 그 성경책을 잘 닦아서 옆에 두고 읽어보니 몇 개의 맞춤법 규칙만 알면 읽는 데 지장이 없었다. 이것이 내가 처음으로 읽은 성경이었다.

해방 후 교회 주일학교에 다닐 때부터 우리 집에서는 어머님이 주도하는 아침 예배를 드렸다. 아침 예배는 할머니 때부터 이어오던 것으로 일제 말기에는 주춤했다가 해방이 되자 어머님 주도로 부활했다. 이 무렵 아버님은 신앙적으로 냉담한 상태였다. 어머님은 새벽에 일어나서 우물가에서 찬물로 세수하고 자녀들을 깨워 예배를 드렸는데 아침마다 부르는 찬송은 레퍼토리가 거의 비슷했다. 〈내 평생 소원 이것뿐 주의 일 하다가〉, 〈지난밤에 보호하사 잠 잘 자게 했으니〉, 〈갈 길을 밝히 보이시니〉, 〈내 주를 가까이 하게 함은〉, 〈이 몸의 소망 무엔가〉, 〈나의 갈 길 다 가도록 예수 인도 하시니〉, 〈천부여 의지 없어서 손 들고 옵니다〉 등을 바꿔가면서 불렀고, 가끔은 〈주 예수의 강림이 불원하니〉 같은 재림을 기원하는 찬송도 불렀다. 뒷날 안 사실이지만 재림 찬송은 아마도 신사참배로 한국교회가 큰 시련을 당할 때 자주 불렀던 곡이 아닌가 한다. 어머님이 인도하는 기도도 거의 천편일률적이었다. 간밤에 잘 자고 일어나게 해주시니 감사하고 오늘도 자녀들 무병 건강하게 하시고 지혜와 총명을 주셔서 공부도 잘하게 해달라는 내용이었다. 이제 와서 생각해보니 그때 불렀던 그 찬송이 지금도 내가 가장 즐겨 부르는 찬송이고 지금 우리 내외가 식사 때에 드리는 기도 중 후손들을 위한 기도가 그때 어머님이 우리들을 위해 하시던 그 기도를 크게 넘어서지 않는다.

아침 예배가 끝나고 나면 어머님은 밖으로 나가셨지만 우리 형제들은 잠을 더 청하기도 했다. 그러나 여름철에는 장남인 내가 소를 먹이러 나가야 할 때가 많았다. 소를 몰고 들판에 나가 풀을 뜯다가 등교 시간에 늦지 않게 다시 소를 몰고 귀가하여 아침밥을 먹고 학교 갈 채비를 했다. 학교를 파하고 귀가하면 또 소 먹이는 일이 기다리고 있었다. 오후에는 동네 아이들과 떼를 지어 2-3km 떨어진 야산으로 가서 소를 풀어놓고 공기놀이도 하고 산머루를 따 먹기도 하면서 시간을 보냈다. 날이 어둑해지면 풀어놓은 소를 찾아서 다시 몰고 귀갓길에 올랐다. 그럴 때 어느 집의 소가 소떼를 떠나 외톨이가 되면 그 소를 먹이는 아이는 낭패를 봤다. 어떤 때는 혼자서 이 골짝, 저 골짝으로 뛰어다니며 소를 찾아야 했다.

소를 먹이는 동안 우리는 가끔 나무 위에 올라가 저 멀리 산 너머의 광경을 구경하기도 했다. 가장 인상적인 것은 오후 3시 전후가 되면 마산·진주 간을 내왕하는 기차가 소리를 내며 '사발래 모퉁이'를 돌아가는 장면이었다. 그럴 때마다 언제 저 차를 타고 마산으로, 진주로 가 보나 하는 생각이 굴뚝같았다. 그때만 해도 부산이나 서울까지 간다는 것은 언감생심 생각할 수도 없었다. 내가 초등학교 고학년이 되어서는 큰누님 댁과 둘째 누님 댁을 방문하기 위해 마산까지는 한두 번 기차를 타본 적이 있지만, 진주 쪽으로는 한 번도 가 본 적이 없었다. 주일학교에 다니면서 성경 위인들의 이야기도 듣고 성경책도 읽으면서부터는 시골소년 다윗의 꿈을 키웠다. 베들레헴 시골에서 양을 치던, 이새의 여덟째 아들 다윗이 뒷날 더 넓은 세계에 진출한 것을 연상하면서 소 먹이는 목동으로 넓은 세계를 향하는 꿈을 꾸었다.

지금 생각해보니 그런 꿈을 꾸도록 이끈 것도 주일학교 교육이었다. 앞서 문성주 선생님을 언급했지만, 그는 성경 이야기를 생동감 있게 전해준 스승이었다. 그가 전하는 모세 이야기를 들으면 우리 앞에 홍해가 놓여 있지만 믿음으로 가로질러 건너는 것이 어렵지 않게 느껴졌다. 그의 이야기는 블레셋 대군 앞에 선 다윗이 되어 골리앗을 처단하는 일도 가능하다는 확신을 주었다. 문 선생님은 이렇게 어린이들에게 가능성을 열어주고 용기를 북돋아주었다. 이때 같이 주일학교에 다닌 친구들 가운데 목회자가 많이 나온 것은 문 선생님의 감동적인 교육의 역할이 컸다고 생각한다. 내 주변만 하더라도 우리 또래에 김종삼 목사를 비롯하여 조정래, 이명열, 이경열 목사 등이 나온 것은 우연이 아니라고 본다.

군북교회에는 문성주 선생님과는 다른 타입의 목회자도 있었다. 우리 교회를 거쳐 간 목회자 중 몇 분은 뒷날 고신파 지도자로 활동하기도 했다. 그중에서도 나는 유봉춘(劉鳳春) 목사님을 잊지 못한다. 젊은 시절 선교사의 집에서 봉사한 바 있는 통영 출신의 유 목사님은 일제 말기 봉천 근처에서 목회하다가 돌아왔고 조용한 학자풍의 모습을 보였다. 늘 단아한 모습의 유봉춘 목사님은 어린이들에게도 경어를 썼고, 훈계할 때에도 목소리를 높이지 않으셨다. 어떤 날 아침에는 부스스한 머리를 하고 나왔는데, 뒷날 생각해보니 밤새 연구하느라 모양새를 제대로 갖출 새가 없었던 것 같았다. 유 목사님으로부터는 학자풍의 모습이 어떤 것인가를 마음으로 배울 수 있었다. 그는 뒷날 한국에서 맨 처음으로 『성구사전』(聖句辭典)을 만들었다. 사모님은 찬송가 반주를 했고 그 자녀들도 음악에 재능을 보였는데 그중 뒷날 내 종형의 부인이 된 유순덕 종수씨로부터는 내가 풍금을 배워 교회 반주를 할 정도였다.

6·25 전에 군북교회에 부흥 강사로 오신 유재헌(劉載獻) 목사님을 거론하는 것이 좋겠다. 그는 해방 전부터 여러 곳을 다니며 부흥 운동을 주도했다. 그가 쓴 110여 편의 복음성가 가사는 대부분 찬송가 곡조에 따라 부른다. 그는 부흥회를 인도하면서 자신이 작사한 복음성가를 웅장한 바리톤으로 부르기도 했는데 그의 찬송 소리를 듣는 것만으로도 큰 은혜가 되었다. 내 기억으로는 유 목사님이 군북교회에서 부흥회를 두 번 인도했는데 나는 큰누님을 따라 새벽기도회에 참석했다. 부흥회 기간에 우리 집에 오셔서 식사를 하신 것도 기억에 남는다. 큰누님이 음식 솜씨가 좋은 데다가 진부사범학교를 나와 교편을 잡고 있던 막내 자형 배인순(裵寅淳)도 있어서 목사님에게 좋은 대화 상대가 되었을 것이다. 일제 때부터 부흥 강사로 활약했던 유 목사님은 해방 직후 철원에 대한수도원을 세웠으나 38선으로 포기하고 다시 서울 삼각산 밑에 임마누엘수도원을 세웠다. 그러나 6·25가 일어나자 피난을 가지 않고 기도하다가 결국 납북되었다. 그때 서울에 공부하러 간 막내 자형 배인순도 유재헌 목사님과 함께 그 수도원에서 납치되었다고 한다.

어린 시절 겪었던 좌우 갈등

해방은 큰 희망을 주었지만 그 후 곧 좌우 갈등에 휩싸여야 했다. 38선을 경계로 미소 양군이 국토를 분점한 데다 지방에서는 좌우 갈등이 격화되고 있었다. 해방이 되어 서로 얼싸안고 기뻐하던 때가 엊그제 같은데, 얼마 안 가 자고 나면 어느 동리의 구장이 죽창에 찔려 죽었다는 소문이 돌고 그럴 때는 옛 신사 마당에 면민들을 모아

놓고 장례식을 치른다고 했다. 면민장이 치러질 때는 으레 초등학교 학생들이 동원되었다. 또 그즈음에는 어디서 왔는지 알 수 없는 일단의 무리가 '서북청년단'이라고 하면서 총을 멘 채 동네를 가로질러 다녔고 어떤 때는 총으로 촌민들을 위협하고, 신사 마당에서 면소를 향해 총질까지 해대면서 공포 분위기를 조성했다. 이쯤에는 해방의 기쁨은 사라지고 좌우 갈등과 사회적 혼란에 따른 불안과 공포가 어린 우리를 위협했다.

우리 고장에는 일제 때 대학을 나온 분들이 있었다. 효성그룹을 일으킨 조홍제(趙洪濟)는 대학 졸업 후 토지자본을 산업자본으로 전환시키는 데 성공한 경우라 할 수 있다. 그러나 대토지 소유자로서 많은 소작인을 거느렸던 어느 지주의 아들은 대학 졸업 후 귀국하여 소작 문서를 불살라 그 전답을 소작인에게 분배하고 사회주의 이념을 실현한 이도 있었다. 내 숙항인 집안 어른(李舜根)은 대학 졸업 후 한때 투옥된 적도 있고 이병철의 삼성물산을 도운 적도 있으나, 해방 후 북한의 토지개혁을 주도했다고 전해진다. 우리 이웃 동네의 지식인 두 분(卞氏, 余氏)은 해방 후 바깥출입을 거의 하지 않았고, 우리 동네 누구 아버지는 매우 박식하여 세상 물정에 밝았지만 동네를 떠나지 못했다. 알고 보니 그들은 보도연맹과 관련이 있었다고 한다. 그들이 6·25 때 생명을 부지한 것만으로도 다행인 셈이다.

이런 상황에서 해방 후 한반도는 미국과 소련, 자본주의와 사회주의에 대한 갈등이 표면화하고 있었다. 남쪽의 경우, 해방 1년 뒤 미군정이 '조선 인민이 어떤 종류의 정부를 요망하는지 관찰하기 위해' 여론 조사를 실시했는데 그 결과 14%(1,189)만이 자본주의를 선호하고, 70%(6,037)가 사회주의를, 7%(574)가 공산주의를 각각 찬성했다. 해방 후 조선인의 이런 경향성은 1941년 11월 임시정부가 발표한 '건국강령'의 이념과 맥이 닿아 있었다. '건국강령'이 삼균주의(三均主義)에 입각하여 자유민주주의(정치)와 사회주의적 경제정책(경제), 평등주의(문화)를 표방하고 있었던 것이다. 아마도 이런 사상적 추이를 반영한 듯, 제헌 헌법 속에도 사회주의적 경제 요소를 포용하게 된 것 같다. 해방 후 조선 민중은 미국식의 자본주의를 남한에 이식한다는 것이 만만치 않음을 예고했지만, 그렇다고 미군정은 한국인의 이런 추세에 영합할 수 없었다. 결국 해방 직후 사회 혼란과 불안이 점증했던 것은 조선 민중의 사회주의에 대한 선호도와 미군정이 이끌어가고자 한 방향 사이의 갈등에서 나타난 것이 아니었을까. 아무튼 내가 살고 있던 시골에까지 사회적 갈등과 혼란이 거듭된 것은 해방 전후의 사상적 갈등, 사회적 추세와 무관하지 않았다. 시골 마을에까지 미친 사회적 갈등의 파장이 민족적 갈등으로 비화된 것은 결국 '6·25 민족상잔'이라 할 수 있다.

해방 후 받았던 교육

해방을 맞았을 때 나는 '국민학교' 1학년이었다. 해방 후 시골에까지도 이념적 갈등이 표출되었으나 초등 교육은 한글 교육을 중심으로 그런대로 틀을 잡아갔다. 무엇보다 남북 정부가 한글 교육을 강화함으로써 읽고 쓰는 문제를 해결하고 문맹을 최소화하는 데 노력했다. 문맹을 없애는 것이 민주주의의 기초를 닦는 일이라고 믿었기 때문이다. 당시 남북 양측에서 한글 교육을 책임진 인사들은 한말 한글 운동에 노력했던 주시경 선생의 제자들이었다. 남쪽의 최현배와 북쪽의 김두봉이 주시경 선생 문하의 제자들이었고, 북에서는 이극로

가 김두봉을 도와 남쪽보다 더 철저한 한글 전용을 시행했다. 해방 후 남북의 어문 교육의 책임을 맡은 이들은 의사 표현을 자유롭게 하는 백성이라야 민주적인 한반도를 건립할 수 있다고 믿었고 이를 실천하는 데 혼신의 힘을 기울였다.

이때 한글 교육을 받기 시작한 나도 그 혜택을 받았다. 군북국 민학교에서 나를 가르쳐주셨던 담임 선생님은 조정숙, 박덕조, 조익래, 이구환, 김형규 선생님이다. 박덕조(朴德祚) 선생님은 몸을 튼튼하게 단련시켜주었고, 이구환(李龜煥) 선생님은 내 족형 되는 분으로서 젊은이의 기상과 민족적 혼을 강조하셨으며, 김형규(金亨奎) 선생님은 엄격한 규율과 조직적인 학습을 강조·실천하셨다. 박덕조 선생님은 6·25전쟁에 참전하셨다가 그 후 학교로 돌아와 잠시 뵌 적이 있었고, 이구환 선생님은 만년에 성북동 어느 누옥에서 앓아누워 계실 때 찾아뵌 적이 있으나 제자로서 해야 할 도리를 제대로 못 한 데 대한 자책감이 없지 않다. 우리 학년보다는 선배들이 더 존경했던 김형규 선생님은 그 뒤 장학사 및 교육장으로도 활동하신 적이 있는데, 그 따님이 내가 봉직하던 대학에 입학할 때 그 사모님을 뵌 적이 있다.

시골의 학교생활에서 가장 잊을 수 없는 추억은 운동회와 소풍이다. 학교 운동회는 그 지역의 축제와 같은 행사여서 도시 농촌 할 것 없이 추억거리를 많이 남겼다. 운동회와 함께 학생들의 마음을 설레게 한 것은 봄가을의 소풍이다. 소풍지는 여러 곳이 있었지만 가장 인상 깊었던 곳은 여항산 산록의 의상대(義湘臺)와 월촌 남강가의 와룡정(臥龍亭)이다. 두 곳 모두 학교에서 4km가 훨씬 넘는 곳이다. 의상대는 산속 깊은 곳의 수려한 경관이 좋았고, 와룡정은 정자 근처의 모래밭이 좋았다. 소풍이 기다려지는 이유는 학교 밖에서 즐거운 시간을 보내는 것 때문이기도 했지만 무엇보다 그날은 도시락에 깨소금을 바른 계란 하나를 넣어주었기 때문이다. 내가 이런 이야기를 하면, 손자와 아들까지도 계란 하나 먹고 싶어서 소풍날을 기다린다는 말을 이해하지 못한다. 그만큼 풍요의 시대에 살고 있기 때문일까.

해방 후 우리 초등학교에서는 거의 매일 전교생이 아침 조회로 모였는데, 애국가·교가 제창과 교장 선생님의 훈시 시간이 빠지지 않았다. 교장 선생님이 들려준 훈시는 미안하게도 내 기억으로는 '민족성'에 관한 내용이 많았다. 해방된 지 얼마 안 된 그 시기에 교장 선생님은 우리가 일본의 지배를 받게 된 이유는 민족성 때문이라면서 그 나쁜 민족성을 나열하고 고쳐야 한다고 강조했다. 우리 민족은 의타심이 강해 남을 의지하고 자주성이 없다는 것, 당파 분열심이 심해 조선 시대에 4색 당파로 물고 찢는 바람에 나라가 망하게 되었다는 것, 또 시기 질투하는 마음이 강해 서로 돕고 힘을 합치지 못했다는 등 여러 가지를 설명했다. 결국 그 때문에 나라가 망해 36년간 일제의 지배를 받게 되었으니 이제는 이런 민족성을 개조해야 한다고 강조했다.

우리들은 교장 선생님의 훈시에 수긍하지 않을 수 없었다. 어린 나이에 그것을 따질 계제도 아니었지만, 실제로 나라가 망해 36년간 일제의 지배를 받았던 것이 사실이기 때문이다. 그러나 뒷날 내가 역사 공부를 하고 난 이후 일제가 식민지 교육을 위해 식민주의 사관을 만들었고 이 식민주의 사관으로 조선 민족을 가르치고 세뇌시켜왔음을 알게 되었다. 그러고 보니 해방 후 학교 교장으로 있었던 분들은 대부분 일제하에서 중등 교육 정도를 받으면서 일제로부터 이런 식민주의 사관을 세뇌받았던 이들이었다. 그들은 조선이 망한 원인을 민족성과 연결시키고 그것이 식민주의 사관과 관련 있다는 것을 알았을 리 없이 깊이 공감했을 것이며, 그 뒤 교단에 섰을 때 이를 전파하는 전도사 역할을 했던 것이다. 해방 후 한글교육을 통해서 문맹을 없애는 데는 성과를 거두었지만 교육 이념은 식민지 상태를 벗어나지 못했던 것이다. 그 속에서 새 나라의 어린이들은 새롭다고 할 수 없는 식민 잔재 교육을 받았고 그 영향은 상당 기간 계속되었다.

여기서 내가 다녔던 초등학교와 어릴 때 사귀었던 친구들을 잠깐 짚는 것이 좋겠다. 군북초등학교는 1918년에 개교했는데 나는 27회 동문이다. 군북초등학교 선후배 중에는 문교부 차관과 서울시립대 총장을 역임한 정희채(鄭熙彩) 박사와 울산대학교 총장을 역임한 정정길(鄭正佶) 교수, 오랫동안 한글학회를 섬기면서『겨레말큰사전』남북공동편찬위원회 상임이사를 역임한 조재수(趙在脩) 님이 특별히 기억에 남는다. 군북초등학교는 근처 하림초등학교와 함께 축구부가 유명하여 1947년엔가 마산 지역 초등학교 축구 시합에서 우승하여 기염을 토한 적이 있다. 그때 축구 선수로 이름을 날린 정재호, 변재호, 김석술 등의 선배들은 선망의 대상이었다.

내가 입학했을 때 우리 앞의 학년이 4개 반이었는데, 우리 때부터는 3개 반에 남여 각각 1반과 1개의 혼성반으로 구성되었다. 6학년 때 6·25를 겪고 난 뒤에는 그마저 절반으로 줄었다. 어릴 때 친구들은 아직도 일 년에 한두 번씩 소식을 전하곤 하는데 이젠 거의 타계했다. 기억에 남는 친구들이 있는데, 머리가 비상했던 이창동은 6·25 때 사망했고, 조홍제는 동네 친구로 몇 년 전까지 농촌사업에만 힘썼으며, 김인주(두한)는 진주사범을 나와 교편을 잡았고, 조진일은 파독광부로 갔다가 큰 부상을 당해 돌아왔다. 달리기에서 나는 듯이 재빠른 모습을 보인 강수신도 기억에 남는다. 여자 동기로는 강정희, 변영애 등이 기억난다. 김복순은 현재 고향에서 '미진방'이라는 옷가게를 경영하고 있다. 지금까지 소식을 주고받는 친구들은 부산에서 사업으로 성공한 박태열과 교육자로 평생을 보낸 모로실 출신의 성낙구, 서울에서 초자(硝子) 사업을 하는 이보근, 강화유리 사업을 하던 김점호가 있다.

'6·25'와 피난 생활

내가 초등학교 6학년 때 6·25가 터졌다. 우리 고장에도 '사변' 소식이 들렸으나 승승장구하면서 북진하고 있다는 이승만 대통령의 주장만이 소개되었다. 38선을 돌파하여 지금쯤은 평양 어디까지 진격해 있을 것이라는 추측만 난무했다. 그러던 7월 중순 어느 날, 우리학교에서 200m 거리에 있는 기차 정거장에서 흑인 병사와 탱크 등 중무기를 실은 화물열차를 보았다. 마산-진주 사이의 중간 지점에 자리 잡은 군북 정거장은 증기기관차에 물을 공급하는 곳이어서 보통 10여 분 이상 정거했다. 이곳에서는 멀리 여항산과 백이산 사이에서 흘러 내려오는 깨끗한 물을 공급하고 있었다. 우리는 정거장으로 달려가 그들로부터 껌과 초콜릿을 받아먹으며 손짓발짓으로 시시덕거렸다. 그러나 흑인 병사들이나 탱크 등이 왜 진주 쪽으로 가고 있는지를 생각하지 못했다. 이승만 대통령의 말과 같이 우리가 지금 승리하고 있는 판국인데, 북한군이 남하하여 호남 지역을 거쳐 진주 쪽으로 다가오고 있다는 생각을 어찌 감히 할 수 있었겠는가. 전선이 38도선이나 그 이북 지역이라면 경부선을 따라 북쪽으로 가야 하는데 그럼에도 불구하고 유엔군과 중무기들이 왜 마산 쪽에서 서쪽의 진주 방면으로 수평 이동하고 있는가에 대한 의심은 전혀 하지 않았다. 북한군이 파죽지세로 내려오고 있었음에도, 시골 학교의 선생님들에게는 정통한 소식이 들렸을지 모르지만, 우리 학생들은 그런 뉴스를 전혀 접할 수 없었다. 뉴스는 그저 대한민국은 승리하고 있고 머지않아 통일을 맞을 수 있을 것이라는 환상만 심어주었다.

그해 여름방학 동안 학교에서는 퇴비 증산을 위해 풀을 쌓아 썩혀 거름을 만드는 시합을 각 동리 대항으로 진행했다. 8월 초까지 우리 동네 학생들이 가장 큰 풀더미를 만들어 개학하면 우리가 단연 우승할 것이라고 기대하고 있었다. 그러던 8월 초 어느 날 우리 동네 앞 큰 개울가에 미군이 부산스럽게 포대를 쌓는 모습이 보였다. 지금까지 승리하고 있다고 들었는데 이게 무슨 일이지, 우리는 미군의 부산한 움직임에 호기심을 품었다. 멀리서 '쿠웅쿵' 하는 대포 소리가 간헐적으로 들렸다. 그날 오후 아버지는 내게 동생과 조카를 데리고 의령의 자형 집으로 피난을 가라고 당부했다. 갑작스럽게 피난길에 오른 우리는 그날 군북-의령 간 도로에서 국군 패잔병들이 대오도 없이 하나둘 총을 거꾸로 메고 남인수의 〈아 신라의 달밤〉을 처량하게 부르면서 퇴각하는 모습을 보았다. 이렇게 시작된 피난 생활은 의령군, 진양군, 함안군 지역을 돌아다니며 9월 말까지 계속되었다.

그날 피난 간 곳은 현재 지명으로 의령군 의령읍 만천 상리 노촌에 있는 셋째 자형 집이었다. 군북에서 월촌을 지나 남강을 건너면 의령군, 남강을 건너 북동쪽으로 2km 채 안 된 곳에 우람한 바위들이 강가에 연속되어 있는데 바로 이곳이 임진왜란 때에 곽망우당

(郭忘憂堂) 의병군이 크게 승리한 정암(鼎巖)이다. 셋째 자형은 교사
로 있다가 부산공대에 입학했는데, 방학을 맞아 귀향해 있었다. 자
형 집은 사장어른이 대목(大木)이어서 그런지는 몰라도 시골집치고
는 넓고 건실했다. 우뚝 솟은 본채에 몇 계단 내려오면 넓은 마당과
사랑채가 있었다. 우리는 우선 사랑채에 기거했다. 며칠 있으니 비
행기 공습이 시작되었고 불안한 마음에 저녁에는 산속으로 대피했
다. 근처에 폭탄이 투하되는 듯, 굉음이 사방을 진동했다. 뒤에 알
고 보니 정암철교를 폭파하는 소리였다. 자형은 이곳이 안전하지 않
다고 판단하여 다시 피난처를 찾았다. 의령군 칠곡면 용동리에 있는
자형의 자형 집이었다. 북한군이 남진하는 길목이었다. 저녁 달빛이
교교히 흐르는 날 밤 다시 피난길을 떠났다.

　　용동리에서는 북한군을 만나기도 하였다. 그곳에서 지내는 동
안 늦깎이 대학생인 자형과 많은 대화를 나누었다. 밤이면 쏟아지는
별들을 이고, 모닥불을 피워 모기의 접근을 막으면서 마당에서 주로
별자리에 관한 이야기를 자주 나누었다. 자형은 은하수 이야기를 꺼
내면서 그게 무엇이라 생각하느냐고 물었다. 나는 엉겁결에 별들의
무리일 것 같다고 하니 맞았다고 칭찬해주셨다. 며칠이 지나자 그
집에 양식이 떨어져 간다고 했다. 그럴 수밖에 없었던 것이 갑자기
밀어닥친 식구가 자기네 식구보다 많아 가을 추수 때까지 마련해놓
았던 보리쌀이 동이 나갔던 것이다. 어느 날 저녁 자형과 나, 그리고
그 집 청년 한 사람, 이렇게 셋이서 양식을 구하기 위해 이웃 마을로
갔다. 용동 마을에서 고개를 넘으면 되는데 길이 너무 험해서 동네
밖으로 나가 넓은 국도를 이용하기로 했다. 의령 칠곡에서 합천으로
향하는 국도를 따라 조금 가고 있었는데 어디에선가 저벅저벅 하는
소리가 들렸다. 대오를 갖춘 북한 군대였다. 그들은 야음을 틈타 의

령 쪽으로 진군하고 있었다. 뒤에 안 사실이지만 북한군은 유엔군의
공습 때문에 낮에는 행군하지 않고 밤에만 대오를 갖춰 행군했다.
우리 일행은 그런 정황을 모르고 나갔다가 그들을 만났던 것이다.
책임자가 우리를 신문했다. 양식을 구하러 간다고 하니 엄중히 경고
하면서 돌아가라고 했다.

며칠 후가 지나서야 오전에 험한 고개를 넘어 이웃 동네에 가서
양식을 구해 오후 늦게 돌아왔다. 그곳에 있는 동안 나는 오후에는
동네 아이들과 어울려 소를 먹이러 다녔다. 그날 다른 애들은 이미
소를 몰고 나갔고 나 혼자 소를 몰고 그들을 뒤쫓았다. 동구 끝 사랑
채 앞을 지나는데, 한 인민군 군관이 나더러 잠깐 보잔다. 소를 징발
하겠다는 것이다. 어쩔 줄 몰라 집으로 돌아와 자형에게 이 사실을
알렸다. 자형이 가서 사정했지만 이미 그들은 이 소를 군 부식용으
로 징발하기로 결정한 모양이었다. 이리저리 변호하는 자형을 향해
군관은 "동무, 사상이 의심스럽소"라고 하면서 단호한 모습을 보였
다. 결국 그 소는 징발되어 빼앗기고 말았다. 그 뒤 소 값을 받았다
는 이야기는 들은 적이 없다.

그런 일이 있은 지 며칠 후 어머님이 우리를 찾으러 오셨다. 어
머니는 노촌을 들렀다가 이곳까지 오셨고, 그날로 우리는 어머님과
함께 가족들이 피난해 있는 진양군 지수면 동말이라는 강가 동네로
갔다. 그 집은 사촌 누님이 시집간 하씨(河氏) 집안이었다. 그곳에 가
보니 우리 동네에서 이곳에 피난 온 다른 가족들도 있었다. 방어산
을 중심에 놓고 보면, 그 동쪽에 군북면이 자리하고 이곳은 서쪽이
지만 조금 떨어져 있었다. 이곳에서 고향 텃골 집까지는 4-5십 리
정도 되었다. 텃골 집에 가서 양식을 가져오는 일은 어머님을 도와
내가 맡았다. 어느 날 저녁 무렵 텃골 집에 도착해 얼굴색이 너무도

검게 변한, 병색이 완연히 짙은 아버님을 뵐 수 있었다. 폭격으로 집이 불탈 때 창고의 곡식을 건져보려고 노력한 끝에 탄내 나는 곡식 얼마를 보전할 수 있었다. 아버지가 나를 보는 순간, 그 엄하디엄한 눈에 눈물이 고였다. 짧은 순간이었지만 아버지가 눈물을 보인 것은 처음이었다. 그날 나는 아버지의 새로운 모습을 보았다. 평소 엄격한 모습도 자식 사랑의 한 표현이었구나 하는 마음이 들었다.

그 뒤에도 몇 번 나는 양식을 짊어지고 동말에 전하고 돌아오곤 했다. 텃골에 있는 동안에는 가끔 인민군을 만나기도 했는데 그들 중에는 아직 제대로 익지 않은 풋감을 따먹기 위해 감나무에 올라갔다가 미군기의 기총소사에 죽은 사람도 있다는 이야기가 들렸다. 이런 상황이다 보니 낮에는 동네 안에 머물 수가 없었다. 저녁과 새벽에 우리 동네에서 남쪽으로 약 6-7km 떨어진 여항산에서는 콩을 볶는 듯한 소리와 함께 불꽃이 위아래로 움직이는 것을 볼 수 있었다. 교전 중에 나타난 현상이었다. 마산으로 진격하지 못한 북한군이 여항산 언저리에서 유엔군과 대치하여 싸우고 있었던 것이다. 약간 후방이라 할 우리 동네에는 미군기의 폭격이 잦았다. 대피하지 않을 수 없었다.

텃골에 있는 동안 낮에는 동네 동편 거의 직각의 암벽 6-70미터 높이에 자그마한 굴이 있어 그곳에 피난했다. 사변 전에는 이곳에 가끔 여우가 드나드는 것도 목격되었다. 며칠 동안 낮에는 밥을 싸가지고 가서 그곳에서 지냈다. 그곳에서는 동네 전체가 한눈에 훤히 보였다. 하루는 정찰기가 빙빙 돌다가 사라지더니 곧 전투기가 들이닥쳤다. 우리 동네 앞 개울가에 보릿대로 덮은 목표물을 향해 공격을 시도했고 이내 명중시켰다. 알고 보니 인민군 차량을 보릿대로 덮어놓은 것이었다. 어떤 때는 주먹보리밥과 정구지를 젓국에 절인

반찬을 싸서 동네 앞 산속으로 들어가 하루 종일 있다가 돌아오기도
했다. 그럴 때는 앞뒤 장이 떨어진 성경책과 찬송가책을 가져가 산
골짝 나무가 우거진 물가에서 시간을 보냈다. 그때 외운 찬송가를
지금도 그 가사대로 부르고 있다.

　　그러다가 9월 20일 전후한 시기에 피난 가 있던 동말 강가 땅콩
밭에서 수많은 전단(삐라)을 모아 읽어보았다. 한반도 지도에 인천-
서울 지역을 가위로 자르는 그림이었다. 거기에다 화살표로 유엔군
의 진격 방향을 그려놓았다. 뒤에 알고 보니, 인천상륙작전에 성공
한 유엔군이 서울로 진격하여 한패는 북쪽으로 한패는 남쪽으로 향
했고, 낙동강 전선에서도 또 유엔군의 진격 방향을 화살표로 그려놓
은 것이었다. 이 전단은 인천상륙작전이 성공하여 전세가 바뀌었다
는 것과 북한군은 이제 유엔군의 남북 협공에 갇혔으니 항복하라는
메시지를 담고 있었다. 전단을 본 후 그날로 고향 텃골로 와 보았다.
그러나 아버님과 어머님은 계시지 않았다. 들으니 며칠 전 이곳으로
진격한 유엔군이 부모님 내외를 '민간인 포로'로 잡아 마산으로 데
려갔다는 것이다. 백방으로 수소문한 끝에 부모님이 마산의 포로수
용소에 갇혀 있다는 것을 알게 되었다. 마산에서 언론계에 종사하는
숙부님이 이를 알고 석방에 힘을 썼다. 아직 차량 운행이 되지 못하
던 때라 두 분은 마산에서 군북까지 걸어오셨다. 그 소식을 미리 듣
고 나는 가야면 쪽으로 마중을 나갔는데 격전지인 군북면 소재지를
지나자 길가에 해골 같은 것이 보였다. 전쟁의 참상을 길가에서도
볼 수 있었다.

피난지 방문 후기

나이 들어 귀천(歸天)할 때가 되어서인지, 가끔 어렸을 때 추억 어린 곳을 찾아가 보고 싶은 생각이 든다. 추억의 대상이 꼭 고향을 지칭하는 것은 아니지만, 고향에 대한 추억처럼 새록새록 피어나고 있다는 점에서 그것도 귀소 본능의 하나라고 생각한다. 머리로 생각만 할 때는 그런 곳에 대한 향수와 함께 이런저런 상상력을 보탠다. 그러다 보면 과거 어렵게 지낸 곳이라 해도 아름다운 환상을 갖다 붙이기도 한다. 아마도 그런 곳을 돌아보려는 것은 이런 환상과 기대 때문이 아니겠나 싶다.

2018년 가을에는 내가 군대 생활을 했던 화천군 사내면 사창리의 당시 6사단 공병대대를 아내와 함께 찾았다. 군대 생활할 때와는 달리 편리하게 닦인 도로가 너무 시원스러워서 우선 당황했다. 또 내 군대 생활 때와는 완전히 달라진 주변 경관을 보고 내가 이때까지 상상 속에서 그려보았던 광경이 아님에 당황했다. 1950년대 말 기준에 멈춰 있던 군대 생활에 대한 회고가 그렇게 변해버린 현실을 감당하지 못했던 것이다. 내가 군에 있을 때보다 훨씬 환경이 좋아진 부대 상황은 분명 기뻐해야 할 요소임에도 불구하고 너무 변해버린 현실에 대해 적잖게 당황해하면서 부대 안으로 들어가 볼 생각조차 하지 않은 채 돌아서 버리고 말았다. 60여 년 전 어느 시점에 멈춰 있던 군에 관한 내 환상은 이렇게 변해버린 현실을 용납하지 않으려 했던 것이다.

2020년 8월 21일, 몇 차례 미룬 끝에 70년 만에 처음으로 6·25 때 피난했던 곳을 찾아갔다. 방문한 곳은 의령군 의령읍 만천리 노촌 부락과, 의령군 칠곡면 용동 산남 마을(골안), 진주시 지수면 용봉리 동지 마을(옛 동말)이다. 당시 북한군이 남하하는 상황에 비춰보면 피난은 으레 마산 쪽이어야 했는데, 오히려 북한군이 남하하는 곳을 향해 갔던 셈이다. 그것은 갑작스럽게 피난해야 했던 황급한 형편에서 의령에 셋째 자형 집이 있었기 때문이다. 1950년 8월 초의 피난 경위에 대해서는 이미 간단히 언급했다.

2020년 8월 21일 아침 6시 서울역발 KTX를 타고 마산역에 내리니 9시 10분이었다. 당일 동행하면서 길을 안내하기로 한 경남문화예술진흥원의 김우태 시인이 나와 있었다. 김우태 시인은 『경상남도사』 편찬과 함께 그 실무 책임을 맡으면서부터 나와 인연을 맺은 분이다. 그는 고향인 남해군에서 기층문화운동을 일으켜 남해신문을 주도한 바 있고 벌써 시집도 몇 권 간행한 중견 시인이다. 『경상남도사』가 10여 년 만에 세 정권을 거쳐 우여곡절 끝에 간행된 것은 김우태 시인의 창조적인 아이디어와 끈질긴 집념의 결과라고 생각한다. 내가 피난한 곳을 방문하고 싶다고 했을 때 그는 하루 휴가를 내어 나와 동행해주겠다고 흔쾌히 허락했다. 내가 미리 방문 예정지와 목적을 말해놓았기 때문에 김우태 시인은 목적지를 내비게이션으로 검색까지 한 상태였다.

우리는 먼저 남해고속도로를 타고 군북 IC에서 내려 의령 쪽으로 향했다. 이곳은 내게 낯설지 않은 곳이다. 초등학교 때 소풍으로 갔던 와룡정(臥龍亭)이 있고, 자형 집에 다닐 때 지나갔던 월촌이 있었으며, 의령 쪽 남강변은 정암이라 하여 임란 때 곽재우(郭再祐) 의병의 승리를 알려주는 곳이기 때문이다. 정암교(鼎巖橋)를 지나자 곧 회전을 거듭하여 남강 지류변을 따라 남향으로 약 3km 정도를 달려 만천리 입구에 닿았다. 만천 하리를 거쳐 상리에 이르니 노촌이었다. 노 씨들이 많이 산다 하여 만천 상리를 노촌이라고 불렀다.

이 마을은 70년 전과는 완전히 바뀌어 동네 안으로 들어가는 입구와 동네 위 골짜기에서 물을 인도하는 물길도 시멘트로 만들어놓았다. 마을 입구에서 촌로 몇 분에게, 이 동네에서 대목(大木)으로 활동했고 그 아들이 부산에서 교장으로 지냈던 분의 집이 어디쯤 되느냐고 물었다.
"저어기, 나무 있는 그 집"이라고 했지만 70년 전에 내가 익혀놓았던 그
집의 위치와는 전혀 달랐다. 그분들은 부산에서 교장을 지낸 분에 대해
서는 들었던 것 같으나 나의 자형의 이름을 정확히 알지는 못했다. 꼭
70년, 동네 형태가 완전히 달라지긴 했어도 동네 자체가 온존해 있는 것
이 대견스러웠다. 확실한 것은 동네 맞은편에 있는 깊은 산골짜기였다.
정암철교를 폭파하던 날 저녁, 우리는 그 골짜기에 피난 가 있었다.

　　차를 돌려 다시 정암교가 있는 곳으로 나와 의령 시내를 거쳐 칠곡
면 쪽으로 갔다. 김우태 시인은 내가 미리 준 지명에 따라 내비게이션을
쳐봐도 그 지명이 나오지 않는다면서, 칠곡면 용동을 찾자면 먼저 칠곡
면사무소로 가 보는 것이 좋겠다고 했다. 면사무소에 닿아 직원들에게
물어보았으나 우리가 찾는 '용동'을 아는 이는 없었다. 모두 너무 젊었
다. 문답하고 있는데 면장실에서 장년 한 분이 나와 대화에 참여했다. 정
선규 면장이었다. 50대로 보이는 정 면장은 자기가 들은 바로는 칠곡면
'산남 마을의 골안'이라는 곳을 예부터 용동이라고 불렀다고 했다. 그는
면장실의 지도를 가리키며 설명하기를 지금은 용동이라는 지명 자체가
없다고 했다. 이곳은 내가 두 번째로 피난 온 곳이며 자형과 함께 저녁에
양식을 구하러 가다가 북한군 부대를 만났고, 그 며칠 후에는 좀 늦게 소
를 먹이러 나가다가 어느 큰 집 사랑채 앞에서 내가 몰고 가던 소를 징발
당하는 아픔을 겪었던 곳이다.

　　우리는 면장이 설명해준 그곳을 찾으려고 출발했다. 그러자 정선
규 면장은 자기가 안내하겠다면서 같이 차를 탔다. 안내하는 동안 정 면
장은 칠곡면 인구가 현재 1,200명을 약간 넘는다고 했는데 농촌의 형편
을 그대로 보여준다고 생각했다. 내가 어릴 때 군북면의 인구가 3만 명
을 넘었다는 얘기를 들은 적이 있기 때문이다. '산남 마을 골짜기'로 들

어갔는데 웬걸 집이 한 채도 보이지 않았다. 내 기억으로는 70년 전에는 20여 호가 있었던 것으로 생각되었다. 그러나 옛 동네 입구에 해당하는 곳에 농기구가 몇 개 있을 뿐, 동네 마을로 올라가는 길조차 없었다. 전에 없던 대밭이 보이길래 물어보니 대밭이 있던 곳은 옛날 집이 있었던 곳이라고 한다. 소를 징발당했던 곳은 어느 집의 사랑채였고 그 앞에 조그마한 개울이 흘렀던 것을 상기했다. 대밭이 있는 곳 근처에 가 보니 위에서 내려오는 개울이 있었다. 나는 직관적으로 이 근처 어디에 사랑채가 있었을 것으로 추정했다. 그러면서 당시 소를 징발당했던 아픈 추억을 상기할 수 있었다.

용동 마을은 70년 전 모습을 완전히 상실해버린 경우라고 할 수 있다. 이를 보면서 몇백 몇천 년의 시간이 경과한 지역의 역사를 고고학적인 연구를 통해 복원하는 일이 쉽지 않겠다고 생각하게 되었다. 70년 만에 이렇게 동네째 없어지다니, 이것은 현장을 보기 전에는 도저히 상상할 수 없는 일이었다. 이제는 내 머릿속에서만 북한군에게 소를 징발당한 그 광경과 환경을 상상할 수밖에 없게 되었다. '산천은 의구하되 인걸은 간데없네', 이곳은 70년이 안 되어 인걸뿐만 아니라 동네와 동네를 둘러싼 자연환경 전체가 변해버린 경우다.

김 시인과 나는 정 면장을 면소에까지 태워드리고 다시 진주 쪽으로 향했다. 오늘 이곳을 방문하는 길에 『경상남도사』 편찬책임을 맡은 김영기 교수와 감수위원을 맡았던 허권수 교수 두 분 석학을 방문하려고 했다. 마침 허권수 교수는 서울에 선약이 있어서 상면이 어려워졌으나 김영기 교수는 내외분이 극진히 환영하면서 진주 냉면으로 유명한 하연옥으로 우리를 안내했다. 김 교수님 내외분은 하연옥의 냉면은 육적을 겸해야 한다면서 푸짐하게 주문했다. 보통 때 같으면 줄을 서서 한참 기다려야 한다는 이곳도 '코로나19' 때문에 오래 기다리지 않고 자리를 잡을 수 있었단다. 하연옥의 냉면은 보기만 해도 먹음 직했는데, 그 맛 또한 일품이었다. 김 교수님 내외분은 식사 후에 그 옆의 '이디야 커피'에서 우리를 다시 대접한 후에야 갈길 바쁜 우리를 놓아주었다.

우리는 그 길로 진주시 지수면사무소로 향했다. 김 시인은 내가 미리 언급한 '지수면 동말'을 찾아도 지도상에 나타나지 않는다고 했다. 이런 경우는 또 면사무소에 가서 물어보는 것이 효과적이다. 면사무소 직원들은 여기서도 '동말'이라는 지명은 모른다고 했다. 대화를 듣고 있던 60대의 어느 분이 그곳은 용봉리 동지 마을일 것이라고 했다. 나는 그 옆에 남강 물이 흐르느냐고 물었다. 내가 기억하기로는 지수면사무소 쪽에서 가자면 산길을 넘어 동네로 들어갔고, 동네 앞에는 훤히 트인 모래사장이 있었으며 조금 더 가면 남강물이 흘렀다. 우리는 그분이 가르쳐준 대로 용봉리 동지 마을을 찾았다.

내비게이션은 새로 개발된 동지 마을을 가리켰지만, 그 조금 못 미쳐서 옛 동네가 보였다. 옛 동네 쪽으로 되돌아가 안으로 들어가 보니 내가 피난 왔던 모습이 나타나는 듯했다. 우리가 피난했던 집과 같은 구조의 옛집이 보였다. 당시는 초가였으나 지금은 기와를 얹었다. 동네에서 사람을 만날 수 없으니 누구에게 물어볼 수도 없었다. 다만 집의 형태와 구조로 보아 70년 전의 그 집으로 보였다. 축담이 높았고 축담에서 마당을 거치면 광이 있었는데 우리와 같이 피난 생활을 했던 조용부 네가 그 광을 차지하고 있었다. 지번을 보니 '용봉로 796번길 19-1'로 되어 있었다. 그때의 모습과 비슷해서 그 집을 보긴 했지만, 좀 더 확인할 수는 없었다.

우리는 그곳에서 몇 장의 사진을 찍고 다시 지수면사무소 쪽으로 나와 고속도로를 타고 군북으로 갔다. 군북면 모로실 선영에 들러 이장 상태를 확인하고, 다시 함안파 인천이씨 재실 도천재와 이순근(李舜根) 족

숙의 기념비 및 군북교회를 둘러보았다. 그런 후 급하게 다시 마산으로
나와 경남 MBC에서 간단히 녹음하고, 마산역으로 왔다. 종일 동행하면
서 귀한 벗이 되어준 김 시인에게 존경과 감사를 표하면서 오후 6시에
하직했다.

'6·25'의 상처

1950년 10월, 피난 생활에서 돌아온 우리는 전쟁 중에 불타버린 학
교 교실을 짓는 데 고사리손으로 도왔다. 짚을 썰어 진흙과 얼버무
려 벽돌처럼 만들어 그것으로 토담을 쌓아 벽면을 만들고 그 위에
큰 통나무를 양쪽 벽에 걸었다. 그 통나무 위에다 지붕 형태를 만들
고 짚을 엮어 씌워 비바람을 막았다. 이때 무엇보다 교실 양쪽에 걸
칠 수 있는 굵고 긴 나무가 필요했다. 마침 텃골의 우리 방천둑에서
자라는 큰 포플라 나무들이 있었다. 아버님은 선뜻 그 몇 그루를 제
공하여 일종의 교실 대들보를 만드는 데 사용하게 했다. 그런 노력
끝에 학교는 10월 하순이 되어서야 개학할 수 있었다. 그러던 중 호
사다마로 학교 근처 야산에서 불발탄을 가지고 놀던 학생 몇 명이
폭탄이 터지는 바람에 한꺼번에 죽음을 당하는 사건이 일어났다. 이
사건을 계기로 아버지는 나를 학교에 가지 못하게 했다. 학교에 가
지 못하는 몇 주간 동안에는 뒷날 목사가 된 종형들과 함께 먼 산에
나무를 하러 다녔다.

　전쟁은 이런 모습으로 어린 나에게 각인되었다. 전쟁의 참상은
집과 가재도구가 불타버린 물질적 손실에만 그치지 않았다. 우리 집
은 타다 남은 사랑채를 다시 수리하여 일곱 식구가 임시로 기거하는

방을 만들었다. 임시로 얽다시피 한 사랑채에다 다시 방 하나를 더 넓혀 만든 두 개의 가가(假家)는 내가 고등학교를 졸업할 때까지 그대로 유지되었다. 전쟁 전부터 남강 민물고기를 숙주로 하는 간디스토마에 걸려 고생하시던 아버님은 전쟁 전에는 약을 제대로 복용했으나 전쟁 후에 약을 구하지 못해 건강이 급속하게 악화되었다. 얼굴이 매우 까매졌고 결국 전쟁이 끝나기 전 1952년 2월 29일에 돌아가셨다. 이때 나는 아직 중학교 2학년이었다.

전쟁이 소강 상태가 되어갈 때쯤 서울로 공부하러 갔던 막내 자형 배인순(裵寅淳)이 납북되었다는 슬픈 소식이 들려왔다. 그는 진주사범을 마치고 '국민학교' 교편을 잡다 공부를 더 하려고 서울로 갔는데, 막내 누님과는 결혼한 지 몇 달 되지 않았던 때다. 서울로 떠나기 전 내가 멋도 모르고 아인슈타인의 '상대성원리'를 물었을 때, 그는 서로 반대 방향으로 움직이는 두 차를 예로 들어서 설명해주었는데 내가 그것을 알아들었을 리 없다. 또 서울에 가서도 곧 나를 서울로 불러올릴 것처럼 편지를 보냈는데, 6·25는 그 약속 또한 수포로 돌리고 말았다. 자형의 마지막 소식을 전한 그의 친구에 의하면, 막내 자형은 세검정 골짜기에 있는 임마누엘 수도원에서 유재헌(劉載獻) 목사와 함께 납북되었다고 했다. 내 종형 두 사람(曾烈, 昌烈)은 전사 혹은 행방불명되었다. 6·25는 한반도의 남쪽에 거주하며 전쟁의 영향을 덜 받았던 우리 집안에도 이렇게 큰 상처를 남겼다.

6·25는 우리 가족뿐만 아니라 내 주변의 많은 것을 변화시켰다. 6·25 전까지 한 반에 60여 명씩 세 반을 유지했던 초등학교 동급 학년은 전쟁 후에 90명이 채 안 되는 숫자로 줄어들었다. 우리 동네의 어느 아저씨는 젊은 부인과 자식 셋을 남겨둔 채 입대했는데, 전사했다는 소식을 전했다. 그때 망연해하며 슬피 울던 그 과수댁의 모

습을 잊을 수가 없다. 우리 마을은 폭격을 맞아 가옥이 절반 이상 불에 타버렸고 면 소재지에는 파괴가 더 심했으나 호소할 곳이 없었다. 6·25가 전쟁 전에 지역에서 빈번했던 이념적 갈등을 잠재우는 계기는 되었지만, 전통적으로 내려오던 두레공동체는 붕괴시켜버렸다.

6·25는 어린 나에게도 의식의 변화를 일으켰고, 민족 문제에 눈을 뜨게 하는 계기가 되었다. 또 우리 가족 및 주변에서 일어난 불가항력적인 사건들로 인해 큰누님과 함께 3km 정도 떨어진 고향 교회 새벽기도회에도 열심을 내게 했고, 당시 주일학교에서 배운 구약의 이스라엘 민족사를 우리 민족사에 치환해보려는 의식도 한층 발전시켰다. 가끔 꿈에서 서울로 간 자형을 만나면 그날은 무슨 좋은 소식이 있으려나 기다려지기도 했다. 아직 확실히 신앙고백을 하진 않았지만 그때부터 정리되기 시작한 하나님과 그 아들 예수 그리스도에 대한 신앙, 우리 민족이 겪고 있는 고난, 이스라엘 역사를 우리 역사에 적용시켜보는 소박한 역사의식, 이 세 요소가 하나의 접점을 이루어 점차 영글어지면서 어린 시절 소박한 자아를 형성해갔다.

고향을 떠나다: 중고등학교 시절

마산서중에 입학하다

'6·25'가 터지던 해, 나의 초등학교 6학년 2학기는 가장 어설펐던 시기였다. 손수 찍은 흙벽돌로 교실을 만들어 그 속에서 공부하는 특이한 경험도 했다. 사변 후 6학년 담임을 맡은 김형규 선생님의 격려와 열심은 시골학교가 안고 있는 약점을 보완해주었다. 이때 나는 누님과 함께 새벽기도회를 다녀오다가 우리 교실에 들어가 아침 자습 문제를 칠판에 적어놓고 돌아오곤 했다. 담임 선생님께서 특별히 권하기도 했지만 반장의 위치에서 무언가 봉사해보려는 의지도 있었다. 아침 일찍 공부할 내용을 써놓고 급우들이 등교할 시간에 가서 그 문제들을 같이 풀어보는 것도 재미있었다. 그때 가장 흥미로웠던 것은 산수였다. 초급 기하학과 초급 인수분해가 소개될 때여서 무척 재미있었고 친구들도 흥미를 보였다.

사변 후 초등학교 공부는 정상적이지 못했다. 나는 교실 짓는 것도 돕고 학교 밭을 고르기도 했다. 그런 중에서도 상급학교에 진학하는 날이 다가오고 있었다. 전란으로 제대로 공부한 학교가 없었다는 것을 감안한 듯, 1951학년도 중학교 시험은 전국 일제고사로 대신했다. 전국의 중학교 진학 지원자들을 같은 시험지로 전형하되 그 성적으로 원하는 중학교에 제출하는 것이다. 함안군에서는 가야국민학교에 군내 중학교 지원자들을 모아 시험을 치르도록 했다. 이날 나는 가야 읍내에서 교편을 잡고 있던 넷째 자형의 인도를 받아 가야국민학교에 가서 시험을 치렀다. 시험을 마친 후 점심시간이 되어 어느 학교의 교장 선생님이라는 분이 자기 아들도 같이 시험을 쳤다고 하면서 데리고 와 점심을 같이했다. 가야국민학교에 다니던 이병수(李炳壽)였다.

그때 처음 만난 이병수는 집안의 처지를 비롯해 여러모로 나와 비슷한 점이 많았다. 위에 누님들만 있던 병수는 누님 다섯을 앞세운 내 처지와 비슷했다. 우리는 그 뒤 마산서중에서 다시 만났고, 마산고등학교도 같이 마친 후 나란히 서울대에 입학했다. 그는 공과대학을, 나는 문리대를 택했다. 중고등학교 시절 병수는 그의 자형 집에서 숙식을 했는데 나는 가끔 그 집에 가서 같이 공부하곤 했다. 특히 월요일에 시험을 치르는 날이면, 그 집을 찾아가 병수에게 밤 12시까지 공부하라고 하고 새벽 1시에 나를 깨워달라고 하여 같이 시험공부를 한 적이 많았다. 그때만 해도 나는 '안식일을 거룩하게 지키라'는 계율에 따라 주일날에는 공부를 하지 않았다. 병수와의 인연은 그 뒤에도 계속되어 그의 큰딸과 내 큰아들이 반포초등학교에서 같이 만났고 그 뒤 그 딸의 혼인 주례를 내가 맡기도 했다.

　　중학교 진학을 위한 국가고시 결과는 괜찮게 나왔다. 그 성적으로 웬만한 학교에는 갈 수 있었다. 그때 전국 최고점을 받은 이가 뒷날 과기부 장관을 두 번이나 역임한 정근모(鄭根謨) 박사였다. 뒷날 그와 도산 안창호 선생 기념사업회를 같이 하면서 내가 1951년 중학교 국가고시에서 최고점을 받은 '정근모' 아니냐고 물으니 그는 빙그레 웃기만 했다. 그는 2년이나 월반하여 서울대 문리대 물리학과에 진학했고, 그 뒤 원자력을 공부하여 이른 나이에 박사학위를 받았으며, 뒷날 아들 문제로 기독교에 귀의하여 많은 신앙 간증을 남겼다. 요즘도 그의 소식을 가끔 듣긴 하지만 그가 2007년도 대통령선거에 후보로 나서지만 않았어도 더 폭넓은 존경을 받았을 것이라는 안타까운 마음이 든다. 사족이지만 그때 경상남도에서 최고점을 받은 이는 김위성인데, 뒷날 서울대 문리대 철학과에 진학한 것으로 알고 있다.

　　마산서중(뒷날 마산중학교로 개명함)에 입학해보니 지금의 마산고등학교 운동장 한 켠에서 천막을 치고 그 안에 60여 명이 들어가 공부하는 형편이었다. 옛 '마산중학교' 건물은 전란 중 육군 병원으로 활용하여 일선에서 이송된 상이병들을 치료하고 있었다. 천막 교사 시절, 흥미로운 추억 하나는 1953년 3월 초 소련 수상 스탈린이 죽었다는 소식을 들었을 때다. 휴전 회담만 계속되고 전쟁이 언제 끝날는지 알 수 없는 때여서 스탈린의 죽음이 곧 전쟁의 종결로 간주되었다. 그날 확성기를 통해 그의 사망 소식을 들은 학생들은 천막을 뛰쳐나와 모두 희망을 느끼는 듯한 분위기였다. 그러나 전쟁은 그로부터 4개월이 더 계속된 후에 휴전 상태로 일단락되었다.

마산서중 시절 인상 깊었던 선생님은 음악을 맡은 제갈삼 선생님과 국어를 맡은 허대로 선생님, 영어를 맡은 조성도 선생님이다. 제갈삼 선생님은 음악 시간이 되면 먼저 발성 연습을 시키고 계명으로 악보에 따라 소리를 내게 했다. 학생들은 노래 가사를 부르기 전에 먼저 악보에 따라 계명으로 발성하고 그다음에 가사를 붙여 노래했다. 처음에는 계명으로 노래하는 것이 쉽지 않으나 차츰 익숙해져서 그 학년이 끝날 때쯤에는 계명과 가사로 노래 부르기가 가능해졌다. 선생님은 가끔 우리에게 노래 가사에 악보를 넣어보도록 권하기도 하였다. 제갈 선생님의 가르침으로 나는 교회에서 찬송가를 혼자 계명에 따라 부르는 훈련을 할 수 있었고, 성가대에서 남성 베이스 파트를 맡았을 때에도 큰 도움이 되었다. 이렇게 계명으로 노래 부르는 법을 배우고 난 뒤에는 어떤 악보를 봐도 소화하는 능력을 키울 수 있었다.

국어 과목을 맡았던 허대로 선생님의 정확한 본명은 기억나지 않고 자호(自號)인 듯한 별명 '대로'만 생각이 난다. 허대로 선생님은 첫 시간에 자기 호 '대로'에 대한 설명을 열성적으로 하셨다. 자기 이름인 '대로'는 있는 '그대로', 보는 '그대로'의 '대로'요, 하는 '대로'의 '대로'라고 하시면서 사물의 순리를 따르자는 의미로 지은 이름이라고 했다. 그는 매우 달변이었던 것으로 기억한다. 어떤 때는 입가에 거품을 물어가면서 열심히 말씀을 이어가며 한 시간 내내 쉬지 않았다. 뒷날 나도 교단에 서서 학생들을 가르쳤지만 '허대로' 선생님만큼의 열정을 가지고 가르친 적이 있었을까, 자문하게 된다. 그럴 정도로 열과 성을 다해서 가르치셨기에 그분을 만난 지 거의 70년이 되어가는 이 시점에도 기억나는 스승이다.

조성도 선생님은 카랑카랑한 음성에 교수법이 독특하여 영어 수업에 흥미를 느끼게 했다. 보통 선생님이 교실에 들어와 수업 시작 전에 예를 갖출 때 '차려!' '경례!'라고 했지만, 조성도 선생님 시간에는 'Attention!' 'Bow!'라는 구령을 하도록 했다. 교실 분위기를 이렇게 전환시킨 후 수업을 시작했다. 선생님은 수업 도중에도 학생 개개인을 돌아보며 질문을 많이 하여 산만해지기 쉬운 학생들의 주의력을 계속 집중시켜나갔다. 뒤에 안 사실이지만 선생님은 나와는 동향(함안 군북) 출신으로 그의 동기 중에는 패션계의 거장 조세핀 조와, 내 2년 선배인 조성직 형이 있었다. 조성직 형은 초등학교 시절 학예회에서 충무공 이순신 역을 어찌나 잘 소화해냈는지, 나는 그 뒤 충무공을 생각할 때마다 조성직 형이 학예회 연극을 통해 그려낸 충무공 상과 비교해보곤 한다. 조성도 선생님은 내가 대학에 진학할 무렵에는 서울교육대학의 교수로 가르치고 있었다.

친구와 선후배

마산에는 삼촌 두 분이 살고 계셨다. 넷째 삼촌(敏植)과 다섯째 삼촌(亨植)이다. 나는 넷째 삼촌 댁 옆에 방을 얻어 자취에 들어갔다. 삼촌 댁은 신마산의 당시 창원군청에서 내려오는 길목에 있는 일본식 2층 다가구 주택이었다. 자취를 하게 된 데는 군북에서 같이 자란 친구 이병관(李秉灌)과 함께 생활해야 하는 이유도 있었다. 군북 시내에서 양복점을 크게 하던 이병관의 부모가 애지중지 기른 늦둥이 아들이 마산으로 진학하게 되자, 하숙이든 자취든 나와 같이하도록 간곡하게 부탁했던 것이다. 병관이는 똑똑한 데다 경우가 바르고 의협심이 강해 싸움도 곧잘 했다. 그 부모가 병관이를 나와 함께 있게 부탁한 데는 그런 이유도 있었을 테다. 그러나 얼마 지나지 않아 병관이는 다른 곳에서 하숙 생활을 하게 되었다. 뒷날 그는 서울의 K대학에 입학하였고, 문학작품을 쓰던 중 S대학 여학생과 사랑에 빠져 군북으로 도피 행각을 벌였다. 경북 어느 과수원 집 딸이었던 그 여성은 병관이와의 사이에 딸 하나를 두었는데, 병관이 폭음으로 일찍 사망한 뒤 마산에서 살았다는 뒷소식을 들었다. 일찍 갔지만 통이 크고 의협심이 강했던 친구였다.

마산에서 학교에 다니는 동안 마산 출신 친구들을 사귀었는데, 지금까지도 안부를 묻는 사이다. 황석갑(黃錫甲)은 중학교 때 짝꿍으로 같이 앉아 친해졌다. 일찍부터 '우보'(牛步)라는 자호를 사용했는데 처음에는 왜 그런 이름을 갖게 되었는지 몰랐다. 함께 지내면서 보니 '우보'는 소걸음 같이 느린 듯하면서도 의리에 밝은 친구였다. 자녀들이 어릴 때에는 서로 애들을 데리고 집을 방문하기도 했다. 마산 친구 허석(許碩)은 서울대 상대를 거쳐 삼성과 중앙일보에서 오래 근무했고, 그가 뉴욕 중앙일보를 운영할 때에는 내가 뉴욕에 들러 그 집 신세를 지기도 했다. 신앙운동을 통해 사귄 친구로는 현광열(玄匡悅)이 있는데, 그 선대에 일찍 개명한 분들이 교육계와 은행계에 진출했다. 신앙운동을 같이하면서 가끔 그 집에서 밤새도록 협의한 때도 있었다.

마산에는 문학하는 선후배들도 있었다. 당시 「학원」이라는 학생

잡지에 학생들의 문예 작품이 게재되었다. 그 잡지가 당시로서는 학생들의 문학 지망생 등용문처럼 여겨졌다. 거기에 마산중고등학교 선후배들이 많이 응모하여 그들의 글이 잡지에 게재되곤 했다. 우리한 해 선배로서는 이제하(李祭夏), 송상옥(宋相玉) 형이 있었고, 우리학년에는 김병총(개명), 염기용(廉基鎔)이 있었다. 고등학교 때 이미음악적인 두각을 나타낸 친구도 있었는데 그중에는 뒷날 KBS 어린이 합창단을 이끈 이수인(李秀仁)도 있다. 가끔 그들의 문학 발표회 등에 초청받기도 했지만, 문학 예술하는 이들의 얽매이지 않는 자유분방한 삶이 나와는 잘 어울리지 않아 깊은 교제는 나누지 못했다.

중학교 때 교회를 통해 사귀기 시작하여 평생지기로 지낸 친구로는 키다리 장경호와 김용욱(金容頊)이 있다. 나는 신마산교회에 다녔고 그들은 중고등학교 근처에 있는 제2문창교회에 다녔다. 김용욱의 집이 학교 근처 장군동에 있어서 그 집에 자주 방문하여 그의어머니도 자주 뵈었다. 용욱은 고등학교 2학년을 마치고 서울대 문리대 물리학과에 진학했고, 그 뒤 미국에 유학 가 학위를 마친 후 지금까지 펜실베이니아주 베슬리헴에 있는 리하이 대학교(Lehigh Univ.)에서 물리학을 가르치고 있다. 가끔은 모교인 서울대에 와서 한두학기씩 강의하기도 한다. 내가 뉴저지 프린스턴에 가 있을 때는 자동차로 한 시간 남짓한 거리에 있는 그의 집을 방문하고 요양원에계시는 그 모친도 예방하곤 했다.

내가 출석하던 신마산교회에는 여러 선후배가 있었다. 지금까지도 잊히지 않는 분은 강위영(姜渭榮), 김영환(金永煥) 선배다. 2년선배인 강 형은 창녕군 남지 출신으로 교회 건물에 딸린 방에서 생활해 교회에 갈 때마다 그곳에 들러 대화하고 가르침을 받았다. 내가 중학교 2학년이 되던 1952년에 현대맞춤법에 따른 4·6판 형태의 신구약 성경전서가 나왔는데 강 형의 도움을 받아 그것을 구입했고, 그때부터 본격적으로 신구약 성경을 읽을 수 있었다. 의사 집안에서 자라 비교적 여유가 있었던 강 형은 연세대 신과대학에 진학했는데, 방학 때는 내려와서 대학 이야기를 해주면서 김찬국(金燦國) 교수 이야기를 자주 들려주었다. 2년 뒤 내가 대학입시를 치르고 내려오면서 합격 여부를 전보로 알려달라고 부탁했는데, 강 형이 서울에 머무르면서 합격 소식을 알려주어 너무 고마웠다. 강 형은 대학 졸업 후 특수교육에 매진하였다. 미국 유학을 마친 후에는 지금의 대구대학교 특수교육학을 제 궤도에 올려놓는 데 혼신의 힘을 기울였다. 강 형이 한국 특수교육에 끼친 공헌은 이루 말할 수 없다.

　　4년 선배인 김영환은 신마산 도자기회사 앞의 거대한 한옥에 살았다. 그의 아버님이 사업을 하신다고 들었다. 내가 중고등학교에 다닐 무렵 고신 교단에서는 학생신앙운동(SFC)을 발족하여 신앙부흥운동을 일으키고 있었다. 6·25의 참담한 상황 속에서도 '하나님 중심' '성경 중심' '교회 중심'의 슬로건을 걸고 신사참배 반대 투쟁의 신앙정신을 계승하고 한국교회 개혁을 표방하면서 출발한 SFC는 젊은이들의 신앙적 열정을 담기에 충분했다. 김 형은 당시 마산문창교회의 김진경, 황재규 선배들과 함께 마산 지역의 SFC운동을 주도했다. 신마산교회에서도 SFC를 조직하여 학생 활동을 하고 헌신예배도 드렸다. 김 형은 이때 열정적으로 후배들을 지도했고 부산대 의대에 진학한 후에는 방학 때 교회에 돌아와 후배들을 보살폈다.

　　그 무렵 나는 넷째 숙모 조점시(趙占時) 권사로부터 목사가 되라는 권고를 받았는데, 한번은 김 형이 나를 불러 조용히 타일러주었다. '목사가 되려면 신학교에 진학해야 하는데, 고등학교 졸업 후 곧바로 신학교에 가지 말고 일단 대학 4년을 마친 후에 신학교에 진학하라'는 진지한 조언이었다. 내가 고등학교를 졸업하고 신마산교회를 떠나면서 김 형과는 연락이 두절되었다. 십수 년 전 옥한흠 목사 생전에 '사랑의교회' 청년부에 특강을 하러 갔다가 김현수 목사를 만났는데, 그는 서울대 법대 공법학과를 마친 후 신학을 공부하여 목회자가 되었다. 교제를 나누던 중 김 목사는 자신이 김영환 선배의 아들이고, 그 부친이 이미 돌아가셨다는 소식을 전해주었다. 너무 열정적이어서 그렇게 일찍 돌아가셨는가. 강위영 형이나 김영환 형은 내 중고등학교 시절 인생과 신앙의 선배로서 큰 영향을 끼쳤던 분들이다.

성수주일과 신앙생활

중1 때부터 넷째 숙모 댁 근처에서 살았는데, 도자기 회사에 출근하는 삼촌은 술을 좋아하셨지만 조점시 숙모님은 자녀들을 신앙으로 잘 훈련시켰다. 나도 숙모님의 지도를 받으며 경건 생활을 했다. 숙모님은 새벽기도회에 나갈 때면 꼭 나를 깨워 함께 데리고 갔다. 한 번은 새벽기도회에 가고 있는데 해변가 이곳저곳에서 기관총 소리가 연거푸 나고 예광탄이 올라가기도 했다. 무슨 큰일이 일어난 것 같았는데 알고 보니 반공 포로 석방과 관련 있다고 했다.

　　내가 신마산교회에 출석할 당시 담임 교역자는 이명재(李明宰) 전도사였다. 그는 세 아이의 아버지였고 부산에 있는 고려신학교에 다니고 있었다. 그의 형님은 일제 말기 평양신학교 학생으로서 신사참배 반대에 전국적인 연락망을 구축했던 이인재(李仁宰) 목사였다. 이명재 전도사의 처형 되는 분은 박인순 전도사로서 그 역시 신사참배를 반대하다가 투옥되었다. 마산에는 신사참배 반대로 옥고를 치른 분들이 있었는데, 인애원(고아원)을 경영하던 조수옥(趙壽玉) 권사도 그중 한 분이다. 그는 스승 최덕지(崔德之) 선생과 함께 신사참배 반대 투쟁을 하다 평양형무소에 수감되었고 해방과 함께 풀려나온 출옥 성도였다. 또 손명복 목사도 신사참배 반대로 옥고를 치렀는데, 그 무렵 그는 제2문창교회를 담임하고 있었다. 해방 직후 한국교회는 신사참배 후유증으로 분열 양상을 보였고 마산과 그 주변에는 출옥 성도들이 많이 있었다. 신사참배 반대 투쟁 전통의 분위기 속에서 내가 회심을 경험한 것은 중학교 2학년 때였다. 뒷날 충현교회 목사로 부임한 김창인(金昌仁) 목사(당시 전도사)가 인도하는 부흥사경회에 참석한 어느 날 저녁 나는 주체할 수 없을 정도로 많은 눈물을 흘리며 회개하고 예수 그리스도를 구주로 영접했다.

그 무렵 나는 신마산교회 유년주일학교 교사로 봉사하게 되었다. 중학교 1학년 말경이 아닌가 한다. 그때 시작한 주일학교 교사 생활은 약 40여 년간 계속되었다. 나는 교회의 중·고·대학부에서 가르친 40여 년을 다른 어느 곳에서 가르친 것보다 더 귀하게 생각한다. 교사를 맡은 후 토요일 오후에는 담임반 학생들을 방문하여 성경 요절을 외웠는지 점검하고, 주일날 늦지 않게 출석하라고 당부했다. 당시 주일학교에서는 매주 출석률과 요절 암송, 공부 문답 등을 종합 평가하여 성적을 매겨 표창했는데, 내가 맡은 반이 좋은 성적을 내곤 했다. 어느 해에는 유년부 4학년 담임을 맡았는데, 학생 중에 민영완(閔泳完) 담임 목사님의 큰아들 민성길(閔聖吉)도 있었다. 그 뒤 그는 연세대 의대를 마치고 모교의 정신과 교수로 봉직했다. 가끔 그와 만날 기회가 있으면, 주변 분들께 민 교수가 내 주일학교 제자였다는 것을 말해 웃기도 한다.

당시 나는 교회 생활을 위해 포기한 것이 있었는데, 그 대목은 지금도 아쉽다. 내가 중학교에 다닐 때 마산은 군수품 및 의료의 후방 기지 역할을 했다. 진해 앞바다에서 마산항으로 들어오는 배들은 보통 3천 톤급 이상이어서 화물의 소통이 빈번했다. 그러다 보니 그 부두를 중심으로 주둔하는 미군이 많았다. 그때 미군 부대 교회에 한국인 출입이 가능했다. 주일날 부대 근처에 가면 우리는 부대 교회로 안내되었다. 영어 회화를 배울 수 있는 절호의 기회였다. 학교에서 배우는 영어로 의사소통하기가 쉽지 않은 때에 그 기회를 잘 이용한 친구들은 그 뒤 영어 회화를 아주 능숙하게 했다. 그러나 주일날을 마음대로 이용하지 못하는 나는 그런 기회를 활용할 수 없었다. 지금도 그 기회를 선용하지 못한 나를 되돌아보게 된다.

주일학교에 다니면서부터 안식일은 일하지 않고 거룩하게 지켜야 한다고 배웠다. 주일날 일하지 않는 것이 거룩하게 지키는 것과 동일하다고 배운 것이다. 어머님께 머슴들도 주일날에는 일을 시켜서는 안 된다고 말씀드렸다. 중학교에 들어가면서부터는 '주일을 거룩하게 지켜야 한다'는 '성수주일'(聖守主日) 개념이 내 삶을 더 지배하게 되었다. 주일날에는 하숙방이나 자취방보다는 교회에서 거의 살다시피 했다. 제일 곤란한 것은 월요일에 시험이 있을 때였다. 그런 날은 주일 저녁에 친구 집에 가서 자고 친구더러 다음 날 새벽 1시에 나를 깨워달라고 당부했다. 당시 나의 '성수주일'은 거의 기계적이었다. '인자는 안식일에도 주인'이라는 말의 의미를 전혀 깨닫지 못한 것이다.

'성수주일' 문제는 고등학교와 대학교 때까지 연장되었다. 고등학교 2-3학년 때 입주 가정교사를 했는데, 고2 때에는 구마산 부두에서 중3, 중1 두 학생을 가르쳤고, 고3 때에는 마산지법 김완석(金

完淅) 판사 집에서 고1 이하 세 아이를 가르쳤다. 가정교사 교섭이 있을 때 나는 주일날에는 가르치지 않는다는 조건을 약속받았고, 그대로 실천했다. 이런 상황이다 보니 귀가 후 내가 공부할 시간은 거의 없었다. 가정교사 하는 곳이 구마산이고 출석하는 교회는 신마산 끝에 있어 두 곳의 거리가 4km는 훨씬 넘었다. 고신파(高神派) 교회에서는 주일날 돈을 사용하지 않도록 했다. 그래서 버스를 타지 않고 교회까지 걸어가 주일학교와 성가대를 도왔다. 문제는 비가 오는 날이었다. 지금은 우비라도 있지만 그때는 거의 없었다. 그럴 때는 빗속을 뛰다시피 달려갔다.

그런 훈련을 쌓아 서울에 왔으니 대학 생활이라고 해서 별수 없었다. 대학 입시 때는 예비 소집일이 주일이어서 난감해하자 종형이 대신 가주었고, 효성 그룹의 조홍제 회장이 함안군 출신 학생을 위해 마련한 '효성장학생' 선발은 면접일이 주일이어서 지원서를 낸 채 포기하고 말았다. 대학 입학 후 사학과 학생들은 매 학기 3-4일간 고적 답사를 하는데 주일날이 끼어 있어 나는 대학 4년 여덟 학기 중 한 번도 답사에 참여하지 못했다. 고신파를 교조주의적이라고 비판하는 이들이 있지만, 그런 제약들을 스스로 풀어버린 지금에 와서 생각해보면 그래도 그때 신앙생활이 형식에 매이는 듯했지만, 더 옹골차지 않았는가 하는 생각을 해본다. 내가 지금까지 형식적이긴 하지만 신앙생활 하는 시늉이라도 내고 있는 것은 다 그때 받은 훈련 때문이라고 생각한다.

학생신앙운동

누구든 자신의 성장에 도움을 준 기관이나 동력을 갖고 있다. 교육기관으로 학교가 있고 신앙과 사상을 증진시키는 종교로 사찰이나 교회가 기능하고 있으며, 공동체의 특수한 목적을 가지고 사람을 훈련시키는 여러 결사와 단체도 있다. 내 삶을 회고해볼 때 젊은 시절 나를 훈련시킨 중요한 단체 가운데 하나는 단연 SFC(학생신앙운동, Student For Christ)였다. SFC는 기독교적 이념을 토대로 하여 구성된 YMCA나 면려청년회 등과 다르지 않지만, 형성된 시대적 배경이나 활동에서는 구별되는 점이 있다. SFC는 해방 후 한국의 상황 및 한국교회의 지형과도 연관되어 있던 일종의 전위적인 성격의 학생신앙 조직이었다.

　　일제는 1940년을 전후하여 전시 체제를 강화하는 과정에서 한국교회에 신사참배를 강요했다. 장로교단마저 1938년 9월 제27회 총회에서 신사참배를 국가의식으로 합리화하고 참배를 가결했다. 신사참배에 반대하는 교회는 폐쇄되었고, 신앙인들은 투옥되었다. 주기철 목사가 순교했고 많은 분이 고초를 겪었다. 해방이 되자 옥중 성도들이 출옥하였다. 이들 중 일부가 고려신학교를 중심으로 한국교회의 회개를 지속적으로 주장하다 결국 장로교 분열의 아픔을 겪게 되었다. 고신파가 형성된 계기이기도 하다. 고신파는 학생들에게 정통 신앙과 진리 파수, 개혁 신앙과 한국교회의 갱신 운동을 표방하면서 1953년 초 '학생신앙운동'(SFC)이란 기구를 발족시켰다.

　　SFC 운동은 아직 한국전쟁이 끝나지 않은 상태에서 '운동'성을 가지고 들불처럼 확산해갔다. 왜 우리 민족에게 분단과 동족상잔의 참극이 벌어졌는가. 하나님이 우리 민족을 사랑하고 긍휼히 여기셔서 해방과 자유를 허락했지만 감사하지 않고 오히려 자유를 기회로 삼아 타락했기 때문이다. 따라서 SFC 운동은 민족의 제단 앞에 꿇어 엎드려 민족의 죄를 회개하고 교회의 개혁을 요구하는 새로운 학생 중심의 신앙운동이었다. SFC는 모이면 눈물로 회개하고 민족적 시련을 극복하게 해달라고 간구하였다. 이 회개 운동이 SFC의 신앙과 젊은 열정을 기반으로 교회와 민족의 회개 운동을 추동했다. SFC는 당시 전시하의 민족적 운명을 신앙의 젊은이들이 짊어진 듯한 운동이요 조직이었다. 그렇기에 민족적 대수난 시기에 SFC운동은 들불처럼 확산해갔다.

내가 출석하던 신마산교회에서도 이 생소한 이름의 학생 기구가 조직되었다. 신마산교회에서는 김영환 선배와 강위영 선배가 중심이 되어 SFC를 조직했고 마산 지역은 지방 연합 기구로 만들어졌다. 당시 SFC는 전국적인 조직이 있었고 도(노회) 단위의 '지방 SFC'와 시군(시찰회) 단위의 '지구 SFC'가 조직되었다. 나는 고등학교에 진학하면서 SFC 운동에 자연스럽게 관여하게 되었다. 고1 후반기에는 신마산교회 SFC 위원장이 되어 교회 안의 학생운동을 돌봤고, 고3 때는 마산 지구 연합체의 SFC 위원장이 되었다. SFC 위원장은 회원 교회를 순방하며 헌신예배를 드렸고 가끔은 연합회 소식지도 간행해야 했다. 소식지는 타자기나 PC가 없던 시절이었기에 '가리방'(棒組)을 이용하여 등사했다. 고1 무렵부터 나는 교회의 주보나 성가대의 악보를 '가리방'에 긁어 등사하곤 하여 '가리방'으로써 인정을 받았다. SFC 연합 소식지도 그런 식으로 간행했다.

당시 SFC는 방학 때 전국적인 규모의 수련회가 있었다. 수련회에는 거의 천여 명의 학생들이 모였다. 대형 학생 집회가 활발하지 않던 그 시절, SFC의 전국수련회는 그야말로 영적인 부흥과 함께 축제를 의미했다. 그때는 대부분 전국대회를 개최하는 교회에서 숙식을 해결해야 했다. 부산 남교회에서 열린 전국대회와 대구 서문 교회에서 개최되었던 전국수련회가 내게는 퍽 인상적이었다. 나는 1957년에 서울로 진학하여 2년 후 군대에 갔다가 1년 반 후에 학적 보유자로 전역했는데, 그 무렵 고신파와 예장합동이 교단 통합을 하고 학생 기구는 SFC로 통일시키기로 했다. 그때 통합경기노회 산하에 경기 지방 SFC가 조직되었는데, 그 위원장을 내가 맡게 되었다.

바로 그해 여름에 승동교회에서 SFC 전국수련회가 열려 경기 지방 SFC가 여러모로 준비의 책임을 맡았다. 당시 서울에는 고신파 교회가 몇 안 되어 이 큰 행사를 치르자면 옛 합동측 교회의 도움을 청하지 않을 수 없었다. 우리는 승동교회에서 전국 SFC 하기수련회가 열리게 되었다는 결정을 듣고, 서울 시내의 주로 옛 합동측에 속했던 교회를 순회하며 협조를 구했다. 김희보 목사가 시무하는 성도교회와 박찬목 목사가 시무하는 혜성교회, 청암교회(이환수), 승동교회(이대영), 장충교회 등 여러 교회를 다니며 SFC가 어떤 기구이고 전국수련회를 통해서 학생들의 영적 증진이 크다는 것을 강조하며 협조를 구했다.

그때 같이 협동한 동지들이 이태영(서울대 공대), 박은실(숙대)이었고, 고교 SFC 위원장을 맡았던 이가 당시 경기고등학교 3학년으로 창신교회에 출석하던 정필도 목사였다. 이해에 전국학생신앙운동 하기수련회 참석회원 일동의 이름으로 군사정부에 '주일성수'(主日聖守)를 건의하는 건의문을 올린 적이 있다. 군사정부에서 공무원 선발 등 국가전형고시를 주일날에 시행한 데 대한 학생신앙운동 차원의 건의문이었던 셈이다. 이때 전국수련회 본부에서 건의문을 준비했는데, 그 건의문 초안 작성을 주도한 이가 당시 서울대 문리대

영문학과를 갓 졸업한 손봉호(孫鳳鎬) 교수였다.

대학 진학을 위한 모색

중고등학교 시절 넷째 숙모 조점시 권사의 신앙 지도를 많이 받았다. 새벽기도회에 같이 다녔고 신앙적 문제가 생기면 조언을 아끼지 않았다. 숙모님 집에는 내 또래의 사촌들(德烈, 敬愛, 義一, 喜子 등)도 있었는데 모두 친절했다. 숙모님은 내게 기회가 있을 때마다 '너는 하나님의 일을 하는 사람이 되어야 한다'고 강조했다. 지금이야 땅 위의 모든 일이 '하나님의 일'이 아닌 게 없다고 신학적으로 정리하고 있지만, 당시 한국교회는 '하나님의 일'을 목사가 하는 목회직으로 거의 한정시키고 있었다. 나는 그것이 싫지 않았고 자연스럽게 그 길로 가야 한다고 생각했다.

    일찍이 진로를 확정한 것은 아니지만 큰 방향은 신학 공부를 하는 쪽으로 정해져 가고 있었다. 그 무렵 아마 고등학교 2학년일 듯싶다. 울릉도에서 의료선교를 하던 이일선 목사가 슈바이처를 소개하는 책을 펴냈는데 그 책에 깊은 감명을 받았다. 이일선 목사는 조선신학교를 마치고 한센병 선교를 위해 서울대 의대에 다시 진학하여 의사가 된 이후 울릉도에서 의료선교사로 봉사했던 분이다. 그는 아프리카 오지에 선교사로 나선 슈바이처에 감동하여, 그와 교분을 나누며 아프리카를 다녀오기도 했다. 그가 쓴 슈바이처 전기를 읽고 깊이 감동한 나는 목사가 되더라도 의사목사이면 더 좋겠다는 생각에 그쪽으로 준비를 하려고 했다. 그러다 학교에서 색맹 검사를 받는데, 내 차례가 되자 옆에 있던 친구들이 킥킥대며 웃는 것이다. 이상하게 생각했는데 알고 보니 나는 녹색 색약이었다. 친구들은 내가 그림책을 보고 하도 엉뚱한 대답을 하니까 웃었던 것이다. 그때는 색약이면 의대는 물론 웬만한 이과 과정도 진학이 어려웠다. 슈바이 처의 길은 포기해야 했다.

신학 공부라는 큰 틀은 정했고, 다시 어떤 대학 학과를 선택할지에 대한 고민이 시작되었다. 그러나 이런 고민을 상담할 수 있는 곳이 없었다. 혼자서 겨우 생각한 것이 종교학과, 철학과, 사학과였다. 어린 생각에 종교학과에 진학하면 기독교와 천주교는 물론 불교·유교 등도 배울 수 있을 것이라 생각했다. 진학 대상으로서는 0순위에 속했다. 그러나 뒷날 알아보니 종교학과는 신학대학과 마찬가지라고 한다. 철학과도 흥미가 없지 않았으나 사학과가 더 도움이 될 것 같았다. 어릴 때부터 주일학교에서 배웠던 성경 역사 이야기와 해방 후 민족 문제에 대한 고민 등이 겹치면서 내 진로는 역사공부 쪽으로 기울어졌다.

고등학교 시절 회상

고등학교 시절을 생각하면 훌륭한 선생님들이 많이 생각난다. 당시 마산고등학교에는 교가를 직접 작사한 이상철 교장 선생님(작곡 윤이상)이 계셨다. 이 선생님은 매우 논리적이고 감동적인 교훈을 주신 분이었다. 전교생을 모아놓고 한 번씩 토하는 그의 사자후는 젊은 시절 민족적 사명감과 진로에 대한 확고한 신념을 불어넣어 주었다. 우리 학년이 직접 배운 것은 아니지만, 영어에 성락준 선생님, 수학에 박용환 선생님, 국어에 김춘수·김남조 선생님이 계셨는데 이들은 뒷날 거의 대학 강단에 서게 되었다. 당시 마산고등학교에는 국어과 선생님들이 쟁쟁했다. 내 담임 선생님이기도 했던 다정다감한 김상옥(金尙沃) 시인, 불교학에도 능통했던 이원섭 시인, 국문학사와 고전 과목의 이순섭·이훈경 선생님이 계셨다. 영어과에는 대학을 갓 졸업한 김진정 선생님이 계셨다. 당시 선생님 중에 교원노조 결성에 앞장섰던 분들이 계셨는데 이 또한 잊을 수가 없다.

　　고등학교 시절을 회상하면 후회되는 일도 없지 않다. 고신파 신앙에 경도되어 너무 폐쇄적인 학창 시절을 보내지 않았나 하는 느낌이 그것이다. 그 시절에 사귀어야 할 벗과 읽어야 할 고전들이 많았는데 폐쇄적인 내 신앙은 그런 것을 용납하지 않았다. 성경 외에 시나 소설까지도 금기시했고, 찬송가와 학교에서 배운 가요 외에 유행가는 입에 올리지 못했다. 마산에서 하숙할 형편이 안 되다 보니 막내 삼촌 댁에 잠시 머물다가 다시 자형 집에서도 신세를 지곤 했지만, 고2, 고3 때는 친구 소개로 가정교사로 입주했다. 한참 기억력과 감수성이 예민한 시기에 제대로 제 시간을 갖고 공부하지 못한 것을 두고 뒷날 많이 후회했다. 내 아이들에게 학창 시절 아르바이트를 하지 말라고 당부했던 것은 바로 그 시절, 그 시간의 귀중함 때문이다.

서울로 진출하다: 초기 대학 생활

대학 진학

대학에 입학한 것은 1957년이다. 요즘 말로 하면 '57학번'인 셈이다. 서울로 입학 시험을 치러 오던 날 저녁 기차를 탔다. 함안에서 부산 가는 열차를 타고 삼랑진까지 와서 다시 서울행 경부선 기차를 탔다. 거의 10시간가량이 걸리는 여행이었다. 그날 함안 가야 출신으로 중고등학교를 같이 다닌 이병수와 같이 왔다. 서울역에 내리니 공직에 계시는 이병수의 자형이 마중 나와 우선 그의 집이 있는 휘경동으로 갔다. 거기서 조금 쉬다가 나는 이종사촌이 있는 이태원 판자집으로 옮겼다. 마침 삼각지까지는 전차가 내왕해서 그걸 이용했다. 예비 소집일은 주일날이었다. 당시 서울대 수의과대학에 재학 중이던 종형(昊烈)의 명륜동 하숙집을 찾아가 내 대신 번호표 등을 받아달라고 했다.

시험 당일 긴장 속에 시험장에 들어갔다. 25명 모집에 76명이 응시했다. 둘째 시간인가, 수학 과목을 치르고 나자 더는 시험을 칠 필요가 없어 보였다. 자신이 없었기 때문이었다. 서울까지 와서 시험을 포기할 수는 없으니 나머지 시험 과목은 적당히 때우고 그 이튿날 면접도 하는 둥 마는 둥 치렀다. 면접 때 민석홍 선생님이 내게 교회에 다니느냐고 하시면서 몇 마디 물었던 게 기억난다. 시험을 마치고 다른 친구들과 이야기를 나누는데 모두 수학 때문에 자신이 없다고 했다. 수학 시험이 내게만 어려웠던 게 아니었구나 싶었다. 하여튼 시골뜨기의 서울 도전이 이렇게 낭패를 보는구나 하며 고향에 내려왔다.

　수학 시험지를 받고 당황한 데는 이유가 있었다. 내가 알기로 대학 입학 시험에서 수학 I과 수학 II가 나눠진 것이 이때부터였는데, 당시는 고등학교 선생님들조차 수학 I과 II의 범위를 명확하게 구분하지 못했던 것 같다. 그래서 문과반인 나도 미분, 적분까지 공부했고 모의고사에서도 그런 내용들이 출제되었다. 그런데 대학 입시에서는 소위 난해한 고등수학의 범위는 거의 없었고 문과 진학생들의 수학적 사고를 테스트하는 정도의 문제만 출제되었다. 지금도 생각나는 문제 하나는 온도계의 섭씨와 화씨를 서로 바꾸는 내용이었다. 나는 시험장에서 섭씨 0도가 화씨 32도이며, 섭씨 100도가 화씨 212도라는 수치를 기초로 공식을 만들어 문제를 풀었다. 시험을 치르면서 나름대로 공식을 만들어 풀어야 했으니 시간이 거기에 집중되었고 나머지 문제들은 거의 손도 대지 못한 채 시험 시간이 끝났다. 그러니 수학 시험을 치고 난 뒤, 시험을 더 치를 필요가 있겠나 싶은 생각을 하게 된 것이다. 이것은 나뿐만이 아니었다.

　1차 시험을 치른 후 고향으로 내려와 같이 고3을 마치는 친구들과 어울렸다. 1차에서 합격하지 못하면 하나님이 이 길을 원하지 않는 것으로 알고 2차 시험에는 원서를 내지 않을 생각이었다. 대신 시골에서 농사를 지으리라 생각하고 있던 터라 이 기간은 친구들과 놀면서도 매우 초조했다. 혹시라도 시골에 있는 우리 집으로 불합격 소식이 오면 어머님이 상심하실 것 같아, 서울에 있는 강위영 형에게 마산의 친구(김용욱) 집으로 합격 여부를 전보 쳐달라고 부탁했다. 합격자 발표가 있던 날, 나는 마산의 친구 집을 찾았다. 김용욱은 빙그레 웃으면서 '축하한다'고 했다. 귀를 의심했다. 그리고 하나님께 감사했다. 하나님이 나를 농사하는 길이 아니라 공부하는 길로 인도하시려는구나 하면서 합격 소식을 어머님께 전했다.

합격 소식은 고향은 물론 근처의 누나, 자형들에게도 알려졌다. 당시 다섯 분의 자형 중 세 분만 연락이 닿았는데 그중 두 분은 교편을 잡고 있었고 한 분은 건강이 좋지 않았다. 축하를 받긴 했으나 등록금이 문제였다. 어머님은 이때 용단을 내려 모로실에 있는 논 두 마지기를 팔아 첫 학기 등록금을 마련해주셨다. 그렇게 서울에 올라왔으나 당장 거주할 곳이 없어 이태원에 있는 이종사촌의 판자집 다락방에 기식했다. 그것도 오래 있을 수 없어 이곳저곳 전전하다가 마침 같은 학과에 나와 처지가 비슷한 천안 출신의 임한순(任漢淳) 형과 함께 신촌에서 자취 생활에 들어가게 되었다. 임한순 형은 거의 주말마다 천안 혹은 용산 누님 댁에 가서 반찬거리를 가져왔고, 물오징어 국을 아주 잘 끓였다. 사는 것이 말이 아니었지만 감사하는 마음으로 한 학기의 서울 생활을 버틸 수 있었다.

김형석 선생님과의 인연

대학에 입학하고 난 뒤 나는 임한순 형과 함께 함석헌(咸錫憲) 선생의 YMCA 강연에 참석하게 되었다. 임 형은 함 선생이 천안에서 농장을 경영할 때부터 아는 사이였다. 함석헌 선생과 나의 인연은 이때부터 시작해 그 뒤 명동 전진상 교육관에서 계속한 노장(老壯) 강의 때까지 이어졌다. 임 형과 함 선생님을 매개로 뒷날 고려대학교 화학과 교수요 과학철학을 한국에 소개한 김용준(金容駿) 선생과도 가까이했고, 천안 출신의 친구들도 사귀었다.

한편 나는 마산에서 같은 교회에 다녔던 후배 임건식 군의 과외 공부를 조금 봐주게 되면서 후암동에 있는 그의 집을 출입했다. 임건식 군의 아버지는 마산에서 경찰 고위직에 있었고 어머니 박복순 집사는 교회 봉사에 열심이었다. 임 군은 서울에 와서도 여유 있는 생활을 하는 것 같았다. 그 집에는 내 또래의 누나들이 여럿 있어서 서울 소식을 자연스레 들을 수 있었다. 누나 중 한 분은 나보다 선배로서 외국어대학 불문과에 다녔는데, 주일날 오후에 개최되는 좋은 강좌를 소개해주었다. 그중 하나가 매 주일 오후 2시에 개최하는 연세대 김형석 선생의 '일요강좌'였다.

김형석 교수의 일요강좌는 정동제일교회에서 시작되었으나 그후 남대문교회로 옮겼고 한참 뒤에는 새문안교회로 다시 옮겼다. 일요강좌에는 모임의 주체가 따로 없었고, 강좌의 형식도 정해져 있지 않았다. 오후 2시 정한 시간이 되면 선생님이 앞에 나가서 기도한 후 성경을 읽고 강좌를 시작했다. 선생님의 말씀은 우선 어렵지 않았고, 성경과 신앙에 대한 접근 방법이 내가 경험한 것과는 많이 달랐다. 폭도 넓었고 깊이도 있었다. 그동안 고신파의 틀 속에 갇혀 있던 내게는 예수 믿는 도리에 이런 길도 있구나 할 정도로 신선하고 감동적인 강의였다. 지금까지 내가 믿던 하나님은 엄숙하고 권선징악적인 심판에 몰두하는 분이었는데, 이 강의를 들으면서 한없이 자비하시고 용서하시며 용기를 주시는 하나님을 발견하게 되었다. 김형석 선생의 강의는 우물 안에 갇혀 있던 내게 기독교라는 넓고 새로운 바다를 보여주는 안내 역할을 했다.

한번은 강좌를 마친 후에 선생님과 대화할 수 있는 기회가 만들어졌다. 선생님도 교복을 입은 새내기가 주일마다 당신의 강좌에 열심히 참석하는 것을 눈여겨보았던 것 같았다. 이야기 끝에 자기 아들(聖震)이 초등학교 6학년에 올라가는데 그 아들을 돌봐줄 수 있는

1 장 내가 자라고 공부해온 길

77

지를 물었다. 그 아들은 당시 가회동 쪽의 재동초등학교에 다니고 있었다. 이를 계기로 대학 1학년 2학기부터 김형석 선생님 댁에 출입하게 되었다. 그즈음에 자취방도 지금의 연세대 동문회관에서 얼마 떨어지지 않은 곳으로 옮겼고 임한순 형은 용산의 자형 집에 새 거처를 정했다. 그렇게 임 형과 함께한 10여 개월의 자취 생활이 끝났다.

1958년 새 학기부터는 김 선생님 댁에 입주하여 한 식구처럼 지내며 생활했다. 원래 김 선생님 댁은 해방 후 부흥주택 형태로 지었는데 집은 볼품이 없어도 터가 넓었다. 그 넓은 터에 방 하나씩을 둔 토옥(土屋) 두 채를 지어, 하나는 선생님의 서재로 활용하고 또 하나는 그의 동생(光錫)과 내가 거하도록 배려해주어 입주가 가능했다. 이렇게 시작한 입주 가정교사 생활은 성진 군의 경기중학교 입학으로 성과를 거두었다. 선생님 댁에서 가정예배를 드리다 아이들이 기도 중에 잠이 들면 선생님은 "우리 애기는 믿음이 좋아서 기도를 그칠 줄을 모른다"고 웃는 소리를 하기도 하셨다. 선생님은 이 무렵 유명한 수필집 『영원과 사랑의 대화』를 펴내 '낙양의 지가'를 올렸는데, 가끔 그 원고를 정서하는 기회도 있었다. 김 선생님 댁의 가정교사는 1959년 첫 학기의 입대로 일단 중단되었다.

그러다가 학적보유자(學保)로서 1년 반 동안의 군 생활을 마치고 1960년 9월에 다시 김 선생님 댁으로 들어갔다. 아직 중학교에 보내야 할 딸과 아들이 있었다. 둘째 딸(聖藝)이 이화여중에, 둘째 아들(聖雨)이 서울중학교에 합격하는 것을 도왔다. 당시만 하더라도 중고등학교가 대학 진학에 큰 영향을 미치던 때라, 함께 공부한 결과가 헛되지 않아 기뻤다. 뒷날 김 교수님의 두 아들은 철학과 건축학을 전공하고 독일과 미국에서 유학하여 큰아들(聖震)은 한림대 철학과의, 둘째 아들(聖雨)은 연세대 건축학과의 교수가 되었다.

선생님 댁의 할머니는 연만하신데도 총기가 특별하여 북한에서 겪었던 무수한 경험들을 어제 일같이 설명하시곤 했는데, 그중에는 근처에 같이 살았던 김성주(김일성) 가문의 이야기도 있었다. 또 할머니는 얼마나 부지런하신지 혼자서 염소도 키우시고 텃밭도 가꾸시곤 했다. 나를 향해서는 평안도의 투박한 성조로 '선상님'이라고 꼭 존칭을 붙이곤 했는데, 내가 선생님 댁을 떠난 후에도 지금까지 가족과 같은 관계를 유지할 수 있었던 것은 선생님 가정의 화목한 분위기 못지않게 할머니의 지극한 정성과 보살핌이 있었기 때문이다.

마음 문을 열지 못한 대학 생활

처음에 대학이란 데를 들어가 느낀 분위기는 참으로 '자유롭다'였다. 내가 입학한 서울대 문리대는 자부심이 강한 곳이었다. 그 뒤 서울대가 관악으로 옮기면서 문리대는 지금의 서울대 인문대와 자연대, 그리고 사회대의 일부를 포괄할 정도로 외연을 넓혔는데 그것만 봐도 그 대학이 포용하고 있던 학문적 범주를 알 수 있다.

대학에 입학하면서부터는 모든 것을 스스로 해결해야 했다. 학교에서 그 학기에 수강할 수 있는 학과목과 강의 담당 교수, 강의실 등을 제시한 강의 시간표를 주면 학생들은 그 시간표를 보고 자기가 수강할 과목을 선택해야 했다. 물론 졸업할 때까지 수료해야 할 적정 과목을 교양, 전공 등으로 구분해놓았고 졸업 때까지 이수해야 할 학점도 제시했지만, 수강 과목의 선정은 학생들의 자의에 맡겼다. 대학에서의 모든 행위를 학생 당자의 책임하에 둔 것이다. 수강 신청을 해서 강의실에 가 보면 1학년과 4학년이 수업을 같이 듣기도 했다. 특히 흥미로운 제목의 강의는 대형 강의실에서 수백 명이 수강하는 경우도 있었다.

처음에는 자유로운 학교생활이 오히려 힘들었지만, 어느 정도 시간이 흘러 익숙해지니까 '아! 이것이 진정 대학이구나' 하는 생각이 들었다. 졸업 후 다른 대학에서 강의를 하면서 보니까, 강의 시간표나 수강 신청 등이 고등학교와 별반 다르지 않았다. 그제야 내가 다녔던 대학의 자유로운 학풍이 얼마나 소중했는지를 새삼 깨달았다.

당시의 대학 강의를 지금과 비교해보면 매우 흥미롭다. 지금은 16주 강의 계획이 조밀하게 설계되어 있고, 그중 한 시간이라도 휴강하게 되면 반드시 보강해야 하며, 심지어는 보강계획서를 제출해야 한다. 그러나 내가 대학 생활을 처음 시작했을 때는 사정이 지금보다는 훨씬 '여유'가 있었다. 1학년 때 국사·동양사·서양사의 개설 강의를 들었다. 국사는 당시 대학원장이던 이병도(李丙燾) 교수가 맡았고, 동양사는 문리과대학장인 김상기(金庠基) 교수가, 서양사는 연세대학교 대학원장이던 조의설(趙義卨) 교수가 맡았다. 이병도 교수는 한 학기에 절반은 휴강했던 것 같다. 대학원장이어서 복잡한 업무가 많았을 것이다. 김상기 교수는 학장이었지만 휴강이 없었을 뿐아니라 두 시간 연속강의도 110분을 꽉 채우고는 강의를 마쳤다. 한번은 같은 학번인 오일환 군이 중간에 '그만합시다'라고 말했다가 추상같은 꾸지람을 들었다. 조의설 선생님은 해외 여행이 어렵던 시절, 그 무렵 그리스와 로마를 여행하고 돌아오신 듯, 거의 매시간 여행 이야기를 들려주시고 때로는 그 이야기로 시간을 메꾸는 것 같았다. 그래서 그가 텍스트로 선정한 자신이 지은 『서양사 개설』은 거의 거들떠보지도 못한 채 한 학기를 마쳤다.

권위 있는 분들의 이런 강의와는 달리 젊은 교수들이나 강사들의 강의는 당시 갓 입학한 젊은이들의 지적 만족을 채워주기에 충분했다. 유홍열(柳洪烈) 교수는 '경성제대'에서 조선 서원에 관한 연구로 학생 시절 이름을 드러낸 분이었다. 그 뒤 한국천주교회사에 관한 저술도 남겼는데, 당시 개설했던 천주교회사 강의가 호교론적인 입장이 강하지 않았나 싶다. 개신교인으로서 내가 한국의 개신교 역사를 공부할 생각을 하지 않았던 것은 이런 영향이 컸다고 본다. 한우근(韓㳓劤) 교수의 강의는 꼼꼼하기 이를 데 없어 사료 취급에서나 역사연구 방법에서 세밀한 고증으로 큰 도움을 주었다. 그에 비해 김철준(金哲竣) 교수의 강의는 시로코고로프(Shirokogoroff)를 인용하는 등, 호방하여 고증 중심의 역사학은 물론이고 인류학·고고학·사회학 등을 넘나들며 그 시대를 종횡무진 설명해주었다. 김철준 교수의 강의는 스케일이 웅대하고 여러 방법론을 구사하여 역사 인식의 폭을 넓히는 데 큰 도움이 되었다. 그 밖에 이기백(李基白) 교수의 '한국고대사강독' 시간도 큰 도움이 되었다. 한 학기에 『삼국지 위서 동이전』의 대부분을 섭렵하도록 하는 이 강의는 역사연구의 실제적 방법을 제시해주곤 했다. 특히 이 교수님은 1960년대 초 『한국사신론』이라는 개설서를 저술했는데, 여기서 식민주의사관을 극복하는 학문적인 방법을 제시했을 뿐만 아니라 역사 서술에 문장의 미려함도 보여 학계에 큰 자극을 주었다.

나는 1, 2학년 때 국사 과목뿐만 아니라 동양사와 서양사 강의도 들었다. 전해종(全海宗) 교수의 꼼꼼한 강의는 물샐틈없는 학문의 구성망을 보는 듯했고, 당시 독일에서 갓 돌아온 고병익(高柄翊) 교수의 독일어 강독도 큰 도움이 되었다. 김상기(金庠基) 교수의 동양사 강독은 유지기(劉知幾)의 『사통』(史通) 등 중국 사료를 원문으로 강독하는 시간이었다. 한 시간 내내 당신께서 읽고 해석하며 설명해주시는 방식이었는데 강의를 마칠 때쯤에는 선생님의 목소리가 변할 정도였다.

앞으로 신학을 공부하려면 서양사 지식이 많이 필요할 것 같아서 서양사 강의도 많이 들었다. 프랑스혁명사를 강의한 민석홍(閔錫泓) 교수를 비롯하여 강사로 출강한 길현모 교수의 '젠트리' 논쟁, 이보형 교수의 미국사 강의 등도 수강했는데, 가장 인상적인 강의는 안정모(安貞模) 교수의 '서양사학사'였다. 안 교수는 그때 병마에 시달리고 있으면서도 사학사의 흐름을 시대정신과 사회·과학의 발달 등과 연결해 명료하게 설명해주었다. 이 강의를 들으면서 내가 사학과를 지망하며 기대했던 강의가 바로 이런 것이었음을 고백할 수 있었다. 안정모 선생의 강의는 앞으로 신학을 공부하는 데도 큰 도움이 될 것 같았다.

뒷날 신학 공부에 도움이 될까 하여 사학과로 진학했지만 역사 강의에는 큰 흥미를 느끼지 못했다. 입대하기 전 2년 동안은 오히려 다른 학과에서 개설한 강의에 흥미를 가지고 청강 형태로 들었다. 철학과에서 개설한 박종홍(朴鍾鴻) 교수의 한국철학사 강의는 대형강의실에서 진행했는데 한국 사상사 이해에 많은 도움을 주었다. 조가경(曺街京) 교수의 '실존철학' 강의도 흥미롭게 들었다. 그 무렵 세계적으로 실존철학에 관한 관심이 고조되고 있었다. 실존철학자는 덴마크의 키르케고르(Sören Kierkegaard) 이름 정도만 알고 있던 내게 하이데거 등 살아 있는 철학자들의 사상은 시야를 넓히는 데 큰 도움이 되었다. 종교학과 강의에도 많이 기웃거렸다. 앞으로 신학을 하는 데 필요한 도구 과목에 도움을 받기 위한 목적이었다. 그러나 신사훈(申四勳) 교수의 히브리어 강의는 한 학기를 채우지 못한 채 하차했고 또 언어학과에서 개설한 그리스어(헬라어) 강의도 수강 신청까지 했으나 한 학기 내내 영문 텍스트를 구하지 못해 결국 낙제점을 받았다. 종교학과 강의 중에는 장병길(張秉吉) 교수가 하르나크(Adolf von Harnack)의 '기독교의사'(基督敎義史)를 독일어로 강독한 것이 많은 도움이 되었다. 장 교수는 복사가 원만하지 않던 시절, 독일어 원문을 손수 써서 수강생 숫자만큼 청사진으로 구워와서 나눠주고 매시간 강독에 임했다. 벨기에에서 갓 돌아온 이기영(李箕永) 교수는 원효의 『대승기신론소』(大乘起信論疏)를 텍스트로 하여 원효(元曉) 사상을 강의했는데 퍽 도움이 되었다. 이기영 교수는 원래 가톨릭 신자였으나 유학 중 불교를 공부하면서 개종했다고 들었다.

(이렇게 2년간의 대학 생활을 마친 후 입대했고, 군대 안에서 있었던 어떤 일을 계기로 제대 후 복학하여 한문 공부와 한국사 공부에 경주하게 되었다. 한국사로 대학원을 마친 후 1970년에 숙명여대 전임으로 갔는데, 10년 후 신군부의 등장으로 해직되었다. 해직과 관련한 내용은 "쑥스러운 이야기"에 서술했다. 그 전후의 삶의 이야기는 다음 기회로 미루겠다.)

혈연 의식 단상

내가 부모로부터 가족력에 관해 교육받은 내용은 그렇게 풍부하지 않다. 관향(貫鄕)이 어디며, 시조가 누구며, 어느 파에 속하며, 조상 중에 어떤 분이 있다는 정도다. 개명된 세상에서 그 정도만 알아도 '상놈' 소리는 듣지 않을 것이라는 배려 때문이었을 것이다. 가끔 '양반'의 몸가짐은 이래야 한다, 저래야 한다고 들었지만 어린 나이에 그걸 주의 깊게 들었을 리가 없다. 이 정도밖에 가르쳐주지 않은 부모님께 때로는 감사한다. 그때 가문의 전통이 어떻고 하면서 짓눌렀다면 아마도 지금만큼 자유로운 인간은 되지 못했을 것이다.

가정 교육에서 혈연에 대해 그 정도 이상으로 교육받지 않은 것은 또 다른 이유가 있다. 할머니 대부터 예수를 믿는 집안이었던 것이 그 이유였을 것이다. 예수교가 이 땅에 들어와서 금한 것 가운데 하나가 조상 제사요, 다른 하나는 혈통에 의한 신분 차별이다. 그래서인지 아버님은 장남이었음에도 불구하고 제사를 모시지 않았고, 가끔 백정들이 사는 마을에 가게 되면 그곳 나이 든 분들께도 공손해야 한다고 타일렀다.

제사란 돌아가신 이에 대한 효도 못지않게 살아 있는 후손들의 결속을 다지는 데도 유용하게 작동해왔다. 평소 만나지 않던 친지들이 조상 제사를 계기로 모이게 되고 참사(參祀)를 통해 혈연을 재확인할 수 있다. 우리 집안의 경우 제사를 받들지 않아 문중의 대소사에서 단절된 듯한 느낌을 받았다. 자연히 집안의 시사(時祀)에도 거의 발길을 끊었고, 문중 일에도 관심을 두지 않게 되었다. 가끔 아버님이 문중의 대소사에 참석하시는 것 같았지만, 우리 대소사는 문중으로부터 거의 열외로 치지도외되었다. 초등학교 근처에 띄엄띄엄 살고 있는 백정 거주지를 지나치다 보면, 그 동네 아이들이 수염이 허연 백정 어른들을 향해 말을 탕탕 놓았지만 우리 형제들은 그렇지 못했다. 다른 어른들을 대하듯 경어를 썼다. 아버님의 훈계와 예수 믿는 것 때문에 그랬던 것이 아닌가 생각된다.

혈연이나 신분이라는 관점에서 본다면, 이렇게 종래 전통적인 한국 사회와는 다른 길을 걷고 있던 내게 결혼은 그동안 전혀 의식하지 않았던 혈연 의식을 새롭게 깨우쳐주는 계기가 되었다. 서울에서 결혼식을 치르고 처가가 있는 경북 성주군 홈실(楡谷)에 가서 다시 잔치를 맞았을 때다. 그곳의 종가 어른을 비롯한 '양반'들께서 신랑에게 묻는 첫 질문이 "자네 관향이 어디인가"였다. "인천 이가입니다"라고 하니, 곧 "인천 이가도 있는가" 하는 시큰둥한 반응이 되돌아왔다. 그 반응으로 봐서 '세상에 별별 이가가 있다고 들었지만 인천 이가라는 것은 처음 듣는다'는 느낌이었다. 내가 아는 상식대로 '인천 이가'를 소개했지만, 이미 '별로 내세울 것 없는 이가에 속한 것'으로 예단한 그들에게는 들릴 리가 없었다. 기껏해야 교장댁(처가)에서 '상것' 사위 하나를 들었구나 하는 느낌 외에 다른 분위기는 느껴지지 않았다.

질문을 하는 이들의 얼굴에 우월의식이 나타났다. '우리 집안은 고귀한 혈통을 가졌다'는 생각이었다. '인천 이가도 있는가'라는 질문에는 자신들 가문의 혼맥(婚脈)에 상응하지 않는다는 의미가 있어 보였다. 생각이 여기에 이르자 장인 장모가 나를 사위로 맞아 집안으로부터 수모에 가까운 불편함을 느끼지는 않을까 하는 연민을 품게 되었다. 혈연을 중시하는 이들일수록 혼맥을 따진다. 처가인 벽진이씨 완석정(浣石亭) 파의 후예들은 풍산류씨, 경주최씨, 순천박씨, 광주이씨, 야성송씨, 해평윤씨, 흥양이씨, 안동권씨, 남원윤씨, 인동장씨, 나주정씨 등의 경향의 명벌과 혼맥을 맺었다고 알려져 있다. 나를 사위로 맞은 것은 이런 혼맥에서 벗어난 것이었으니 기가 죽었을 것도 같다. 그런 혼맥을 벗어나면 낙혼(落婚, 降婚)이라 하여 그 혼인을 부끄럽게 생각한다. 핏줄과 혈연을 중

1장 내가 자라고 공부해온 길

시한 봉건사회의 유습에서 본다면, '인천 이가'에게 낙혼시킨 교장 댁의 마음고생도 이해할 만하다.

결혼 후 처삼촌(李寅基)께서 기회가 있을 때마다 벽진이씨의 시조인 벽진(碧珍) 장군 이총언(李悤言)에 대해서 내게 물으셨다. 하루는 나를 앞세우고 경북 약목과 칠곡, 지례와 벽진 등의 선대 유적지를 돌아보시면서 벽진이씨 선조들에 대한 말씀도 하셨다. 당신께서는 조카사위에 대한 집안의 분위기를 감안하셔서 일종의 오리엔테이션을 시키신 게 아닌가 생각한다. 당시만 해도 고려사 외에는 벽진 장군에 대한 기록을 거의 볼 수 없었고, 어느 일본인 학자가 후삼국의 통일에 관련한 논문을 써서 겨우 벽진 장군에 대해 이해할 수 있는 정도였기에 나는 벽진 장군에 대해서 그 이상 말할 입장이 못 되었다.

벽진 장군은 신라 말 벽진 태수로 있다가, 대부분의 지방관이 그랬듯이 지방 호족으로서 활동했다. 후삼국은 지방 호족 세력들의 향배를 굉장히 중시했다. 벽진이란 지역이 신라와 후백제의 경계에 위치했고 또 고려로서도 넘볼 만한 곳이어서 더욱 그랬다. 고려가 이 지역에 교두보를 확보할 수 있다면, 신라와 후백제를 견제하면서 후삼국의 우이를 잡을 수 있는 곳이기도 했다. 이러한 상황에서 정세 판단을 잘했음인지 벽진 장군은 태조 왕건을 도와 고려의 후삼국 통일에 크게 기여했고, 그의 아들 이영(李永)도 어린 나이에 공을 세워 귀문과 혼연을 맺었다고 전한다.

벽진이씨는 그 뒤 여러 곳에 분파해서 세거했다. 홈실 마을 입구에 서 있는 산화 선생(山花先生, 李堅幹) 비는 이 집성촌의 유서 깊은 역사를 말해주고 있다. 벽진 장군의 11세손으로 고려 후기 대제학을 지냈던 산화 선생이 충숙왕 때(1317) 원나라에 사신으로 가서 황제와의 대화를 통해 고향의 산세를 말하고 명곡(楡谷: 홈실)이라는 이름을 하사받았다는 일화는 이 마을의 유서를 그대로 드러내 주며, 홈실이 벽진이씨의 오래된 집성촌 중 하나가 된 경위를 말해주는 듯했다. 벽진이씨는 조선조에만 하더라도 생육신의 한 분인 이맹전(李孟專)을 비롯하여 광해군 인조 때의 완석정(浣石亭) 이언영(李彦英), 한말에는 화서(華西) 이항로(李恒老) 같은 관료 진신들을 배출했고, 일제하에서는 파리장서에 참여한 처증조부 이덕후(李德厚)를 포함하여 독립운동가들도 여럿 배출했다.

'예수쟁이'라는 명분을 최대한 방패 삼아 당시까지 무관심해왔던 내 혈연 의식은 결혼 후 그대로 일관될 수 없었다. 처가로부터 받은 혈연 오리엔테이션은 내 집안에 대한 관심으로 연결되었다. 역사 공부를 한다면서 자기 집안 내력을 제대로 모르는 것이 어색했고, 사회생활을 하면서 받는 문중 관련한 여러 질문에 대해서도 일정 정도 이상의 대답을 할 수 있어야 했다. 내가 시조로부터 34대에 이른다는 것을 알게 되면서, 족보를 보기도 하고 대종회와 관련을 맺으며 집안 내력을 살펴봤다. '인천 이가'가 고려 때는 '인주이씨', '경원(慶源) 이씨' 등으로 불려왔다는 것과 우리나라에서 시조 묘가 밝혀진 16개 성(姓) 가운데 하나라는 것도 알게 되었을 때는 치기 어린 자부심도 생겼다. 인주이씨는 고려 전기에 왕실과 대를 이은 혼맥을 가지고, 고려 중기 인종 대까지 외척으로 왕권을 넘보는 정도가 되어 '이자겸의 난'을 초래하기도 했다. 고려 시대에는 청평거사 이자현(李資玄)을 비롯하여 이공수(李公壽), 이장용(李藏用), 이인로(李仁老) 등의 인물을 배출했고, 고려 말까지 왕실과 혼인할 수 있는 팔대 성(姓)에 속했다고 고려사는 말하고 있다. 조선조에 이르러서는 중시조 이문화(李文和)를 비롯하여 인조 때 이괄의 난을 정벌한 이휴복(李休復)과 그 전후의 조선왕조실록 소재 몇몇 관료 진신들이 보이는데 이들은 '족보상' 내 직계 조상 반열에 있다. 한말 일제하에서 활동이 돋보이는 이방언(李邦彦), 이태준(李泰俊), 이순근(李舜根)이 있으나 고려조만큼 뚜렷이 내세울 인물들이 있는 것은 아니다. 오히려 근대 학문으로 이름 난 학자들이 많은 편이다.

결혼을 계기로 혈연과 족보에 관심을 갖게 된 것은 사실이지만, 이렇게 혈연 의식을 강화하는 것이 시대정신에 부합하는지에 대한 의구심은 늘 떠나지 않는다. 혈연은 지연과 함께 가장 원초적이면서 저급한 인연에 속하며, 최근에는 학연 등과 함께 건전한 판단을 흐리게 하는 역기능도 해왔다. 권력과 기업 등의 사회조직은 물론 심지어는 종교계까지도 혈연이 영향력을 미치면 건전한 판단을 흐리게 하고 부패를 만연시켰다. 근대가 전근대사회의 혈통신분제를 극복하고 신분 평등을 기반으로 성립된 사회라면, 이성적 판단을 흐리게 하는 혈연의식은 청산되어야 마땅하다. 이건 당위적 과제이면서 치열하게 맞서 싸워야 할 전근대의 산물이다. 만민평등을 전제로 한 민주 사회에서 아직도 혈연의식에 기속되어 그걸 초월하지 못한다면, 현대인의 삶을 봉건적 사고로 살아가려는 것이나 다를 바 없다.

오늘날 근대화되고 있는 사회에서 자기 혈족만 강조하고 배타적인 혈연의식에 사로잡힌 사람은 거의 없다. 그러나 성씨에 따라서는 혈연의식을 지나치게 강조하는 곳이 있다. 화수회(花樹會)나 대종회(大宗會), 문중이 고립화된 개인을 이런 연결망으로 흡수하고, 조상 전래의 공동의 염원을 현실화시키는 긍정적인 역할을 한다는 것을 인정한다. 그러나 그것이 혹시라도 배타적 혈연의식이나 자기 혈연의 우월성을 강조하는 역할을 한다면, 이는 역사의 진보를 가로막는 행태로서 극복의 대상이 되어야 한다. 이런 행태가 선거 때가 되면 배타적인 지연·학연 의식과 함께 '우리가 남이가'라는, 앞뒤 가리지 않는 충동성으로 나타나 우리 사회의 건전한 진보와 균형 의식을 가로막는다.

오늘날은 만인이 성을 갖고 있으며 대부분의 성씨가 자기 혈족에 지

대한 관심을 보여 그야말로 양반 아닌 성씨는 없는 듯이 보인다. 고려 초기만 해도 사성(賜姓) 기록이 있는 걸로 보아 그때까지 지배층에서도 성이 없는 사람이 있었으나 그 후 고려 시대를 거치면서 지배층 대부분은 성을 갖게 되었다. 그러나 조선조에도 성 없이 살았던 사람이 많았고, 18세기 말까지도 자료에 따라서는 성이 없었던 사람이 꽤 나타난다. 그러다 왜란과 호란의 양대 전란과 그 후의 사회 변동을 거치면서 신분상에 상당한 변화를 겪게 되었다.

17세기 말에서 19세기 중반 사이에 신분 질서의 혼란을 주장하는 연구자 중에는, 대구(大丘) 호적을 분석하여 숙종조(1690)에서 철종조(1858)에 이르는 기간에 양반이 70.3% 증가하였고, 상민은 약 25.5% 감소했으며, 노비호는 35% 정도 감소했다고 주장하는 이(四方博)가 있다. 이 주장을 그대로 받아들이는 것은 문제가 있으나, 여러 연구를 종합하여 대구 호적의 경우, 양반 인구 구성비가 1690년에 7.4%이던 것이 1858년에는 48.6%로 증가했다고 보는 연구(李俊九)도 있는 만큼 조선 후기의 혼란스러운 신분 변동을 부정할 수는 없다고 본다. 이 시기에 어떤 형태로든 신분 변동이 있었다는 것을 부인할 수 없다면, 오늘날의 성이나 족보, 선대로부터 계승되었다는 집안 내력이 과연 어느 정도 정확할지 단언하기 힘들다. 그렇다면 여기서도 전통적 혈연의식을 극복해야하는 중요한 이유를 발견할 수 있다.

사정이 이러함에도 불구하고 최근의 안정된 생활 때문인지, 혈연의식을 강조하는 여러 사회 풍조가 부쩍 늘어나고 있다. 어제까지 거들떠보지도 않던 묘가 신도비(神道碑)의 주인공이라도 된 듯이 호화와 장엄으로 단장된다. 그건 그래도 자기들 재력으로 그렇게 했을 터이니 상관하지 않기로 하자. 그러나 퇴락하기 짝이 없던 종가들이 문중의 재력에 의해서가 아니라, 지방문화재로 등록되어 지방자치단체로부터 보수비를 받고 있으니 때로는 딱하다고 하지 않을 수 없다. 이제는 배웠다는 사람들도 어제까지 내팽개쳤던 족보를 찾고 혈연을 따지면서, 연암(燕巖)의 『양반전』에 나오는 양반 흉내 내기를 연출하고 있다. 진보학자라고 하는 이들도 언필칭 '벌열'과 '양반', '천출'과 '상것'이란 단어들을 입에 달고 있으니, 이 무슨 해괴한 진보의 허상인가. 진보학자나 배웠다는 이들조차 핏줄에 따라 인간을 규정하는 전근대적 사고에서 벗어나지 못한다면, 그들의 소프트웨어는 아직 근대와는 멀다고 하지 않을 수 없다. 근대가 인간 평등을 지향하면서 시작되었다면, 오늘날에 와서도 혈연의식에 젖어 있는 그런 사고는 어느 시대에 자리매김해두어야 할까.

끝으로 어느 동창회 이야기를 하나 소개하고자 한다. 미국의 어느 유명한 대학교(하버드)의 한국동창회에 다녀온 한 지인의 이야기다. 자기는 그 대학교에서 박사학위까지 받았으니 동창으로서의 자격이 있다고 생각하고 참석했단다. 그런데 그 대학의 학부 혹은 대학원 학생으로 재적했던 사람보다는 한두 달 특수 단기 연수를 거친 이들이 동창회에서 설쳐대더라는 것이다. 다른 곳에서 명함을 제대로 내밀 수 없는 위인일수록 손쉽게 동창회를 빙자하여 자신의 존재 가치를 나타내려 하는 경우가 아닐까 한다. 그 지인은 차라리 동창회에 가지 않았으면 그런 꼴을 보지 않았을 텐데 하면서 난처해했다. 그 이야기를 들으면서, 이 세상에 가짜가 진짜를 제치고 적자 노릇을 하는 곳이 어찌 그 동창회뿐이겠는가 하는 생각을 금치 못했다.

2장

쑥스러운 이야기

이건 쑥스럽고 부끄러운 이야기다. 이미 지나간 옛날 일처럼 기억에 떠올리는 것도 희미하다. 얼마나 진솔하게 기억을 더듬을 수 있을지 모르겠다. 자칫하면 합리화하거나 과장하기 쉽기 때문에, 더욱이 이런 이야기는 가능한 한 자신 속에 용해시키고 묻어버리는 것이 좋다고 생각해왔다. 그런데 해직교수 선배 격인 김찬국 교수께서 기어이 바로 그 이야기를 써내라고 한다. 그런 추억은 같은 경험을 한 사람들이 비슷한 이야기를 할 때 같이 묶어서 하는 게 덜 쑥스럽지 않겠느냐는 것이다. 혼자 따로 하는 이야기가 아니고 어울려서 하는 이야기라니까 망설이다가 몇 자 적어본다.

신군부의 등장, 그리고 해직

1980년 7월부터 1984년 8월까지 나는 교수직을 사임한 채 소위 '해직교수'로 있었다. '해직' 당한 이유는 아직도 분명히 모른다. 당시 사직서를 강요했던 치안 본부의 한 수사관이 나에게 한 말이 생각난다. "길을 가다가 갑자기 옆에서 날아온 영문 모를 돌멩이를 맞았다고 생각하세요." 그에게 주어진 임무가 어떤 형편상 불특정한 몇 사람에게 사표를 강요하여 희생시키지 않으면 안 되었음을 우회적으로 암시한 말이다. 이런 암시를 근거로 다른 사람은 어떻게 생각할지 모르나, 나는 내 해직에 정도 이상의 의미와 해석을 부여하고 싶지 않다. 그러나 분명한 것은 그 전 해(1979년) 10월 26일 유신정권의 대명사 박정희 대통령이 살해된 후 신군부가 정권을 가로채려는 공작을 노골화하고 있는 정황 속에서 해직되었다는 것이다.

집권을 하며 어떤 명분도 꿈도 제시할 수 없었던 신군부는 국가 안보에 대한 위기의식을 최대한 과장하면서, 정권 탈취에 걸림돌이 된다고 판단되는 존재들을 가능한 한 제거하고 있었다. 당시 신군부의 등장에 가장 강력하게 투쟁한 세력은 대학이었다. 신군부는 대학을 잡는 방법으로 학생들을 잡아 가두고 교수들을 감금한 채 사표를 강요했다. 대학교수에 이어 언론인들도 강제로 직장에서 내쫓았다. 이에 앞서 5·17의 회오리가 불어닥쳤지만, 나는 매일 학교 연구실에 나갔다. 이미 모모 씨 등 인사들이 연행되어 갔다는 소문이 당시의 언론 통제 속에서도 들렸다. 곧이어 대학 사회도 긴장감이 감돌기 시작했다.

가까이 지내며 교수 성명에 앞장선 몇몇 분이 잠시 만나는 일을 중지하는 것이 좋겠다고 했다. 그들 중 일부가 연행되기 시작했지만 나는 별로 개의치 않았다. 교수 성명을 낼 때 우리 학교에서 서명을 받는 일에 앞장섰으나 그 일로 인해 당국의 신경을 건드렸다고는 생각하지 않았기 때문이다. 또 전부터 각 대학에서 민주화를 위하여 교수협의회를 구성하려던 차에, 몇 분이 중심이 되어 우리 학교에서 가장 먼저 교수협의회를 발족시키고 교수재임용제를 폐지하라는 요구를 하였다고 해서 크게 주목받을 일은 아닌 듯싶었기 때문이다. 10·26 사건으로 유신독재가 끝난 후 우리 사회의 분위기는 그런 일을 문제 삼을 형편이 아니었다.

'어디 할 일이 없어서 나 같은 것에 신경 쓸 겨를이 있으려고…' 이것이 당시 정국을 관망하던 내 심경이었다. 평소 우리 사회에 대해 기회가 주어질 때마다 비판적인 발언을 한 것은 사실이지만, 그것이 상식의 정도를 넘어섰다거나, 혹은 어떤 오해를 불러일으킬 만한 강성 발언이었다거나, 특정 개인이나 집단을 겨냥한 비판은 아니어서 내 발언이 문제가 된다고는 생각하지 않았다. 그러던 중 어느 날 아침 치안 본부의 모 형사라면서 그가 지정한 다방에서 잠시 만나자는 연락이 왔다.

'무언가 심상치 않은 사태가 벌어지는구나.' 긴장하면서, 당시 읽고 있던 함석헌 선생의 무저항에 관한 책(『간디의 참모습/ 간디 자서전』)과 포켓용 성경을 들고 약속 장소로 갔다. 키가 나보다 약간 큰, 외모로는 경찰로 보이지 않는 신사 한 분이 노타이 차림으로 앉아 나를 기다리고 있었다. 찻잔을 앞에 놓고 몇 가지 사항을 묻고는 자리를 옮겨 이야기하자며 이끌고 간 곳이 당시 치안 본부 303 수사대가 있던 충정로2가였다. 그 어느 중간 지점으로 골목길을 따라 들어갔다. 두세 겹문을 거쳐 들어가 보니 한쪽에 복도가 딸린 넓은 방이 몇 개 있는 일종의 구치소였다.

지시대로 처음 들어선 복도를 거쳐 지정한 방으로 들어갔다. 멀리 떨어져 있는 복도 한쪽에서는 몇 사람이 조사를 받고 있는 듯했다. 지정된 방에 들어가서는 호출이 있거나 식사 시간 외에는 복도로 나오지 못한다고 했다. 복도에 나와서도 아는 사람과의 대화는 일절 금한다고 단단히 주의를 받았다. 방 입구에는 민간인 복장의 경찰로 보이는 젊은이들이 책상 앞을 지키고 있었다.

뒤에 안 일이지만, 당시 집권 군부 세력은 대학을 '안정'시키기 위해 '요주의' 교수들을 구인해와서 이렇게 조사를 벌이고 정해진 각 본에 따라 강제로 사직서를 받기도 하였는데, 그 일을 정보부와 보안사 그리고 치안 본부 303 수사대에서 각각 분담했다고 한다. 그때 치안 본부에 끌려간 사람 중에서 해직교수가 가장 많이 양산된 일면을 두고 당시 경찰이 힘이 없으니까 군부에 지나치게 아부한 것이 아니냐는 비아냥이 나돌았을 정도였다. 힘 있는 자도 더 아부해야 살아남을 수 있는 형편이었으니 힘없는 기관이야 오죽했으랴.

　　그날 점심 식사 때에야 비로소 복도에서 평소에 잘 아는 사람들을 만날 수 있었다. 매우 반가웠다. 이곳에 끌려온 이가 나 한 사람만이 아니라는 사실은 안도감을 주었고, 일 돌아가는 형편이 어떻다는 것을 어렴풋이 짐작하게 해주었다. 지금은 숭실대로 이름을 되찾은 숭전대 철학과 교수 조요한 선생과 또 몇 분을 만날 수 있었다. 조 선생은 들어오신 지 며칠이 된 듯 꺼칠한 수염에 약간 초췌한 모습이었지만 평소 조용하고 단아한 품위는 조금도 흐트러짐이 없었다. 이튿날 조 선생은 식사 시간에 일부러 가까이 오셔서 내가 지니고 있던 포켓용 성경을 빌려보자고 하시며 나지막하게 이렇게 귀띔해주셨다. "이 선생, 젊은 혈기에 절대로 맞서 싸울 생각일랑 하지 마시오. 그들이 무엇을 요구하든지 순순히 들어주는 것이 좋을 거요."

　　그 말이 무슨 뜻인지는 곧 알게 되었다. 들어간 그날 오후부터 나는 김 씨 수사관 앞으로 인도되어 조사를 받기 시작했다. 얼핏 그 옆에 걸려 있는 표를 보니, 우리를 잡아 온 일과 관계가 있는 듯, '김대중 내란 음모 사건'이란 제목 아래 사건의 구도와 계보가 자세히 그려져 있었다. 이 사건은 뒤에 군사재판으로 회부되어 많은 사람이 무고하게 고통을 받았고, 나도 이 사건과 관련 여부를 두고 몇 번 심문을 받았다. 이때 '아하! 이자들이 이런 일을 꾸미기 위해서 우리를 잡아들여 자백을 받고 증거를 확보하려는 거로구나' 하는 생각이 퍼뜩 지나갔다. 그러나 이런 문제에는 걱정할 것이 없다고 자신하면서 나는 그들이 요구하는 자술서와 질문에 답을 비교적 자세히 기술하였다. 「361인 교수 성명서」는 어떻게 작성·발표되었으며, 교수협의회 조직과 성명서 발표 경위는 어떠했으며, 시국관은 어떤가 등 여러 가지를 썼던 것으로 기억한다.

뒷날 바깥에 나와서 들은 충고지만, 그런 경우에 자술서는 그저 간단히 쓰는 것이 좋단다. 간단히 쓴 후 다시 그들이 보충해서 더 쓰라고 하면 또 몇 자 추가하는 것이 요령이란다. 그래야만 자신의 일도 쉽게 풀리고, 또 어떤 일에 연루되었을 수도 있는 다른 분들이 피해를 보지 않는다는 것이다. 예비 지식이 없던 나는 그런 기준에서 보면 자술서를 작성하면서 매우 어리석은 짓을 했던 셈이다. 사실이 진행된 대로, 기억나는 대로, 내가 아는 한 꾸밈이나 거짓이 없이 곧이곧대로 썼기 때문이다. 그러다 보니 내가 쓴 자술서의 부피가 다른 분들의 것보다 많았을 뿐 아니라 특별한 사안에 대하여 다시 쓰라는 요구도 받지 않았다. 지금도 그때 그곳에서 두려움이나 거침이 없이 글을 썼던 나를 돌아보면 약간 흥분되고 마음의 동요를 느낀다. 그러나 이것마저 이제는 젊은 시절 한때의 치기 정도로 생각하고 싶다.

그럭저럭 사흘이 지났을까? 어느 날 저녁, 밖에서 나를 담당한 김 수사관이 그의 상관인 듯한 이와 내 문제를 두고 심하게 다투는 소리를 들었다. 그만한 일로 사표를 강요할 수 없다고 김 씨는 항변했고, 가끔 우리에게 얼굴을 비춘, 살결이 희고 약간 둔중한 체구의 상관은 무어라고 고함을 치며 명령조로 강압했다. 얼마 후 얼굴에 흥분기가 채 가시지 않은 김 씨가 복도로 나를 불러냈다. "지금으로선 달리 방법이 없겠군요. 이 교수님이 사직서를 써주셔야겠어요."

이곳에 들어와 처음 그의 앞에 가서 자술서를 쓸 때, 그는 나를 잘 아노라고 했다. 약 5년 전 KBS TV에서 3개월 동안 〈한국사 강좌〉를 강의할 때 그것을 잘 시청했다고 한다. 그런 인연에다 그의 이름이 내 초등학교 은사 김형규 선생님과 똑같다는 사실 때문에 쉽게 친해질 수 있었다. 그는 사직서를 받으라는 상사의 지시에 몹시 낭패스러움을 느끼는 것 같았다. 그제야 조요한 선생이 주었던 그 은근한 말씀이 무슨 뜻인지 마음에 와닿았다. 내가 그들이 강요하는 사직서를 비교적 담담한 마음으로 쓸 수 있었던 것은 하나님의 섭리를 믿는 신앙이 나에게 담대함을 주었기 때문이지만, 하필 그때 읽고 있던 책이 함석헌 선생의 '무저항'에 관한 글이었고, 따라서 그 글이 나의 결단에 어느 정도 영향을 미쳤음도 부정하지 못한다.

함석헌 선생과의 만남은 대학에 처음 올라와 같이 자취한 임한순 형과 함 선생의 강좌에 참석하며 시작됐다. 그럴 즈음 월간 「사상계」에 실린 "생각하는 백성이라야 산다"라는 글을 비롯하여 윤형중 신부와 벌인 몇 차례의 신앙 논쟁 등을 보고, 그 깊은 뜻은 잘 모르더라도 대학 시절의 치기 어린 현학성을 과시라도 하듯, 선생의 글을 즐겨 읽으려는 열정에 사로잡혀 있었던 터라 『성서적 입장에서 본 조선역사』를 깊은 감동으로 읽었다. 나와 함 선생은 다시 한번 그의 글을 통해 그런 '운명적인' 자리에서 만난 것이다. 이런 인연 때문에 나는 해직 기간에 함 선생이 명동 전진상에서 인도하는 〈노장 사상 강의〉에도 틈틈이 참석하였다.

그들이 나를 구속한 목적을 달성하고, 수사대 밖에까지 와서 기다리던 아내에게 나를 인계한 그날 저녁, 나는 장모님의 제사에 참례할 수 있었다. 치안 본부 수사대에서 사직서를 강제로 제출한 후 자유의 몸이 되었지만 그것이 삶의 자유를 보장하는 것은 아니었다. 더 큰 감옥으로 풀려나게 된 것임을 곧바로 알 수 있었다. 일주일간 갇혀 있다가 나와보니 바깥세상에서는 해직이라는, 자의로는 맞을 수 없지만 인생에서 가장 값진 교훈을 주는 선물이 나를 기다리고 있었다.

이때 학교에서 쫓겨난 이른바 해직 교수들은 나와 같은 학교, 같은 학과의 김봉호(金鳳鎬) 교수님을 비롯하여, 고려대 강만길, 이문영, 김윤환, 조용범, 이상신 교수와 서울대 변형윤, 한완상, 김진균, 이명현 교수, 성균관대 이우성, 탁희준, 장을병, 송상용 교수, 숭실대 조요한 교수, 연세대 김찬국, 이선영, 김동길 교수, 이화여대 현영학, 이효재, 서광선, 백재봉, 김치수, 백명희 교수, 중앙대 유인호 교수, 한신대 안병무 교수, 한양대 리영희, 정창렬 교수, 홍익대 정윤형 교수 등이었다. 거의 같은 이유로 해직된 것으로 기억하고 있다.

4년간의 외출

일상생활의 리듬이 끊어지는 것이 얼마나 견디기 어려운 일인지, 해직과 함께 비로소 경험하기 시작했다. 퇴직한 노인들이 노후 보장이 다 돼 있고 자식들에 대한 걱정도 거의 마무리되었는데 왜 갑자기 건강에 이상 증세가 나타나는지 그 이유를 어렴풋이 이해할 것 같았다. 비록 단조로운 생활이긴 해도 아침 식사 후면 으레 가야 할 곳이 있고, 다음에 어디를 가며 무엇을 해야 할지에 대한 사소한 걱정이 없는 것이 바로 '행복'이라는 생각을 그때야 비로소 할 수 있었다.

사람들은 바삐 돌아가는 일상을 너무 안이하고 변화가 없고 권태롭다는 이유로 가끔 무의미한 것으로 치부하지만 일자리를 갖고 규칙적인 생활을 할 수 있다는 것 하나만으로 사실은 즐거움과 가치를 찾을 수 있다. 나는 그때 일자리의 고마움을 지금까지와는 다른 측면에서 다시 발견하게 되었다. 이것은 어쩌면 일상적인 삶 속에서는 평생 가도 도저히 터득할 수 없는 귀중한 깨달음이었는지도 모른다.

일터는 우리의 생을 영위하는 재원을 마련해주고 규칙적인 생활을 제공하는 것 외에 또 하나, 소속감을 주어 자신이 고립된 존재가 아님을 인식시켜준다. 직장은 든든한 공동체와의 연계 속에서 개인을 지켜주는 터전인 셈이다. 평생을 자유인으로 살아 직장이라는 소속감을 느껴보지 못한 사람이나 규칙적인 직장 생활을 해보지 못한 사람들은 직장이 주는 보이지 않는 힘, 곧 또 하나의 사람 사는 맛이라고 할 수 있는 그 플러스알파인 효과에 대해서 이해할 길이 없다. 이 평범한 진리를 마흔이 넘어서 알게 되었으니 참으로 늦깎이 인생을 살아왔다는 느낌이다.

해직당한 그 이튿날부터 이전에 맺은 여러 관계가 끊어지기 시작했다. 내 쪽에서 먼저 끊지 않더라도, 나와의 관계를 끊는 여러 조치가 내 의사와는 관계없이 생겼다.

"연구실을 비우세요. 죄송합니다."

학교 총무과의 통첩과 대출 도서를 반납하라는 도서관의 독촉도 있었다.

"퇴직금을 수령하고 의료보험증서를 반납하십시오."

느닷없는 연락이 잇달았다. 다른 학교보다 절차가 빠르다는 느낌도 받았다. 다른 학교에서는 이러한 해직 조치가 형식적인 엄포에 그치지 않을까 하는 기대에 약간의 시간적인 여유를 두고 해직에 따른 행정적인 절차를 천천히 밟고 있었다. 그 덕에 사표가 반려된 사례도 있었다. 그러나 우리 학교는 의외로 신속성을 발휘했다. 이유가 있었다. 나의 대인관계가 원만하지 못했음도 한 원인이었다.

이 일이 벌어지기 전, 학교에서 있었던 일이다. 새로 부임한 총장이 옛날 제자였던 황 아무개 교수의 말을 신임하고 당시 학내에 떠도는 말로는 '쿠데타'적으로 학내 인사이동을 전격 단행한 일이 있었다. 이때 들어선 신임 처장 중에는 정보부에 그의 친인척이 있어서 소위 '끝발'이 세다고 소문난 사람도 있었고, 뒷날 학내 민주화를 위해 일하겠다고 달려든 사람도 있었다. 지금에 와서도 감투와 보직 문제에서는 대학이 크게 달라졌다고 생각하지 않지만, 옹졸한 고집을 버리지 못한 탓인지 그때 일을 생각하면 불쾌감을 지울 수가 없다.

당시 학내 신문사 주간이었던 나는 그 양반들의 석연치 못한 취임 과정과 취임 후까지 계속된 비밀스럽고 독단적인 처사에 매우 비판적이었다. 그래서였는지 모르지만 몇 차례에 걸쳐 신문사를 두고 부당한 조치가 담당 처장을 통해 취해졌다. 그때마다 나는 주간 자격으로 신문사 발행인인 총장에게 쫓아가 몇 차례에 걸쳐 그런 부당한 처사들을 직접 확인했다. 그러나 그것들은 총장의 뜻과는 전혀 달랐다. 부당한 조치는 좀처럼 철회되지 않았을 뿐만 아니라 계속 가중되었다. 나는 주간직을 사임하는 것이 좋겠다고 생각하고 발행인인 총장에게 사표를 제출했다. 제출하면서 몇 번이나 확인한 그 부당한 조치들이 시정되지 않는 것을 이해할 수 없으며 그것은 곧 학교 책임자인 총장이 일을 맡긴 사람에게 이중적인 자세를 가지고 전폭적인 신뢰를 주지 않기 때문이라고 항변했다.

'임이불이'(任而不二), 일단 맡겼으면 두 마음을 품지 말라(의심하지 말라)는 뜻이다. 이것은 책임자가 지녀야 할 중요한 덕목으로서, 평소 윗사람은 일을 맡길 때 신중해야 하고, 한번 일을 맡겼으면 믿고 제대로 일할 수 있는 환경을 만들어주고 지원해야 한다. 총장이 흔들리면 아랫사람이 소신 있게 일할 수 없고, 그렇다면 사표를 제출하여 재신임을 묻든지 그 일을 그만두어야 한다고 판단했다. 이런 일 때문에 학교 당국과 나는 약간 어색한 관계였다.

거기에다 5·17 직전 학생들이 무능교수 퇴진을 외치자, 학교 당국도 학생들의 주장을 어쩔 수 없이 들어주어야 하지 않겠느냐는 어정쩡한 태도로 나왔다. 나는 교수회의 석상에서 학생들과 학교 당국의 태도를 강하게 비판하였다. 당시 학생들은 10·26 이후 '서울의 봄'을 맞아 정치적인 개혁뿐 아니라 학내 개혁을 외치는 기염을 토하고 있었다. 학교에서 들리는 소문에 의하면, 학생들이 소위 무능교수를 가려내는 작업을 하면서 누구누구는 동창이니까 봐준다는 식의 불공정한 잣대로 교수들을 재단했다고 한다. 그런 소문이 파다한 탓인지 무능교수를 거론한다면 의당 이름이 먼저 올라야 할 사람이 빠져 있는 경우도 있었다.

수업 거부를 결의하면서까지 협박조로 나오는 분위기 속에서 나는 학생들이 교수 문제를 거론하는 것 자체가 바람직한 상황이 아닐 뿐 아니라, 학교 당국도 학생들의 요구에 일방적으로 끌려다니는 듯한 자세로 문제 해결에 임하는 것은 곤란하며, 확고한 방향을 가지고 단호한 태도를 취해야 한다고 주장했다. 내 주장에는 학교 당국이 학생들의 주장에 타협하는 듯하다는 내용도 있었는데, 이 비판에 마음이 상했는지 교수회의를 주재하던 총장이 팔을 걷어붙이고 내 앞으로 나와 한 대 칠 것처럼 흥분했던 일촉즉발의 위기도 있었다. 이런 일들은 그렇지 않아도 인간관계가 매끄럽지 못한 나를 학교 당국에 더욱 거추장스러운 존재로 만들었다. 이런저런 사연들이 내가 해직되고 뒷수습을 하는 과정에서 평소 우리 학교의 행정력으로는 상상할 수 없는 빠른 기동력을 갖게 했던 한 요인이라고 추측한다.

해직에 따른 행정적인 절차(그중 의료보험카드를 제출하는 날 마음이 몹시 울적했던 기억이 난다)를 밟고 마지막으로 연구실 책을 실어 올 때 비로소 더는 이 학교 교수가 아니라는 사실을 실감했다. 그전까지는 해직을 도무지 실감할 수 없었다. 그리고 해직이 지금까지의 인간관계를 그렇게 철저하게 단절시키는 것인 줄도 미처 몰랐다. 인간관계를 철저하게 파괴한 '해직 사건'은 군부정권이 민주화를 요구하는 시민들의 생명줄을 철권으로 협박하면서 강압적으로 묵종하게 만든 수단으로 이용한 일종의 시범 케이스였다. 이 일은 대학 교수에게만이 아니라 공무원과 언론계 종사자, 특히 기자들과 국영 기업체에서 일어났다. 거기에 더하여 인간을 동물 이하로 취급하면서 수많은 자살자를 낸 삼청교육대도 이때 비밀리에 진행되고 있었다. 이것이 지금도 자신들의 정당성을 고집하는 12·12 군사반란의 주역들이 만들어놓은 당시 '대한민국'의 한 단면이었다.

해직당하던 그달(7월) 초에, 그렇게 될 것을 전혀 예상하지 못하고 22평짜리 아파트에서 지금 살고 있는 32평짜리 아파트로 옮겼다. 만약 그때 미리 옮기지 않았더라면 학교에서 가져온 책들을 어디에 쌓아두어야 했을까. 지금도 가끔 생각하면서, '해직'이라는 불행과 그것을 적절하게 준비하시는 하나님의 '섭리' 사이에 상관관계를 알게 하는 대목이다. 내가 비록 신약성경 로마서 전반절의 "하나님을 사랑하는 자 곧 그 뜻대로 부르심을 입은 자들"(롬 8:28)에는 부합하지 못하는 모자란 인간이지만, 그 뒤에 나오는 "모든 것이 합력하여 선을 이루느니라"는 말씀은 믿고 또 여러 번 체험했음을 고백하지 않을 수 없다. 32평으로 옮길 때 충청은행에 재직 중인 동서(李達煥)와 이제는 고인이 된 손윗동서(金炫洙)의 도움으로 은행 융자를 받을 수 있었는데, 해직 때 받은 퇴직금으로 우선 이 빚부터 갚았다. 일정한 수입이 없는 형편에 매월 은행 빚을 정기적으로 갚기가 부담스러웠기 때문이다. 해직이라는 고통 속에서도 '준비하시는 하나님'(여호와 이레)을 체험한 것이다.

해직은 당장 내 삶의 방식을 바꾸라고 요구했다. 예를 들면, 매일 집을 나서서 학교와 연구실이라는 일정한 장소로 가야 했던 이전까지의 일상성을 중지하고 집 안에 머물러 있어야 한다고 무언중 강박했다. 그러나 나는 그 요구에 순순히 순응할 준비가 전혀 되어 있지 않았다. 우선 해직된 사실을 아내와 초등학교 6학년이었던 큰아이만 알도록 했다. 그리고 매일 아침이면 가방을 들고 어머님의 방에 들어가서 아무런 일이 없는 것처럼, "어머님, 다녀오겠습니다"를 아뢰야 했다. 철들고부터 어머님께 행할 수 있었던 자식 된 도리는 참으로 보잘 것이 없었다. 『예기』(禮記)「곡례」(曲禮) 상(上)에 일렀다던, "대저 자식 된 자는 외출할 때에는 반드시 아뢰고 집으로 돌아왔을 때는 반드시 얼굴을 대하도록 해야 한다"(夫爲人子者 出必告 反必面)에서, "출필고 반필면"의 도리를 갖춘 것 외에는 거의 없었다.

내가 행한 자식 된 도리가 그러했기 때문에, 자식들에게도 그 정도 이상의 기대를 가지지 않기로 했다. 그전 같으면 "어머님, 학교에 다녀오겠습니다"라고 했을 터인데, 이제는 그 '학교에'라는 말을 차마 입 밖에 낼 수가 없었다. 어머님은 내가 복직되기 1년 전에 돌아가셨는데, 돌아가실 때까지 아마도 내가 출필고 반필면할 때 '학교에'라는 말을 뺀 것을 알아차리지 못하셨을 듯하다. 지금 와서 생각하면 평생 자식들을 위해 기도하셨던 어머님이신데, 늙으신 어른께 걱정을 끼치지 않아야 한다는 대의명분을 달아 해직 사실을 알리지 않은 일이 자식 된 도리로서 제대로 한 판단이었는지는 가늠하기 어렵다. 그것은 내가 부모가 되어 자식이 그런 일을 당했다고 가정하고, 역지사지해보았을 때, 자식에게 일어난 일은 부모님을 모시고 있는 한 알려야 한다는 쪽으로 느낌이 기울어지기 때문이다.

사람, 사람, 사람들

해직된 후 친지 및 친구들과의 관계가 전과 같이 자연스럽게 유지될 수 없음도 곧 느꼈다. 앞앞이 찾아다니면서 해직 경위를 이해시킬 수도 없거니와, 또 그럴 분위기도 아니었다. 군부 통치의 공포 분위기는 우리를 마치 국사범이라도 되는 양 주변의 곱지 않은 눈길들을 의식하게 만들었다.

뒷날 들은 말이지만 고향에서는 내가 큰 범죄를 저질러서 학교에서 쫓겨났다고 소문이 나 있었다. 당국에서 의도적으로 그런 소문을 퍼뜨리지는 않았겠지만, 우리 주변에 음해성 유언비어가 있음을 전해주는 분도 있었다. 심지어 이전 직장 동료라는 작자 중에서도, 앞에서는 동정하는 척하면서 뒤로는 이런저런 고약한 소문을 퍼뜨리고 있음을 듣고는 분노를 금치 못했다. 길지 않은 인생 경험이지만 면전에서는 아무렇지도 않게 보이거나 심하면 아부까지 하면서, 뒤돌아서면 일을 꾸미고 음해하는 족속들이 더러 있는데 교수 사회에서도 예외는 없다. 면종복배(面從腹背)형 인간들처럼 지저분한 게 없다.

이런 상황에서 예전처럼 친구들을 찾아 나설 수가 없었다. 친구 사이지만 우선 저쪽이 어떻게 생각하는가 하는 점이 신경이 쓰였고, 내가 찾아감으로 인해 저쪽이 어떤 부담을 느끼지 않을까 하는 점도 외면할 수 없었다. 하도 심한 공포정치가 이뤄지던 때이다 보니 우리 뒤를 감시한다느니, 우리가 접촉한 사람들을 조사한다느니 하는 엄포성 유언비어가 나돌았다. 그런 형편인지라 나 때문에 괜히 친구들이 어렵게 되지 않을까 하는 생각에 웬만큼 잘 아는 친구가 아니면 찾아갈 수가 없었다.

거기에다 사람이 직장을 잃으면 자격지심이 생기는 것일까? 친구를 찾는 것이 혹시 경제적 도움을 구하려는 것이나 한 끼 식사를 얻어먹으려는 행동으로 비치지는 않을까 하는 옹졸한 생각마저 들었다. 이런 생각은 재직 중일 때에는 상상도 못 한 것이었고, 또 진정한 친구 사이라면 어려운 때 도움을 청하는 것이 그리 허물이 아닐 수도 있는데, 내 처지가 이런 형편이다 보니 이렇게 옹졸하고 떳떳지 못한 생각마저 들었다. '때로는 상황이 사람을 이렇게 추하게 만드는구나' 하는 생각을 지우지 못했다.

생활이 부자유스러워진 것은 그뿐만이 아니었다. 경찰은 늘 감시하고 있다는 신호를 수시로 보냈다. 일상생활이 국가기관에 의해 감시당하고 있음을 의식하는 일은 나를 피곤하게 만들었고 삶을 위축시켰다. 일에 활력을 불어넣을 수도 없었다. 한번은 이런 일이 있었다. 가끔 해직교수들이 모여 그동안 지낸 일을 얘기하고 서로를 격려하면서 같이 식사를 했는데, 그 무렵 하루는 외출하고 돌아오니 둘째 아이가 흙 먹은 표정이었다.

"오늘 두 번이나 전화를 받았는데 어디냐고 물으니깐 노량진 경찰서 최 형사라고 했어요."

짚이는 데가 있었다. 집이 노량진 경찰서 관할 구역에 위치해 있는지라, 해직 후 나에게 접근해온 적이 있는 소위 담당 형사라는 그 친구로구나 하는 생각이 들었다. 아직도 해직 사실을 모르고 있는 아이에게 전화로 '경찰서'와 '형사'를 들먹거린 데 대해 은근히 화가 났다. 아이에게 내색은 하지 않고 속으로, '그 작자를 만나 알아듣게 일러둬야지' 하고 다짐했다. 얼마 안 있어 그 형사한테서 연락이 왔다. 내 쪽에서 먼저 만나자고 했다. 그는 무슨 정보라도 얻을 수 있을까 했는지, 만나자는 말에 서둘러 나왔다. 나는 차분히 알아듣게 말했다.

"처지를 바꾸어서, 내가 당신 집에 그런 식으로 전화를 했다면 당신은 어떻게 생각하겠소? 우리 집 아이는 내가 해직된 사실도 모를뿐더러, 경찰서 형사로부터 두 번씩이나 전화를 받았으니 아버지가 무슨 잘못이라도 저지른 줄 알지 않겠소? 할 말이 있으면 꼭 나를 찾아서 말하기 바랍니다. 내가 감시받고 있다는 사실이나 그 일을 맡고 있는 당신의 존재를 우리 식구들에게 알리고 싶지 않소."

그리고 약간 허풍까지 섞어서 단호하게 말했다.

"내가 해직된 것은 어떤 범죄 때문이 아니라는 것을 당신들이 더 잘 알지 않소? 또다시 그런 식으로 전화질하면 가만있지 않겠소."

그 형사는 자신이 경솔했음을 인정하고, 다시는 그러지 않겠다고 약속하면서 나를 형님으로 모시겠다고 했다. 우리는 그날 저녁 식사를 같이하면서 인간적인 사귐을 나누었다. 그 형사와는 복직 무렵까지 교제가 있었으나 그 후에는 소식이 끊어졌다.

그 무렵 군부 통치 아래에서 강압적 분위기가 자심(滋甚)했던 만큼, 진실과 비판의 소리는 죽고 각종 유언비어만 난무했다. 오죽했으면 '유비통신'(流蜚通信)이란 말까지 유행했을까. 사람들은 신문이나 공공 언론보다는 유비통신을 더 가까이하고 신용했다. 강압적이고 불신의 풍조 속에 정부의 공식 발표는 거꾸로 새겨 이해하려고 했다. 이런 분위기 탓에 은밀하게 떠돌아다니는 유비통신이 설득력을 갖는 것은 당연했다. 정부에 비판적인 요시찰 인물들에게 전화 도청까지 한다는 유언비어는 이래서 자연스럽게 기정사실화되었다.

그러나 지금까지도 나는 정부가 나 같은 존재에게까지 그 같은 '배려'를 베풀지는 않았을 것으로 믿는다. 정부가 개인의 사생활을 그런 식으로까지 조이고 감시해야만 유지될 수 있다면, 그런 정부의 다스림을 받아야 하는 시민의 자존심이 너무 초라해지지 않는가. 그런 점잖은 생각을 하다가도 전화에 잡음이 많이 들리거나 감도가 떨어지면 누가 장난질을 하는 것이 아닌가 하는 의혹이 불쑥불쑥 들곤 했다. 도청당한다는 느낌이 들 때는 들으라는 듯이 의식적으로 과장된 언어를 구사하면서 내 딴에는 역공을 펴는 시늉도 한 적이 있다. 그러나 지나고 보니 모두 치기 어린 짓이었다. 어떤 어리석은 국가 기관이 도청했을 리도 없었겠지만, 한두 마디 호기로 큰소리를 치며 역공이란 걸 펴본들, 그런 허세에 대해서도 심리적인 분석을 이미 해두었을 전문기관의 입장에서 보면 그런 행동이 무슨 의미가 있겠는가. 허공을 향해서 자신의 울분을 토로해본 일종의 만용에 불과한 몸부림이었다고나 할까?

해직 기간에 이렇게 짜증 나고 불편한 일만 있었던 것은 아니다. 해직교수에게 접근하는 일을 떨떠름하게 여기는 분위기에서도 가끔 위로 전화를 걸어주었던 선후배와 동료들이 있었고, 나가기 싫다는 데도 억지로 나오라 하여 식사 자리를 마련해주는 친구들도 있었다. 해직된 지 며칠 지나지 않아 서울대 신용하, 한영우 두 교수가 지금은 없어진 반포 온양갈비집에 초대해서 위로해주었다. 두 분 다 서울대학교 입학 동기로서, 신 교수는 사회학과로 전공이 달랐지만 모두 잘 어울리는 사이였다. 또 평소 그렇게 교분이 많지 않았는데도 숙대 테니스 코치 유 선생이 저녁에 우리 집을 방문하여 나를 깜

짝 놀라게 했다. 알고 보니 그는 일가(一家) 김용기 장로의 가나안농
군학교 여러 사람과 가까운 사이였다. 내가 지도하던 학과 제자들은
내 연구를 위해 자료를 찾아주겠다며 자주 찾아왔고, 숙대 YWCA
학우들이 우리 집을 찾아와 위로하고 기도하면서 대화를 나눈 적도
있었다. 어려울 때 위로를 베풀어준 이들은 지금도 정말 잊을 수가
없다.

　해직 기간에 그래도 가장 마음 편하게 들를 수 있었던 곳은 출
판사인 지식산업사였다. 그곳은 대학 동기이기도 한 김경희 형이 있
어서 때를 불문하고 방문해도 저쪽에서 내색을 하지 않았고, 때로는
한두 끼씩 신세를 져도 부담을 느끼지 않아 좋았다. 또 갑갑할 때는
세상 돌아가는 이야기도 들으면서 속을 털어놓고 대화를 나눌 수 있
었다. 그리고 그곳에 가면 가끔 만나기 힘든 분들을 사귈 수 있었고,
어떤 때는 나같이 해직되어 갈 데 없는 '친구'들을 만나 아픔을 나누
기도 했다. 기쁨은 나누면 배가되고 슬픔과 고통은 나누면 반감된다
는 것을 나는 이 친구와 이곳에서 만난 당시로서는 측은하다고밖에
달리 표현할 길이 없는 지식인들을 통해 체험했다. 지식산업사의 이
친구는 그렇게 험한 시절, 나처럼 별로 이익이 되지 않는 친구들과
의 만남이 한 원인이 된 듯 사업이 거덜 난 적도 있다.

　하여튼 이러한 추억들은 내가 학교를 떠나자마자 학교로 배달
된 우편물조차 전달해주지 않던 학과 조교나, 내가 있던 그 자리를
노리고 운동을 벌였던 선후배와 지식인들, 그리고 서울의 봄 시절
교수협의회다, 민주화운동이다 하면서 어울리는 척하다 해직 기간
에는 얼굴 한 번 비치지 않던 면면들에 대한 섭섭함과 대조가 됐다.
5·17 직전 학생들이 한창 교수 배척운동을 벌일 때, 내가 앞장서서
그들을 꾸짖고 타이르며 교수들을 변호해주었다고, 밤중에 울먹이

는 소리로 계속적인 지원을 호소했던 교수들도 상황이 바뀌어 자신들이 안전해지자, 어쩌다 길거리나 음식점에서 만나도 고맙다는 인사는커녕 제대로 아는 체도 하지 않는 각박한 풍토였다. 이런 상황 탓에 내가 앞의 몇몇 상황을 고마운 추억으로 간직하는 것은 이와 대조적인 정감에서 우러나온 자연스러운 일이라고 말하지 않을 수 없다.

특별히 나는 같은 학과의 선배 교수였고 자주 대화를 나누었던 고(故) 정세현(鄭世鉉) 교수를 지금도 잊지 못한다. 그도 나와 같이 그때 치안 본부에 끌려갔지만 사표는 쓰지 않고 풀려나왔다. 그것이 미안하다고 자주 말했다. 해직된 후 그는 매월 한두 번씩 나를 시내로 불러내 식사하는 자리를 마련했다. 내가 나가지 않겠다고 이리저리 핑계를 대면 투박한 경상도 사투리로 툭, 한마디 던진다.

"허, 씨그러, 고만 그리로 나오소."

그를 만나면 신문에 일절 비치지 않은 세상 돌아가는 이야기를 들을 수가 있었다. 헤어질 때는 과자점 같은 곳에 들러 내가 빈손으로 집에 들어가지 않도록 해주었다. 그때 정 교수와 자주 만났던 곳이 시청 앞 플라자호텔 꼭대기 북녘 쪽 양식집이다. 그곳은 전망도 좋고 대화하기에 적당했다. 나의 어려움에 그렇게까지 동참하려 했던 정 교수는 신군부가 들어서자 울분을 삭이지 못해 늘 상심하면서 때로는 두주불사(斗酒不辭)의 폭음도 마다하지 않았는데, 그런 것들이 화근이 된 듯 간경화 증세가 나타났다. 형편이 그렇게 되었으면 안정을 취해야 했다. 그러나 주위의 간곡한 만류에도 불구하고, 그는 군부정권에 대한 오기가 받쳐 연구자료를 찾는답시고 일본을 다녀오기도 하여 건강에 결정적인 무리를 더했다. 이윽고 내가 미국에 가기 직전 고려병원(현 강북삼성병원)에 입원하더니, 이후 몇 달 되지 않아 신문을 통해 부고 소식을 알렸다. 나는 지금도 그의 마지막 가는 길을 배웅하지 못했음을 심히 애석해하고 있다.

그는 호방한 성격에 남다른 포부와 경륜을 지녔고, 일을 추진할 때는 항상 치밀한 전략과 박력을 겸비했으며, 때로는 점잖은 입에는 도저히 담지 못할 육두문자까지 써가며 기염을 토하는, 말하자면 선이 굵고 강한 추진력을 가진 사람이었다. 대학교수치고 교제 범위가 매우 넓어 요소요소에 지인들이 많았고 그 때문에 오해도 더러 받았지만, 전화통과 연구실에서는 그를 찾는 이들과 이런저런 부탁이 끊이지 않았다. 문민정부가 들어서자 가장 생각난 분이 정 교수였다. 그와 가장 가까웠던 분들이 바로 물을 만난 고기와 같이 때를 만났기 때문이다.

외부 지원으로 계속된 연구 생활

해직 중 가장 안타까웠던 일의 하나는 연구실이 없는 상황에서 제대로 연구 생활을 지속하기가 어려웠다는 점이다. 그나마 연구를 계속할 수 있었던 것은 억지로 공부하지 않으면 안 되도록 여건이 조성되었기 때문이다. 외부에서 연구 프로젝트에 참여하도록 억지로 나를 끌어들이고 더러는 저술을 해달라는 요청이 들어왔다. 이것은 다른 동료 해직 교수들이 어려운 조건 속에서도 자신의 전공 연구에만 몰두한 것에 비교하면 보람된 일이라고만은 할 수 없지만, 일정한 수입 없이 연구와 생활을 걱정해야 했던 것에 비교하면 그런대로 다행스러운 일이었다. 이때 몇 편의 연구논문을 쓰기도 하고, 이 무렵에 부탁받아 시작한 저술들이 그 뒤에 출판되기도 했다. 감사한 것은 이러한 연구·저술 의뢰들이 일정한 일터도 수입도 없는 나의 생계를 염려해준 측면이 있었다는 점이다.

공동연구계획에 참여한 것은 두 번이었다. 당시 조승혁(趙承赫) 목사가 원장으로 있던 한국기독교사회문제연구원에서 '국가권력과 기독교'를 주제로 한 프로젝트가 있었는데, 연구가 끝난 후 나의 논문 「개신교의 전래와 일제하 교회와 국가」는 장을병, 양건, 함세웅, 최석우, 김용복, 이삼열, 고재식 여러분과 일본·중국 학자의 논문과 함께 한 권의 책으로 묶였다. 이 프로젝트는 이 연구원에서 그전에 시작한 '민족주의와 기독교'라는 주제의 속편인 셈인데, 이 두 연구계획에 참여하게 된 것은 부원장이던 김용복(金容福) 박사의 권유 때문이었다.

한국기독교사회문제연구원은 한국기독교교회협의회에서 설립한 기관으로 주로 진보적인 인사들이 관여했다. 따라서 이러한 연구계획에 참여함으로 이른바 진보적인 학자들과 교분을 쌓고, 해직 후에는 민주화운동에 참여한 여러 기독교 인사들과 자연스럽게 교제하면서 이제껏 신학·신앙적인 면에서 보수적인 틀을 벗어나지 못하던 나에게 새로운 지평이 열렸다. 물론 이전에도 기독교계 학자 중 한국사 전공자가 별로 없던 상황에서 내 전공이 한국사이기 때문에 YMCA와 한국신학연구소에서 주최하는 여러 토론에 참여한 적이 없지는 않았다. 여하간 많은 진보 학자나 운동가와 쌓은 교분이 나의 개안에 도움이 되었던 것을 부정할 수 없다.

여기서 잠시 김용복 박사와의 관계를 말하고 지나가는 것이 좋겠다. 김 박사는 연세대학교 신학과와 장로회신학대학교(M.Div.)를 거쳐 프린스턴 신학교에서 학위(Ph.D.)를 마치고 귀국한 다음 기독교사회문제연구원의 부원장으로 취임하여, 연구 책임을 맡고 있었다. 취임한 지 얼마 안 되어 김 박사는 내 연구실을 찾아와 "민족주의와 기독교"라는 프로젝트에 참여할 것을 요청하였다. 처음에 생면부지의 김 박사를 만나 쉽사리 결단을 내리지 못하자, 그는 1973년에 발표한 나의 논문 「한말 기독교인의 민족의식 형성과정」을 읽고 이렇게 찾아왔다고 하면서 바로 그와 같은 논문이 이 프로젝트에 필요하다고 하여 흔쾌히 참여하게 되었다.

그 프로젝트에는 강만길·진덕규·송건호·김경재·고재식·함석헌·김성식·박형규(鼎談) 등 여러분이 참여했는데, 나는 「한말 기독교인의 민족의식 형성과정」을 보완하여 「한말 개신교인의 민족의식 동태화 과정」을 발표했다. 그런 인연으로 비교적 자주 연구원 일에 관여하게 되었고, 미국에 있는 한국기독교사 자료를 수집해야 한다는 나의 주장에 김 박사가 공감하면서 다른 사람이 자료수집 하러 갈 것이 아니라 내가 직접 가서 수집하는 것이 좋겠다고 권고하였다. 해직 후 내가 그의 모교인 프린스턴 신학교에 갈 수 있었던 것은 전적으로 그의 추천과 도움 덕이었다. 그러니까 그와의 만남은 나의 생애에 중요한 전환기를 가져왔다고 할 수 있다. 프린스턴에서 미국에 있는 한국기독교사 자료를 수집할 수 있었고, 그로 하여 나의 학문과 삶의 영역에 큰 변화가 생겼기 때문이다.

프린스턴에 갔을 때 웨스트(West) 교수를 비롯하여 몇 분이 김 박사의 안부를 물었고, 대학 도서관에 비치해놓은 그의 학위논문도 볼 수 있었다. 김 박사는 그 뒤 장로회신학대에 잠시 머물렀고 세계개혁교회연맹(WARC)이 한국에서 총회를 열 때 그 책임을 맡았다가 이후 전주 한일신학대학교 총장으로 가서 후진 양성에 매진했다. 그 뒤 한국민중신학회 회장과 아시아생명연구원 원장을 거쳐 현재는

(사)아시아태평양생명연구원 이사장으로 있다.

　한국문화예술진흥원에서 출간한 『문예연표』를 작성하는 일에 참여한 것도 이때다. 소설가 김한길 씨와 그의 부친 김철 선생을 가까이하게 된 데는 이 연표 작성이 하나의 계기였다. 하루는 문예진흥원이라면서 전혀 일면식도 없는 젊은 분에게서 연락이 왔다. 연표를 만드는 데 도움을 바란다는 내용이었다. 마땅히 만날 장소가 없어 우리 집에서 만났다. 바로 얼마 전까지 국회의원으로, 또 정당·문화 등 여러 방면에서 활동한 김한길 씨였다. 당시 그는 용건인 연표보다는 세상 돌아가는 소식을 알려주었다. 갇혀 있다시피 한 내 형편을 보고 연상되는 게 있었는지, 만나기만 하면 그런 쪽의 화제를 많이 제공했다.

　그는 지금도 그렇듯이 약간 어눌한 듯하면서도 구수한 재담으로 그의 가계(家系) 이야기며, 문학 이야기 등을 들려주었다. 처음 만나 그가 유신정권하에서 우리나라 사회주의 정당운동을 이끌어왔고 독일의 브란트(Brant)로부터 존경과 신망을 받아왔던 김철 선생의 아들임을 알게 되었다. 또 그는 문학도로서 소설을 써서 베스트셀러로 만들기도 했다. 우리는 주로 연표 작성을 위해 우리 집에서 여러 번 만났는데, 그의 요청에 따라 나는 『삼국사기』를 중심으로 한국 고대사에 관련된 문예사항을 작성하였다. 훗날 이야기지만, 1981년 내가 미국에 간 후 소식이 끊어졌고, 미국에서 돌아온 후 다시 만난 적이 있지만 가는 길이 달라 간간이 소식만 전하는 정도다. 요즘은 그의 제씨되는 중앙대학교 김누리 교수와 자주 연락하고 있다.

　연표 작업 이후 백범 김구 선생 기념사업협회에서 백범강좌를 맡으면서 그의 부친 김철 선생을 자주 뵈었고, 선생께서 친히 나의 연구실을 찾아주기도 하셨다. 한번은 10여 명의 멤버로 무슨 중요한 일을 같이 하자고 하시면서 내 연구실을 다녀갔는데, 그 뒤 한두 번 전화로 곧 들르겠다고 하시고는 백범강좌에도, 나의 연구실에도 소식을 끊으셨다. 뒷날 부보(訃報)를 듣고 여의도성모병원의 빈소를 찾았을 때 아들 김 씨는, "아버님께서 선생님을 참 좋아하시고 자주 말씀하셨다"는 말을 들려주었다. 나의 연구실을 찾으신 후 김철 선생은 곧 와병하시어 같이 하자고 한 일조차 이루지 못하셨는데, 그것도 의식하지 못한 채 나는 불우한 한 거목 앞에서 불민의 한만을 되씹었다.

해직 기간에 저술을 요청받은 책도 몇 가지 있었다. 당시 대한기독교서회의 총무였던 성갑식(成甲植) 목사의 부탁으로 전택부, 송길섭, 민경배 선생님들과 함께 『한국기독교 백년사 대계』를 집필해야 했고, 해직된 그리스도인 교수들을 돕는 기관에서는 고(故) 서남동, 유동식, 현영학 교수와 나에게 전공 분야의 책을 쓰도록 연구비를 지급해주었으며, 또 복직 직전인 1984년 여름에는 대한성서공회 총무 김호용 장로로부터 『대한성서공회사』를 집필해달라는 요청을 받았다. 이 일들에 대해서는 뒤에 다시 언급하겠다.

이 시기의 연구 업적과 관련하여 언급해두어야 할 사항은 해직되면서 친구들의 권유로 그동안에 썼던 글들을 모아 두 권의 책을 출간한 일이다. 대부분 내가 대학 전임이 된(1970년) 후 약 10년간에 걸쳐 단편적으로 쓴 글로, 한국사학사 및 한국기독교사와 관련한 내용을 둘로 묶은 것이다. 『한국기독교와 역사의식』과 『한국 근대 역사학의 이해』가 그것이다.

앞의 책은 평소 내가 생각한 '기독교·민족·역사'라는 삼각 관점에서 조명한 글들이다. 1979년 10·26을 거친 후 그 이듬해 4·19를 맞았을 때, 한국 기독교는 과거를 잘못 인식하고 있었다. 이러한 자세를 비판하기 위해『한국기독교와 역사의식』이라고 책 제목을 붙였다. 1980년 서울의 봄을 맞았을 때 한국 기독교는 1960년의 4·19를 마치 자기가 주도했던 것인 양 착각하고 있었다. 이때 나는 이를 보면서 한국 기독교는 4·19에 의해 무너진 정권이 '기독교적 정권'임을 깊이 인식하고 새롭게 회개해야 하며 그러기 위해서는 올바른 역사의식을 가져야 한다고 강조했다.『한국기독교와 역사의식』에는 그밖에도 아시아연합대학의 길균강좌에서 행한 "한국사의 기독교적 조명"도 들어 있는데, 이는 역사학을 공부하는 학도로서 한국사를 어떻게 기독교적 관점에서 조명할 수 있겠는가를 시론해본 고민이 담겨 있다.

『한국 근대 역사학의 이해』는 한국 근대사의 전개 과정에서 역사학이 어떻게 시대정신을 반영하며 발전해왔는가를 추적해보려는 것으로서, 주로 한말·일제하의 계몽주의 역사학에서 비롯하여 일제 관학자들이 그들의 한국 침략과 지배를 정당화하려는 식민주의 사학과 거기에 대항하여 싸운 민족주의 사학을 차례로 소개하고, 독자들에게 새로운 역사의식의 환기를 요청한 책이다.

이 두 책은 1981년 8월 내가 미국으로 출국하기 직전에 출간했지만 지금까지 꾸준히 찾는 사람들이 있어 1995년에 다시 인쇄하여 보급했다.

용기가 필요한 시대

해직된 후 일정하게 매인 자리는 없었지만, 얼마 지나면서부터는 앞서 말한 연구·저술 요청과 함께 원고 부탁도 있었고 여러 곳에서 강연 청탁이 들어왔다. 강연은 주로 교회와 기독교 기관에서 내가 쉬고 있음을 의식해 불러주었다. 다분히 나의 생계를 고려했음을 짐작할 수 있었다.

해직 교수를 청하는 일은 자체 구성원에게도 눈치 보이는 짓이면서, 당국을 신경 쓰이게 하는 일이며, 때로는 당국과 긴장 관계를 조성하는 사건이었다. 그래서인지 당시 손봉호 교수가 설교자로 있던 서울영동교회 같은 한두 교회를 제외하고는 보수적인 교회에서 나를 초청한 경우는 극히 드물었다. 강연은 거의 진보적 성격의 교회에서 이루어졌다. 진보적인 교회의 젊은이들은 불의하고 비도덕적인 정권에 대해 매우 비판적이었다. 거기에 상응하기라도 하듯 나의 강연 톤도 가끔 매우 높아졌다. 공개 강연을 통해 과거 나의 소심하고 비겁했던 부분들이 점차 정리되고 담대해져 감을 느꼈다.

지금에 이르러서야 그때에 하나님께서 나같이 겁 많은 소인배를 해직이라는 궁지로 몰아간 이유 중 하나를 어렴풋이 짐작한다. 그것은 비겁한 자를 강하게 만들기 위함이었다. 이전처럼 겁 많고 비굴하고 나약한 품성을 가지고서는 아무짝에도 쓸 수 없기 때문에 단련시키려고 해직이라는 궁지로 몰아넣은 것이다. 나같이 미련한 그리스도인은 시련이라는 관문을 통해야만 비로소 하나님의 깊으신 뜻을 발견하나 보다.

이때 또한 글도 제법 담대히 쓸 수 있게 되었다. 이것은 내가 해직을 통해 얻은 값진 수확 중 하나다. 지금도 겁 많은 자를 이렇게 용기 있게 만드시는 하나님을 바라보면서 나는 하나님께 감사한다. 환난이 나에게는 용기와 담대함의 원천이 되었다. 인간은 고난을 당한 만큼 담대해진다. 그러나 하나님은 나같이 비겁하고 나약한 인간에게는 완전히 넘어질까 봐 폭풍우와 같은 고난은 주지 않았다고 생각한다.

이때 나는 서울을 비롯하여 여러 곳에서 강연과 설교를 할 수 있었다. 멀리는 제주도까지 갔던 적도 있었다. 그런 곳에 가면 으레 나와 비슷한 처지에 있는 분들이 함께 초청되어 만날 수 있었다. 동아일보를 그만두고 집필과 강연으로 활동하고 있던 송건호 선생을 이곳저곳에서 강연의 앞뒤 순서로 만나게 되었던 것도 이 무렵이다.

이때 행한 강연이나 강의 중에서 기억나는 것이 몇 개 있다. 1981년 5월경에 광주 YMCA 주최로 3일간에 걸쳐 열린 강연회와 1983년 5월에 있었던 당시 김호식 목사가 시무하던 향린교회에서의 강연회, 그리고 같은 해 여름방학에 연세대학교 총기독학생회(SCA)가 주최한 한국기독교사 강의가 그것이다.

당시 이남주 선생이 총무로 있던 광주 YMCA 강연은 '한국기독교와 민족운동'에 관한 내용이었지만 열린 시기가 문제였다. 광주민주화운동 1주년을 맞아 개최된 행사였기 때문이었다. 나중에 느낀 일이지만, 당시 광주의 얼어붙은 분위기를 감안한다면 주최 측이나 강연자 모두 대단한 용기를 필요로 한 행사였다. 그러나 그곳에서 요청이 왔을 때만 하더라도 나는 광주의 그런 분위기를 전혀 예상하지 못하고 있었다. 강의하는 나에게는 아무런 제약이 없었으나, 주최 측이나 참석한 사람들에게는 무척이나 신경 쓰이는 일들이 있었다고 뒷날 들었다. 그때까지도 많은 분이 옥고를 치르고 있었는데,

내가 조금이라도 세정(世情)에 밝았다면 다른 사람을 난처하게 하고 고통받게 하는 그 모임의 강사로 선뜻 나서지 않았을 것이다. 나는 그때 그곳에 계시는 분들이 얼마나 어려운 상황에서 시민운동을 전개하고 있는가를 눈으로 보고 알게 되었다. 그리고 나도 그런 험악한 분위기에서 겁도 없이 며칠 동안 준비했던 그대로 강연하게 된 것을 좋은 추억으로 생각하고 있다.

그때 광주에 가서 많은 분을 만나 밖에서는 도저히 듣지도 못했고 이해할 수도 없었던 광주민주화운동의 진상을 알게 되었고, 그와 대조적으로 군부정권이 호도하고 있는 내용이 얼마나 거짓된지도 어렴풋이 이해할 수 있었다. 그 뒤 이 지역으로 고적 답사의 기회가 주어질 때마다 학생들과 함께 망월동을 찾는 것은 이때 광주민주화운동을 이해할 수 있었기 때문이다.

향린교회에서의 강연회는 교회 설립 30주년을 맞아 통일문제에 초점을 맞춰 이틀 저녁에 걸쳐 열렸다. 문익환 목사, 송건호 선생, 이기탁 교수와 나, 네 사람이 연사로 나섰다. 강연이 있기 며칠 전에 국가안전기획부 종교 담당 과장이라는 분으로부터 전화가 왔다. 향린교회 강연회 건으로 한번 만나자는 용건이었다. 전화로 말해달라고 하자, 그 모임이 '5·18' 3주년을 맞아 전국이 조용한 가운데 개최되는 유일한 집회라고 강조하고, 도대체 어떤 내용을 말할지 물었다.

이 질문은 처음 교회에서 강연 요청을 받았을 때는 미처 생각하지 못했던 중요한 문제를 나에게 제기해주었다. 사실 그때까지 통일의 당위성만을 생각하고 있는 단계였기에 기독교 지성인으로서 어떻게 통일을 이룩해야 하는가를 대중에게 설득력 있게 설명할 만큼 구체적으로 준비하고 있지는 못했다. 그의 질문에 통일문제와 관련해서 과거를 공부하는 역사학도가 무엇을 말할 수 있겠느냐고 반문하고, 주로 삼국통일 등 우리 역사에 나타난 통일 관계 사건을 설명함으로써 통일을 앞둔 우리가 어떤 교훈을 얻을 수 있으며, 또 어떤 자세를 취해야 할 것인가를 말하고자 한다고 하니, 그는 끝에 잘 부탁한다는 말을 잊지 않았다. 그전부터 안기부가 매사에 관여한다는 말을 듣고는 있었지만, 이런 일에까지 개입할 줄은 몰랐다. 그러나 정작 놀란 것은 강연하는 날 저녁이었다.

향린교회로 들어가는 입구에서부터 시위에 대비하기 위해 사복을 입은 경찰들로 골목과 교회 출입문이 꽉 차 있었다. 그날 저녁 이 교수와 나는 경찰을 상대로 강연한 셈이었다. 향린교회가 진보적 성향을 띤 데다가 문익환·송건호 선생 등 재야의 거물들이 온다고 하니까 예방 차원에서 회중을 아예 경찰들로 메꾸어버린 것이었다. 이 것이 정통성 없는 정권이 교회에까지 손을 뻗치던 시절의 한 시대적 단면이었다.

연세대 강의는 1983년 2월 미국에서 귀국한 뒤 여름학교 두어 달 전에 학생 대표들과의 약속으로 이루어졌다. '한국 역사와 기독교'라는 큰 제목 아래 〈한국사의 기독교적 조명〉, 〈한말 기독교인의 민족의식 형성과정〉, 〈일제하 기독교의 민족운동〉, 〈한국근대사와 기독교적 지성〉, 〈분단시대 기독교인의 역사의식〉 등 다섯 강좌가 설정되었다. 그러나 당시 해직교수가 캠퍼스 안에 들어가서 강의한 예가 없었기 때문에 이 강좌를 추진하는 데 어려움이 많았다. 뒤에 들었지만, 그때 연세대 기독학생회의 지도교수로 계셨던 신영오(申榮五) 교수께서 학생들의 의견을 반영하는 데 적극적으로 애썼고, 학생처장으로 계셨던 분이 이해하여 성사되었다고 한다. 덕분에 나는 해직 중에, 그것도 다른 학교 캠퍼스에 들어가서 강의하는 '영광'을 얻은 셈이다.

10여 년이 지난 후에 그 시절 기독학생회 간부로 연세대 강의를 추진했던 장규식 선생을 내가 소장으로 있는 한국기독교역사연구소에서 자주 만나게 되었다. 그는 연세대 박사과정에서 한국 기독교사를 포함한 한국 현대사를 연구했는데, 그를 만날 때마다 당시 일을 회고하면서 그의 용기에 마음 깊이 감사의 정을 느끼는 한편, 우리 사회가 겪었던 아픔과 진실을 되씹어보기도 한다. 장규식은 그 뒤 중앙대학교 교수로 봉직하면서 한국 근현대사를 가르치며 학회 활동에도 열성을 기울이고 있다.

합동신학교에서 공부하다

　　내가 해직 시절을 은총과 감사로 회상하는 이유는 고난으로 인간을 연단하고 인간 되게 만드시는 하나님의 깊은 은혜를 깨달았기 때문이다. 뿐만 아니라 해직이 아니었으면 내 인생 여정에서 좀처럼 갖기 어려운, 참으로 귀중한 기회를 누리지 못했을 것이라는 점도 부인할 수 없다. 해직 기간에 내가 그렇게도 원했던 신학을 공부할 수 있었고, 미국에 가서 연구 생활을 하면서 한국 기독교사 관계 사료를 수집할 수 있었으며, 또 고난을 당하는 사람들끼리 연대를 통해 고통의 짐을 나누어 지는 경험을 쌓을 수 있었기 때문이다. 이때 주어진 기회와 경험들은 그 뒤 나의 학문과 인생 진로에 많은 영향을 미쳤다.

　　내가 신학 공부에 관심을 가진 것은 고등학교 시절이다. 할머니께서 호주 선교사에게 전도받은 후 우리 식구들은 모두 기독교 신앙을 접하게 되었다. 어릴 때부터 주일학교에 다니며 자랐던 나는, 중고등학교 시절 신앙심 깊은 숙모님에게 장래 목사가 될 것을 권유받았다. 숙모님은 목사가 되는 길만이 하나님의 뜻을 따라 생활할 수 있다는 요지로 말씀하셨다. 거기에다 감수성이 예민한 고등학교 시절, 아프리카의 성자 슈바이처(Albert Schweitzer, 1875-1965)의 전기를 읽으면서 의사로서 봉사하는 목사가 되고 싶었다. 그러나 의학 공부를 할 수 없다는 것이 곧 드러났다. 눈이 색약이었다.

그런 가운데서 대학 진학은 신학 공부를 위해 가장 적절하다고 생각되는 전공을 찾아야 했고, 그래서 철학·종교학·역사학으로 일단 범위를 좁혔다. 그중에서 비교적 폭넓게 접할 수 있는 것이 역사학일 것 같아서 사학과를 택했다. 역사학이 어떤 것인지도 제대로 모른 상태에서 이뤄진 선택이었지만, 젊었기에 시행착오를 두려워하지 않고 무모하게 감행하였다.

사학과에 와서도 역사 공부는 제대로 하지 않고 종교학과의 강의를 넘보는가 하면, 종교적 경건 생활에 지장을 준다는 이유로 마음 문을 닫고서 대학의 진보적인 문화를 수용하려고 하지 않았다. 또 미래의 인생길에 뜻을 같이해야 할 여러 친구를 폭넓게 사귀지도 못했다. 어느 정도로 계율적이었느냐면 대학 4년 동안 사학과에서 매 학기 한 번씩 가는 고적 답사에 한 번도 동행하지 않았다. 고적 답사 기간이 거의 주말에 일요일을 끼고 있어서 안식일을 거룩하게 지키라는 십계명을 어길 수 없었던 탓이다. 이것은 그때까지 내가 훈련받았던 우리 교단의 이념과 관계가 깊다고 하지 않을 수 없다.

많은 그리스도인이 내가 속한 장로교 고신파의 이념(신학과 신앙)을 두고 고리타분하다거나 바리새적이라며 비판하곤 한다. 하지만 우리 교단이 주장하는 원래의 순수하고 정열적인 이념을 폐쇄적·기계적으로 운용하려는 일부 교권주의자들의 횡포가 염려스럽지, 나는 오히려 그 이념대로 실천하지 못하는 것이 걱정이고 그 이념이나 엄격한 신앙훈련 자체가 잘못되었다고는 생각하지 않는다.

학창 시절을 이런 식으로 보냈던 만큼 뒷날 대학 강단에 서서도 젊은 시절 하나님 앞에 기도했던 신학 공부의 꿈을 좀처럼 떨쳐버릴 수가 없었다. 해직되기 몇 년 전부터 학교 강의 시간을 조정하여 부산에 있는 교단 신학교인 고신대에 매주 내려가 공부해야겠다고 생각했다. 그러면서도 결단을 내리지 못하고 있었다. 지금 생각하면 신학 자체를 공부하는 것은 서울의 다른 여러 학교에서도 얼마든지 가능한데, 그때까지 왜 그런 생각을 하지 못했는지 스스로도 잘 이해되지 않는다. 다만 우리 교단 밖의 신학교에서는 신학 공부가 불가능하다고 생각했던 것은 당시 나의 옹졸함과 열리지 못함이 어느 정도였는지를 웅변해준다.

그러던 차에 학교를 그만두게 되었다. 해직된 후 얼마 안 되어 아직 하루하루의 생활 리듬도 제대로 조절하지 못하고 있던 어느 날, 평소 존경하는 주경신학자(註經神學者) 박윤선 목사님으로부터 그해 10월에 새로 시작할 합동신학교에 와서 한국교회사를 강의해 달라는 부탁을 받았다. 그것도 우리 집에서 10분도 채 안 되는 거리에 있는 남서울교회(당회장 홍정길 목사)에서 신학교를 시작한다는 것이었다. 정말 뜻밖의 일이었지만 이 일에는 하나님의 섭리가 있었다고 믿는다. 같은 학과의 대학 선배이자 미국에서 학위를 마치고 돌아와 총신대 교수로 가르치다가 합동신학교 개설에 동참한 김명혁 박사가 나를 천거한 것이 아닌가 싶기 때문이다. 우연하다고밖에는 볼 수 없는 이 제의에 나는 이때다 싶어 나를 합동신학교의 학생으로 받아주는 조건이면 한국교회사를 강의하겠다고 강청했다. 그 후 미국에 있었던 기간 동안 몇 학기 쉬기도 했지만 입학한 지 거의 5년 만에 신학교 3년 과정을 마칠 수 있었다.

합동신학교를 졸업한 것은 대학교에 복직한 후였다. 내가 여러 교회에서 합동신학교의 동창, 제자인 많은 목회자를 만날 수 있는 이면에는 이런 사연이 있었다. 이런 과정을 통해 나는 하나님께서 나의 인생 여정에 '강권적으로 역사하시는' 것을 새삼 느꼈다.

두 차례의 미국행

미국에서의 연구 생활은 내 가정 생활에 큰 도움이 된 것은 말할 것 도 없고, 폐쇄되어 있던 나의 세계관이 열리는 기회가 되었다는 점 에서 무엇보다 귀중한 경험이었다. 한국사를 공부하고 있던 나로 서는 특별히 미국이나 해외에 갈 필요를 느끼지 못했다. 그런데 1980년대에 들어서 한국 기독교계에서 한국 선교 100주년에 대한 관심이 높아졌다. 그때까지 한국 개신교는 선교사들(1884년 H. N. 알 렌 의사와 1885년 H. G. 아펜젤러 목사, H. G. 언더우드 목사)이 이 땅에 정 착한 해를 원년으로 잡았기 때문에 1985년을 선교 100주년으로 보 았다. 이때 나는 여러 곳에서 글과 강연을 통해 우리가 100주년을 맞이하며 해야 할 가장 중요한 일은 올바른 역사를 쓰거나 아니면 그런 역사를 쓸 수 있도록 자료라도 제대로 준비해놓는 것이라고 강 조했다.

한국 기독교사 연구를 위해서는 무엇보다 사료를 수집해야 하 는데, 불행히도 한말 일제 시대의 한국교회사 사료들은 우리나라에 선교사를 파송한 외국에 많이 소장되어 있었다. 선교사들이 본국 선교부나 파송 교회에 보고서나 편지, 그 밖의 자료들을 많이 보냈기 때문이다. 사료를 수집해야 한다는 나의 주장은 곧 미국을 비롯한 해외에 있는 일차 자료를 수집해야 함을 의미했다.

이런 내 주장에 관심을 기울인 분들이 있었다. 당시 대한기독교서회 총무로 계셨던 성갑식 목사와 김용복 박사다. 성 목사님은 이를 계기로 『한국기독교 백년사 대계』를 기획하여 전택부 선생(『한국교회 발전사』), 송길섭 교수(『한국신학 사상사』), 민경배 교수(『한국기독교 사회운동사』)와 나(『한국기독교 문화운동사』)에게 맡겨 1987년 4권을 출간하였다. 1980년 초 한국기독교사회문제연구원 부원장으로 계셨던 김용복 박사는, 다른 사람에게 자료를 수집하라고 하지 말고 이 교수가 직접 가서 수집하는 것이 좋겠다고 강권하면서 미국 측과의 교섭은 자신이 맡아주겠다고 했다. 그때까지 내가 직접 해외에 가서 수집한다는 것은 생각하지 못했다.

이런 과정을 거쳐 그해 봄에 김 박사의 모교인 미국 뉴저지주의 프린스턴 신학교(Princeton Theological Seminary)로부터 1년간 초청학생(Visiting Fellow)으로 기숙사를 무료로 제공하겠다는 내용의 초청장이 왔다. 그러나 수속을 시작한 지 얼마 되지 않아 해직되었다. 해직이란 당시 국민이 누릴 수 있는 법의 혜택에서 제외되는 것을 의미했다. 정부로부터 여권 발급은 아예 기대할 수도 없었고 실제로 발급되지도 않았으며, 따라서 나는 미국행 자체를 포기해버렸다.

나를 미국으로 보내려는 하나님의 뜻은 그 이듬해 의외의 과정을 통해 나타났다. 당시 온누리교회에서 시무하던 하용조 목사님으로부터 어느 날 전화 연락이 왔다. 자신이 그 전날 저녁에 청와대 고위 인사를 만나 대화를 나누는 도중 나에 관한 이야기가 자연스럽게 나왔는데, 앞으로 해외에 나가는 일은 가능할 것 같으니 그쪽에서 연락이 오는 대로 일을 추진해보자는 요지였다. 그 고위 인사는 민정수석 이학봉 씨였다. 곧이어 이 수석의 보좌관으로부터 연락이 왔다. 지난해에 여권을 발급받지 못한 경위를 묻고 앞으로 어떻게 도우면 좋겠느냐고 자세히 물어왔다. 나는 정부에서 여권을 발급해준다는 것과 가족을 동반할 수 있다는 확실한 보장 없이는 다시 움직이지 않겠다고 대답했다. 며칠 후 여권 발급을 보장하겠으니 초청 기관과 연락을 취하고 여권 수속을 시작해도 좋다는 연락이 왔다. 이때도 김용복 박사가 저쪽 학교에 연락하여 내 사정을 설명하고 초청 문제에 대해 협의해주었다. 여권을 발급받는 과정에서 우리 가족이 같이 갈 수 있도록 여러 가지 조치도 병행해주었다.

뒷날, 나의 미국행을 위해 애써준 이 수석을 만난 적이 있는데, 그는 의외의 후일담을 전해주었다. 나의 해외여행이 허락될 때, 해직교수 중 나 혼자만 해외에 나가도록 하는 것이 형평성의 원칙에 맞지 않다는 논란이 있어서 그때 모든 해직교수의 해외여행 제한을 풀어버렸다는 것이다. 그러고 보니 내가 나간 지 얼마 안 되어 서남동, 한완상, 김찬국, 현영학 교수들이 나왔고 그중 몇 분은 미국에서 만날 수 있었다.

프린스턴에 머무는 동안 동료 해직교수를 만나 위로를 나눌 수 있었던 것은 좋은 추억이다. 내가 도착한 그해 가을에 그 뒤 상지대 총장으로 부임한 김찬국 교수가 그곳 신학교에 몇 주간 방문교수로 와 있었는데, 우리 집에 모시고 와서 교제를 나눈 적이 있다. 그것을 계기로 나는 김 교수를 더욱 가까이 알게 되었는데, 그 후 그를 뵐 때마다 "어린아이들과 같이 되지 아니하면 결단코 천국에 들어가지 못하리라" 한 성경 말씀이 떠오른다. 이 말씀의 '어린아이'는 김 교수 같은 분이 아닐까 생각한다. 그는 연세가 들어도 동안에 '어린이 성'을 간직하고 있었다.

또 그 뒤 통일원 장관을 역임한 한완상 교수는 내가 출석하던 트렌턴 한인교회에 강사로 초청하여 강의도 듣고, 테니스도 같이 치며 교제를 나눈 적이 있다. 귀국에 앞서 한 교수의 가족이 거주하던 뉴욕주 스토니 포인트에도 한두 번 방문하여 귀국을 서두르자고 제의하기도 했다.

하여튼 내가 해외여행을 시작하게 되었을 무렵 다른 해직교수들도 해외여행을 자유롭게 할 수 있게 되었다는 사실을 뒷날 알았을 때, 나는 하나님의 기묘한 역사에 놀라는 한편, 감사하지 않을 수 없었다. 하나님께서 원하시면 이렇게 필요한 모든 사람과 기회를 동원하고 환경을 조성해가시는구나 하는 생각이 들었다.

이 글을 쓰면서 어려운 때 도움을 준 이학봉 씨를 다시 생각하게 되는데, 미국에서 귀국한 후 하용조 목사, 손봉호 교수와 함께 그와 회합한 적이 있고, 또 해직교수들의 복직이 가능해졌다는 소식을 직접 전하고 싶다고 하여 다시 만난 적이 있으나, 교제가 계속되지는 못했다. 그 뒤 정치적인 상황이 바뀌었을 때 그에게 인간적인 위로의 말 한마디도 전하지 못했음을 문득 상기하면서, 역사학도로서의 나와 인간적인 정리(情理)를 제대로 유지하지 못하고 있는 나 사이에서 방황하는 자신을 발견하고 괴로워한 적이 있다.

미국행은 나의 첫 외국 나들이였다. 그전에는 한국사를 공부한답시고 외국에 나갈 생각은 아예 해본 적이 없었다. 그때 최순영 장로가 있는 한국기독교선교원의 장학재단에서 왕복 여비와 6천 달러의 연구비를 지원해주어 지금도 그 고마움을 간직하고 있다. 당시 해직교수라면 약간은 불온한 인물로 인식됐을 때였고 따라서 장학금의 많고 적음을 막론하고 해직교수에게 연구비를 지급한다는 자체가 눈치 보이는 일이거나 어느 정도 모험일 수 있었다. 그럼에도 불구하고 장학금이 나온 데는 최 장로 내외분의 결단과 손봉호 교수와 하용조 목사의 숨은 노력이 있었던 것으로 안다. 떠나기 직전에 한국기독교선교원에서 마침 그때 한국에서 사역을 마감하고 미국 프린스턴 신학교 교수로 떠날 준비를 하고 있던 마페트(S. H. Moffett, 馬三樂) 박사 부부와 함께 우리 내외를 초청하여 남산 외인아파트 근처 중국집에서 성대한 만찬도 베풀어주어 매우 송구스러웠다.

출국할 때, 언제 다시 외국에 나갈 기회가 있으랴 싶어 프린스턴까지 가는 동안 가능한 한 여러 곳을 들러 가기로 마음먹었다. 그동안 해외를 다녀온 교회 제자들이 제공한 정보를 근거로 하여, 현지에 가서 안내를 받을 수 있는 곳을 골랐다. 그리고 하와이, 로스앤젤레스, 샌프란시스코, 디트로이트, 베슬리헴(펜실베이니아)을 거쳐 프린스턴에 도착하기로 계획을 세웠다. 베슬리헴을 넣은 것은 중·고·대학 때 사귀었고, 일찍이 미국에 가 리하이 대학교(Lehigh University)에서 물리학을 가르치던 김용욱 박사가 그곳에서 노모를 모시고 있었기 때문이었다. 노모님은 친어머님처럼 나를 신앙으로 지도해주신 분인지라 미국행을 결심했을 때 그분이 돌아가시기 전에 꼭 뵈어야 한다고 생각했다.

미국행은 우선 가족을 동반하지 않고 내가 먼저 가서 거처를 정한 후에 합류하기로 했다. 나는 1981년 8월 초에 서울을 출발하여 여행을 시작한 지 거의 20여 일 만에 목적지인 프린스턴에 도착했다. 하와이 공항에서 입국심사를 받으면서 당황했던 일은 아직도 잊지 못하지만, 미국 전역에서 받은 자연과 인공의 강렬한 첫인상과 당혹감은 오히려 좋은 추억거리로 남았다.

하와이에서 시작된 첫 미국 여행은 우리나라 안에서만 맴돌던 나의 좁은 시야와 세계관을 넓혀준 좋은 기회가 되었다. 여행하는 동안 하와이 대학교를 비롯하여 버클리, 스탠퍼드, 미시간 대학교 등을 견학하고 그곳의 한국학 실태를 볼 수 있었던 일도 하나의 수확이었다. 이것은 미국 정착 후에 예일, 하버드, 컬럼비아, 럿거스, 보스턴, 프린스턴, 드루, 듀크, 에모리, 밴더빌트, 토론토, 워싱턴(주립), 노스캐롤라이나(주립), 펜실베이니아, 뉴욕 대학교 등을 견학한 것과 함께 나에게 미국 대학을 외견상으로나마 접할 수 있는 좋은 기회가 되었다. 물론 뒷날 그 대학들에 들어가 보고 밤새도록 불이 켜진 도서관에서 시간 가는 줄 모르고 책과 씨름하던 학생들에게 받은 감동은 별도로 하고 말이다.

숲속에 자리 잡은 프린스턴시는 천혜의 은총을 듬뿍 받은 듯, 자연과 인간을 부드럽게 조화시켜준다. 거기에다 이웃하고 있는 프린스턴 대학교는 많은 인재를 양성한 아이비 리그(Ivy League)에 속하는 명문이며, 캠퍼스가 아름답기로도 이름이 나 있다. 우리에게는 초대 대통령 이승만이 수학했던 학교로 더 잘 알려진 곳이다. 1812년에 설립된 프린스턴 신학교는 신학계의 거성들을 배출하여 미국 전역과 세계의 기독교계에 이름을 알렸다. 우리나라 사람 중에 이곳 신학교에서 유학한 분들만 해도 백낙준, 남궁혁, 박형룡, 한경직, 송창근, 김재준 등 기라성같은 인물들이 있고, 해방 후에는 한태동, 나학진, 김용복, 그 밖의 여러분이 있다.

내가 도착한 지 한 달이 안 되어 우리 가족들이 도착했다. 그때처럼 먼 여행을 해본 적이 없어서 그런지, 시간 감각은 거리 감각에 상승적으로 비례하는 것 같았다. 동양과 서양의 거리가 멀 듯이 시간의 거리도 그만큼 멀게 느껴지더라는 뜻이다. 한 달이라는 시간이 마치 몇 년을 경과한 것 같았다. 아직 자동차를 사지 않아서 케네디 공항까지 가는 데는 그곳에서 사귄 유종근(柳鍾根) 박사의 도움을 받았다. 일찍이 뉴욕 대학교로 유학 와서 경제학으로 학위를 받은 유 박사는 잠시 대학에서 교편을 잡다가, 당시 뉴저지 주지사의 경제고문관실에서 근무하면서 트렌턴 한인교회 성가대 지휘자로 봉사하고 있었다. 이때부터 맺은 유 박사와의 인연으로 자료 수집차 캐나다 토론토에 갔을 때는 그의 매제 김연수·유명숙 부부 댁에 체재하였고, 내가 귀국하면서는 그의 두 동생 종성·종일과의 교제로 이어졌다. 1995년 6·27 지방자치단체장 선거 때는 그가 전라북도지사로 당선돼 큰 기쁨을 나누었다.

그날 저녁 뉴욕 케네디 공항에서 아내와 두 아이를 다시 만났을 때의 기쁨이란 이루 형언할 수 없다. 그 기쁨은 가정을 이루지 않은 사람이나, 가족과 헤어져 보지 않은 사람은 도저히 맛볼 수 없을 것이다. 그날부터 시작된 약 10개월간의 뉴저지주 프린스턴 근교의 로렌스빌(Lawrenceville) 생활은 아이들에게도 잊을 수 없는 추억이 되었다.

우리는 미국 생활의 여러 단면을 익혀갔다. 특히 감명 깊었던 일은 공공기관이 철저히 시민에게 봉사하기 위하여 존재하고 있음을 확인한 것이다. 둘째 아이를 입학시키기 위해 그곳 초등학교에 가서 모든 사무를 끝내는 데 5분 정도밖에 안 걸렸다면 믿어줄 사람이 있을까? 게다가 외국에서 온 아이들의 영어 공부를 위해 학교에서 따로 선생을 구하여 특별반을 만들어 가르치는 것을 보고 놀랐다. 우리 아이들은 이때 특별반에서 받은 지도 덕분에 3개월이 채 안 되어 현지 아이들과 같이 수업을 받는 데 별 지장을 느끼지 않는 것 같았고, 10개월여에 불과한 짧은 미국 학교의 교육이었지만 귀국한 후에도 영어 실력은 평균 이상으로 유지했다.

때로는 이런 것이 미국식 민주주의로구나 하는 감탄이 흘러나오기도 했지만, 그 속에서도 민주주의가 갖는 '낭비성 같은 것'을 여러 곳에서 발견할 수 있었다. 동양인의 눈에 특별히 띈 사항인지는 몰라도, 미국 사회가 갖고 있는 흑백문제와 소수민족문제 같은 사회적인 모순은 앞으로 두고두고 해결해야 할 과제로 느껴졌다.

생활이 안정되면서 주중에는 프린스턴 신학교에 나갔다. 강의실에 들어가 보고 느낀 점이 많았다. 먼저 교수들이 강의에 임하는 태도가 우리와는 달랐다. 시간 전에 먼저 와 있는 것은 당연하고, 성실하게 준비한 강의안이며, 강의 시간을 끝까지 활용하는 것 등은 그렇지 못했던 나의 교수생활을 질책하게 했다. 교수들이 강의에 임하는 태도를 보면서 나는 미국의 교수들이 얼마나 성실하게 강의를 준비하는지를 알게 되었고, 그제야 더러 지면이 있는 한국인 교수들이 강의를 앞둔 날은 좀처럼 저녁 약속을 하지 않는 이유도 알 수 있었다. 교수들과 달리 강의에 임하는 학생들의 태도는 매우 언짢은 점이 많았다. 음료수를 갖고 강의실에 들어오질 않나, 비스듬히 누워 다리를 앞 의자에 걸쳐 교수를 향하질 않나, 나의 관념으로는 교양 없는 '상놈'들의 짓거리같이 보였다.

이런 것들을 감수하면서 관심 있는 강의에 들어가 보았지만 나의 짧은 영어 실력은 귀에서 입까지도 연결시켜주지 못했다. 10여 년간 배운 영어가 어느 정도인지 실상을 드러내 줄 뿐이었다. 그렇지만 내가 미국에 간 그해에 프린스턴 신학교의 선교학 교수로 부임한 마페트(S. H. Moffett)의 강의는 겨우 한 학기를 채울 수 있었다. 마페트 교수 이야기가 나왔으니까 그가 소장한 한국 관계 자료를 언급하는 것이 좋겠다. 그는 1890년대 초에 한국에 와서 신학교를 세우는 등 평양을 중심으로 활동한 초대 선교사 마포삼열(馬布三悅, S.

A. Moffett) 목사의 막내아들로, 중국 선교사를 거친 후 한국에 와서 1981년까지 선교사로 있으면서 장로회신학대학교와 아세아연합신학대학교(ACTS)를 위해서 활동하다가, 그해 가을부터 프린스턴 신학교로 와서 선교학을 강의하고 있었다.

　　나는 그가 한국에 있을 때 그의 장서를 이용한 적이 있는 터라, 그의 사택이 마침 신학교 구내에 있어서 한국에서 옮겨놓은 한국교회사 관계 자료를 열람할 수 있도록 배려를 받았다. 내가 직접 이삿짐 상자를 풀면서 하나하나 검토하는 순서로 자료를 정리했다. 1992년 프린스턴에서 다시 1년 동안 체재하며 그를 만났을 때, 그는 자신의 한국선교 관계 자료목록을 컴퓨터에 입력했다고 하면서 10여 년 전 내가 정리해준 것이 많은 도움이 됐다고 고마워했다. 뒷날 한국기독교사연구회에서 1905년부터 1941년까지 선교사들이 간행한 『The Korea Mission Field』를 복간할 때, 마페트 교수 댁에서 조사한 자료를 근거로 결본을 보충할 수 있었던 것은 그 조사가 남긴 조그마한 수확이었다.

　　그와 자료 관련 대화를 나누거나 자문을 받을 때마다 나는 으레 당신이 소장하고 있는 자료가 한국에 있어야 가장 유용하게 사용될 수 있다고 말했다. 그는 그 말에 어떤 답도 주지 않고 거의 빙그레 웃기만 했는데, 언젠가는 한국에서 이런 자료들을 보관할 만하게 되면 한국에 기증하겠다고 말한 적이 있다. 그제야 나는 그가 한국을 떠날 때 소장자료를 한국에 남겨두지 않고 미국으로 가져온 이유를 어렴풋이 짐작할 수 있었다. 한국기독교사 연구에 필요한 많은 자료가 해외에 있는 만큼 그것들을 빠른 시일 내에 수집하는 일이 중요한데, 그중 마 박사가 소장하고 있는 자료들만 한국으로 옮길 수 있어도 자료의 공백을 상당 부분 메꿀 수 있으리라 생각한다.

신학교 강의를 듣는 일이 효과적이지 못하다는 것을 깨달았을 때 나를 이곳까지 보낸 하나님의 뜻이 무엇인가를 다시 생각하지 않을 수 없었다. 그리고 계획만 세우고 아직 제대로 손대지 못한 한국교회사 관계 자료를 찾는 일을 서두르기로 했다. 미국에 있는 자료가 얼마나 되는지 모르는 데다가 수집에 따른 시간과 비용 또한 얼마나 들지 파악할 수 없는 상황에서 자료 수집을 마냥 미룰 수만은 없기 때문이다. 바로 이 학교 도서관부터 시작하기로 했다. 귀와 입을 연결하는 데는 너무 짧은 영어 실력이지만, 책과 눈을 연결하는 데는 그나마 겨우 닿을 수 있는 수준이어서 눈으로 보며 하는 일은 가능했다.

이렇게 한국교회사 자료 수집은 미국에 가서 한 학기가 거의 끝날 무렵인 1981년 말부터 본격적으로 착수했다. 처음에는 프린스턴 신학교와 대학을 뒤지다가 차차 시야를 넓혀나갔다. 뉴브런즈윅의 럿거스 대학교(Rutgers-The State University)에서는 그리피스(Wm. E. Griffis) 자료를 찾았고, 뉴욕의 유니온 신학교(Union Theological Seminary)와 인터처치센터에서는 각종 선교보고서와 아펜젤러 유고들을 찾았으며, 뉴욕 공립도서관에서는 알렌(H. N. Allen, 安連) 문서를 뒤적였다. 예일대 신학대학 도서관에서는 약 30여 년간 미국 북장로회 선교부 총무를 지낸 브라운(A. J. Brown)의 자료를 발견했고, 하버드-엔칭 도서관과 보스턴 대학교 도서관에까지 가서 필요한 자료를 뒤졌다. 그 뒤 이 자료 수집은 필라델피아의 장로교역사협회(Presbyterian Historical Society)에서 약 3개월간 집중적으로 이뤄졌다. 이때 나는 매일 자동차로 필라델피아까지 출근을 했다. 필라델피아의 장로교역사협회에는 우리나라에 가장 많은 선교사를 파견한 미국 북장로회 선교사 사료가 보관되어 있는데, 한국에 파송된 현지 선교사들과 선교 본부가 주고받은 문서만 해도 거의 23상자나 된다.

이렇게 여러 곳에서 수집한 자료는 일일이 열거할 수 없을 만큼 많다. 이 자료들을 섭렵하면서 한국에도 기독교사 연구를 위해 이런 자료보관소가 필요하다는 것을 절실히 느꼈다. 이때 수집한 자료들은 그 뒤에 수집된 자료와 함께 나의 학문적 관심을 한국기독교사 연구로 확대시키는 데 도움을 주었을 뿐 아니라 한국기독교사 연구를 위한 학회 및 연구소 운동을 시작하게끔 했다.

미국에서의 교회생활도 아름다운 추억거리다. 혼자 먼저 도착하여 가족들을 위한 거처를 구할 때 도와주신 분이 당시 트렌턴 한인교회의 유상학 목사였다. 유 목사님은 장로회신학교 출신으로 장로회신학대학교 교수로 봉직했던 나채운 목사님의 후임으로 이곳 교회에 부임하였다. 그분은 마침 자신이 사는 아파트 단지에 알맞은 집이 있다고 추천했다. 프린스턴과 뉴저지주 수도 트렌턴(Trenton) 사이에 있는 로렌스빌이라는 마을 안에 새로 지은 아파트였다. 프린스턴 신학교와는 자동차로 약 15분 거리였으나, 목사님 가까이 있는 것이 든든했다. 거처를 이곳에 정하고 목사님의 인도를 받아 트렌턴 한인교회에 출석하게 되었다. 이 교회는 대학 시절 나와 신앙운동을 같이 했던 홍성현 목사가 프린스턴 신학교 유학 시절에 개척한 곳이어서, 홍 목사를 기억하는 분들이 많았다. 내가 홍 목사를 잘 알고 있는 점이 하나의 인연이 되어 여러 교우와 쉽게 어울릴 수 있었다.

당시 한인교회는 대부분 미국인 교회를 빌려 쓰고 있는 형편이었다. 이 교회도 미국 장로교회 건물을 빌려 오후에 예배를 드리는데, 우리가 갔을 때는 약 140명이 출석하고 있었다. 그중 이명식, 김재술 장로를 비롯하여 지금까지도 교제를 나누고 있는 김조형 교수와 유종근 박사, 김운봉, 한성묵, 최영준, 김성수 등 여러분이 특별히 생각난다. 김 교수는 트렌턴 소재의 라이더 대학교(Rider College) 경영학 교수로서 합리적이고 끈기 있는 사고와 토론 자세가 인상적인 분이다. 사모님이 그림을 잘 그려 집에 가면 항상 예술적인 분위기가 가득했던 기억이 난다. 당시 잡화상을 경영하던 김운봉 집사는 홍 목사와 매우 가까웠던 분인데 여러모로 우리의 미국 생활을 도와주었다. 부인이 고등학교 시절 나에게 배운 적이 있다는 한성묵 씨와는 테니스로 어울려 뒷날 그곳을 찾을 때마다 신세를 지며 교제를 이어갔다.

한인교회 교우들은 주일 오후 예배를 드린 후에 운동을 하거나 어느 교우 집에 가서 저녁 늦게까지 교제를 나누는 것이 관습처럼 되어 있었다. 충분히 이해할 수 있는 일이었다. 한 주일 동안 영어권에서 의사표현을 자유롭게 하지 못하다가 이날만은 응어리진 가슴을 실컷 풀 수 있기에, 그들은 이날을 매우 기다렸고 만나서 헤어지는 것을 아쉬워했다. 이 행사는 심리적으로 적당한 치유의 효과도 있었다. 그러나 부정적으로는 이민 사회나 이민 교회가 분열되는 원인 역시 이러한 모임과 관련이 있다는 점도 부인할 수 없다.

그러는 동안 예정했던 1년이 거의 다 되어갔다. 우리는 프린스턴 신학교 교수로 있는 이상현 박사를 통해 1년 더 머물 수 있도록 학교와 교섭했다. 이 박사는 대구계성고등학교 졸업반일 때 이곳으로 유학 와 하버드 대학교에서 학위를 받았으며 신학자로서 한인교회와 한인사회를 위해 애를 많이 쓰는 교수 중 한 분이었다. 이곳에서는 자료 수집을 위해 더 다녀야 할 곳이 있었지만, 귀국해서는 꼭 해야 할 일이 있는 것이 아니었다. 미국의 반정부적인 몇몇 단체에서는 나에게 아예 이곳에 영주할 것을 권유하기도 했다. 이렇게 권유하는 이도 있었다. "한인 이민사회를 위해서도 국사를 공부한 사람이 필요합니다. 마침 가족들도 다 나왔으니 체류에 따른 법적인 문제는 우리가 알아서 해결해주겠습니다. 그러니 여기서 같이 삽시다. 교민 후세들에게 한국 역사도 가르쳐 주시고요. 교수님."

나의 처지로서는 대단한 유혹이었다. 그러나 국내에서 민주화를 위해 투쟁하고 있는 분들을 생각하면 나 혼자 여기에 와 있는 것도 미안한데, 미국에 오랫동안 체류하는 것은 도저히 마음이 내키지 않았다. 나는 이렇게 변명하며 그들의 권유를 완곡하게 거절했다. "내가 그동안 말과 글을 통해 너무 많은 것을 주장했기 때문에 나는 말의 책임을 지기 위해서라도 돌아가지 않으면 안 됩니다." 사실 그 권유는 이민사회에 나 같은 사람이 꼭 필요해서라기보다는 그들과 같이 있어줄 사람이 한 사람이라도 더 필요했기 때문이었다. 어쨌든 우리는 1년은 더 머물 수 있다는 전제하에, 아이들의 여름방학에 맞춰 미국 전역을 여행할 계획을 세웠다. 미국 전역 도로망이 있는 지도를 구해놓고 전화로 멀리 있는 분들에게 여행 계획을 알렸다.

그러던 어느 날 한국에 있는 동생에게서 전화가 왔다. 어머님께서 매우 편찮으시다는 소식이었다. 아내는 곧장 귀국하는 것이 좋겠다고 강력히 말했다. 평소 어른을 모시는 정성이 지극한 데다가 큰며느리의 책임을 통렬히 느끼는 듯했다. 나는 혼자서 먼저 귀국하는 것이 좋겠다고 판단하고 그 이튿날 바로 귀국하였다. 병원에 와서 보니 어머님은 많은 차도가 있었고 오히려 나더러 왜 나왔느냐고 말씀하셨다. 나는 곧 미국에 연락하여 가족들에게 나오지 말고 기다리고 있으면 곧 그곳으로 가겠다고 했다. 그러나 아내는 내가 귀국한 지 열흘이 안 되어 두 아이를 데리고 귀국해버렸다. 나의 전화에도 불구하고 아내는 자신의 책임과 가족관계를 더 중요하게 생각했던 것이다. 이리하여 나는 미국에서 하던 작업을 끝내지 못한 채 11개월 만에, 가족들은 10개월 만에 귀국하여 새 생활을 시작했다.

귀국한 지 한 달이 채 안 되어 프린스턴 신학교에서 재입국을 위한 서류가 왔다. 가족들까지 나온 판국에 다시 미국에 가는 일은 자신이 서지 않았다. 그러나 어차피 자료 조사를 완료해야 한다면 내가 해직되어 있을 때가 좋은 기회라고 판단하고 절차를 밟았다. 재출국에 앞서 뜻 있는 신앙과 학문의 동지들 10여 명이 한국기독교사를 체계적·과학적으로 연구할 목적으로 1982년 9월 27일 한국기독교사연구회를 창립하고 나를 회장으로 선임해주었다. 전에 도미했을 때는 해직교수 외에 다른 직함이 없어 명함을 만들 수 없었지만, 이제는 한국기독교사연구회 회장(President, The Institute of Korean Church History)이라는 명함을 준비할 수 있게 되었다. 이 명함은 유용하게 사용되었다. 특히 당시 뉴욕 유니온 신학교 객원교수로 와 있던 현영학 교수를 통해 유니온 신학교 도서관과 교섭하여, 아펜젤러 자료를 마이크로필름화하는 데 큰 도움이 되었다.

미국으로 다시 건너간 것은 1982년 10월 초였다. 나는 미국 남장로회 사료가 보관되어 있는 노스캐롤라이나주 몬트리트 소재 역사재단(Historical Foundation), 캐나다 연합교회 사료가 보관되어 있는 토론토 소재 빅토리아 대학교의 연합교회 사료보관소(United Church Archives), 해방 전후 우리나라 일반 사료가 보관되어 있는 캘리포니아주 스탠포드 대학교(Stanford University) 도서관 등 중요한 사료가 있다는 곳은 거의 다 찾아다녔다. 이곳들을 방문하면서 자료보관소와 교민들에게 신세 진 일은 이루 형언할 수 없이 많다. 그들은 숙식은 물론, 때로는 자료 수집비의 일부도 부담해주었다. 서울중앙교회 대학부 출신의 김유신 군과 스탠퍼드에서 밤을 새우며 토론한 일, 시애틀에서 우창록 군에게 신세 진 일은 지금도 잊을 수가 없다. 또 몬

2장 쑥스러운 이야기

트리트(Montreat) 역사재단 행정·회계 책임자인 브룩스(Brooks) 박사
는 처음에 내가 그곳에 이르자 복사물 대금을 매일 계산하는 방식으
로 지불하지 말고 일을 끝마친 후에 한꺼번에 계산하자고 했고, 마
지막 날 4천 페이지가 넘는 복사물을 절반도 안 되는 비용으로 할인
해주는 파격적인 도움을 주었다. 그 고마움을 잊지 못한다.

　　두 번째 미국에 도착해서는 가장 먼저 프린스턴으로 가서 장거
리 여행에 필요한 여러 가지 준비를 했다. 10월 하순께부터 약 한 달
간 노스캐롤라이나주의 몬트리트 역사재단을 비롯하여 미국 중남부
지역을 답사하였다. 미국 남장로회 한국선교자료를 찾기 위해서였
다. 내가 머문 곳은 블랙마운틴(Black Mountain)이라는 시골의 한 호
텔이었는데, 이곳에서 남부의 인심을 이해하는 데 도움이 되는 여러
사건을 겪었다.

　　특히 이 시골 호텔에서 거의 상주하다시피 하는 은퇴 노인들과
의 교제가 매우 인상적이었다. 이들은 대부분 이전에 양로원에 계
셨는데, 이 호텔이 싸고 친절해 이곳으로 몰려와 상주하고 있었다.
세 끼 식사를 합하여 하루 숙식이 10달러였다. 얼마나 싼지 나도 처
음에 놀랐다. 그렇다고 숙식이 험한 것도 아니었다. 나는 호텔 주
인에게 어떻게 이렇게 싸게 할 수 있는지를 물었다. 자신을 '형제교
단'의 한 멤버라고 소개한 호텔 주인은 사실은 이보다 더 싸게 할
수 있다면서 그 요인이 인건비를 줄인 덕분이라고 했다. 이곳에 상
주하는 노인들이 자원봉사를 하기 때문에 인건비를 줄일 수 있었고
앞으로 더 줄일 참이란다. 이들은 자본주의 사회에 살면서 돈벌이
를 위해 호텔을 경영하는 사람들이 아니라는, 의외의 신선하고 강
렬한 인상을 주었다. 나는 저녁마다 로비에서 이 노인들에게 영어
를 배웠다. 그들이 어릴 때 불렀다는 찬송가(이 노래들은 우리나라 찬송

가에 아직 그대로 남아 있다)도 같이 불렀다. 어떤 날은 피아노 옆의 자리가 부흥회와 같은 열기를 느끼게 했던 것을 기억한다. 노인들과의 이런 교제를 통해 나는 미국의 가능성이 영적인 소성에 있음을 직감하곤 했다.

이곳에 있으면서 전에 고신대 교수로 있었던 최덕성 박사의 도움을 많이 받았다. 노스캐롤라이나 벽지에 있는 몬트리트 역사재단을 찾아갈 수 있었던 것은 최 목사님의 친절한 안내 덕분이었다. 최 목사님은 당시 그 근처의 애쉬빌(Ashville)에서 목회하면서 예일 대학교에 적을 두고 있었다. 때문에 지도교수를 통한 연구는 매우 어려운 상태였다. 장학금 없이 생활과 연구를 병행해야 하는 유학생들의 어려움을 여기서도 목도할 수 있었다. 마침 애쉬빌에는 최 목사님의 처남 되는 닥터(M.D.) 리가 가까이 있어 틈나는 대로 라켓볼을 같이할 수 있었다. 라켓볼은 미국에서도 이제 막 시작한 운동이었기에 규칙은 잘 몰랐지만 평소 테니스를 즐기던 나에게는 별로 힘들지 않은 종목이었다.

이곳에서 잊지 못할 추억 가운데 하나는 아름다운 가을 단풍을 만끽한 일이다. 호텔 바깥의 단풍도 형형색색 아름다웠지만, 10월 말 어느 날 그곳 대학에 재학 중인 한국 학생들(그중 한 학생은 당시 플로리다에서 선교 활동을 하던 예장통합 측 선교사인 신상길 목사의 딸이었다)과 함께 애팔래치아 산맥(Appalachia) 남부에 위치한 인디안 보호구역을 견학하면서 감상한 단풍은 자연의 아름다움의 극치를 보는 것 같았다. 그날 본 인디언의 생활 도구와 풍습 중에는 내가 어릴 때 우리나라 시골의 모습을 그대로 재현한 듯한 것도 있었다. 이는 젊은 시절 할리우드 영화를 통해 멋모른 채 각인된 나의 인디언 관을 수정하고 정립하는 계기가 되었다.

블랙마운틴에 있는 동안 그곳에서 멀지 않은 조지아주 애틀랜타의 미국 남장로회 해외 선교부에 계시는 김인식 박사의 초청을 받았다. 그곳에서 김 박사의 소개로 브라운(G. T. Brown) 박사를 만나 자료 수집에 대한 협조를 구했다. 브라운 박사는 남장로회 선교사로 한국에 온 적이 있으며 그 경험을 토대로 버지니아주 리치몬드 소재 유니온 신학교(Union Theological Seminary)에서 학위를 받고 그것을 *Mission to Korea*라는 책으로 펴냈다.

이에 앞서 나는 몬트리트에서 대전 숭전대(현 한남대학교) 교수로 있는 서의필(John Sommerville) 목사를 만났는데, 그는 내가 이곳에 온 목적을 묻고 자료의 중요성을 강조하면서 나에게 참으로 귀한 일을 한다고 격려해주었다. 뒷날 그와 그의 부인이 남장로회의 한국선교 관련 자료를 많이 모아 교계에 공헌하였다는 소식을 들었다. 몬트리트에서 만났을 때 자료를 모은다는 말을 따로 하지 않았던 서 목사 부부가 어떻게 그런 일을 하게 되었는지 궁금했다. 그 동기와 발상이 어디에서 나왔든 그들의 자료 수집에 대한 공헌에 감사한다.

애틀랜타에 도착하던 날 나는 뜻밖의 전화를 받았다. 플로리다주 펜사콜라(Pensacola)에서 사업을 하고 있는 김진경 박사였다. 수년 전에 한국을 떠났다고는 들었지만, 김 박사가 그곳에 있으리라고는 생각지 못했다. 김 박사는 나더러 무조건 플로리다로 내려오라고 했다. "해직교수니까, 돈도 별로 없을 테고…. 비행기 삯은 내가 부담할 테니 내려와서 그동안의 회포도 풀고 남부 구경도 할 겸, 빨리 내려오소." 그의 초청으로 이루어진 예정에 없던 플로리다 여행은 망외의 기쁨이었다. 플로리다 300마일 해안에 뻗어 있는 보드라운 슈거샌드(Sugar Sand)를 구경하면서 미국 남부의 또 다른 광활함과 신비를 느꼈다. 김 박사는 플로리다의 여러 경치를 둘러보게 한 다음 자기가 인도하고 있는 한인교회 강단에 나를 세웠다. 뿐만 아니라 그 곳을 떠나는 날, "해직교수가 옷 사 입을 돈이 어디 있어" 하면서 자신의 가게(New Yorker)로 데려가서 여러 가지 옷을 주었다. 그가 내게 어울린다고 직접 골라준 붉은 색깔의 재킷은 오랫동안 학교 연구실에서 입곤 했다.

주일날 그가 장로로 있는 미국 교회에 가서 오전예배를 드렸는데, 이 교회는 미국장로교회(Presbyterian Church of America)라는 교단에 속해 있었다. 미국 남장로회(PCUS)에서 갈라져 나온 일명 PCA라고 하는 이 교단은 여성안수를 반대하는 등, 그들 말대로라면 가장 성경에 충실하게 믿는다고 했다. 그들과 같이 드린 주일 낮예배는 분위기가 매우 인상적이었다. 경건한 분위기 속에서 식순에 따라 예배가 진행되었는데, 찬송가(주 믿는 형제들, 525장)가 바뀌자 노래를 부르면서 서로 쳐다보기도 하고 다정하게 악수를 나누거나 안부를 묻기도 하였다. 정말 그 찬송가의 가사에 맞는 성도의 교제가 이뤄지고 있었다. 그 뒤 귀국하여 우리 교회에서 이것을 시험해보았는데, 성도들이 따라주질 않아서인지 그때의 감격스러웠던 분위기가 살아나지는 않았다. 예배를 마치고 김 박사가 인도하는 한인교회로 가면서 들은 이야기 중 미국 교회의 교회 직분에 대한 관념은 참으로 본받을 만했다. 나는 가끔 이 이야기를 공중 앞에서 하곤 했다.

김 박사가 출석하는 미국 교회의 장로 선출에 관한 이야기였다. 그 교회에서는 장로 후보를 먼저 당회에서 골라 공동의회에 부의(附議)하는데, 당회에서는 마침 장립집사로 있는 의사(M.D.) 한 분이 적당하다는 의견을 모으고 그분에게 오랫동안 교섭했지만, 그는 자신의 달란트는 봉사하는 집사이지, 다스리는 장로는 적격이 아니라면서 끝까지 그 제의를 받아들이지 않았다는 것이다. 나는 큰 충격을 받았다. 당시 나도 시무장로였고 미국으로 떠날 때 교회를 오랫동안 비워야 하는 형편인데도 사표를 제출하지 못한 점이 꺼림칙했기에 더욱더 부끄러운 마음이 들었다. 미국인들이 교회의 직분을 얼마나 소중하게 생각하며 또 자신의 달란트가 어떤 것인지 이렇게까지 세심하게 관찰하는구나 싶었다. 이는 자신을 이 땅에 보내신 하나님과의 대화를 통해서라야만 확실하게 파악할 수 있는 것이 아닌가 하는 생각이 들었다.

두 번째 미국 여행에서 나는 남은 인생을 위한 중요한 수확 하나를 얻었다. 이때부터 일기를 계속해서 쓸 수 있게 되었다는 점이다. 가족들과 5개월 정도 떨어져 단신으로 여행하면서 혼자서만 좋은 것을 보기가 미안했고 아쉬웠다. 여러 곳에서 본 아름다운 장면들을 가족들에게 전하고 싶었다. 그래서 부지런히 편지를 쓰는 한편, 일기를 써서 수시로 보고 들은 것을 전하는 것이 좋겠다고 생각했다. 일기라 하니까 생각나는 것이 많다. 철이 들면서부터 몇 번이나 쓰다가 중단했기 때문이다. 그 일기가 이때 다시 시작되어 지금까지 이어지고 있는데 이것이 가족들과 떨어진 결과물로 주어진 선물이라 생각하니 좀 쑥스러운 생각이 든다. 이때 시작한 일기는 여행 때문에 더러 며칠씩 밀리는 경우는 있었지만, 그럴 때는 수첩에 메모해둔 것을 중심으로 썼기 때문에 기억하는 한에서는 하루도 빠뜨린 적이 없다. 최근에는 교단에서나 대중 앞에서 일기 쓰기를 권장하는 배짱도 생겼다. 실천은 이렇게 강한 힘을 갖는다.

두 번째 미국행에서는 주로 여러 연구소를 찾아다녔다. 프린스턴에서는 마침 그곳에 유학차 와 있던 서경석 목사를 만나 자주 대화를 나눌 수 있었다. 유신정권 때 민주화운동으로 옥고를 치른 그는 10·26 후에 풀려 나와 장로회신학대학교에서 공부하다가 1982년

9월 학기부터 프린스턴 신학교에 입학하면서 트렌턴 한인교회 청년부를 지도하고 있었다. 그가 청년부를 맡으면서 교회를 겉돌던 청년들이 구심점을 형성하였고 영적으로 곧 생기를 찾았다. 사회운동가로 조직력을 겸비한 그가 한인교회에서 영적 지도자로서 보인 능력은 괄목할 만했다. 그는 광주 민주화운동에 관한 비디오를 구해다가 프린스턴 신학교의 한인 학생 앞에서 상영하여 그들의 의식을 깨웠는가 하면, 한 시간 남짓 거리의 뉴욕에 자주 연락하여 한인 사회에도 영향력을 미쳤다. 그로 인해 그가 주관하거나 후원하여 이루어진 운동들이 활발하게 진행되었다.

　　서 목사와 나는 가끔 만나 유익한 대화를 나누었다. 이야기는 주로 국내외의 민족문제와 기독교의 역할에 관한 내용이었다. 이러한 대화를 통하여 한국교회의 진보와 보수의 연대 문제를 모색하였다. 열린 진보와 열린 보수의 대화와 협력이 가능함을 공감하고 있었던 셈이다. 이 대화에서 나는 서 목사의 증조부가 우리나라 장로교회 제1대 목사였던 서경조(徐景祚) 목사임을 들어 서 목사가 극단적인 진보주의자가 될 수 없음을 은근히 강조했다. 1983년 2월 내가 프린스턴을 떠나 귀국하기 전 날, 우리는 거의 밤을 새우며 대화를 나누었다. 귀국했다가 1년 뒤 유니온 신학교에서 기독교윤리학을 공부하고 있는 그를 찾았을 때, 내가 간곡히 권했지만 그가 완강하게 거부한 일이 있었다. 그 일은 다음과 같은 내용이다.

　　뉴욕 인터처치센터에는 어두운 시절 한국의 인권과 민주화 문제를 두고 국내외에서 발표한 성명서들이 거의 다 보관되어 있다. 나는 서 목사에게 이왕 공부하러 왔으니 그것을 분석하여 논문을 쓰는 것이 좋겠다고 권했다. 그러나 그는 내 제의에 동의하지 않았다. 내가 이 일에 관심을 갖게 된 것은 토론토에 갔을 때 김재준 목사님이 인터처치센터의 자료를 빨리 정리하면 좋겠다고 말씀해주셨기 때문이다. 그 뒤 나는 늘 그 말씀을 기억하면서 누군가 적당한 분이 있으면 그 일을 하도록 권해야겠다고 생각하고 있었다.

누군가가 학문적으로 정리해야 할 일이라면 서 목사만 한 분이 없겠다 싶었다. 민주화운동을 해온 서 목사가 그 성명서를 보면 다른 사람들보다 훨씬 분석하기 쉬울 뿐 아니라, 마침 유니온 신학교에서 하는 공부가 기독교윤리학이니 만큼 학위 논문 주제로 잡기에도 적당하다고 판단했기 때문이다. 게다가 유니온 신학교가 바로 인터처치센터 옆에 있어 여건상으로도 좋았다. 그러나 서 목사는 내가 말을 두 번 꺼내기가 민망할 정도로 단번에 거절했다. 그 이유는 간단했다. "제가 학위를 받고 돌아가면 국내 민주화운동에 합류될 수 없다고 생각합니다." 나는 그의 말을 운동가가 자기 분수를 꼭 지키겠다는 뜻으로 이해해 더 권할 수가 없었다. 그러나 지금도 서 목사처럼 운동가로서 이론이 필요한 사람이 있다면 그것을 정리해보라고 권하고 싶다. 이제는 역사적인 관점에서 정리할 때가 되었기 때문이다. 그 뒤 서 목사가 귀국한 후 한국기독교사회문제연구원 원장서리를 거쳐 경제정의실천시민연합의 결성을 준비할 무렵, 우리가 프린스턴에서 대화했던 것처럼 진보와 보수의 연대를 위해 서로 만나게 되었는데, 이 무렵의 일들은 후일의 추억거리로 남겨두고자 한다.

1983년 초 나는 귀국에 앞서 마지막 자료 수집을 위해 캐나다 토론토로 향했다. 토론토는 지하철과 버스가 잘 연계되어 있어서 도시 교통 문제 해결에 모범적인 도시였다. 그곳에서 한 달간 머물면서 토론토 대학교와 빅토리아 대학교에 있는 캐나다 장로회의 한국 선교에 관한 자료를 수집하는 한편, 조국의 민주화운동에 애쓰는 여러분을 만날 수 있었다.

무엇보다 장공(長空) 김재준(金在俊) 목사와의 만남이 지금도 기억에 남는다. 당시 민주화운동을 하다가 망명하다시피 하여 캐나다로 갔던 만큼 신군부가 등장한 상황에서 이 어른이 다시 조국으로 돌아오는 것은 예측 불허였다. 그곳에 간 김에 그의 생애에 관한 인터뷰를 해두는 편이 좋겠다고 생각하고 사위 되는 이상철 목사를 통해 미리 연락을 해두었다. 그분의 연륜과 교계·학계에서의 위치, 거기에다 내가 자랐던 고신파 교회에서 그를 평가하는 상투적인 분위기 등이 있어서, 약간은 어색하고 한편으로는 위축된 기분으로 찾았던 것이 사실이다. 이분의 아드님이 나보다 두 해 앞선 사학과 선배이기에 진작부터 가까이할 수 있는 기회가 있었던 셈인데 이렇게 늦게, 그것도 이국땅에서 노신학자를 찾았던 것이다.

그러나 그의 숙소를 방문한 순간 나의 위축감은 금세 사라졌다. 장공 선생은 마치 아는 사람 대하듯 나를 반겨주었다. 내 글을 읽었다고 하시면서 오랫동안 교제를 나눈 사이같이 그 특유의 조용조용한 목소리로 몇 시간 동안 질의에 응해주셨다. 질의보다는 당신의 설명이 항상 길어서 말을 끊기가 민망할 때가 많았다. 이쪽 형편을 묻지도 않은 채 사모님께 떡국을 준비하라고 하시고는 그것을 든 후에도 말씀을 좀처럼 끝내주시지 않았다. 원래 오전 시간만 약속했는데, 오후 4시가 되어서야 겨우 몸을 빼낼 수 있었다. 아마도 사람이 그리우셨던 것 같다.

덕분에 그 이튿날 설교와 강연을 위해 방문하기로 한 토론토 근교의 런던 한인교회 신용규 목사 댁에는 예정보다 훨씬 늦게 도착했다. 여행을 하다 보면 많은 분을 만나게 되는데, 그럼에도 캐나다에서 신용규 목사 내외분과 그 가족들을 만나리라고는 미처 생각지 못했다. 신 목사와는 서울대 문리대 재학 시절 학과는 달랐지만 같은 과목 강의를 듣기도 하고 학생신앙운동에 같이 참여하기도 했다. 그가 한국을 떠나기 전까지 서울중앙교회에 출석했기에 집안끼리도 잘 아는 사이였다.

그는 전영창 선생이 교장으로 있던 거창고등학교에서 학창 시절 꿈을 키웠다. 전 교장은 신념과 정열로 한국 교육사에서 신화적인 행적을 많이 남긴 분으로, 그의 지도를 받은 제자들은 지금도 그 꿈을 실현하기 위해 노력하고 있는데, 신 목사도 그중 한 분이다. 전 교장 이야기가 나왔으니 말이지, 그가 미국에서 공부하던 중에 6·25가 발발하자 자기 조국에 전쟁이 일어났는데 어찌 편안히 공부할 수 있겠느냐면서 졸업을 며칠 앞두고 귀국한 일화는 유명하다. 나는 중고등학교 시절 「파수꾼」이라는 잡지에 전영창 선생이 번역해 연재한 「예수님이라면 어떻게 하실까」라는 감동적인 소설을 통해 그를 알게 되었다. 그분이 타계하신 후 거창고등학교 출판부에서 간행한 그의 연설문을 '이 달의 책'으로 선정하기도 했다.

신 목사는 내가 토론토에 왔다는 말을 듣고 거기서 멀지 않은 런던 한인교회로 나를 초청했다. 차를 몰고 런던으로 오면서 캐나다의 아직 때 묻지 않은 광활한 땅을 볼 수 있었다. 아마 이곳에 처음 왔던 사람들이 영국의 런던을 회상하면서 그 이름을 붙였나 보다. 이곳 런던에는 독일에 광부로 갔다가 이곳으로 이민왔던 사람들이 많았고, 공부하는 학생들도 여럿 있었다. 캐나다로 이민 온 분들은 미국보다 개척 가능성이 훨씬 더 열려 있는 탓에 이곳에서 더 열심히 땀을 흘리고 있었다. 이민 교회 목회자로서 신 목사는 나름대로 비전을 가지고 그들의 영적인 갈급을 채워주면서 기쁨과 고통을 함께 나누고 있었다. 몇 년 전 로스앤젤레스에 갔을 때 그곳에서 사역을 새로 시작한 신 목사 내외분을 다시 만났는데, 런던에서 만난 날로부터 거의 10년이 지나서였다.

그 뒤 토론토로 다시 돌아와 몇 주간의 연구 일정을 끝내고 미국으로 돌아가던 날 저녁 고속도로 위에서 일어난, 위험과 감사가 교차된 추억은 지금도 눈에 선하다. 일정대로라면 런던의 신 목사 댁에서 하루를 묵고 이튿날 디트로이트로 가서 방학을 맞아, 가족과 함께 지내고 있는 강위영 박사 댁을 방문할 예정이었다. 강 박사는 경남 남지 출신으로, 고등학교 시절 나는 가끔 그의 하숙집에서 뒹굴며 신마산교회에서 같이 봉사한 적이 있었다. 유머 넘치는 이 고등학교 선배는 연세대 신과대 졸업 후 지체부자유자 교육에 헌신하다가 느지막이 의사인 사모님과 함께 미시간으로 유학 와서 특수교육으로 학위를 받고 대구대학교에서 재직한 바 있는, 한국 특수교육의 보배다.

1983년 1월 14일, 토론토 일대는 저녁 8시경부터 눈이 내렸다. 이런 날은 고속도로 여행을 중지해야 했다. 그러나 신용규 목사와의 약속 때문에 다른 사람들의 만류를 뿌리치고 저녁 9시에 출발했다. 그런데 이게 웬일인가! 토론토 교외를 막 벗어났는가 싶었는데, 핸들이 말을 듣지 않았다. 눈 위에서 미끄러진 것이다. '사고로구나!' 그러나 나는 핸들을 그대로 둘 수밖에 없었다. 얼마 되지 않아 차는 오른쪽의 갓길을 벗어나 언덕 아래로 내려갔고, 작은 도랑을 넘어 건너편 언덕을 오르다가 거기에 세워둔 장대를 들이받고는 빙 돌아서 다시 고속도로 위로 올라오다가 엔진이 꺼졌다. 잠깐의 일이었지만 고속도로변에는 벌써 이 사고 차를 보호하기 위함인지, 여러 사람이 차를 세우고 나를 기다리고 있었다. 아무렇지 않게 차에서 몸을 털고 나오자 그들은 '행운'이라며 어떻게든 나를 도와주려 했다. 어떤 분은 오늘은 자기 집에서 하루 지내고 내일 사고 차를 견인하는 것이 좋겠다고 했다.

나는 그날 저녁, 친구 신 목사와의 약속을 생각하여 경찰의 도움을 받아 런던까지 가려고 했다. 그러나 눈이 그치지 않는 데다가 마음이 안정되지 않아, 근처의 모텔까지 끌어준 견인차를 돌려보내고는 그곳에서 쉬었다. 그 저녁에 하나님께 얼마나 간절한 기도를 드렸는지 모른다. 이날의 감사함은 고속도로 주변 모텔에서 흥분이 가시지 않은 채 떨리는 손으로 쓴 일기 한 구절에서도 찾을 수 있다.

하나님, 감사합니다.
제가 지금 살아서 일기를 쓸 수 있게 된 것을 감사드립니다.
오늘 저녁 10시경 저는 주님께서 주신 새로운 생명을 받았습니다.

3차선 고속도로의 맨 왼쪽 길에서 이리저리 비틀거리며 3개 차선을 가로질러 갔는데 어떤 차와도 충돌하지 않은 것은 토요일 오후의 고속도로 위에서는 상상할 수 없는 일이었다. 나를 향한 하나님의 새로운 계획이 없었다면 그날 저녁에 어떤 일이 일어났을지 모른다. 생명을 연장시켜주신 하나님께 뜨거운 감사와 새로운 결단을 하지 않을 수 없었다. 지금도 가끔 그날을 생각하면 그 뒤 덤으로 살고 있는 생의 의미를 생각하게 된다.

인생은 이런 경험을 통해 자신의 고집을 꺾고 참 삶의 겸허한 자세를 갖는 것일까?

역시 그날 저녁에 쓴 일기의 한 구절이다. 미국에서 겪었던 여러 일을 생각하면 감사가 앞설 뿐이다. 국내에서는 비교적 소외감을 느긴 편이었으나 그곳에서는 한국의 '해직교수'(dismissed professor, fired professor)라 하여, 어두운 시절 민주화를 위해 고난을 당한 사람인 양 분에 넘치게 대우해주기도 하여 몸 둘 바를 몰랐다. 이것은 '한국기독자교수협의회'의 많은 구성원이 해직되었다는 사실이 해외 교회와 언론에 알려졌기 때문이다. 이런저런 이유로 자료 발굴에 따른 비용의 상당 부분은 현지의 인권단체와 교회, 교민들이 도와주었다. 그런 의미에서 나는 해외, 특히 미국 교민들로부터 많은 빚을 지고 있다.

미국 생활에서 빠뜨릴 수 없는 추억은 같이 해직된 동료 교수들을 만났던 기쁨이다. 동병상련이라고 했던가. 앞에서 잠깐 언급했지만, 김찬국 교수가 프린스턴에 잠깐 머물 때에 교제를 나누었고, 한완상 교수를 찾아 뉴욕주 스토니 포인트까지 갔던 일은 새삼스럽다. 현영학 교수가 유니언 신학교에서 민중신학에 관해 특강을 한다는 소식을 듣고는 저녁 시간에 프린스턴에서 뉴욕까지 한걸음에 달려간 일은, 그의 강의를 듣는다는 기쁨 못지않게 그의 모습을 봄으로써 나 자신이 용기와 위로를 얻기 위함이었다. 같이 고통받고 있는 사람을 만나면 그래서 힘이 나는가 보다. 더구나 그분들이 연세가 지긋하고 세상의 여러 풍상을 겪었다 보니 더욱 힘이 되었다. 그분들에게서 삶을 살아가는 의지를 배울 수 있었기 때문이다.

하나됨의 열매

미국에서 자료 찾는 일을 일단 마무리하고, 1983년 3월 초 귀국을 단행했다. 귀국에 앞서 합동신학교에 연락을 취해 3월부터 다시 한국교회사를 강의하는 한편, 정암(正巖) 박윤선(朴允善) 교장의 특별한 배려로 〈기독교와 동양고전〉이라는 제목으로 『논어』(論語)를 강의하게 되었다. 종종 그때의 일을 자랑삼아 말하지만, 한국 그 어느 진보적인 신학교에서도 동양 사상의 원류로서의 『논어』를 강의하는 곳이 있다고는 들어본 적이 없다.

나는 평소 우리나라 신학교의 교과과정에 한국의 사상과 전통에 관한 내용이 별로 없는 것을 문제라고 생각해왔다. 이는 결국 복음을 뿌리려는 곳, 즉 한국 상황이 거의 고려되지 않은 신학 교육이기 때문이다. 복음은 상황 속에서라야만 참 의미를 발견할 수 있고, 상황이 복음으로 조명될 때 참 개혁이 가능해지기에 우리나라 신학교의 교과과정은 그 점을 담아내지 못한다고 생각했다. 그 점을 고려하여 시험적으로라도 『논어』를 강의해보자고 한 것이었는데, 강의 제목에 『논어』를 내세우는 것이 모양상 어색하다 하여 〈기독교와 동양고전〉이라는 제목으로 강의하게 되었다. 그 학기에 강의를 진행하면서 아직 끝내지 못한 '나 자신의' 신학 수업을 계속하였다. 배우는 학생이자 가르치는 선생이었던 셈이다.

그 무렵, 하루는 지금 남양만 두레마을에서 여러 활동을 하고 있는 김진홍(金鎭洪) 목사로부터 연락이 왔다. "목회자 몇 사람이 아무래도 우리나라 역사를 공부하지 않으면 안 되겠다고 합니다. 시간을 좀 내주십시오." 국사를 공부하고자 나에게 도움을 청해왔다. 이렇게 시작된 국사 강의는 1년 이상 계속되었다. 뒷날 여성신학을 공부하는 몇 분이 와서 이 강의를 들었는데, 여성신학의 한국적인 발상과 정착을 위해서는 우리나라 역사를 알아야 한다는 그들의 문제의식에 나는 십분 공감했다. 안상님, 김희은 선생은 이 강좌를 통해 처음 만났고, 그 뒤 한때 그 사부님들을 통해 소식을 접하기도 했다. 의외의 대화로 좌중 분위기를 일신시켜주던 이환진 목사도 이때 처음 만났는데, 그 후 성서공회에서 그리고 그의 미국 유학 중에 몇 번 만날 수 있었다. 그는 이미 오래전부터 감리교신학대학교 교수로 봉직하고 있다.

일주일에 한 번씩 모인 이 강좌는 국사 강의와 『삼국유사』(三國遺事) 강독을 겸하여 진행했는데, 이는 한국 고대의 모습을 한문적인 표현을 통해서 이해하려고 하였기 때문이다. 항상 바쁜 김진홍 목사는 미국 집회를 계기로 강의에 참석하는 횟수가 뜸해졌지만, 우리 민족을 향한 그의 끊임없는 사랑과 열정에 이 강좌가 도움이 되었으리라 믿는다. 이 국사 강좌가 단순히 지식욕을 만족시키겠다는 목적만 가지고 시작한 것이 아님을 생각하면서, 나는 또다시 해직이라는 사건을 통해 남의 아픔에 동참하려는 많은 신앙의 동지들이 있음을 확인하고 얼마나 많은 용기를 얻었는지 모른다.

귀국하는 그해, 해직교수들은 서로의 근황을 알아보고 앞으로의 대책도 마련하기 위해 1983년 8월 18일 중앙일보사 근처 음식점 '남강'에 26명이 모여 간담회를 가졌다. 그해 12월 6일 정부는 해직교수들이 원래 근무하던 대학을 제외한 다른 대학에는 갈 수 있다는 조처를 발표했고 일부 교수들을 종용하여 그런 식으로 복직시켰다. 이에 해직교수들은 문교부장관의 발표는 '복직이 아니라 복직의 기회를 봉쇄한 조치'이며 '해직교수들의 문제를 해결할 수 없는 발상'

으로 판단하는 한편, 복직 및 학원 정상화를 위해서는 단결된 힘과 일치된 주장이 필요하다는 것을 통감하고, 그달 20일에 서울 평창동 음식점 '평창면옥'에서 정식으로 "해직교수협의회 발기 및 창립총회"를 열었다.

이날 참석자는 강만길, 김윤환, 김진균, 김찬국, 리영희, 서광선, 안병무, 유인호, 이만열, 이상신, 이우성, 이효재, 장을병, 정윤형, 조용범, 탁희준 등 16명이었고, 위임한 분들이 김동길, 김용준, 김윤수, 변형윤, 서남동, 이명현, 이선영, 이우정, 한완상 등 9명, 모두 25명이었다. 그 뒤에 김병걸, 문동환, 성내운, 이문영, 이수인 교수와 호남 지역의 김동원, 노희관, 명노근, 송기숙, 이광우, 이석영, 이방기, 임영천 교수가 참여했다.

당시 복직의 조짐이 전혀 보이지 않았기에 이 모임은 같은 처지에 있는 사람들이 만나는 자리라는 것만으로도 격려와 위로와 힘이 되었다. 최고의 지성인임을 자처하는 이들에게도 이성으로써는 설명할 수 없는 감정들이 느껴졌다. 이 모임은 어려운 때 만났던 만큼 지금까지도 서로에 대해서 남다른 관심을 갖고 있다. 그런데 한때나마 인고를 같이하며 자신이 힘이 없는데도 동료를 부추기려고 힘쓰던 이들 중에는 벌써 정년퇴직을 했거나 혹은 타계한 이들도 있으니, 이런 걸 두고 '인생무상'이라고 하는가.

'해직교수협의회' 말이 나왔으니 한두 마디 더하고 넘어가자. 한번은 광주 지역 회원들의 초청으로 지리산 연곡사 입구의 피아골에 가서 하룻밤을 지새우며 친목을 도모한 적이 있다. 염소 한 마리 잡고 질펀한 소리를 내뱉으며 해직 몇 년간의 울분과 체증을 삭였다. 그날 저녁 귀가 꽤 가려운 '높으신 분'들도 있었을 것이다. 나는 말로만 듣던 피아골로 접어들어 그 높은 계곡의 비탈에 일궈놓은 논뙈기를 보면서 우리 조상들의 고난과 한을 생각했다. '아무렴 얼마나 땅이 없었으면, 이 산골짜기에 와서 저렇게 농토를 일궜을까…. 틀림없이 관의 화망(禍網)을 피해 식솔을 이끌고 은신한 민중들이 파리 같은 목숨을 부지하기 위하여 저렇게 했을 텐데….' 송기숙 교수는 다닥다닥 쌓아놓은 듯한 논뙈기들을 가리키며 힘주어 말했다. "저걸 이해하지 않고서는 한국의 건축술과 민중의 삶은 모를 거여."

또 하나 해직교수협의회와 관련해서 1984년 6-8월경 민중대학을 개설한 적이 있다. 천주교 인천 교구가 중심이 되어 해직교수들을 돕고자 인천에서 개최한 자리였다. 처음에 '해직교수 아카데미'라는 이름으로 초안을 잡아 한국교회협의회와 천주교주교회의에 전달한 이 계획은 강단에서 쫓겨난 교수들이 거리에서 가르치며 반체제운동을 하겠다는 의지를 표명한 사건으로, 1차 행동을 '민중대학'이라는 이름으로, 인천에서 첫선을 보인 행동이었다. 해직교수들이 여기에 강사로 참여한 것은 물론이다. 뒤에 들은 말이지만, 뒷날 집권 군부가 그렇게 빨리 해직교수들을 복직하도록 결단한 데는 이 민중대학운동 효과가 컸다고 한다. 자칫하면 해직교수들을 거리로 내몰아 민중과의 연대를 강화하는 계기가 되지 않을까 염려했기 때문이다. 해직교수협의회의 눈물겨운 활동들이 많지만, 거기에 대한 증언은 아무래도 내가 적격자가 아닌 듯하다.

이에 앞서 국회에서도 해직교수 문제가 집중적으로 거론되었다. 해직교수 문제는 김병오(당시 국민회의 소속) 의원이 가장 심도 있게 국회 본회의에서 거론한 것으로 기억한다. 김 의원은 그전에 하버드 대학교에서 잠시 만난 적이 있는 사이다. 최근에 만났을 때도 해직교수 문제를 거론해준 데 대해 감사한 적이 있다. 국회에서 거론하자 언론에서 이 문제를 다루었다. 이때서야 비로소 우리는 정부

2장 쑥스러운 이야기

가 국회에 제출한 자료에 의해 80년 당시 이런저런 이유로 해직된 교수가 놀랍게도 86명이나 된다는 것을 알 수 있었다.

이것은 곧 군부정권이 자신들의 집권을 위해 비판적인 교수들을 강단에서 몰아내었다는 사실로 국민들에게 알려졌다. 국회, 여론, 거기에다 해직교수 중심의 민중대학운동까지 튀어나오자, 마침내 정부는 1984년 6월 14일 자로 해직교수 복직 문제를 원 소속 대학에 일임한다고 국회에서 발표했다. 그렇게 해직된 지 4년 만에 복직의 길이 열렸다. 그 뒤 9월 1일 자로 복직은 되었지만, 그것도 그렇게 수월한 일은 아니었다. 마치 수년 전까지 진행되던 전교조 해직교사의 복직에, 기득권자라고밖에는 달리 표현할 길이 없는 현직교권론자들의 냉대와 반발이 있었던 것처럼 말이다.

해직 시절이 끝나갈 즈음 나에게는 몇 가지 일이 주어졌다. 하나는 1984년 5월경 대한성서공회 김호용 총무로부터 1995년에 100주년을 맞는 『대한성서공회사』를 써달라는 제의가 들어왔다. 나는 공회 건물이 두 번이나 불탔기 때문에 역사를 쓸 자료를 제대로 갖추지 못한 상황에서 세계 여러 성서공회에 가서 자료를 수집하여 쓸 수 있도록 해준다면 그 제의를 받아들이겠다고 했다. 복직 문제가 제대로 거론되지 않은 상황에서 들어온 이 제의를 나는 하나님께서 주시는 또 하나의 기회로 생각했다.

제의를 수락하면서, 그해 7-8월에 우선 미국에 가서 자료를 수집하겠다는 계획도 밝혔다. 그 뒤 얼마 되지 않아 원 소속 대학에서 복직 소식이 들려왔지만, 나는 약속대로 그 여름에 미국에 다시 건너가 뉴욕의 미국성서공회 고문서실과 드루 대학교 감리교 고문서실에서 성서공회 관계 자료를 찾아 돌아왔다. 이 작업은 그 뒤 영국성서공회와 스코틀랜드성서공회를 다녀와서 본격화되어 1993년 말

『대한성서공회사 I』을 출간했고, 1994년 말에는『대한성서공회사 II』를 간행하였다. 이 책들은 몇 년간 나의 일을 도와주었던 옥성득 목사와 유대영 선생과 함께 펴냈다.

또 다른 하나는 해직교수를 돕는 어느 기독교 기관에서 연구비를 제공하면서 요청한 한국기독교 민족운동사 연구가 있다. 벌써 그 결과를 보고하고 출간했어야 하지만 그 연구와 관련된 몇 편의 논문만 썼을 뿐, 아직도 그 전체 작업은 완료하지 못했다. 어려울 때 도와주신 분들에게 감사하면서, 마음 한편에서는 이 사랑의 빚을 빨리 갚아야겠다고 늘 다짐하고 있다. 해직 기간에 진 '사랑의 빚'은 이 글에서 일일이 다 열거할 수 없을 정도다. 장학금을 제공한 기관 외에도 재미 기간에 도와준 여러 교민 교회들, 특히 미국 N.C.C.의 이승만 목사와 미국 남장로회 김인식 목사의 도움을 잊을 수 없다.

이 기간 거의 유일한 학문 교류의 통로는 다산연구회(茶山硏究會)였다. 이우성, 강만길, 정창렬, 정윤형, 김진균, 이만열 등 해직교수를 양산하다시피 한 이 연구회는 학문적 결속력과 함께 인간적인 유대를 돈독히 했을 뿐만 아니라, 해직당하지 않은 재직 교수들은 갹출금을 적립하여 우리를 도와주었다. 이러한 동지애적인 나눔이 있었기에 해직 기간을 뒤돌아보며 더 많은 조건으로 감사드릴 수 있지 않나 싶다.

오늘날 일용할 양식을 주옵시고

이 글을 끝내기 전에 해직 기간의 경제생활에 관해서 간단히 언급하는 것이 좋겠다. 관심 있는 분들은 해직 기간에 도대체 어떻게 먹고 살았나 하고 매우 궁금해할지 모르겠다. 해직된 걸 보니 약간은 고집이 있을 것 같고, 그렇다면 남에게 쉽사리 손을 벌리지도 않았을 것이고, 그렇다고 교수 체면에 돈 버는 일이라고 해서 함부로 뛰어들지도 못했을 터이니 말이다. 이 점에 대해서는 할 말이 별로 없다. 평소 가정 경제에 대해 크게 관심을 가져본 적이 없는 데다가, 이 문제는 전적으로 아내의 노력과 지혜로 극복했기 때문이다.

결혼 후 한 번도 월급봉투를 내 손으로 뜯은 적이 없는지라 월급이 정확하게 얼마인지 몰랐고, 한 달에 얼마가 있어야 가정 경제가 돌아가는지도 알 리가 없었다. 아내가 가끔 봉급이 얼마라고 말한 것 같은데도 거기에 유념하지 않았고, 어림잡아 월급이 얼마쯤 되는지만 알고 있을 뿐이다. 그 점은 지금도 마찬가지다. 그래서 다른 사람들이 월급이 얼마라고 하면 우선 자기 월급을 알고 있는 그 사실이 신기할 뿐, 그 월급으로 생활이 되는지는 잘 모른다.

그렇다고 스스로 물질생활이나 경제생활을 초월할 만큼 무소유나 나눔의 생활을 한다든가, 세상일과 담을 쌓고 지낸다는 뜻은 결코 아니다. 어쩌다 보니 물질에 깊은 관심을 두지 못하도록 생활의 리듬구조가 꽉 짜였는데, 이는 평소 가정 경제는 아내가 맡는 것이 순리라고 생각했기 때문이다. 쪼들리든 여유가 있든 가정 경제를 걱정하지 않아도 되는 이런 생활을 누릴 수 있음이 학자로서의 행복 중 하나라고 증언한 적이 여러 번 있다. 게다가 요즘은 온라인으로 이체되기에 월급봉투를 만지는 일조차 없고, 학교에서 월급명세서라고 주는 봉투조차도 확인하지 않고 아내에게 그대로 전할 뿐이다.

결혼 후에 줄곧 이런 식으로 지내왔기 때문에 해직이 되어서도 한 달 수입이 얼마인지 모르기는 마찬가지였다. 그래서 아내에게 앞으로도 내 수입이 얼마인지 모르고 지낼 형편이니까 알아서 하시라고 했다. 약간은 무책임한 생각이기도 하고 이러다간 가장으로서 문제가 있겠다 싶기도 했지만 별다른 방도가 없었다. 아내는 어떠한 어렵고 놀라운 일이 있어도 침착함을 잃지 않고 평정심을 유지하는 성품을 지녔다. 평소에도 그랬지만, 해직이 되었다 해도 어머님과 두 아들 해서 다섯 식구인 우리 가정의 경제생활에 대해 별로 동요하는 빛이 없었다. 평생 교직에 계셨던 장인을 뒷바라지하며 일곱 남매를 양육하신 장모를 아내는 지금도 잊지 못하고 있는데, 막내지만 아마도 장모의 그런 유교적인 부덕을 많이 훈련받아서 그럴 것이라고 생각한다. 해직되던 그 무렵, 지금 살고 있는 32평의 아파트로 옮기고 퇴직금을 받자 빌렸던 은행 돈을 갚은 일은 앞에서 언급하였다.

매월의 수입원이 끊기고 나니 인간적으로 막막했다. 그러나 하나님은 우리에게 새로운 일거리를 주었다. 이쪽저쪽에서 강연해달라는 요청이 많았다. 신군부가 등장한 분위기에서 대부분 기독교 기관과 교회를 제외하고는 그런 요청을 하기가 곤란했다. YMCA와 YWCA를 비롯해서 당시에는 비교적 진보적인 기독교 학생단체의 초청을 받았다. 강연 내용도 주로 역사에 관한 것이었다. 특히 이때는 상황도 역사의식을 필요로 했지만 한국기독교 역시 100주년이 되어 개교회는 물론이고 기독교 단체에서도 역사의식을 새롭게 환기시켰다. 나로서는 먼저 일반 역사를 공부하고 한국기독교사를 공부한 것이 여러 가지로 도움이 되었다. 기독교 기관뿐 아니라 여러 교회에서도 초청하여 주로 역사 강의를 듣겠다고 했다. 이러한 강연과 원고 집필을 통해 경제적인 도움을 받았고, 또 앞에서 언급한 연구비 등도 상당한 도움이 되었다. 미국에 갔을 때는 그곳의 여러 그리스도인과 단체들이 연구에 필요한 물질은 거의 충족시켜주었다.

무엇보다 해직 기간의 경제생활을 통해 얻을 수 있었던 중요한 교훈은 납득할 수 없는 어려운 사건이라도 그것을 하나님의 섭리 속에서 받아들일 때 하나님께서는 우리의 필요를 인간이 상상할 수 없는 방법으로 채워주신다는 점이다. 고난 속에서 주어지는 '채워주심'은 인간적인 계산의 다과나 고하에 관계없이 '풍요함'으로 느끼게 되고 '감사'로 이어진다. 여기서 비로소 나는 우리 주님께서 가르쳐주신 "오늘날 우리에게 일용할 양식을 주옵소서"라는 기도의 참 의미를 어렴풋이 깨달을 수 있었다. 너무나 늦고 완전하지 못하지만 인생관을 바꿀 만한 깨달음이었다.

해직 시절 경제생활을 말하자면 해직되던 그해 10월부터 강사로 출강하던 합동신학교를 떠올리지 않을 수 없다. 강사로서는 파격적인 대접을 받았기 때문이다. 3년간 등록금을 면제해주어 사실상 장학금을 받았던 셈이고, 강사료 또한 시간에 관계없이 정해진 액수를 지급하여 생활을 꾸려가는 데 큰 도움이 되었다. 이미 돌아가셨지만, 그런 도움을 베풀어주신 데는 정암 박윤선 교장의 배려가 컸다. 지금까지도 감사한 마음이다. 박윤선 박사는 선천 신성학교와 숭실학교를 거쳐 1930년대에 웨스트민스터 신학교(Westminster Theological Seminary)를 마치고 귀국하여, 해방 후에는 고려신학교 교장으로 재직하며 후진을 양성하였다. 이후 총신대 교수, 대학원장을 거쳐 1980년에 합동신학교를 세워 오늘에 이르게 한 언행일치의 신앙인이다. 그는 성경 언어인 히브리어와 그리스어는 물론 한문과 영어에도 능통하였으며, 독일어와 네덜란드어로 된 참고서를 섭렵하여 한국 최초로 성경 66권에 대한 주석서를 간행한 주경신학자이기도 하다.

박 교장님은 하나님 앞에서 그렇게 겸손하고 정직한 분이 세상에 또 있을까 할 정도로 신학도들의 좋은 스승이 되셨던 분이다. 그가 교단 일로 강의 시간을 바꾸려 한 적이 있었는데 그럴 때 내가 그 시간을 보강하겠다고 제안하면 그런 제의는 받아들이지 않고 꼭 당신께서 보강하셨다. 그것이 칠순이 넘어 돌아가실 때까지 후진들에게 한 오라기 가식 없이 생활 그 자체로 보여주신 스승이요 노학자로서 그분이 보인 삶의 모습이었다. 합동신학교가 그래도 설립 때의 순수성을 간직하면서 다른 신학교와 차별성을 유지해야 한다면, 그것은 신학교 뒷산에 안장되어 있는 정암 선생의 유지를 계승·발전시키는 문제와도 깊이 관련되어 있기 때문이다.

해직 4년 1개월

이 글을 맺으며 그동안 수없이 되새겨온 해직 4년 1개월이 남겨준 신앙적인 의미를 찾아보지 않을 수 없다. 돌이켜보면 따분했던 해직 기간을 원망과 불평으로 보낼 수도 있었다. 그러나 지내놓고 보니, 해직이 나에게 무한한 감사의 조건은 될 수 있어도 원망이나 불평의 이유가 될 수는 없다고 고백하지 않을 수 없다. 하나님께서 사람을 연단하시는 방법과 과정이 이런 것이구나 하는 깨달음을 얻었을 때,

나는 하나님을 향해서뿐만 아니라 그 시련을 안겨준 시대의 환경에 대해서도 감사하지 않을 수 없었다. 그래서 해직 기간 동안이나 복직 이후에도 하나님께서 해직을 통해 주시려는 섭리와 은혜가 무엇인가를 발견하려고 애썼다.

그것은 첫째, 인간을 겸손하게 그리고 용기 있게 만드시는 하나님의 사랑의 선물이라는 깨달음이다. 그동안 신앙생활을 한다고 하면서도 이제껏 참으로 나 자신을 극복하지 못하였다고 생각했는데, 이 깨달음은 해직을 통해 들을 수 있었던 절실한 책망이었다. 하나님은 인간이 '별수 없는' 존재임을 가르치기 위해 이렇게 시련을 주신다. 역설처럼 들릴지 모르지만, 용기 있는 사람이 되는 데 겸손해지는 것만큼 좋은 비결은 없다. 용기 있는 사람이 되려면 먼저 자신을 낮출 수 있어야 하고, 자기를 버릴 때 사람은 더욱 강해진다. 자신을 부정하고 비우는 것만큼 강한 훈련 방법은 없다.

둘째, 인간은 어려움에 처한 경험을 통해 다른 사람의 어려움을 이해하게 되고, 그 어려움에 동참하게 된다는 깨달음이다. 나는 해직이라는 쓴 경험을 통해서 비로소 "긍휼히 여기는 자는 복이 있나니"(마 5:7)라는 말씀을 이해하게 되었다. 그때까지 특별히 인간적으로 쓴잔을 마셔보지 못한 나는 이런 경험을 통해 다른 사람의 쓴잔을 비로소 동정할 수 있었다. 마찬가지로 나의 아픔에 동정해주려는 분들의 긍휼히 여김에 대해서도 진심으로 감사하는 마음이 생겼다. 얼마 전까지 나는 미력하지만 희년선교회를 통해 한국에 와서 고생하는 외국인 근로자를 돕는 일에 참여했다. 25여 년간이나 이 일을 했던 이유는 국사를 공부하면서 느낀 점이 있었기 때문이다. 일본이 한국을 식민 통치하면서 민족이 다르다는 이유 하나만으로 차별과 멸시, 학대와 인권유린을 자행했던 것처럼, 지금은 우리가 과거 우리를 학대하던 일본인처럼 되어 외국인을 차별하고 학대하고 있지 않나 하는, 우리 자신에 대한 반성과 분노가 바로 그것이다. 그러나 그 못지않은 중요한 동기의 하나는 해직 때 겪었던 어려움이다. 그 시기의 어려운 경험이 외국인을 돕도록 나를 인도했다고 생각한다.

셋째, 별로 준비되지 않은 사람을 미국에다 '던져버리시는' 하나님의 뜻을 어떻게 이해해야 할 것인가. 여러 생각 끝에 나의 학문 생활에 새로운 지평을 열어주기 위함이라는 결론에 도달했다. 한국 기독교사 연구에 필요한 자료를 찾게 하시면서 결국 한국 기독교사 연구로 나를 몰아가시는 것을 느꼈기 때문이다. 귀국 후 나는 미국에서 수집한 자료를 토대로 한국 기독교사 연구라는 새로운 연구에 중점을 두지 않을 수 없었다. 뜻 있는 '신앙과 학문'의 여러 동지와 함께 '한국기독교사연구회'를 조직하여 기독교계 내에서는 처음으로 공동 학술 활동을 했고, 이어서 '한국기독교역사연구소'를 함께 설립하여 한국 기독교사를 집체적·과학적으로 연구할 수 있는 계기를 만들게 된 것도 바로 해직을 통해 역사하시는 하나님의 섭리가 아니고 무엇이겠는가. 해직은 나를 향한 하나님의 새로운 뜻을 발견하게 했고, 우회적인 방법을 통해 그 뜻에 순종하는 계기를 만들어주었다.

해직 기간을 돌아보면서 이제는 나를 그곳으로 몰아넣었던 모든 상황을 섭리적으로 바라볼 수 있게 되었다. 당시 나를 해직으로 몰아넣은 군부 반란으로 낙인찍힌 사회구조적 상황은 망각해서는 안 되고, 또 반드시 역사적 심판으로 정리해야 하지만, 나 개인에게 밀어닥친 어렵고 억울한 문제들에 대해서는 가능한 한 용서하고 더 나아가 감사하려 한다. 이것은 결코 기독교적 관용과 사랑을 분별없이 남용하고 하나님의 공의를 망가뜨리는 '기독교 사랑 환원론'을 말하는 것이 아니다.

나 개인이 해직된 데 대해서는 그것을 계획하신 하나님께 철저히 감사하고 앞으로도 당신의 깊은 뜻을 발견하고, 순종하면서 용서하고 사랑하겠지만, 해직된 시기에 전개되었던 역사에 대해서는 더욱 철저히 파헤쳐 심판대에 올려놓아야 한다. 테레사 수녀가 말했듯이, "사랑의 반대는 미움이 아니라 무관심"이기 때문에 우리 시대의 역사를 매몰시키는 무관심은 결코 민족에 대한 사랑일 수 없다.

끝으로 "감사합니다"라는 이 한마디는 "주는 것이 받는 것보다 복이 있다"(행 20:35)는 성경 말씀과 함께, 해직이라는 선물을 억지로 만들어준 우리 사회와 그동안 도와주시고 관심을 베풀어주신 모든 분께 언제나 새로운 마음으로 드리고 싶은 말이다.

병을 만든 시대

내가 겪은 1984년

새해를 맞은 게 엊그제 같은데, 어느새 1984년을 회고하는 시점에
와 있다. 쉴 새 없이 돌아가는 자연의 시간 앞에 의미를 부여하게 되
는 순간은 바로 지나간 시간을 되돌아보는 때다.

돌아보면 1984년은 몇 가지 의미가 있었다. 우선 생각나는 것이
4월 한식날, 부모님 산소에 조그마한 묘비를 세운 일이다. 1983년
9월 어머님께서 85세의 연세로 돌아가셔서 고향 함안 아버님 묘소
에 합장하였다. 그동안 아버님의 묘소도 제대로 단장하지 못해 이참
에 두 분의 묘역을 깨끗하고 검소하게 단장했다. 묘비를 세우려고
보니, 윗대 분들의 묘소에도 상석이 제대로 놓여 있지 않았다. 결국
실묘(失墓)되지 않도록 고조부 대부터 묘소를 새로 정리하고 상석을
놓았다. 고조부까지 묘역을 감당할 책임은 없었지만, 윗분들이 조상
을 제대로 생각하지 못했던 것을 원망하지 않고 조용히 일을 치렀
다.

그런 후에 돌아가신 부모님의 묘비를 세웠다. 두 분의 휘(諱)를
쓰고 그 밑에, "나는 부활이요 생명이니 나를 믿는 자는 죽어도 살겠
고"(요 11:25)라고 썼다. 어느 때가 될지 모르지만 주님 오실 때 이 산
골짜기에도 부활하시는 부모님께서 아들이 정성으로 다듬은 이 성
구를 보시게 되겠지. 그리고 우리 모두가 저 나라로 갔을 때라도, 행
여나 이 묘 앞을 지나는 이가 이 성구를 읽고 부활신앙을 갖기를 간

절히 기대해본다.

84년도 1학기는 매우 바빴다. 정부에서 1980년에 해직된 교수는 원적 학교를 제외한 다른 학교에 갈 수 있다고 하자 그동안 관심을 보이던 여러 학교에서 강의를 부탁해왔기 때문이다. 강의를 준비할 시간이 많지 않아 비슷한 내용의 강의를 할 수 있는 곳만 택했다. 이미 그전부터 계속해오던 합동신학교의 한국교회사 외에, 아세아연합신학원, 피어선성서대학원, 선교교육원, 예장(통합 측)여성계속교육원, 라보드신학교, 서울대학교에 출강했다. 특강까지 겹치면 일주일에 20시간이 넘는 일이 예사였다. 고난받을 때 도움을 주려고 애쓴 분들께 거듭 감사한다.

6월 중순에 해직교수 복직 조치가 발표되었다. 1980년 7월에 해직된 이래 만 4년 만이었다. 늘 기도하던 문제였으나, 막상 부닥치고 나니 오히려 담담한 심경이었다. 옆에서 축하해주는 소리가 이상하게 들릴 정도였다. 많은 분이 해직교수 문제에 관심을 갖고 있었음을 느꼈고, 고마움과 함께 '해직과 고난은 우리만 당한 것이 아니구나. 우리의 고통에 동참해주신 분들이 많았구나' 하고 충격을 받았다.

짧지 않은 기간이었으나 내 인생의 폭과 깊이, 가치와 의미를 새롭게 부여하던 때였음이 틀림없다. 하나님께서 이 고난마저도 나에게 축복으로 주셨음을 깊이 알 수 있었다. 고난의 참 의미를 느끼는 시간이었다. 이 기간에 하나님께서는 나를 가족과 함께 미국에 건너가 한국교회사 관련 기본 자료를 섭렵하게 해주셨고, 이로 인해 앞으로의 학문 연구 방향에 새 지평을 열어주셨다. 84년 여름, 성서공회의 일로 미국에 다시 갔다. 그때는 한결 가벼운 마음이었다. 많은 분께 분에 넘치는 대접을 받았다. 이 역시 '해직'이 가져다준 보잘

것없는 보상이라 생각한다.

2학기 기간인 9월 4일, 4년 만에 숙대에서 하는 첫 강의를 잊을 수 없다. 학생들 앞에서는 시종 담담했지만, 연구실에 돌아와 나는 '차라리' 울었다. 제자들이 갖다준 화분의 꽃들은 더는 웃지 않았다. 그러면서 그 순간에 아직도 제자리에 서지 못하는 사람이 한 사람이라도 있는 한, 나의 이 복직은 차라리 가시방석과 같다는 생각이 들었다. 그런데 몇 달이 지난 후에도 그 가시방석은 포근함을 느끼기 어려웠다.

2학기를 끝내면서야 나는 새로운 희망에 젖었다. 해직 기간에 시작한 신학공부를 거의 끝냈기 때문이다. 어릴 때 하나님 앞에서 결심했던 그 길에 좀 더 접근할 수 있었으면 해서였다. 고통 중에서도 감사할 일이 아닐 수 없다. 이래서 "합력하여 선을 이룬다"는 말씀이 있는 것일까? 그래서 동양의 지혜자들은 "인간만사 새옹지마"(人間萬事 塞翁之馬)라고 했을까? (1984년)

4·19와 5공 비리, 훼절이 난무한 시대

해마다 4·19를 맞으면, 이른바 4·19세대의 한 사람인 나는 스스로 부끄러워하는 마음을 피할 길이 없다. 그것은 특히 다음 세 가지 이유 때문이다.

첫째는 4·19 때 부르짖었던 자유, 민주화의 이념이 아직도 제대로 실현되지 못하고 있다는 점이다. 6·10 민주항쟁 이후 어느 정도 실현되어가고 있다고는 하나, 거의 30년에 걸친 군사 문화의 기반 위에서 유신·5공의 독재정권이 남긴 반인권·비민주주의 잔재를 청산하기에는 아직도 요원한 느낌이 든다. 둘째는 나 자신을 포함하여 4·19 때 혁명의 주역이었던 젊은이들이 지금은 사회의 중견인이 되어 오늘날 변혁을 부르짖고 있는 젊은이들로부터 비판과 지탄의 대상이 되고 있다는 점이다. 이 점에 대해 "나는 아니다"라고 주장할 수 있는 당시 혁명 세대가 지금 몇 사람이나 있을까? 셋째로 그리스도인으로서 내가 특히 자괴하는 점은 4·19에 의하여 무너진 정권이 '기독교적 성격'을 가졌다는 점이다. 이 부분은 특히 내가 강하게 주장하는 바다.

여기서 첫째와 둘째 문제는 굳이 언급하지 않겠다. 다만 세 번째 지적은 오늘날 한국 사회에서 기독교의 위상 정립 문제와 깊은 관계가 있을 뿐만 아니라, 기독교 내의 5공 비리 청산 문제의 방향 설정과도 관계가 있을 듯하다. 4·19에 의하여 무너진 정권은 이승만

정부였다. 이승만은 한말 개화파 청년으로서 한때는 수구파 정권으로부터 사형 선고를 받아 옥에 갇히기까지 했고, 일제하에서는 독립운동에도 투신했다.

한편으로는 그 방향과 행적의 모호성 때문에 비판을 받기도 했으나, 해방 정국에서 그는 초대 대통령으로 떠받들려졌다. 그의 정권 장악에는 미군정의 뒷받침이 있었고, 그랬기 때문에 그는 미국에 기울어진 정책을 펼 수밖에 없었다. 기독교계와 관련하여 주목되는 것은 그의 정권에 영어를 제대로 쓰고 반공 이념에 철저한 그리스도인 상당수가 등용되었다는 점이다. 4·19 혁명이 일어난 당시까지도 국회의 요직에는 물론 국무위원 중에도 그리스도인이 몇 명 있었다.

4·19는 1960년 3월 15일에 실시된 대통령 선거의 부정이 도화선이 되었지만, 이승만 정권의 누적된 실정이 그 원인이었다. 해방 독립된 민족의 초대 정권은 무엇보다 식민지 시대의 잔재를 청산하는 일에 심혈을 기울여야 했다. 그리하여 식민지하에서 이지러졌던 민족 정기를 바로잡되, 민족 반역자에게는 응분의 결연한 숙청으로, 민족을 위한 희생자와 독립유공자에게는 그에 상응하는 따뜻한 포상으로 갚아야 했다. 이를 위해 국민의 대표자로 모였던 초대 국회에서는 '반민법'과 '반민특위'를 만들어 법적인 뒷받침까지 마련했다. 그러나 이승만을 주축으로 하는 '기독교 정권'은 식민지 잔재를 청산해야 할 시대적 사명과 민족적 염원을 거부해버렸다. 그러면서 독립된 국가에 경험 있고 유능한 인물들이 필요하다는 점을 강조했다. 아마도 화해와 대동단결을 내세웠을지도 모를 일이다.

이승만 정권의 이 같은 반민족적 작태는 정치·경제·법조·군인·경찰계에는 물론 기독교계에도 식민지 잔재의 청산을 불가능하게 만들었다. 일제하에서 신사참배의 당위성을 역설하며 반민족·반기독교적 시류에 적극 편승했던 무리가 한때 변명을 늘어놓기는 하였으나 그런대로 몸조심을 하고 있었는데, 이승만의 식민지 잔재 청산 거부 의지가 확인되자, 언제 그랬냐는 듯이 그때까지 머뭇거리던 태도를 돌변하여 교권 쟁탈에 나섰다. 기독교 내의 일제 잔재 청산 운동이라 할 신사참배 회개운동이 해방 정국에서 실패했던 것은 이 때문이다. 반민족적 작태를 서슴지 않았던 이 정권이 개헌파동과 불법 선거 등 반민주적 책동을 자행했던 것은 오히려 자연스러운 수순이었다. 이승만의 반민주적 움직임에 일제 잔재를 제대로 철저히 회개하지 못한 기독교계 지도부는 어쩔 수 없이 지원 세력으로 나섰다.

4·19 혁명과 5·16 이후 기독교계는 많이 변모하였다. 인권운동과 민중신학을 통해 민중의 아픔과 한에 동참하는 한편, 예언자적 목소리도 높여 교계 내의 영적 각성과 사회정의 실현에 앞장섰다고 자부할 만하다. 그러나 너무 바빠서 그랬을까, 아니면 의도적으로 그랬을까? 아직도 이 정권 때 저질렀던 기독교계의 치부에 대해서는 입을 다물고 있다. 민족 앞에 공식적으로 회개를 선언하는 죄책 고백이 있어야 한다. 종전 40년을 맞아 당시 서독 대통령이 선언했던 독일의 죄책 고백은 세계 앞에 독일 민족의 도덕성과 품격을 더 높여주었다.

4·19를 맞이하며 기독교계에 다시 새로운 요구가 강력하게 대두되고 있다. 5공 같은 불의한 정권에 직접 간접으로 관여했던 기독교계의 소위 지도자들은 한마디로 물러서라는 요지다. 과거 군사독재정권과 결탁하거나 침묵으로 동조해온 교회 지도자들이 오늘날도 중요한 자리에 남아 있음은 하나님과 민족 앞에 부끄러운 일이기 때문이다. 그렇다. 기독교계 지도자들은 이미 1980년에 국보위 상임위원장을 국가 지도자로 축복한 바 있고, 조찬기도회 같은 행사를 빌

미로 독재정권에 유착되어갔다. 한 성명서에 따르면, 그 시절 교회 활동을 감시하기 위해 교회 내부 인사 55명을 선정, '개별 협조망'을 구축했음이 밝혀졌다고 한다. 따라서 작금에 일고 있는 교계 내의 민주화 열풍은 해방 정국 때 신사참배 회개운동으로 나타난 식민지 잔재 청산 운동의 열기를 훨씬 뛰어넘고 있음이 분명하다.

　　일찍이 우리는 역사에서 제대로 청산을 경험해보지 못했다. 그러기에 수절 대신 훼절이 유리한 삶의 방편이 되었고, 기회주의와 시류 편승이 부끄럽기는커녕 떳떳한 사회 풍조가 되었다. 부끄러움을 자랑삼는 일반 사회에서도 그런 풍조가 용납될 수 없는 법인데, 한 사회의 양심과 도덕을 책임져야 할 종교계가 그렇다면 누가 수긍하겠는가?

　　그러나 불행히도 기독교계에는 현재 5공 관련자로 지목받고 있는 인물 중 일제 강점기에는 친일파였고, 그 뒤 정권의 변화에 따라 변신을 거듭하다가 5공 시절엔 정권을 위한 조찬기도회를 열었으며, 지금은 민주화와 5공 청산을 앞장서서 말하는 인사가 있다. 우리는 알고 있다. 일제 말기 이래 변신을 거듭하다가 5공 때에 들어서서는 이른바 기독교지도자협의회를 조직하여 정권에 아첨하는 한편, 지금도 교계 지도자라는 이름으로 언론 매체에 오르는 한 지도자의 행적이 한국 기독교의 권위와 영향력을 얼마나 떨어뜨리고 있는가를. 그리고 그런 이들이 지도자로 행세하는 한 정말 존경받아야 할 영적 권위와 지도력은 상실될 수밖에 없다는 점을. 더 나아가 종교계가 영도해야 할 가치체계에 극심한 혼란이 초래될 것도 말이다.

　　이 시대에 누가 저들에게 자신 있게 돌을 던질 수 있겠는가? 어떤 의미에서는 공범자인데 말이다. 그러나 명단이 공개되기 전에 자신들이 알 것이다. 돌을 들기 전에, 변신의 재주꾼들과 5공에 결탁한 소위 교계 지도자들은 스스로 결단해야 한다. 이것이야말로 비리가 넘쳐나는 데도 그 책임은 지지 않고 떠넘기려는 한국 사회의 책임 전가 풍토에 책임질 줄 알고 회개할 줄 아는 새로운 그리스도인상을 만드는 전기가 될 것이다. (1989년)

민주화 과정, 기독교는 무엇을 했는가?

어느 좌담회에서 있었던 일이다. 지난해 우리 사회를 회고하는 대목에서 한 목회자는, 우리 사회가 경험한 민주화 과정을 '기독교적'이라고 말할 수 있겠느냐는 문제를 제기했다. 그의 말은 성경에 나타난 정치 제도는 하나님이 직접 통치하시는 신정 제도일 뿐이라는 것이다. 대화가 여기에 이르게 되니, 지난해 우리 사회가 진전시켜온 민주화 노력이 다소 어색하게 느껴지기까지 했다. 그리고 그 시점에서 기독교회가 추구하는 제도가 신정제도 정신을 이용한 다른 제도도 가능한 듯이 좌담 분위기가 묘하게 반전되었다.

　문제를 제기했던 목회자의 평소 양식이나 신념으로 보아서, 그가 지난해 우리 사회가 겪은 민주화의 진통을 부정적 시각으로 보고 있다고는 단언하지 않는다. 그러나 지난해의 경험을 '위험시하는' 자세를 취하고 있는 분들을 의외로 많이 접하고 나는 놀랐다. 이 점은 대체로 사회적 지위가 높거나 중년 이상의 연령층에게서 뚜렷하게 나타난다. 그리고 이들이 변화를 싫어하는 계층이라는 점에서 일단 수긍이 간다. 아마도 사회 변화로 인해 자신들의 기득권이 무너질까 염려하기 때문일 듯하다.

　사회 변화에 무딘 반응을 보이고 기존 체제 유지에 적극적인 인상을 주는 종교 집단 중에 국내 기독교도 자리하고 있는 사실은 놀랍다. 개신교가 갖는 개혁적 이념에도 불구하고 교회가 보수적 성향을 띠는 이 현실을 어떻게 설명해야 할까. 교회가 가진 것이 많아서일까, 가진 자들이 많이 모여 있기 때문일까? 아니면 5공 같은 체제가 기독교에 혜택을 주었거나 밀접히 유착되어 있어서일까? 생각이 여기에 미치면 우리는 지난날의 경험 중 석연치 않은 사건들을 떠올리게 된다.

한두 가지를 들어본다면, 유신 시절과 5공 시절에 기독교가 번창했다는 점과 5공에 적극적으로 참여한 인사 중에 그리스도인이 많았다는 점이다. 그 시절 그리스도인의 수가 급격히 증가했고 대형교회가 늘어났다. 이에 대한 종교·사회적 진단이 없었던 것은 아니다. 독재정권 아래의 불안한 심리가 절대자를 더욱 의지하게 했다는 사회·심리적 진단이 가능했다. 5공 말기에 오면서 가톨릭이 번성한 일과 관련하여 정의평화사제단의 활동 등 가톨릭이 사회정의 실현에 앞장서고 있는 점과 연관시키기도 했다.

문제는 그 시기에 번창했던 기독교가 운용 면에서 당시의 정치 형태를 닮아갔다는 점이다. 물량주의로 표현되는 방만한 운영 형태가 나타났고, 목회자들을 포함한 교회 지도자들이 권위주의화하는 경향은 그 당시 정치 운영 형태와도 무관하지 않은 듯한 모습을 띠었다. 5공에 적극적으로 참여한 인물 중에 그리스도인이 많다는 점은, 5공 같은 비정통적 독재 권력의 창출 및 유지에 기독교 세력이 강도 높이 관여하였음을 변명의 여지없이 입증했다.

지난번 청문회에 나와 '소신 있게' 의견을 개진한 반역사적 핵심 인물 중에 그리스도인이 있었다. 그들 중에는 지금까지도 추호의 반성이나 회개 없이 그들의 신앙심만큼이나 '신념적'이고, 만용에 가까운 '당당함'을 보이는 자들도 있었다. 그들은 아마도 5공 시절에 저질러졌던, 그리스도인들에 의해 자행되었던 일련의 사건들, 즉 형제복지원 사건, 박종철 군 고문 사건, 부천서 성고문 사건, 범양 사건 및 오대양 사건과 함께 한국기독교사 및 한국사에 추악하게 기억될지도 모르겠다.

최근 어느 기독교 청년단체가 5공 시절의 죄악을 청산하자고 주장하면서, 몇몇 기독교 원로들이 5공에 참여·지지했다는 점을 들어 그들의 회개 및 용퇴를 주장했다. 거론된 기독교 원로들이 비교적 기독교적 양심을 대표하는 인물이었다는 점에서 충격이 컸다. 그들이 5공에 적극적으로 협조하지 않았더라면, 저 숱한 범죄 사건들과 포악한 통치가 가능하였을지를 생각하면서 한국 기독교의 몰역사성과 비민주적 성격을 다시 한번 생각하지 않을 수 없었다.

뜻있는 분들은 기억할 것이다. 전 씨가 국보위 상임위원장으로서 정권 담당의 야심을 나타낼 때, 가장 먼저 하나님의 이름으로 축복하고 종교의 이름으로 그를 정당화시켜준 것이 기독교 지도자들이었다. 그 뒤에도 기독교 지도자들은 조찬기도회 등으로 전 정권을 옹호하였고, 소위 지도자들은 조찬기도회에 참석하는 것을 영광으로 생각하였다. 평소에 정교분리를 되뇌면서 정권의 비리와 사회의 불의와 부정을 묵인하던 교회 지도자들은, "목사가 나라를 위해 기도하겠다는데 무엇이 거리낀단 말인가!" 하면서 이 기도회에 참석하였다.

그러나 우리는 그리스도인이 골방에 앉아 은밀히 기도하는 자세와는 달리, 교회 지도자가 '조찬기도회' 등에 참석하는 것 자체가 고도의 정치 행위임을 분명히 환기시키고자 한다. 기독교가 비민주적 정권에 적극 협조한 것은 5공 때뿐만이 아니다. 4·19 직전 자유당 정권을 적극 지지하였고, 3·15 부정선거에는 교회 또는 교단적으로 가담하기도 했다. 이렇게 보면 민주화 과정에서 기독교가 긍정적 역할을 감당했다고 강조할 수 있겠는가에 대해 의문을 제기하지 않을 수 없다. 1970년대 이후 기독교의 인권투쟁과 민주화운동의 생생한 역사에도 불구하고 이러한 부정적 측면이 있음을 분명히 시인하지 않으면 안 된다. 이러한 부정적 측면이 이 시점에서는 '민주화를 위한 진통'을 '안정을 파괴하는 혼란'으로 인식하려고 한다. 따라서 종교 집단으로서 기독교가 갖는 보수적 경향은 교인들의 민주화 촉진을 위한 기도와 활동에도 불구하고, 앞으로 한국 사회의 민주화를 저해하는 세력으로 남지 않을까 하는 우려마저 자아내게 한다.

이 말에 다소 어폐가 있을지 모르지만, 교육받은 계층의 많은 신실한 그리스도인들의 민주화에 대한 열망에도 불구하고 공동체로서의 교회 또는 공동체 운영의 책임을 지고 있는 지도자들에게서 그 점에 대한 분명한 의지를 거의 발견할 수 없다. 여기에 한국교회가 지닌 교회 내적인 갈등과 사회 안에서의 묘한 위상이 있다. 지금 여기서 한국 기독교의 이 같은 입장의 원인을 모두 다 열거할 수는 없다. 다만 몇 가지를 들어봄으로써 반성과 개혁의 재료로 삼고자 한다.

첫째는 한국 기독교가 추구하는 기독교적 인간관이다. 즉 하나님의 말씀에 절대복종하는 '순종형 인간'이다. 이 순종형 인간관은 신약성경 요한복음 8:32처럼 기독교 진리를 통해 자유인이 되게 하는 것과는 달리 복종형의 노예적 인간됨을 요구하는 것으로 자칫 오해되었다. 여기에다 교회 지도자들은 하나님의 말씀에 대한 복종을, 말씀을 전하는 자에 대한 복종으로 대신 강조하였다. 이런 분위기에서 기독교가 요구하는 '순종형 인간'은 진리에 대해 순종함으로써 자유인이 되는 대신 교회 지도자의 가시적 권위에 복종하는 인간이 되었으며, 때로는 교회 지도자의 카리스마화 현상도 나타났다. 잘못된 순종형 인간관이나 카리스마적 지도자상은 모두 사회의 민주화에 장애 요인이 될 수밖에 없다.

둘째는 앞서 좌담회의 예에서 보듯이 민주주의가 신정제도와는 무관할 것이라는 발상이다. 그러나 우리는 하나님의 직접 통치가 이루어지던 출애굽 및 사사 시대에도 지도자에 의한 통치와 대의제에 의한 운영이 있었음을 배제하지 않는다. 민주주의는 하나님의 뜻을 실현하는 최고의 제도라기보다는 인간의 부패를 막아보려는 최선의 방법이다. 민주주의가 곧 최고의 이상이라는 주장은, 인간은 전적으로 부패했다는 기독교적 인간관에 따르면 하나의 환상에 불과하다. 그렇다고 카리스마화로 위장한 신정주의가 민주주의의 이러한 한계를 악용하여 민주화를 가로막고 권위주의화한다면, 이것은 일사불란과 능률을 앞세운 군사 문화의 한 변형에 불과하다. 여기서 우리는 군사정권하에서 한국교회의 대형화가 추진되었고, 군사정권에 적극 가담한 기독교 지도자들이 많았다는 일련의 상관관계를 유추해볼 수 있다.

한국 교회와 사회는 하나님의 말씀으로 자유인이 된, 하나님의 백성의 인권과 여론이 창달되는 현장으로 바뀌어야 한다. 그것이 우리가 염원하는 민주화다. 그러기 위해서는 한국교회의 역사의식이 새롭게 환기되고, 기독교적 인간관을 확립하기 위한 노력을 더욱 달음질쳐야 하겠다. (1989년)

없앨 관행과 세워야 할 정의

나라가 온통 전직 대통령의 불법 비자금 조성 문제로 들떠 있다. 국민의 분노가 큰 만큼 좌절감 또한 심각하다. 이 사건으로 요 몇 년간 우리 생활을 참담하게 했던 대형참사와 국기를 흔드는 사고들이 제발 끝나주기를 바라지만 그럴 성싶지 않다. 이런 불행하고 부끄러운 사건들은 단지 당하고 있는 사람들만 참혹하게 만드는 것이 아니라 국민 모두의 심정을 황폐하게 만들고, 당사자들만 창피를 당한 것이 아니라 민족 전체의 얼굴을 못 들게 만든다.

민족적인 긍지를 다 빼앗아버린 사건이지만 우리는 수치스럽다고 솔직히 인정하고 이 난국을 헤쳐가야 한다. 이미 옥에 갇힌 사람에게 계속 돌팔매질만 할 수는 없다. 이 비극을 전화위복의 계기로 만들어가야 한다. 지금은 이 비극이 위기인 마이너스로밖에는 치부되지 않지만, 우리는 이를 고부가 가치를 가진 상품으로 개발할 수도 있다. 이 글을 초하는 이유는 바로 여기에 있다.

전직 대통령의 '불법 비자금' 파장이 앞으로 어디까지 갈지 좀처럼 예상할 수 없다. 사건에 연루되어 양심이 켕기는 정·재계 수많은 인사의 바람처럼, 이 사건이 쉽게 끝나 또 하나의 청산되지 않은 역사로 남겨질지, 아니면 이 기회에 그동안 이런 사건이 늘 그랬던 것과는 달리 역사의 매듭을 짓는 역사적 사건으로 처리될지는 당최 알 수 없다. 사건을 다루는 검찰도 아마 이 사건이 어떻게 종결될지 알 수 없을 것 같다. 그만치 이 사건은 여론의 향배에 의해 좌우되고 있는 듯한 느낌이다. 그래도 예년과는 달리 전직 대통령을 구속·수감까지 하는 출발이 이번만은 용두사미로 끝나지 않을 듯한 기대를 현재까지는 주고 있다. 국민의 분노가 충천한 데다가 집권당의 의지 또한 제법 그럴듯해서 '이번만은 무언가를 보여주겠지' 하는 기대감을 부풀려놓았기 때문이다.

'불법 비자금' 사건을 통해 확립해야 할 중요한 원칙과 방향은 '없애야 할 관행과 세워야 할 정의', 단 두 마디로 정리할 수 있다. 달리 말한다면 우리 사회의 정의를 바로 세우기 위해서는 그동안 정의를 무시하고 탄압해온 탈법적이고 음성적인 관행들을 이번 기회에 청산해야 한다는 소리다. 우리가 그동안 비정상적이고 죄악된 행동을 의식조차 못 했기 때문에, 이를 청산하는 일은 우리의 일상적인 체질을 바꾸는 것만큼이나 힘들지 모른다. 그러나 이번 사건을 통해서 우리는 그러한 관행을 청산하지 않고는 사회정의를 세울 수 없다는 초조함을 감출 수 없다.

언론은 벌써 '사실 보도'라는 형식을 빌려 이 사건의 파장을 강조함으로써 정의를 세우기 위한 검찰권이 행사될 수 있는 한계를 암시하기 시작했다. 세계로까지 알려진 수치스러운 이 부패 구조를 청산하기 위해서는 정치와 재벌이 맺고 있는 유착 관계의 고리를 이번에는 끊어야 한다고 강조하면서도, 그것을 단행하기 위한 사법 처리에 대해서는 벌써 성역을 긋고 있는 듯한 인상이어서 그 실행 여부가 회의적이다.

이 사건이 터질 때만 하더라도 시끌벅적하게 떠들어대면서 부정을 파헤치려는 데 타의 추종을 불허하기라도 하듯 경쟁을 벌이던 언론이, 재벌도 처벌해야만 이 부정 사건의 원천을 밝힐 수 있고 이

3장 별을 만든 시대

부정의 구조적 체계인 '정·재 유착'도 끊어야 한다는 단계에 와서는 슬그머니 '우리 경제의 주름살'을 운운하면서 연막을 치기 시작했다. 재벌에 기생해온 언론의 생리가 또 제 모습을 드러내는 순간이다. 그것도 그들이 평소에는 그렇게 무게 있게 다루지도 않던 중소기업의 도산을 내세워 재벌을 간접적으로 엄호하려는 작태는 아무래도 속이 내다보인다.

노태우 씨가 자택 기자회견에서 눈물을 찔끔 흘리는 장면에서나, 구치소로 향하기에 앞서 한마디 하겠다는 언동에서 자신에게 뇌물을 상납했던 '재벌 기업'을 변호하던 모습은 뻔뻔스럽다 못해 측은하다. 이것은 막상 사법 처리를 당할지도 모를 기미가 보이니까 재벌들이 그들의 충실한 파트너인 언론을 내세워 중소기업의 도산이 우려된다고 호들갑을 떨게 하는 장면과 다를 바가 없다. 한술 더 떠서 중소기업이 도산하게 되면 국민경제에 주름살이 크게 패일 것이라는, 삼척동자도 알고 있는 경제학 원론의 첫걸음을 외는 소리를 듣노라면, 노 씨의 그 쇼와 같은 발언이나 언론의 재벌 옹호 호들갑이 어찌 그리 짝짜꿍이 맞는지, 마치 고양이가 쥐 생각하는 것과 같은 기막힌 연극이다. 어찌 노 씨의 그 발언이 진심에서 우러나온 염려이며, 국제 경쟁에서 피땀 흘리며 노력하는 '기업'을 변호해서 하는 말이라 할 수 있겠는가? 국제 경쟁에 나서고 있는 기업을 진심으로 생각할 요량이었으면, 기업의 경쟁력을 갉아먹는 그 '불법 비자금'을 조성하지도 말고 받지도 않았어야 했다.

언론이 진정 중소기업을 염려한다면, 평소에 대기업이 중소기업을 상대로 벌이는 온갖 불법적인 착취와 지배 구조를 파헤치고 대기업 위주의 경제정책을 과감하게 비판하면서 중소기업 위주의 경제 활성화에 작으나마 관심이라도 기울였어야 했다. 평소에는 정부가 벌이는 대기업 편애 같은 파행적인 재벌 옹호 정책 때문에 하루에 수십 개 중소기업이 쓰러져도 아랑곳하지 않던 언론이 하필이면 '정·재 유착' 고리를 끊으려는 이 마당에 와서 중소기업을 내세워 재벌들의 사법 처리를 저지하려고 한단 말인가. 이번에 드러난 불법비자금 사건을 보면서 이번 사건의 주원인이자, 우리 사회의 고질적병폐인 정·재 유착을 다시 생각하지 않을 수 없다. 흔히 정치와 경제의 유착이라는 뜻으로 풀이하는 정경유착(政經癒着)은 엄밀하게 말하면 정·경 유착이 아니라, 정치와 재벌의 유착을 의미하는 정·재유착이라 표현해야 옳다.

이 사건을 계기로 경제정의실천시민연합을 비롯한 시민단체에서는 재벌들의 이익집단이면서 이 부정에 깊이 개입되었을 전국경제인연합을 해체해야 한다고 주장하고 나섰다. 시의적절한 대응이다. 정·재 유착을 통해 정치인의 손으로 흘러 들어간 검은돈이 결국무고한 시민들의 생명과 재산을 앗아갔음은 굳이 성수대교와 삼풍백화점 붕괴를 거론하지 않더라도 알고 있다. 정·재 유착의 고리 역할을 한 검은돈이 정치권으로 흘러 들어감으로써 우리 사회는 온갖불신과 부실의 대가를 치르게 되었다. 지금도 피땀 흘려 바친 우리의 세금이 그런 곳에 부어지고 있는 안타까운 현실을 본다.

정·재 유착의 고리는 이번 기회에 꼭 끊어야 한다. 그것은 이 사건으로 수치심을 느끼고 자존심에 큰 상처를 입은 우리 국민이 그수치심과 빼앗긴 자존심을 담보로 최대한 얻어내야 할 가장 값진 교훈이며 결단이어야 한다. 그런데 문제는 정·재 유착이 단순히 그 둘만 유착되어 있지 않다는 점이다. 정계와 재벌의 유착에 또 언론까지 유착되어 있다. 굳이 말을 만들어보자면 언·정(言政) 유착, 재·언(財言) 유착이니 하는 말들이 가능하다. 이들은 한국을 지배하는 상부구조를 형성하고 있으면서, 이번 사건과 같은 경우에는 지배적인 부패구조로 둔갑한다. 이들은 서로 먹고 먹히는 먹이사슬이다. 이 부패구조 때문에 그 구조 속에 들어 있는 집단은 물론 그 구조 밖에 있는 선량한 시민과 건전한 집단조차 말할 수 없는 피해 당사자가 되어왔다.

이 유착들은 때로 국가적인 생산력과 효율성을 촉진시킨다고 했지만, 많은 경우 보호막을 치고 자신들의 기득권을 옹호하며 부패구조로 전락해왔다. 따라서 정·재 유착뿐만 아니라, 정치·재벌·언론이 서로 감싸주면서 형성한 수많은 유착관계의 고리도 함께 끊어 내야 한다. 그중에서도 가장 먼저 끊어야 할 고리는 이번 사건의 전개에서 보여주듯이, 언론과 유착되어 있는 여러 고리다. 재·언(財言) 유착과 정·언(政言) 유착을 무엇보다 먼저 끊어야 한다는 뜻이다.

우리의 사회구조에서 여론을 향도하는 가장 영향력 있는 기관이 언론이기 때문에, 언론과 유착되어 있는 부정의 고리를 끊지 않고서는 지배층의 부패는 좀처럼 파헤쳐지지도, 근절되지도 않는다. 그러므로 우리 사회에 만연해 있는 부패구조와 싸우는 일은 단순한 정의감과 한순간의 혈기로 될 수 없음이 거의 분명하다. 부패와 싸우는 일은 한 개인에게는 일생을 걸 만한 과업이기도 하고, 사회적으로는 여러 세대를 두고 고민하고 투쟁해야 할 과업이다. 그만큼 인내와 단련이 필요하고 지혜와 조직이 준비되어야 한다.

정·재 유착은 서로의 필요에 의하여 교묘하게 얽혀왔다. 오늘날의 정치 활동은 구멍 난 항아리 같아서 아무리 많은 돈을 쏟아부어도 부족하다. 정치인들이 화폐 공장을 갖고 있지 않는 한 그들의 정치 활동에는 돈을 지원하는 후견인이 필요하다. 한편, 우리 정부는 관리가 주무를 수 있는 너무 많은 권한과 규제 장치를 갖고 있다. 그

권한과 규제는 하나하나가 특혜와 이권으로 직결된다. 이윤 추구가 목적인 재벌들에게 정부가 갖고 있는 권한과 규제는 그들의 이윤 획득을 보장해주는 유혹이 아닐 수 없다.

여기에 서로가 서로를 필요로 하는 유착관계가 성립된다. 이권과 특혜를 배분할 때마다 그 관리자는 그것을 떠맡을 기업을 상대로 흥정할 수 있다. 이권과 특혜가 아니더라도 우리나라에서는 기업 활동을 포함한 어떠한 활동을 할 때라도 그 활동의 모서리마다 '행정규제'라는 덫을 둔다. 그 덫을 통과하기 위해서는 거의 '반드시' 통과의례를 치러야 한다. 정부와 법망이 구축해놓은 수많은 통과의례는 그것을 거칠 때마다 지치고 맥 빠지게 하며 때로는 곤욕을 치르지 않을 수 없다. '행정규제'라는 것이 결국 누구나 승인할 수 있는 공정한 잣대에 의해서가 아니라 '사람'에 의하여 좌우된다는 뜻이다. 따라서 위에서 말한 정·재 유착을 뿌리 뽑으려면, '밑 빠진 독'과 같은 정치 활동 경비를 줄여야 하며, 정부가 갖고 있는 그 많은 이권과 특혜 배분권, 행정 규제의 권한을 대폭 줄여야 함이 마땅하다. 최소한의 권한과 규제를 행사하는 데도 투명성이 보장되어야 하고 공정한 경쟁이 이루어지게 해야 한다.

과거 정부 주도형의 사회 성장은 그동안 성장한 민간 부문을 신뢰하는 터전 위에서 이제는 과감하게 민간 주도형으로 전환해가야 한다. 그 모순들이 이번만큼 명쾌하게 드러난 때가 없는 만큼 이번 기회에 정치인들과 행정부는 '전화위복'이라고 할 정도의 특단의 조치를 취해야 한다. 이를 위한 시민운동의 감시와 지원 또한 절실하다. 모든 것은 때가 있는 법이다. 이번에 덮어쓴 국민적 모멸과 허탈의 기회를 반성과 개혁의 기회로 전회(轉回)하는 것이 이 사건을 마무리하는 지혜다.

민족을 욕되게 한 불법 비자금의 죄악된 사건을 창조적인 에너지로 승화시키기 위해서는 참다운 회개부터 시작해야 한다. 여기서 먼저 자신의 불법과 죄를 밝히는 용단이 필요하다. 모든 잘못에 대한 책임을 자신이 지겠다고 했지만, 정작 당사자는 무엇을 잘못했는지 소상하게 밝히지 않았고, 앞으로도 그럴 생각이 없는 모양이다. 두루뭉수리로, 잘못했으니까 책임을 지겠고 용서해달라고 한다. 좋게 이해하면, 전체적인 책임을 내가 질 터이니 너무 소상하게 밝히려다 여러 사람 다치게 하지 말라는 뜻으로 받아들일 수 있다. 그러나 그것은 잘못을 정직하게 인정하지 않으려는 자세다. 죄형법정주의에서는 죄에 대한 정확한 증거가 없이는 벌을 줄 수 없다. 그리고 그 죄란 법전에 명시된 구체적인 조항과 관련된 문제이지, 어떤 막연한 부도덕을 죄로 간주하지 않는다. 따라서 자신이 '죄'를 지었고 책임을 지겠다고 한다면, 그는 먼저 구체적인 범죄 사실을 토설하고 응분의 책임을 져야 한다. 이것이 일국의 대통령을 역임한 사람으로서 최소한의 예의라 본다. 자신이 해야 할 일은 제대로 하지 않으면서, 재벌을 염려하고 정치인의 불신을 걱정하는 모습은 전직 대통령답지 않은 태도다.

우리는 불법 비자금 사건이 몰고 오는 파장이 엉뚱하게 정치인들의 이전투구(泥田鬪狗)로 변하고 있음에 대하여 우려를 표하지 않을 수 없다. 이것은 분명 그 '범죄'에 연루되었을 정치인들의 본능적인 자기방어에서 나온 반응이라 생각된다. 집권당이 발뺌하는 모습도 옹졸하기 짝이 없지만, 제1야당이 훼손된 체면을 보상받기 위해 물귀신 작전을 방불할 정도로 좌충우돌을 감행하는 행동도 측은하기 짝이 없다. 이 같은 정치권의 이전투구는 과거의 관행적인 비리를 척결하는 데 전혀 도움이 되지 않는다. 오히려 그것을 척결하기보다 온존시키려는 의도에서 그들만이 아는 이 같은 정략적인 싸움을 계속하는 것은 아닐까?

　대통령이 집권 이후 정말 재벌로부터 한 푼의 돈도 받지 않았다면, 그것을 도덕적인 무기로 하여 과거 노태우 씨와 관련한 자금을 정직하게 공개해도 국민은 이해하려 할 것이다. 그렇게 해야만 야당에 대해서도 응분의 요구를 할 수 있을 뿐만 아니라 앞으로 정치 자금에 따른 검은돈의 관행을 척결할 수 있는 의지를 '확실히' 천명하는 것이 된다. 이것을 정략적인 흥정거리로 생각하거나 야당의 기를 죽이는 기회로 악용하려고 한다면 순간은 모면할 수 있을지 모르지만, 금융실명제와 토지실명제를 실시하면서까지 이 나라의 정의를 세우려고 했던 진의는 많은 의심을 받으며, 뒷날 역사적인 평가 또한 그만큼 상쇄될 것이다. 정치 행위에서 도덕적인 우위를 점하는 것이야말로 신뢰의 축적과 함께 강력하고도 실천적인 리더십을 보장해주는 첩경이다.

　불법 비자금 문제를 보면서 한국교회를 생각한다. 많은 국민이 돌을 던지고, 언론들도 여론이라는 돌팔매질을 하고 있는데, 양심이라는 것을 선반에 얹어 놓은 이들은 그렇게 할 수 있을지 모르지만, 신앙 양심을 가졌다는 교회도 이 사건 앞에서 과연 떳떳할 수 있을까? 이 사건이 터졌을 때 나는 맨 먼저, 간음하다가 현장에서 잡힌 여인을 끌고 온 유대인을 향해 예수님이 하시던 말씀이 생각났다.

　너희 중에 죄 없는 자가 먼저 돌로 치라(요 8:7).

과연 그렇다. 한국교회가 자신의 처지를 제대로 파악한다면 진정 노씨에게 돌을 들 자가 있을까? 그리스도인 중에서 몇 명이라도 돌을 들 수 있다면 한국교회에는 아직 희망이 있다.

한국교회는 문민정부를 맞아 그전에 비해 예언자적인 사명을 많이 상실하였다. 문민정부에다 장로 대통령이 탄생했기 때문일 듯하다. 이 점은 민주화운동에서도 전반적으로 힘이 빠지고 있는 경향과 다르지 않다. 문민정부가 되었어도 우리 사회의 부패 고리들은 별로 잘린 것이 없다. 그런데도 한국교회의 예언자적 비판력이 약화한 데는, 부패 척결의 문제는 문민정부에 맡기고 교회는 사회에 대한 책임을 기피하려는 의도가 있어 보인다. 우리 사회에는 예언자 예레미야가 말한 현상이 심화되고 있다.

> 이 땅에 무섭고 놀라운 일이 있도다. 선지자들은 거짓을 예언하며 제사장들은 자기 권력으로 다스리며 내 백성은 그것을 좋게 여기니 마지막에는 너희가 어찌하려느냐(렘 5:30-31).

예언자적 기능이 사라진 사회의 모습이다. 따라서 한국교회는 이번 기회를 자신의 예언자적 사명을 회복하는 계기로 삼아야 하겠다. 그 예언자적 사명은 정치·재계·사회 등에 대해서뿐만 아니고, 특히 언론에 대해서 더욱 강도 높게 수행되어야 한다.

부패 척결 과정에서 가장 경계해야 할 점은 우리 모두에게 인내와 단련이 요구된다는 것이다. 눈앞의 혼란이나 경제계의 도산이 두려워 이 개혁을 늦추거나 외면할 때 다시는 이 같은 부패척결의 기회를 맞을 수 없을지도 모른다. 지금처럼 국민적인 공감대를 이룩한 적이 일찍이 없었던 것을 생각하면 이번 사건을 부패척결을 위한 절호의 기회로 삼아야 함과 동시에 우리 사회의 정의의 역량을 비축할 수 있는 시험대로도 활용해야 한다.

우리가 지금 혼란과 고통을 인내하면서 이 기회를 정의롭게 처리했을 때, 그 효과는 우리의 시련을 충분히 보상할 뿐만 아니고 뒷날 몇 배의 고부가 가치로 나타날 것으로 확신한다. 그 고부가 가치가 주는 효과가 늦게 나타나 우리 당대에 누리지 못한다 하더라도 우리의 후손들은 그것을 누릴 수 있을 것이다. 그럴 때 우리 세대는 세계 앞에 내놓을 수 없는 수치스러운 이 불행을 새 시대를 향한 창조적인 에너지 창출의 기회로 승화시킨 세대로 민족사의 한 페이지에 기록될 것이다.

공의는 나라를 영화롭게 하고 죄는 백성을 욕되게 하느니라(잠 14:34).

(1995년)

악순환의 고리

그동안 어떻게 불러야 할지 이름이 모호했던 '12·12 사태'가 출생 15년 동안 작명을 제대로 못해 입적시키지 못한 상태에 있다가, 드디어 검찰에 의해 '군사반란'으로 작명되어 역사라는 호적에 임시로 가입적(假入籍)되었다. '가입적'되었다 함은 작명이 아직 완전히 끝나지 않았음을 의미한다. 지금 추세로 보면 검찰, 사법부와 정치권, 그리고 역사의 심판에 의한 최종적인 작명 과정이 남았다. 따라서 그것이 정식으로 역사에 입적되자면 아직도 몇 단계를 거쳐야 할지 모른다.

1년 동안 검찰이 조사를 끝내면서 새삼스럽게 불거지다시피 한 12·12는 이미 15년의 세월이 흘러서인지, 이런저런 일로 특별히 얽히지 않은 사람들에게는 별로 흥미가 없는 사건으로 비치는 듯하다. 아마도 그동안 두 차례에 걸친 대통령 선거와 '청문회'라는 틀을 통해 형식적이지만 여과 과정을 거쳤기 때문이라고 말할 수도 있다. 거기에다 '문민정부'에 들어서서 대통령이 12·12를 "쿠데타적인 사건"이라고 정의하고 정확한 평가는 "역사에 맡기자"고 했기 때문에, 그것을 새삼 문제 삼을 필요가 있겠는가 하는 데서 오는 결과라고도 추측한다.

이런 분위기 때문인지, 요즈음 각종 언론기관이나 시중의 여론은 그 사건을 '군사반란'으로 정의해놓고도 기소하지 않는 검찰의 결정에 맞서 끝까지 물고 늘어지는 야당 당수(이기택 씨)의 집념과 결단을 정파적인 이해관계에 초점을 두고 몰아가려는 듯한 느낌이다. 심지어 진보적인 언론이라고 자타가 인정하는 그 신문조차 논설에서, 야당 당수가 '반란 수괴'들을 기소하여 역사적 심판대에 올려놓기 위해서 자신의 국회의원직을 버리겠다고 한 선언을 "홀로서기를 위한 정치적 도박" 운운하면서 '권력 투쟁'으로 치부해버리는 데서, 우리는 그동안 그 신문이 보여왔던 진보성과는 다른 논조를 서슴없이 논하는 작태에 대해 일종의 배신감 같은 것을 느낀다.

먼저 이 사건을 '군사반란'으로 규정해놓고도 기소하지 않는 또는 못하는 검찰은 그야말로 자신의 고유 권한을 포기한 셈이다. 그러면서도 기소하지 않는 이유를 둘러대는 꼴은 스스로 법원과 정치권이라도 된 양, 법질서 파괴에 솔선하고 있다는 느낌이다. 거기에다 "기소 여부는 검찰의 고유 권한이고 정치권이 기소를 선동하는 일은 검찰의 중립성을 파괴하는 것이다"라고 변호하는 집권 여당의 모습은 치졸하기 짝이 없다. 항간의 소문대로 검찰이 대통령과 정치권의 눈치를 보고 기소를 포기했다면, 이 경우 기소권이 굳이 검찰의 고유 권한이라고 할 수도 없겠고, 따라서 반대로 정치권의 결심 여하에 따라서는 얼마든지 기소할 수도 있다는 말이 된다. 또 우리나라에서 검찰이 중립적이라는 태도부터가 온당하지 않다. 가령 중립적이라고 할지라도 기소 여부에 정치력이 개재될 경우 어떻게 중립적이라고 할 수 있을까?

우리는 '12·12 군사반란' 문제를 대하는 지식인들과 기독교계의 자세에도 실망한다. 왜 그런지 검찰의 불기소 처분에 대해 꿀 먹은 벙어리 격이다. '광주 민주화 사건'의 해결 문제 때만 하더라도 진상을 먼저 규명하고 책임을 물은 뒤에 화해와 용서가 뒤따라야 한다고 주장하지 않았던가. 그런 맥락에서 본다면 '군사반란'의 경우도 그 진상은 사법부를 통해 규명하고 응분의 책임을 물은 뒤에 화해와 용서를 말해야 하지 않을까? 그러나 우리의 지성계는 지금까지 보였던 자세와는 달리 검찰의 불기소 처분에 대해서만은 예언자적인 소리는 물론 그 흔한 '성명서' 한 장 없는 형편이 되고 말았다. 누구를 탓할 형편도 아니지만, '문민정부'의 출현과 그동안의 활동에 대해 지나친 환상을 가지고 임기응변적으로 대처하는 데 그쳐온 것이 아닌가 싶다.

'12·12 군사반란'은 어떤 형태로든 법의 심판을 받아야 한다. '군사반란'으로 규정해놓고 그 뒤처리를 흐지부지해놓으면 뒷날 어떻게 엄정한 '역사의 평가'가 가능하겠으며, 가령 어느 때에 가서 역사적 평가가 가능하다 하더라도 그것이 무슨 효용이 있을 것인가. 그것을 우리는 지나간 '일제 잔재의 청산'이라는 데서 교훈으로 보고 있지 않은가. 이런저런 이유로 미룬 결과, 현재도 반민족 행위자들에 대한 정확한 평가가 불가능해졌거니와 반민족 행위자들이 '고종명'(考終命)한 뒤에 역사적인 평가를 가한들 그 심판이 무슨 현실적인 교훈을 줄 수 있단 말인가?

그 결과 '과거청산'이라는 악순환의 고리는 고리대로 끊어지지 않고 반민족자들은 그들대로 역사에서 사면되는 기회마저 영영 잃고 말았다. 악순환의 고리는 끊어야 한다. 그러기 위해서는 '군사반란'이 법의 심판대와 역사의 심판대에 올려져야 한다. 그런 후에 국민의 이름으로 그들을 용서하고 사면해야 함이 옳다. 당장은 아프고 어려운 일이지만 우리 세대가 해결하여 이런 것을 역사의 평가라는 이름으로 후손들에게 짐을 지우지 말자. 이렇게 순리대로 해결함이, 주인공들이 '고종명'한 후에 역사의 심판대에 다시 올려져 '반란 수괴'와 '최고 통수권자' 사이를 오가는 어정쩡한 평가를 받는 것보다는 낫지 않은가.

끝으로 '반란 수괴'로 일차적인 낙인이 찍힌 이들에게 권하고 싶다. 지금까지 보여주었던 태도는 주관적인 편견과 손바닥으로 하늘을 가리는 어리석음을 되풀이해서 실망스럽기 짝이 없다. 이제 더는 구차하게 자기변명만 늘어놓지 말고, 명예를 생명과 같이 여기는 '군인'답게 정정당당하게 법의 심판을 청구하고, 유죄판결이 날 경우 국민적인 용서를 구하자. 그것이 더 떳떳한 길이 아닐까?

이것이 과거 우리 역사에서 하지 못했던, 역설적으로 말해 '반란 수괴'에 의해서 추상같은 민족정기와 정의를 세우는 길이 될 것이다. 자신들의 과오를 은폐하거나 변명하지 않고, 진정 참회의 길을 선택하는 것이야말로 검찰의 판단에 대해 변명할 만한 정당성을 찾지 못하는 집권 여당이나 예산 정국을 위기에서 구하는 일인 동시에 그들 스스로는 역사 앞에서 더는 추한 작태를 보이지 않는 길임을 명심해야 한다. (1995년)

이제 분노를 삭이고

'분기탱천'(憤氣撑天)이란 말이 있다. 분한 기운이 하늘에까지 치솟고 있다는 말이다. 작금의 두 전직 대통령이 저질렀던 작태가 폭로되면서 국민이 느끼고 있는 분노를 그대로 드러내는 말이다. 그들은 재직 시의 독직 사건으로 혹은 집권 과정에서 일으켰던 '반란수괴죄'로, 그 자신들이 집권 시에 반대자들을 가두었던 그 감옥에 각각 갇히게 되었다. 아직은 단정하지 못하겠지만, 현대사에서 '인과응보'의 진리를 이처럼 극명하게 보여주는 사례도 드물 것 같다.

우연히도 섣달 초하룻날 아침, 전두환 씨가 연희동 골목길에서 '대국민성명'을 발표하는 광경을 TV를 통해 보았다. '어떻게 저렇게 당당할 수 있을까' 하는 것은 나의 첫 느낌이고, "자기 패거리의 운명을 책임진 마피아 보스 같은 모습으로 '말 같지도 않은 말들'을 발표"하는 "용감한 골목대장" 같다는 표현은 어느 작가의 말이다.

그가 현 집권층을 포함한 정치권을 겨냥해서 포문을 연다 하더라도, 그래도 서두에는 비록 제스처일망정 예의 그 "국민 여러분, 국가의 전직 대통령으로서 대단히 죄송합니다"라는 말이 한두 마디쯤은 먼저 나올 것으로 기대했다. 그러나 '대통령'이라는 그 직위에 걸었던 한 가닥 희망은 '저 수준밖에 안 되었기에 역시 그런 엄청난 일을 저질렀겠지…' 하는 생각으로 무참히 깨지고 말았다. 상식을 초월한 작태는 성명의 내용만이 아니었다. '위풍당당하게 세를 과시하고 있던' 전(全) 씨 '사람들'의 모습은 더 볼만 했다. TV에 비친 그 모습이 얼마나 볼썽사나웠으면, 한 신문이 이런 기사를 썼을까.

"전 씨 뒤에는 허 전 통일원장관, 이 전 문공부장관, 장 전 안기부장, 안 전 경호실장 등 10여 명이 두 손을 가지런히 모은 채 늘어서 있었다. 5공화국 각료회의가 연희동으로 자리를 옮겨 부활한 듯했다. 이들 가운데 일부는 이따금 하늘을 쳐다보며 야릇한 웃음을 짓기도 했다."

노 전직 대통령은 배신(?)한 부하 때문에 그런 '망신'을 당하게 되었다는 소문이 항간에 퍼져 있는 데 반해 전 씨 쪽은 상대적으로 '의리'가 있다고 은근히 칭찬을 하고 있던 터, 그 여론에 장단 맞춰 세력 과시라도 할 요량이었는지, 전직 각료들이 늘어서 있었다. 그런데 우리를 부끄럽게 한 것은 그중 상당수가 그리스도인들이라는 점이다.

나는 지금 12·12와 5·18의 진상을 새삼 거론하려는 것이 아니다. 그러나 짚고 넘어가야 할 것이 있다. 전·노 씨의 반역사적인 행위는 그동안 민족사와 정의의 역사에 치명적인 상처를 가했다. 진실을 가르쳐야 할 역사에서 그 진실은 왜곡되어야 했다. '군사반란' 혹은 '내란'을 우국충정의 의거인 양 가르쳐야 했고, '민주화운동'을 '이적행위'라도 되는 양 눈치를 보아야 했다. '진실은 밝혀지고야 만다'는 주장이나 '정의는 승리하고야 만다'는 진리는 왜곡된 역사 앞에서 무력할 수밖에 없었고 공허한 메아리에 지나지 않았다. 독일 대통령 바이츠제커(Richard Von Weizsäcker, 1920-)는 종전 40주년을 맞아 나치의 죄악상을 참회하면서 "지나간 역사에 눈을 감는 자는 다가올 역사도 바로 보지 못한다"라는 명언을 남겼으나, 그들은 십수 년 전의 역사에 눈을 감게 함으로써 현재 진행되는 역사에도 전혀 방향을 알 수 없도록 만들었다.

해방 이후 많은 굴절과 오욕의 역사에도 불구하고 우리는 한 번도 그것들을 단죄한 적이 없다. 일제의 잔재를 청산하지 못한 것은 물론이고, 그 뒤 역대 정권의 비리와 부정도 제대로 척결하지 못했다. 그 결과 국권이 회복된 뒤에도 그랬고, 혁명이 발발한 뒤에도 이 땅에 정의가 승리한다는 명백한 진리를 행동으로 입증하지 못했다. 독립운동가의 후예는 모멸을 당해도 친일파의 후예는 계속 기득권자 행세를 했다. 시류에 아부하는 자들은 득세할 수 있었지만, 정절을 지키는 지사는 끼어들 자리조차 제대로 없었다. 이 땅이 변절자의 천국이 되는 판국에 지조는 헌신짝처럼 취급될 수밖에 없었다. "이 땅에 법과 정의가 살아 있음을 보여주겠다"는 용단 아래 시작한 역사 정리 작업이, 굴절되고 오욕에 찌든 역사를 단죄하는 계기가 되었으면 하는 소원 간절하다.

역사의 진실을 밝히는 데 용기만큼 필요한 것이 없다. 그 용기는 지도자 한 사람의 결단만이 아니라 그 시대가 갖고 있는 진실을 밝히려는 용기의 총체를 의미한다. 따라서 대통령의 이번 결단은 지금까지 진행된 '진실 밝히기'를 위한 우리 모두의 용기에 기반해 있다. 12·12를 '쿠데타적 사건'으로, 5·18을 '광주민주화운동'으로 정의하면서도, "그 심판은 역사에 맡기자"고 했을 때 우리는 정부가 아직 정권과 군권 그리고 재계를 확실히 잡지 못한 상황에서 어쩔 수 없이 내린 판단이라는 것을 어느 정도 이해하면서도, 그 용기가 거기까지밖에 미치지 못했음을 매우 안타까워한 것이 사실이다. 정부의 개혁 의지가 점점 실종되는 상황을 보면서, 그 해결은 정말 '역사'라는 말로 포장한 허구에 맡기는 것이 아닌가 하는 의구심도 가졌다.

그러나 1970년대와 80년대를 통하여 성장한 인권·정의의 민주 세력은 일천(日淺)한 한국의 민주화운동 역사가 그랬듯이, 지식인·학생을 선두로 하여 '국민'의 힘으로 이 왜곡된 역사를 바로잡는 일에 나서게 되었다. 이처럼 '국민'이 이 운동을 시대적 과제로 떠올렸기 때문에 집권층은 전직 대통령의 '불법 비자금' 사건을 계기로 역사를 바로잡자는 이 일을 더 미룰 수 없게 되었다. 대통령과 국민의 공조 체제로 시작한 이 정리 작업이 역사에 길이 남도록 하기 위해서 우리 그리스도인들은 배전(倍前)의 관심과 노력으로 하나님께 꿇어 엎드려야 한다.

이 '분기탱천'한 분위기 속에서 기독교계가 먼저 취해야 할 자세가 있다. 첫째, 저 불의한 정권이 탄생할 때 가장 먼저 그들을 축복했던 잘못과, 그 뒤에도 계속 그 불의한 세력과 손잡았던 죄악을 청산하고 회개해야 한다. 1980년에 기독교계의 지도자들이 본의는 아니라 하더라도 '국보위 상임위원장'을 위해 모여 축복했다는 것은 잘 알려진 사실이다. 어떤 종교계의 지지도 받지 못한 상황에서 전두환과 그 일당에게 베푼 기독교계의 이 같은 축복은 불의한 정권을 창출하려는 계획에 자신감을 심어주었다. 그렇다면 그 결과가 어떤 영향을 미쳤는지 거기에 참석한 지도자들은 알고 있을 것이다. 그 뒤에도 기독교 지도자 중에는 불의한 정권에 편승하여 그들의 모사(謀士)가 된 경우가 있다. 그러나 그들은 그 뒤 민족 앞에서 참회했다는 어떠한 증거도 보여주지 않았다.

둘째, '분기탱천'한 국면을 화해의 분위기로 전환하는 데 심혈을 기울여야 한다. 이 땅에는 응어리진 분노와 폭발할 듯한 분기가 충천하다. 그 분기는 자칫하면 살기로 변할 수도 있다. 그래서는 안 된다. 그것은 돌아가신 임들의 뜻도 아니라고 본다. 지금까지 그 분노를 삭이고 삭여왔듯이, 더 삭여서 민족사 바로잡기의 밑거름으로 사용해야 한다. 잘 썩힌 퇴비처럼 수많은 세월 동안 삭이고 삭인 그 분노와 한을, 오욕된 역사로 인해 받은 시대적인 아픔과 민족적인 상처에 더 생채기 내는 데 악용할 것이 아니라, 이제는 참 평화와 정의를 이 땅에 심고 가꾸는 밑거름으로 선용해야 한다. 말하자면 삭인 분노를 창조적인 에너지로 승화시켜야 한다는 뜻이다.

자신의 상처를 오랜 세월 삭여서 진주를 만드는 저 조개처럼 분과 한을 삭이고 또 삭여, 이 땅에서 하나님의 정의와 평화의 진주를 거두는 계기로 만들어야 한다. 우리 민족이 이 시점에서 부를 수 있는 가장 적절한 노래가 있다면 바로 중세의 성자 프란치스코(Francis of Assisi, 1181-1226)가 가르쳐준 「평화의 기도」가 아닐까 싶다.

주여, 나를 평화의 도구로 써주소서
미움이 있는 곳에 사랑을
상처가 있는 곳에 용서를
분열이 있는 곳에 일치를
의혹이 있는 곳에 믿음을 심게 하소서
오류가 있는 곳에 진리를
절망이 있는 곳에 희망을
어둠이 있는 곳에 광명을
슬픔이 있는 곳에 기쁨을 심게 하소서
위로받기보다는 위로하고
이해받기보다는 이해하며
사랑받기보다는 사랑하며
주님을 온전히 믿음으로 영생을 얻기 때문이니

주여 나를 평화의 도구로 써주소서

(1995년)

잠잠할 때와 말할 때

요즘 한 전직 대통령(최규하)의 고집스러운 침묵을 보면서 구약성경에 나오는 전도자의 말이 떠오른다. 전도자는 천하만사가 때가 있음을 이렇게 읊었다.

> 범사에 기한이 있고 천하만사가 다 때가 있나니 날 때가 있고 죽을 때가 있으며 심을 때가 있고 심은 것을 뽑을 때가 있으며 죽일 때가 있고 치료할 때가 있으며 헐 때가 있고 세울 때가 있으며 울 때가 있고 웃을 때가 있으며 슬퍼할 때가 있고 춤출 때가 있으며 돌을 던져 버릴 때가 있고 돌을 거둘 때가 있으며 안을 때가 있고 안는 일을 멀리할 때가 있으며 찾을 때가 있고 잃을 때가 있으며 지킬 때가 있고 버릴 때가 있으며 찢을 때가 있고 꿰맬 때가 있으며 잠잠할 때가 있고 말할 때가 있으며 사랑할 때가 있고 미워할 때가 있으며 전쟁할 때가 있고 평화할 때가 있느니라(전 3:1-8).

전도자의 말이 왜 떠올랐을까? 그것은 전직 대통령의 침묵이 때에 맞지 않다고 생각하기 때문이다. 검찰의 2차 방문 조사가 있고 난 뒤, 그는 자신의 법적 대리인을 통하여 요즘 유행하는 '골목성명'을 발표했다. 그 내용은 떠듬거리면서 읽어내려가던 대리인의 모습처럼 어색했고 얼른 이해되지도 않았다. 요지는 지금껏 누차 밝혀온 것처럼, "대통령 재임 중의 공적인 행위에 대해 조사를 받는 일은 좋지 않은 전례를 만드는 것이고, 앞으로 세월이 흐름에 따라 정치적으로 이용될 소지마저 없지 않다"는 내용이었다. 이 말을 원칙적으로 부당하다고 말할 사람은 없을 것이다. 이것을 정상적인 상황에서 자신의 업무를 정상적으로 수행한 대통령이 말했다면, 아무도 그에게 이의를 달 수 없다.

그러나 불행히도 이 '골목성명'을 발표한 전직 대통령은 자기에게 주어진 헌법상 책무를 제대로 수행하지 못한 분으로 평가되고 있어서, 과연 그가 이런 말을 할 자격이 있는지부터가 의문이다. 자신이 대통령의 직무를 제대로 수행했더라면 그 뒤의 불행한 사태는 일어나지 않을 수 있었다. 자신이 감당했어야 할 직무상의 의무는 제대로 수행하지 않았으면서 그 직무와 관련된, 그것도 퇴임 후의 권리를 주장하고 나서는 일은 우선 염치없는 짓이다. 더구나 직무 수행의 결과가 민족사에 큰 오점을 남겼는데도 불구하고 참고인 조사조차 응하지 않겠다는 행동은 '골목성명'을 통해 나타내고자 한 진의와는 달리, 그 특유의 옹고집 때문이라고밖에는 볼 수 없다.

그가 조사에 응해야 하는 부분은 성실하게 직무를 수행한 부분이 아니라, 자신의 직무 수행(혹은 미수행)의 결과로 국민에게 깊은 상처를 안겨주었던 부분임을 자신도 알고 있지 않은가? 전임 대통령으로서의 예우는 자신의 고고한 영예만 지키는 데 있는 것이 아니고, 그 못지않게 국민에 대한 응분의 책임을 의미하는 것임을 왜 모를까? 전례를 남기지 않겠다는, 금과옥조처럼 읊조리고 있는 그의 주장도 이미 설득력을 잃었다. 이미 전직 대통령 두 사람이 재임 중의 일로 검찰의 조사를 받았기 때문이다. 그가 고수하려고 한 이 전례는 이미 깨지고 말았다. 그래도 그가 '전례'를 고집한다면, 그것은 대통령이 재임 중에 수행한 과오에 대해서 솔직하게 증언하여 '바람직한 전례를 세워야 하는 일'을 거부하는 행위로밖에는 볼 수 없다.

그는 '12·12 사건'을 비롯하여 재임 때 고비고비마다 납득하지 못할 전례들을 남겼다. 10·26이 있던 날 저녁, 대통령 권력 계승자로서 그의 행적은 좀처럼 이해되지 않는다. 국민의 열화 같은 민주 헌법 제정 요청에 대해서도 불필요한 긴 일정을 발표함으로써 국민의 여망을 무시하는 전례를 남겼다. 따라서 그는 '전례' 논리로 자신을 방어만 할 것이 아니라, 조사에 응함으로써 과거 왜 그러한 잘못된 전례를 남겼는지에 대해 국민 앞에 솔직히 해명하는 모범적인 '전례'를 남겨야 한다.

최규하 씨는 여러 차례에 걸쳐 "지금은 말할 때가 아니다"고 강조하였다. 그렇게 말함으로써 그의 끈질긴 인내를 과시하고, 과거 잘못된 전례를 만든 것 못지않게 국민을 피곤하게 하는 전례를 만들고 있다. 그렇다. 그가 정말 필요한 때 인내했더라면, 지금의 인내도 존경받을 것이다. '12·12 사후 재가' 때, 가령 '권총의 위협'을 가정한다 하더라도 '나를 쏘라'고 호령하면서 넉넉잡고 한 사흘 정도만 버티었어도, 그는 지금쯤 우리나라에서 가장 존경받는 대통령이 되었을 뻔했다.

꼭 필요한 때는 단 하루도 인내하지 못한 그가 '전례' 논리 하나를 가지고 몇 년을 버티고 있다. 그렇게 함으로써 스스로는 과거에 버티지 못한 일에 대해 보상적인 만족을 느끼고 있을지 모르지만, 한때나마 그런 분을 대통령으로 받들었던 국민에게는 심한 상처와 모욕감을 안겨주고 있다. 묻고 싶다. 잘못된 과거를 청산하고 새로운 민주적 도약을 이룩하려는 국민적 합의가 열화와 같이 타오르는 지금이 말할 때가 아니라면, 과연 언제가 입을 열 수 있는 때

인가. 과거 그는 대통령 재임 시에 민주헌법을 제정할 수 있는 적기를 잘못 판단하여 군부 독재가 들어설 수 있는 빌미를 제공해주었듯이, 지금도 그 말할 때를 잘못 판단함으로써 민족사를 그르치려 하고 있다.

"현재의 국내 상황은 갈등과 대립이 심화됨으로써 불안과 혼란이 초래되고 있다"고 진단하는 수감 중의 두 전임 대통령과 똑같은 엉뚱한 시국관은, 입을 열어야 한다고 외치는 국민의 소리를 정치인들의 당리당략쯤으로 치부하는 그의 무성의함 속에서도 다시 입증되고 있다. 국가 진로를 그르치는 판단 착오가 그에게서 두 번 다시 나타나게 해서는 안 된다.

그는 이제 입을 열어야 한다. 전도자의 말처럼, 안을 때가 있는가 하면 안는 일을 멀리할 때가 있고, 지킬 때가 있는가 하면 버릴 때가 있으며, "잠잠할 때가 있는가 하면 말할 때가 있는 법"이다. 사람은 그 입의 대답으로 말미암아 기쁨을 얻는다. "때에 맞는 말이 얼마나 아름다운고"(잠 15:23), 행여나, "사람들이 잠잠하면 돌들이 소리 지르는"(눅 19:40), 그런 때가 올까 두렵다. (1995년)

'핵 카드'에 대한 투명성 논란

문민정부 통일정책을 바라보면서 정치 문제나 국제관계 문제에 대해 별로 민감하지 못한 나조차도 뭔가 이상하다는 생각이 들고 때로는 답답하고 착잡한 심경을 금할 수가 없다. 문민정부가 그전의 군사정부와 다른 점이 있어야 한다면 바로 이 민족 통일정책에서 나타나야 한다고 모두가 생각하고 있기 때문이다. 그러나 이제는 그런 기대는커녕 문민정부 이전에 이루었던 정도의 남북관계만이라도 유지했으면 하는 것이 우리의 솔직한 심정이다.

"어떠한 동맹국도 민족에 우선할 수 없다"는 신임 대통령의 취임사를 듣고, 이인모 노인이 송환되는 것을 볼 때만 하더라도, 우리의 심정은 남북관계가 한 차원 높아지겠거니 하는 부푼 기대로 차 있었던 것이 사실이다. 이것은 당시 온 국민이 새로 출범한 문민정부에 거는 큰 기대 중 하나였다. 그런데 지금에 와서는 남북이 서로를 불신하고 질시하는 정도가 냉전 체제 시기로 돌아간 듯한 지경에 이르렀다. 참으로 한탄하지 않을 수 없다. 왜 그랬을까? 한마디로 '핵 문제' 때문이라고들 한다. 그것을 민족 화해의 차원에서 자주적으로 지혜롭게 풀었다면 지금쯤 우리 민족은 다른 나라가 함부로 넘겨다볼 수 없는 수준의 민족적 자긍심을 발휘했을 뿐만 아니라 민족의 통일 문제 또한 상당한 수준으로 끌어올렸으리라고 생각한다.

새 정권이 출발한 지 한 달이 채 안 되어, '문민정부'는 세계 강대국의 논리에 의해 제기된 북한 핵의혹 문제에 휘말리기 시작했다. 지금 입장에서 보면 새 정부는 이때부터 '핵 문제'에 발목이 잡혔고, 아직도 빠져나오지 못한 채 오히려 점점 더 수렁에 빠져들고 있는 것 같다. 핵 문제 해결 없이는 어떠한 종류의 남북 교류도 있을 수 없다는 정부의 외골수적인 입장은, 그 후 점차 강도를 높여갔고 정책화하기에 이르렀다.

그런 입장을 강화함으로써 얻은 것이 무엇인가. 이인모 노인을 북으로 송환시키면서 얻었던 국제사회의 신뢰와 이산가족 문제에 대처하는 도덕적 우월성도 더는 남북관계에 효율적으로 활용하지 못하게 되었다. 핵 문제로 일 년 이상을 허비한 정부는 1994년 7월경에 터진 이른바 '주사파' 논쟁과 김일성 사망에 따른 조문 파동을 계기로 공안 정국을 조성하더니, 이제는 매사에 맥이 풀린 듯 이 정권이 도대체 남북관계에 대한 일정한 정책이 있기나 한가 싶을 정도로 국민을 혼란스럽게 하고 있다.

정책이 이렇게 보수 쪽으로 회귀한 데는 북한에 대한 불신 못지 않게 국내의 보수 반동 세력의 책동 때문이라고 말하지 않을 수 없다. 이들은 냉전 체제하의 이분법적인 사고를 바탕으로 새 정부가 지향했던 '햇볕론'에 입각한 포용적인 민족 통일정책에 딴지를 걸며 비판하고 매도하였다. 핵 문제가 타결될 기미가 쉽게 보이지 않자, 문민정부의 출현으로 발언권을 잃어가던 정부 내의 강경 세력이 슬그머니 정부 밖 보수 반동 세력의 지원을 받으며, 점차 대반격을 기도하여 마침내 출범 초기에 보였던 민족 우선의 통일정책은 대북 강경정책으로 선회하게 되었다. 여기까지가 문민정부의 통일정책이 표류·변모하게 된 과정이다. 이렇게 된 데는 이 시점에서 개방과 통일 논리를 두려워하여 '핵 카드'를 생존 전략으로 활용한 북한 당국의 태도에도 큰 책임이 있다. 북한의 이 같은 전략은 결국 남한의 보수 반동 세력의 급부상을 불러일으켰다.

내가 여기서 지적하고자 하는 것은 그동안 어떠한 경위를 거쳤든 간에, 핵 문제를 모든 남북관계에 우선적으로 연계시켰던 문민정부의 정책이 과연 긍정적이었는가 하는 점이다. 결론부터 말하면 잘못되었다는 것이다. 새 정부가 남북관계에서 남긴 긍정적인 정책은 지금까지는 아무것도 없다 해도 과언이 아니다. 게다가 문민정부는 출범 때의 호조건을 적절히 이용하지 못하고 남북관계를 그전의 험악했던 때 이상으로 되돌려 놓았다는 혐의를 짙게 받는다.

한편, 보수 반동 세력이 날뛰면서 남긴 것은 무엇인가? 남북의 반통일 세력이 '적대적 공생관계'를 발전시킨 것이요, 같은 민족을 상대로 키워나간 증오와 냉전적인 사고밖에는 없다. 그 원인은 기본적으로 우리 사회의 강온 세력을 적절히 조화시켜 민족 화해정책을 계속 추구하지 못한 정부 지도자의 역사의식과 통치 능력의 한계에서 기인하지만, 보수 반동 세력은 그 결과가 이렇게 변전되어버린 것을 자기의 책임으로 전혀 의식하지 않고 있다. 오히려 그들은 계속 적대의식과 '흡수통일론'을 부추기고 있다.

나는 남북나눔운동 관계로 새 정부의 핵 연계 정책을 비교적 빨리 간파하고 거기에 우려를 표한 적이 있다. 핵은 국제적으로 민감한 문제이기 때문에 우리가 관여하지 않아도 소위 핵 강대국이 좌시하지 않는 문제다. 미국은 물론 러시아와 일본, 심지어 중국까지도 북한이 핵무기를 갖는 것을 용납하지 않는다는 뜻이다.

핵 투명성은 반드시 관철시켜야 하지만 핵 투명성 보장을 강대국의 책임으로 확실하게 밀어놓고, 우리는 민족의 화해와 일치 문제에만 몰두해야 했다. 경제든 기술이든, 우선 그들이 필요로 하는 부분부터 접근하여 도울 것은 돕고, 받을 것은 받는 정책을 취했어야 했다고 본다. 출범 당시의 문민정부는 높은 지지율을 바탕으로 얼마든지 자신 있게 북한의 문을 두드릴 수 있었다. 그리고 금수산과 만경대에 핫라인을 설치하고 서로의 필요를 주고받을 수도 있었다고 본다. 종교 지도자를 보내고 재벌과 중소기업인도 보내어 남포와 나진·선봉 지구뿐만 아니라 특별히 남하한 실향민들의 고향에 남한의 기업을 세우는 일을 논의할 수도 있었다.

다시 말하면 핵 문제는 미국을 상대하든, 중국, 러시아를 상대하든 줄다리기를 하게 하고, 우리끼리는 아픈 상처를 싸매주면서 화해하고 경제적으로 어려운 부분을 돕는 일만 추구했어야 했다. 그것이 결과적으로는 북한을 개방으로 유도하는 것이요, 신뢰와 화해의 바탕 위에서 대화를 촉진시키는 첩경이라고 생각한다. 설사 이러한 내용대로 이뤄지지 않았다 하더라도, 최소한 남북관계가 이 정도로 악화하지는 않았으리라고 본다.

외국의 논객들이 북한 체제의 자연붕괴와 그로 인한 흡수통일이 불가피할 것이라고 예언한다 할지라도, 거기에 현혹되어 지금껏 추구해온 평화적인 통일정책에 추호의 흔들림이 있어서는 안 될 것이다. 남북이 각각 다른 듯이 내놓고는 있지만, 통일 방식은 약간의 차이에도 불구하고 결국 전쟁하지 말고 평화적으로 통일하되 처음에는 국가연합 단계에서 출발하여 연방제(이 문제에 대해서는 견해를 달리하기도 한다)를 거쳐 완전통일로 나아가자는 것으로 요약할 수 있다.

독일 통일의 교훈을 통해 흡수통일이 가져올 엄청난 파장을 염려하면서 여론은 대체로 시간이 다소 걸리더라도 필요한 단계를 거치자는 쪽으로 수렴되는 듯하다. 통일이 이미 지구상에서 실험이 끝난 공산주의로의 복귀를 의미하지는 않을진대 우리의 통일은 사회주의의 장점을 수용하면서 자본주의의 모순을 극복하는 체제로 방향을 잡아가야 한다는 결론은 나 있다고 본다. 그렇다면 더구나 남북이 상대를 향해 서로를 더 개방해야 할 뿐만 아니라 자신들의 체제의 한계와 약점을 상대화하면서 사회구조를 더욱 민주화하고 경제·문화·인권 등의 조건을 대등하게 만드는 것이 절체절명의 과제가 아닐 수 없다. 이렇게 하기 위해서는 어떠한 조건으로든지 남북이 빨리, 그리고 자주 만나는 것이 가장 중요하다고 본다.

우리 정부는 '문민'이라는 말에 어울리게 지금까지 모든 남북문제를 핵 문제와 연계시켜 남북의 모든 통로를 폐쇄시켜왔던 통일정책에 일대 전환을 가져와야 한다. 그리고 이 시점에서 더 간곡히 원하는 것은, 이때껏 창구 단일화라는 미명하에 통제해왔던 민간 부문의 통일운동을 활성화시켜야 한다는 것이다. 이것은 문민정부 출현 이후 보여준, 정부가 통제하면 모든 남북 통로는 물론 통일운동까지 얼어붙게 되는 역사적 경험에서 얻은 값진 교훈임이 틀림없다. 그리고 이제는 정부도 국민에게 그들의 성숙한 민족의식을 신뢰하는 바탕 위에서 원하는 국민이면 누구든 수단껏 북한의 입국 허가를 받아 방문하여 그들과 대화를 열고 도와주고 또 함께 개방의 길로 나가도록 기회를 넓혀주어야 한다. 이것이 통일의 시기를 단축할 수 있는 길이다.

북한의 핵 투명성은 반드시 보장되어야 한다. 그렇다고 그것을 모든 남북관계에 적용하여 핵 투명성이 보장되기 전에는 모든 남북관계를 중단시키거나 폐쇄해왔던 지금까지의 자세는 바람직하지 않다. 벼랑 끝까지 이를 정도로 외교관계가 첨예하게 대립하는 적대국에 대해서도 뒷문은 열어두고 물밑 대화를 계속하는 여유가 있어

야 하는 법이다. 하물며 같은 핏줄의 동족에게 있어서랴. 정부는 만
시지탄(晚時之歎)이 있지만 지금이라도 핵 문제와는 별도로 남북대
화와 화해 일치를 추구하는 노력을 진지하게 회복시켜야 할 것이다.
(1994년)

통일을 위해 무엇을 준비해야 하는가?

얼마 동안 우리 사회는 흥분과 아쉬움을 교차한 며칠을 보냈다. 49년간 북한을 전횡해온 김일성의 죽음 자체가 하나의 사건인 데다가, 그로 인해 민족통일에 대한 기대가 새롭게 드러났기 때문이다. 그도 그럴 것이 그동안 우리 가운데는 김일성이 사망하면 곧 통일이 오리라고 환상적으로 주장한 분들이 없지 않았다. 북한 주민에게 그의 죽음은 마치 신의 죽음과 같은 경외감을 들게 했고, 과장과 허위가 있긴 하겠지만 애도하는 북한인들의 모습은 마치 부모 잃은 고아를 보는 듯했다. 그의 장기 집권은 거기에 따른 실정만큼이나 앞으로 더욱 역사의 주목과 비판을 받아야 한다. 하여튼 그의 죽음으로 인해 한반도의 통일이 더욱 가속화되리라는 기대를 품어본다.

민족의 통일문제를 말하기 전에 한국의 그리스도인은 먼저 그동안 민족에 대해 어떠한 자세를 취해왔는가를 반성할 필요가 있다. 한말·일제하에서는 전통적인 봉건사회를 개혁하려는 많은 노력이 있었고, 민족의 독립을 보존하고 쟁취하려고 남달리 노력한 일은 여기서 굳이 말할 필요가 없다. 이런 점들에 관해서는 이미 많은 학자가 연구를 통해 밝혀놓았다. 문제는 해방 후에 한국의 그리스도인들이 취한 민족에 대한 자세다.

나는 최근에 민족문제에 깊은 관심을 갖고 있는 어떤 목회자를 연사로 하는 강연회에 참석하여 그 연사의 참회 섞인 충격적인 발언에 움찔했던 적이 있다. 그는 통일문제와 관련하여 한국의 기독교 지도자들이 먼저 회개해야 한다고 하였다. 교회 지도자 중 과거 북한의 '양떼'를 두고 월남한 것을 특히 회개해야 한다고 강력하게 주장했다. 이 같은 주장은 그의 저서 여러 곳에서 확인할 수 있다.

그 강연을 들으면서 '목회자 중에는 이런 반성을 할 수 있을 정도로 성숙한 분들이 계시는구나' 하는 느낌과 함께 '이런 종류의 자기반성을 할 수 있는 지도자들이 우리 기독교계에 과연 몇 명이나 있을까' 하는 의문도 들었다. 바로 그 자리에서 냉전적인 사고를 벗지 못한 분들의 분단 고착적 발언이 강하게 표출된 장면을 목격할 수 있었다. 하여튼 그 목회자의 발언은 우리가 지금까지 일부러 애써 감추고 건드리기를 꺼렸던 내용이었고, 그것을 건드리면 누군가가 상처를 입는다고 해서 미뤄왔던 것이었다. 최근에 와서 심심찮게 거론되는 말이지만, 기독교는 먼저 민족분단의 책임에서 면책될 수 없음을 솔직히 인정해야 한다. 그런 점에서 그 목회자가 해방 후 교회 지도자의 남하 월남이 회개해야 할 부분이라고 지적한 일은 한국 기독교에 새삼 반성의 지평을 열어주는 행동이라고 생각한다.

해방 후 남북에 미·소 양군과 새 통치 권력이 들어섰을 때, 한반도는 어쩔 수 없이 이데올로기의 각축장으로 변할 수밖에 없었다. 그런 상황에서 남한이 반공의 보루로 굳어지는 데는 6·25 전후의 극심한 좌우 갈등, 민족상잔과 함께 그 이전에 이미 북한에서 그리스도인들이 공산주의 정권으로부터 겪은 고난에 깊이 관련됐기 때문이다. 바꾸어 말하면 우리 민족이 철저한 분단국가로 고착되는 데는 공산주의자들과 대결할 수밖에 없었던 그리스도인들의 반공 이념이 깊이 관련되어 있었다는 뜻이다. 그 아픔에 동참하지 못한 이들에게는 경험적인 현실을 무시한, 그래서 지나치게 도식적이라는 설명일 수밖에 없는 한계를 갖고 있지만, 이 논지는 한국 현대사에서 상당한 설득력을 가지고 있다.

위의 두 가지 문제 제기에 우리가 조금이라도 동의한다면, 그리스도인들이 이 시점에서 통일을 위해 하나님과 민족 앞에서 먼저 해야 할 일은 바로 이러한 과거사에 대한 회개 운동이다. 그동안 불신과 반목으로 서로의 신뢰 관계가 만신창이가 된 남북의 현실을 감안할 때, 통일을 위한 다리를 놓는 가장 중요한 전제는 '신뢰'라는 가교다. 그리스도인들이 민족 앞에서 신뢰를 회복할 수 있는 길은 이러한 과거사를 두고 하나님과 민족 앞에서 철저하게 회개하는 일이다. 기독교는 공산주의자들에게 핍박을 당했다는 이유로 회개 운동을 거의 불문에 부쳐왔다. 기독교가 민족 문제에서 정치권과 달라야 한다면, 기독교의 이름으로 북한을 저주하고 동족을 증오했던 일을 다른 어떤 기관에 앞서 회개 운동을 함으로써 그 응어리들을 풀어야 한다.

해방 후 공산주의자들에게 가장 심한 핍박을 당한 사람들이 그리스도인임은 잘 알려진 사실이다. 그것도 여러 가지 이유 때문이다. 북한 정권이 형식적으로 종교의 자유를 인정하면서도 신앙 문제를 표면적인 이유로 내세워 핍박을 가하기는 어려웠을 것이다. 그리스도인들은 계급적인 이유로 압박을 받았다.

한말·일제하에서 그리스도인들은 정직과 신뢰, 근면과 절약 등의 기독교 윤리에 힘써서 중산층으로, 더러는 지주와 자본가로 발돋움했다. 그들은 축재 과정에서 도덕적으로 비난을 받아야 할 일이 많지 않았다. 때문에 법적·도덕적인 측면에서 보면, 그들의 중산층화 과정은 공산주의적인 정의 관념이나 평등주의에 어긋난다고 할 수 없다. 그러나 중산층 혹은 지주 자본가라는 이유로 그리스도인들은 어려움을 겪었다. 이렇게 공산주의자들에게 당한 억울함 때문에, 그동안 기독교(도)가 혹시라도 반공전선 구축을 통한 분단 고착화에 악영향을 미쳤거나 민족적 화해에 걸림돌이 되었다면 어떻게 해야 할까? 가슴에 맺힌 그 응어리들을 쉽게 용해할 수 있는 입장이 못 되지만, 이런 경우에도 화해를 먼저 청하고 용서해야 하는 것이 그리스도인들이 민족 화해를 위해 공헌할 수 있는 기본적인 태도다.

그러나 내가 만났던 그리스도인 중에는 아직도 그 응어리를 풀지 못하고 있는 사람이 많았다. 아예 풀지 않으려고도 했다. '이는 이로, 눈은 눈으로'라는 구약적인 율법과 보복의 질서를 고수하려는 분들이 있음도 확인할 수 있었다. 우리는 그분들의 심경을 이해한다. 오죽하면 반세기가 지난 지금까지도 그 한을 풀지 않고 있겠는가? 그분들의 마음 한구석에 자리 잡은 응어리는 대부분 자신의 과오에 의해서가 아니라 분단 구조 때문에 주어진 것인 만큼, 개인적으로 비난받을 이유가 될 수 없을지도 모른다. 그러나 이 시점에서 우리에게는 대승적인 자세가 요청된다.

그것은 기독교가 갖고 있는 "그리 아니 하실지라도"의 신앙이요, "그럼에도 불구하고"의 신앙이다. 이것은 상황을 반전시키는 기독교 특유의 영적인 힘에 의해서만 가능하다. 그리스도인들에 의한 이러한 반전은 그 효과가 그리스도인 이외의 민족공동체에도 파급되어 그들 가슴속에 품고 있는 응어리마저 꺼내버리고, 빈 마음으로 화해를 맞아들이는 극적인 효과가 나타날 수 있다. 이렇게 그리스도인의 자세는 비그리스도인들과 달라야 하고 거기서 통일을 위한 리더십도 발휘될 것이라고 본다.

민족의 화해와 통일을 위해 한국교회가 다른 공동체에 앞서 먼저 민족 앞에 회개한다고 할 때, 그것이 과연 신뢰 회복에 바람직한

가 하는 의문이 제기될 수 있다. 일반 사회의 경우 그것은 오히려 자해 행위로 간주되어 금기시되기 일쑤다. 이런 문제와 관련하여 몇년 전에 출판된 '친일파'에 관한 책이 생각난다. 거기에는 자의로 적극적으로 참여했든, 타의로 소극적으로 말려들었든, 일제하에서 친일 행위를 했다는 오명을 쓴 백 명 남짓한 분들의 이야기가 수록되어 있었다. 그런데 거기에는 그리스도인들이 다른 종교계의 인사들보다 상대적으로 많이 수록되어 있었다. 그 책만으로는 기독교 인사 중에 친일파가 많다고 말하지 않을 수 없었다. 뒤에 들리는 이야기로는 다른 종교의 경우, 자파 인사들의 친일파 선정 수를 줄이기도 했고 그나마도 원고 청탁이 오자 집필 자체를 아예 거부해버린 경우도 있었다고 한다. 어떤 종교에서는 아예 한 사람의 친일파도 그 책에 수록하지 않았다고 했다.

모르는 사람들은 그 책대로 판단할 수밖에 없다. 나는 이런 경우를 보면서 친일 문제를 매듭짓고 민족 공동체의 건강성을 회복하는 일은 오히려 잘못을 인정하기에 주저함이 없었던 기독교 측에 있다고 자신했다. 자신들의 과오를 인정하는 공동체가 그 과오를 재범할 가능성이 그만큼 적다. 반대로, 원고 청탁에 대한 집필 거부 등으로 자신들의 음험한 과오를 숨기려는 의도는 그 이상의 과오를 재범할 가능성이 있다고 본다. 회개와 용서의 경우도 마찬가지다. 자신의 잘못을 감추기보다 그것을 드러내고 용서를 구하는 회개 운동이 훨씬 진취적이고 신뢰 회복에 낙관적이다. 우리가 굳이 민족통일에 앞서 과거 분단 고착화에 악역을 맡았던 행위를 먼저 회개하고 공산주의자들에게 당한 억울함을 용서하자고 하는 이유가 바로 여기에 있다.

민족 문제에 등한했기 때문에 이렇게 회개해야 할 요소들이 있음에도 불구하고, 정작 민간 차원에서 가장 먼저 통일문제에 관심과 노력을 기울인 것은 한국교회였다. 1970년대 남북 간에 대화의 물꼬가 트인 후, 1980년대에 기독교계에서는 상응하는 움직임을 보였다. 해외에 나가 있는 그리스도인 중 몇몇이 북한을 방문하기 시작했고, 1980년대에 들어서서 몇 차례에 걸쳐 남북한 그리스도인들이 해외에서 민족통일 문제를 위해 만났다. 그들의 만남은 처음에는 국내 언론에 소개되지 못할 정도로 주목을 끌지 못했다. 그때 발표한 공동성명이 북쪽의 주장을 일방적으로 반영했다는 비판 때문이었다. 그러나 이러한 만남이 남북 교회의 의견을 수렴한 몇 가지 선언을 남겼고, 그 결과 1988년에 발표한 '민족의 통일과 평화에 대한 한국기독교회 선언'은 정부의 통일정책의 방향을 유도할 정도로 영향력을 행사했다.

한국 기독교 지도자들의 이러한 선구적인 노력에도 불구하고 1980년대에는 한국교회가 전반적으로 통일 문제에 대해 광범위하고 높은 인식 수준에 이르지는 않았다. 통일 문제는 일부 진보적인 그리스도인들의 몫이고, 교회는 그저 사회와 민족 문제 등에 대해서는 담을 쌓아야 한다고 생각한 수구적인 풍토 때문이었다. 기독교계가 '정교분리'를 금과옥조로 여겨온 데다가 그동안 군사 통치에 순치된 당연한 결과였다. 그러나 1990년대에 들어서면서 상황이 많이 바뀌어갔다. '북한선교'의 열풍 때문인지, 그동안 민족문제에 관한 한 기도 외에는 할 일이 없다고 생각해왔던 한국의 '보수' 교회들이 통일 문제에 깊은 관심을 보이기 시작했기 때문이다. 이제야 한국 기독교계는 통일이라는 민족 문제를 두고 진보와 보수가 만날 수 있게 되었다.

나는 '기독교계가 통일을 위해 무엇을 할 것인가' 하는 질문을 많이 받는다. 신앙과 생활에 관련한 질문을 받을 때마다 나는 그리스도인이라는 고백 위에서 '원론적인' 범위를 넘지 않는 답변을 하려고 노력했다. 그러자니 구체적인 문제를 갖고 있는 질문자에게는 시원한 대답이 되지 못했다. 그들이 기대한 답은 구체적이고 실제적인 논지와 방법이었기 때문이다. 이 문제를 생각할 때마다 나는 그리스도의 성육신 사건을 우리의 삶의 영역에 적용시키는 문제를 자주 떠올리곤 한다. 특히 기독교 진리를 사회과학적으로 적용하여 거론할 때는 더욱 그렇다. 그리스도의 성육신은 화해와 십자가로 상징된다. 즉 원수 사이를 화해시키는 것과 그것을 위해 자기를 희생하는 것으로 요약된다. 한국의 분단 상황만큼 화해가 필요한 곳이 또 어디 있을까? 그리고 화해가 필요한 곳에는 반드시 십자가의 희생이 있어야 함을 기독교 진리는 가르쳐왔고 주님은 그것을 몸소 실천적으로 보였다.

그리스도인들은 공산주의자들에게 말할 수 없는 고통과 핍박을 당했기에 먼저 용서와 화해를 선포해야 한다. 고통을 당한 쪽에서 용서와 화해를 선언하는 일은 세속적인 가치관으로는 불가능하다. 그러나 기독교적인 가치관에서는 가능하다. 이를 바탕으로 한국전쟁에 대해서도 용서와 화해를 제기해야 한다. 한국전쟁에 대한 용서와 화해의 선언은 그로 인한 남북 사이의 대결 구도를 청산하는 계기를 만들어줄 것이다. 진정한 용서와 화해는 사실에 대한 정확한 인식을 전제로 하지만, 그리스도인들은 먼저 어떻게 하면 남북이 서로 상대방의 허물을 감싸줄 수 있을까를 연구하고 노력해야 한다. 이를 위해 그리스도인은 희생도 감수해야 한다. 희생 없는 화해는 어쩌면 기독교적이지 않을지 모른다.

그런 의미에서 나는 이미 고인이 된 문익환 목사를 생각한다.

그가 실천한 방법이 분단 구조에 익숙한 우리에게는 서투르고 이해되지 않았다. 그러나 그가 김일성을 포용한 것은 원수까지도 끌어안는 기독교의 사랑을 초월적으로 실천하고자 하는 표현이었다. 하지만 분단의 고통을 해소하기 위해 정작 그랬어야 할 한국교회는 군부정권 이상으로 그를 매도하고 핍박하면서 경쟁적으로 자신들의 '반공적인 결벽성'을 입증하려고 애썼다.

1988년 2월 한국교회협의회에서 '민족의 통일과 평화에 대한 한국기독교회 선언'을 발표했을 때 한국교회와 그 지도자들이 보여준 자세는 열린 모습이 아니라 옹졸하고 닫힌 모습이었다. 그렇게 함으로써 한국교회는 분단 구조하에서 화해하고 원수를 사랑하는 모습을 보여주어서는 결코 안 된다는 듯이 행동하고 말았다. 기독교가 이런 데서 일반 사회와 구별되지 못하면 어디서 달라야 할까? 기독교가 통일에 앞서서 힘써야 할 작업은 우리 민족을 분단시킨 이데올로기와 그 체제를 상대화·객관화시키는 일이다. 남과 북이 상대방에 대해 폐쇄적이고 아집적인 사상과 체제를 고집하는 한 통일의 길은 요원할 수밖에 없다.

기독교는 절대자 하나님을 신앙하는 진리로써 모든 사상과 체제를 상대화할 수 있을 뿐만 아니라 남북이 갈등하고 있는 상황에서 제3의 방향을 모색하고 제시하는 포용성도 갖고 있다. 그러나 여기서 빠지기 쉬운 오류는 그리스도인들이 자신들의 기존 사상과 체제를 어떻게 상대화하고 상대방에 대하여 열린 자세를 취할 수 있는가 하는 점이다. 부끄럽지만 우리는 통일문제에 관한 한 '탕자'의 형과 같은 자세를 취해왔다. 돌아온 탕자를 포용하고 용서하는 아버지의 심정을 배우는 훈련이 필요하다. 늦었지만 지금부터라도 이 훈련을 쌓아가야 한다. 이것은 상대방을 비판하고 매도하는 데서는 이루어지지 않는다. 상대방을 이해하고 포용하는 데서 가능하다. 여기서도 기독교의 논리는 정치 경제권의 논리와는 달라야 한다.

이념과 체제를 상대화하기 위해서는 열린 자세가 필수적이다. 문제는 한국교회가 문을 여는 데 훈련되어 있지 않다는 점이다. 교회들이 다른 교회와 교파에 대하여 얼마나 경직되어 있는지를 보면 잘 알 수 있다. 따라서 한국교회는 민족통일을 위해 자신을 열기에 앞서 먼저 다른 교회와 교파들을 향해 문을 여는 노력이 필요하다. 교회끼리라도 서로 일치하고 나누는 일에 모범을 보여야 한다는 뜻이다.

지구상의 어느 가르침보다 사랑을 강조하는 기독교지만 한국교회는 그동안 일치와 화해에 많은 문제점을 노출해왔으며, 서로를 향해서 여는 일에 인색하다는 인상을 주었다. 진리를 말하면서 더욱 폐쇄적이 되고, 사랑을 강조하면서 더욱 분파주의로 나간다면 그것은 이율배반적이다. 서로 일치해야 할 때 우리는 이미 나누어지는 것이다. 입술로는 인권과 정의와 사랑을 말하는데, 일치와 공유와 나눔이 없는 것이 유감스럽게도 한국교회의 실정이다. 통일을 말하면서 교회는 북한 선교를 역설한다. 그런데 지금과 같이 분열된 이 모습으로 북한 선교를 할 것인가? 그래서는 안 된다. 지금 이 땅의 교회들이 일치와 공유, 나눔과 사랑의 마음을 갖지 못한다면, 민족통일 과정에서 기독교회가 어떻게 민족 앞에 그것들을 보여줄 수 있겠는가?

한국교회가 민족통일을 위해 할 일이 어찌 위에서 거론한 것뿐이겠는가. 더 전문적인 지식을 요하는 수많은 과제는 이 방면의 경륜을 가진 분들에게 듣는 것이 더 지혜롭다. 그 외의 문제는 기도의 숙제로 돌리자. 그동안 한국교회는 민족통일을 위해 기도해왔다. 이제 그 기도를 좀 더 구체화시키자. 막연한 통일이 아니라 주님의 나라가 확장되는 민족과 국가가 되기 위한 통일이어야 한다.

통일이 부강을 가져온다고 하더라도 통일의 목적을 부강한 나라를 만들어 남부럽지 않게 떵떵거리며 사는 데 두어서는 안 된다. 그것은 앞서간 제국주의 국가들이 '인류 공영'이라는 미명하에 실험했으나 결국 이웃과 세계를 괴롭히기만 한 이기적인 욕망이요, 무가치한 허영이다. 이웃과 함께하지 않은 부강은 스스로를 파멸로 이끄는 함정에 불과하다. 오히려 부강해질수록 작은 이웃을 돕고 섬기는 나라가 되어야겠다는 각오로 통일해야 한다. 우리의 부는 남에게 구걸하지 않을 정도면 만족이요, 우리의 강력은 남의 침략을 막을 만하면 적당하다. 백범 김구의 말처럼 한없이 문화가 발달한 나라를 이룩함이 통일의 목적이 되어야 한다.

하나님이 내신 인간으로서의 정당한 권리가 보장되고, 도덕과 윤리 위에서 개인의 자유와 사회 질서가 보장되는 사회의 출현을 위해 이제 우리 그리스도인들은 좀 더 구체적으로 기도해야 하겠다. 북의 지도층에 변화가 오는 때다. 우리는 이 민족을 어떤 형태로든 이끌어가는 이른바 '지도층'들을 위해 기도해야 한다. 그들의 구상과 판단 위에 늘 하나님의 간섭이 같이하시기를 빌어야 한다. 이 나라의 여론을 이끌어가는 신문·방송 등 언론 매체가 민족 문제에 관한 바른 여론을 일으키고 주도하도록 기도하자. 그들이 지금 이끌어가고 있는 남북관계 여론은 우리를 심히 불안하게 하고 있다. 통일된 조국이 어떠한 모습일지를 두고 연구하는 학자들을 위해 기도하자. 특히 그리스도인 학자 중에 이 문제를 놓고 준비할 수 있도록 기도하고 지원해야 한다. 이것은 한국교회를 이토록 넉넉하게 하신 하나님께서 특별하게 배려하고 있는 부분이 아닌가 생각한다. 끝으로 우리는 기도할 때마다 우리 민족을 이 지구상의 마지막 분단국가로 남겨두심이 하나님의 특별한 뜻을 이루기 위함인 줄을 확신하면서, 무릎을 더욱 힘 있게 꿇어야 할 것이다. (1994년)

'노블레스 오블리주'와 병역 기피

대한민국임시정부기념사업회의 독립정신 답사단과 함께 둘째 날 답사를 마치고 김삼웅(金三雄) 독립기념관 전 관장의 강의를 듣고 있다. 오늘 저녁 따라 선생의 강의가 지도자들의 책임을 강조하는 '노블레스 오블리주'로 청중들에게 잔잔한 감동을 불러일으킨다. 고려가 조선에 정권을 넘겨줄 때는 그래도 두문동(杜門洞) 72현이 있었지만, 조선조가 외족인 '일제'에게 망할 때 두문동 72현 같은 존재들이 있었는가, 하고 물으면서 "조선조는 망해도 더럽게 망했다"고 항간의 주장을 대변했다. 그러면서 오히려 대한제국 멸망 때는 두문동 72인보다 더 많은(76명) 관료에게 작위가 수여되었고, 은사금은 더 많은 사람이 받았으며, 일제에 의해 재임용된 구한국 군수들은 감지덕지 감읍했다. 다만 홍만식(洪萬植) 등이 음독 자결함으로써 관료 진신들의 체면을 살렸다.

그런 상황에서 나라가 망하자 가솔들을 이끌고 만주 땅으로 가서 독립운동의 기지를 마련한 이들이 있었다. 신흥무관학교를 세운 이들은 시류에 영합하여 작위를 받고 은사금을 받은 타산에 밝은 이들에게는 어리석고 무모하기 짝이 없게 보였지만, 그들이 있었기에 민족의 체면은 겨우 유지될 수 있었다. 임진왜란 이후 정승만 9명이나 내어 '삼한갑족'의 후예로 알려진 이회영(李會榮) 6형제는 뜻을 같이해 전답과 가옥을 정리하여 나라가 망한 수치와 회한을 이국땅에서 북풍한설과 염천하절의 풍찬노숙으로 인내했다. 안동의 이상룡 (李相龍) 등 유생 진신들도 나라 망한 책임을 이국땅에서 고통당하는 것으로 보답하려고 했다. 만삭의 몸으로 압록강을 건널 수 없는 상황임에도 '왜놈' 치하에 신생아의 호적을 둘 수 없다면서 강을 건너 해산했다는 안동김씨 양반가의 눈물겨운 사연은 지금도 우리의 눈시울을 붉게 한다. 이회영 일가가 가산을 정리하여 신흥무관학교 등의 독립운동 자금으로 내놓은 것이 지금 돈으로 환산하면 수천억 원이 된다고 하니, 그들이야말로 망국의 수치 속에서도 노블레스 오블리주를 실천했던 이들이다.

러일전쟁에서 일본군은 여순(旅順) 공략으로 5만 명 이상이 전사했고, 러시아군은 2만 3천 명이 희생되었다. 일본군의 승리는 이런 희생의 대가였다. 이 전투는 대한해협에서 러시아의 발틱함대를 격파한 것 못지않게 러일전쟁을 일본의 승리로 이끈 결정적인 전승이다. 하지만 승리하고 돌아오는 노기 마레스케(乃木希典) 장군을 향해 일본 국민은 비난의 화살을 퍼부었다. 그러다 그가 이 전장에서 두 아들을 희생시켰다는 사실을 알게 되고는 '노기 장군 만세'를 불렀단다. 비록 그 전승으로 한국의 운명은 비극으로 빠져들었지만, 노기 장군 일화는 노블레스 오블리주를 실천한 일본 무사다운 모습이라고 하지 않을 수 없다.

마오쩌둥(毛澤東)이 지금까지 중국 인민의 추앙을 받는 것은 그가 공산혁명으로 중국 인민을 해방시킨 것 외에, 엇갈리는 전승(傳承)에서 나타나는 이런 일화도 한몫했을 것으로 보인다. 그가 한국전쟁 참전을 결정하고 그의 아들 마오안잉(毛岸英)을 참전시키려고 했을 때 중국 지원군 사령관 펑더화이(彭德懷)는 그를 군관으로 복무시키고자 했다. 그러나 마오쩌둥은 군사 경험이 전혀 없는 그를 군관으로 복무시키는 것이 가하지 않다고 했다. 본인의 희망과는 달리 후방 사령부에서 근무하던 마오안잉은 미군의 폭격으로 사망했다. 아들의 사망 소식을 들은 마오는 "중국 인민군 수십만이 죽고 있는데 어찌 내 자식만 살아 돌아오기를 기대하겠는가"라고 했단다. 시신이라도 중국에 옮기게 해달라는 며느리의 요청에 마오는 "전쟁에 참전하여 전사한 수십만의 중국군 시신을 고국으로 모셔올 수 있다면 내 아들의 시신도 중국으로 이송하라"고 했단다. 주석 마오의 이 같은 결정으로 마오안잉의 무덤은 아직도 평남 양덕군에 있다. 마오가 문화혁명 등으로 비판을 받는 한편, 지금도 존경을 받는 것은 이 같은 노블레스 오블리주의 실천도 한몫했을 것이다.

수백만이 희생된 한국전에서 한국 지도층의 노블레스 오블리주가 보이지 않는 것은 고위층 자식들의 병역 기피를 의미하는 것일까. 우리 역사에도 지도자들의 노블레스 오블리주가 없는 것은 아니다. 앞서 언급한, 가산을 정리하고 해외로 이주하여 독립운동에 매진한 이들 외에도 최익현(崔益鉉), 민영환(閔泳煥) 같은 관료 진신들이 있었다. 역사를 거슬러 올라가면, 사회 지도층의 지도자적 실천이 감동을 일으킨 일은 삼국 말기에도 있었다. 신라가 나당 연합군으로 백제와 고구려를 멸망시킨 것을 옳은 선택으로 보는 사람은 없다. 하지만 당시 중국과 한반도 및 일본을 둘러싼 동아시아의 국제 상황에서 나당(羅唐)의 동서축과 고구려, 백제, 돌궐, 일본이 합세한 남북축 사이의 역학관계를 고려한다면 동서축에 속한 신라가 승리하게 된 것을 마냥 비난만 할 수는 없다. 이런 상황에서 신라의 지배층이 보여준 노블레스 오블리주는 승리의 원천이 되었다. 660년 신라가 백제를 공격할 때의 일이다. 황산 전투에서 신라의 김유신(金庾信)은 김흠순(金欽純), 김품일(金品日) 등의 부장(副將)과 5만의 병력을 거느리고도 백제 계백(階伯)의 5천 결사대를 꺾지 못하고 4전 4패했다. 그러나 신라군은 두 부장의 자기희생적 결단에 의해 계백군을 돌파하게 되었다. 부사령관 김흠춘은 그의 아들 화랑 반굴(盤屈)을 희생양으로 바쳤고, 부사령관 김품일은 그의 아들 소년 화랑 관창(官昌)을 조국 신라에 제물로 바쳤다. 이 지도자들의 자기희생을 본 신라군은 너나 할 것 없이 사력을 다해 백제군을 격파했다.

　　김유신의 가정교육도 노블레스 오블리주라고 할 수 있을까. 백제와 고구려를 멸망시킨 당(唐)이 한반도 전체를 식민지로 삼으려고 하자 신라는 분연히 일어났다. 임진강 유역의 석문(石門) 전투에서 신라군이 패퇴했음에도 불구하고 부하들의 권유로 김유신의 아들 원술(元述)만 살았다. 원술은 그 길로 부친을 찾아갔지만 김유신은 그를 맞아주지 않았다. 임전무퇴를 실천하지 못하고 생명을 부지한 그는 자식이 아니라는 뜻이다. 김유신이 죽자 원술은 그의 어머니를 위로하려고 찾았으나 그의 어머니 지소부인(智炤夫人)마저 아들을 맞지 않았다. 부모로부터 배척을 받은 원술은 부모의 이 같은 대공무사(大公無私)의 교육 덕분에 역사에 살아남는 존재가 되었다. 675년 당나라 이근행(李謹行)이 이끈 20만 군이 신라의 매초(매소)성을 공격했을 때 신라는 당의 군마 3만여 필을 획득하는 전과를 올렸다. 이 싸움은 나당이 반도 안에서 치른 가장 큰 전쟁으로 아마도 당군 20만이 거의 전멸한 것으로 보인다. 이 싸움에서 큰 공을 세운 이는 원술이었다. 김유신가의 노블레스 오블리주를 엿보게 하는 대목이다.

　　이 글의 목적은 노블레스 오블리주의 사례를 말하는 데 있지 않다. 한국 사회에서 그걸 비웃는 행위가 다시 자행되고 있지 않나 하는 노파심 때문에 이를 환기시키고자 하는 뜻에서 초한다. 최근 MB

는 국회 인사청문회에 부의할 두 고위직을 내정하여 통보했다. 언론에 의하면, 검찰 총장으로 내정된 분이 주민등록이전 불법에다 병역 문제도 논란거리가 된다고 한다. 대통령부터 국무총리, 한때는 여당 대표까지 병역 미필로 꼴사나운 모습을 보였던 터에 '보온상수'의 퇴진으로 '병역 미필 정권'의 정체성이 다소 흔들리는 듯하더니, 다시 국가 고위직 임명을 통해 '병역 문제와 관련한 이 정권의 정체성'을 회복·강화하려 하고 있다. 국민에게 때맞춰 이 정권의 그 같은 속성을 적절하게 환기하는 형국이다.

'백령도 및 연평도 사건'으로 '안보 무능 정권'이라는 비판을 받자 MB는 연평도 사건에 제대로 대응하지 못한 자신의 행위를 '천추의 한'이라고 언급했단다. 그걸 만회라도 할 양으로 국방은 자기에게 맡기라는 듯이 서해 사령부를 창설한다, 최신 무기를 도입한다고 성언(聲言)하는가 하면 국민을 향해서는 안보불감증에 걸려 있다고 질타하기도 했다. 그러나 시중에서는 그런 값비싼 비용을 들이는 안보 강화 조치에 앞서 병역 미필자로 청와대와 정부 여당에 기식하고 있는 임명직 공직자 몇 사람만이라도 추방했다면, 안보 의식을 고취·강화하는 데 더 효과적이었을 것이라는 비아냥도 없지 않다. 비록 비아냥이 뒤섞인 여론이기는 하지만, 그런 조치가 취해졌다면 아마도 안보 의식을 고취하는 발표나 여러 안보 대책이 진정성 있게 받아들여졌을지도 모른다.

공자의 말을 빌리자면, 군사력과 경제력 그리고 국민적 신뢰 중에서 가장 긴요한 안보 정책은 '국민적 신뢰'라고 한다. 신뢰가 없으면 서지 못한다고 했다. 유감스럽게도 안보가 불안해졌을 때 국민이 정부를 신뢰하도록 하는 어떤 조치가 취해졌는지 알지 못한다. 그런 터에 '병역 미필 정권'답게 다시 병역 미필 시스템을 강화하려는 듯한 조치가 취해지고 있으니 이를 어떻게 받아들여야 하나. MB는 정말 국가 안보에 관심이 있는 것일까. 국가 안보를 정부의 최우선 과제로 인식하고 있는 것일까. 그렇다면 '병역 미필 정권'이라는 인식을 강화할 수도 있는 이런 조치를 왜 취하려는 것일까. 군 면제 제도가 있는 한 병역 문제로 인해 공직에서 퇴출시키는 조치는 신중해야겠지만, 그런 문제가 있는 줄 알고도 다시 고위직으로 등용하겠다고 고집한다면, 이게 어찌 국가 안보, 국방 개혁에 대한 이 정권의 진정성을 신뢰하도록 하는 조치라고 할 수 있겠는가. (1994년)

4장

빈방의 불을 끄고

땀 흘리지 않은 소득

최근에 교육방송 프로그램에 출연하고 매우 놀랐다. 14년 전에 출연했을 때와는 달리 엄청나게 많은 출연료를 받았기 때문이다. 그 프로그램이 〈특별초청강연〉이라서 그랬는지, 물가 상승을 감안한다 하더라도 몇 배가 넘는 것 같았다. 그제야 나는 KBS가 시청료를 받으면서도 광고료 또한 수입으로 충당하지 않으면 안 될 이유를 어렴풋이 헤아릴 수 있었다. 거액의 출연료를 받으면서, 한편 어색하고 약간은 부끄러울 수밖에 없었다. 물론 텔레비전을 통해 강연을 듣는 시청자가 강의실에 들어오는 학생보다는 많겠지만, 강연을 시간으로 따져도 별로 길지 않은데 과분한 대접을 받았기 때문이다.

약간 쑥스러운 비슷한 기억이 떠올랐다. 어느 대학 학생회 종교부 주최의 강연회에 참석하고 귀가하여 펴본 봉투에는 예상 밖의 액수가 들어 있었다. 되돌려줄 수도 없고 해서, 그 종교부 임원들을 불러 저녁을 내는 형식으로 과분한 사례금에 빚을 갚으려 했던 적이 있다. 아직도 마음 한구석에 땀 흘리지 않은 소득에 대한 부끄러움이 살아 있어서일까? 맹자는 이런 경우를 두고, "수오지심(羞惡之心)은 의지단야(義之端也)"라 했다. 하여튼 나에게 노력보다 많은 소득은 아직은 어색함과 부끄러움이다.

노력보다 많은 소득은 불로소득 또는 땀 흘리지 않고 얻은 소득과 거리가 멀지 않다. 그런데 마땅히 부끄러워해야 할 '땀 흘리지 않은 소득'은 많은 사람의 선망의 표적처럼 되어 있다. 어떻게 땀 흘리지 않고 많은 이익을 얻을 수 있을까? 노력하지 않고 많은 결과를 취할 수 있는 방법은 무엇일까? 이것은 오늘날 사람들이 혈안이 되어 찾고 있는 지혜의 전부인 양 되어 있다. 이러한 사고와 행동이 가치관과 경제윤리를 어지럽히고, 우리 사회에 나타나는 많은 비도덕적 질서를 빚어내고 있다.

우선, 땀 흘리지 않은 소득은 어떤 것인지를 꼽아보자. 내가 드는 사례에 동의하지 않는 분도 있겠고, 현실을 모르는 '책상물림'의 탁상공론으로 비난할 분도 있겠지만, 한 번쯤은 입장을 바꿔 생각해 보았으면 한다. 땀 흘리지 않은 소득으로 가장 지탄받고 있는 대상에는 우선 부동산 투기가 있다. 1988년 당시 한 해 동안 재벌들이 소유한 땅값이 10조 원 정도 상승했고, 며칠 사이에 평당 수백만 원의 불로소득을 얻는 아파트가 있다면, 부동산 투기는 자본주의 체제하에서 인간의 부패한 심리를 부추겨 인간을 이익 추구의 동물로 만드는 주범임이 틀림없다.

그리스도인들이라면, "망령되이 얻은 재물은 줄어가고 손으로 모은 것은 늘어가느니라"(잠 13:11)는 말씀을 사모하면서 망령된 축재 방법인 부동산 투기를 막는 데 앞장서야 한다. 그런데 부동산 투기 풍조에 한국 기독교가 자신 있게 무관함을 주장할 수 있을까? 십여 년 전에 들은 것이지만, 가시적인 축복을 강조하던 어느 교회의 사업하는 교인 중 75%가 부동산업에 종사하더라는 말을 전해 듣고, 부동산 투기 풍조가 '말 잘하는' 그리스도인들에 의해 조종되지 않나 하는 느낌을 떨쳐버릴 수가 없었다. 각처에 우뚝우뚝 세워진 교회당들이 부동산 투기로 얻은 소득에 의해 조성된 헌금으로 주춧돌이 놓이지 않았으면 하는 마음 간절하다.

땀 흘리지 않은 소득에는 증권 투기도 한몫한다고 본다. 오늘날 자본주의 사회에서 증권 시장의 역할을 무시할 수 없을 뿐 아니라 증권 투자에 깊은 연구가 필요한데, 증권 투기를 불로소득의 행위처럼 지적하느냐고 불평할지 모른다. 그러나 땀 흘려야 소득을 얻을 수 있고, 일하기 싫거든 먹지도 말라는 기독교 정신에 비춰보면, 증권 투기 또한 부동산 투기와 크게 다를 바 없다. 또 땀 흘리지 않은 소득에는 상속과 증여, 뇌물, 팁을 들 수 있고, 매춘 행위 또한 이 범주에 속한다고 본다. 재물을 걸고 주사위, 마작, 화투, 카드 등으로 노름하는 짓도 여기에 속한다.

일부 기독교 지성인 중에서 '상속 안 하기' 운동을 벌이고 있는 것은 대단히 고무적인 현상이다. 재산을 사회에 환원시키지 않는 큰 이유 하나가 자손에게 재산을 물려주려는 데 있음을 부인할 수 없다면, 그리스도인들은 자손에게 땀 흘리지 않은 소득을 물려주는 행동이 성경적이지 않음을 인식하고 상속을 거부해야 한다는 것이 그들의 주장인 듯하다. 상속 행위가 성경적이지 않다는 결론이 확실해진다면, 우리는 상속 거부를 기독교윤리실천 운동의 중요한 행동 지침 속에 포함시켜야 한다.

예전에 올림픽을 앞두고 어느 기독교 여성단체에서 매춘 행위에 관해 토론한 적이 있다. 그들이 가진 통계에 의하면 "매춘 종사자가 백만이 넘는다"는 말을 듣고 매우 놀랐다. 그들은 매춘 행위의 원인을 성차별의 사회구조에서만 찾으려고 했다. 그 주장에 동의하는 부분이 있지만, 그 원인을 타락한 인간의 부패성과 연결시키지 않으려는 부분에는 동의할 수 없었다. 인간의 부패성에 불로소득을 얻으려는 경향을 배제할 수는 없다.

오늘날 우리 사회의 타락한 소비 풍조는 땀 흘리지 않은 소득과 깊이 연관되어 있다. 땀 흘리지 않고 얻은 소득이니 그 소득의 고귀함을 알 수 없고, 불로소득으로 얻은 재물이니 자신은 물론 자녀들에게도 소비생활에서 절제의 미덕을 발휘할 수가 없다. 요즘 학생들은 압수당하거나 분실한 물건을 도로 찾으러 오는 경우가 드물다. 오히려 물건을 보관하고 있는 측이 부담을 느낀다. 학생들은 그까짓 것 다시 사면 된다는 식이다.

왜 이렇게 되어가는가? 잘못된 소비 풍조 때문이고, 거슬러 올라가면 잘못된 소득 때문이기도 하다. 소비한 돈이 얼마나 어렵게 번 것인 줄 안다면 그렇게 헤프게 쓰지는 않을 것이다. 방학 기간에 아르바이트를 해본 학생들이 새로운 재물관에 눈뜨게 되고 소비 생활을 절제하게 되는 것은 당연하다. 땀 흘리지 않은 소득은 소비 생활에 인내와 근검절약을 잃게 하고 낭비를 초래한다. 이러한 소비 풍조는 거기에 빨려드는 사람 자신의 인간성을 황폐하게 만들어 가난하고 고통받는 이웃을 망각하게 하며, 빈부 격차를 가시화하여 '더불어 사는' 이상사회의 건설을 저해하는 큰 요인이 된다.

"너희 손으로 수고한 일에 복 주심을 인하여"(신 12:7), "너희 손으로 일하기를 힘쓰라"(살전 4:11)고 하시는 하나님은, "누구든지 일하기 싫어하거든 먹지도 말게 하라"(살후 3:10)고 하신다. "적은 소득이 의를 겸하면 많은 소득이 불의를 겸한 것보다 나으니라"(잠 16:8)고 경고한 성경은, "선인은 그 산업을 자자손손에게 끼쳐도 죄인의 재물은 의인을 위하여 쌓이느니라"(잠 13:22)고 가르친다.

이 시대의 기독교윤리실천운동의 한 과제는, 땀 흘리지 않은 소득은 죄악시해야 한다는 점과 땀 흘리는 소득이야말로 복의 근원임을 실천적으로 가르치는 데 있다. (1989년)

천년제국 로마를 삼킨 퇴폐·향락 문화

가끔 우리는 이름이 실제에 걸맞지 않은 경우를 본다. 향락 '문화'
니, 퇴폐 '문화'니 하는 말들도 그런 경우다. 향락이니, 퇴폐니 하는
말은 보편적인 의미의 '문화'라는 말과 거리가 먼데도, 거기에 '문화'
라는 말을 덧붙이는 것은 격에 어울리지 않는다. 그런데도 우리는
아무런 저항 없이 그 말을 사용한다. 마치 그런 합성어가 성립될 수
도 있고 의미가 주어지기라도 하듯이 말이다.

　글머리부터 단어의 성립 여부를 따지는 심산에는 그럴 만한 이
유가 있다. 도무지 어울릴 수 없는 두 단어를 묶어 한마디의 말로 만
들어 의미를 부여하려고 한 데는 호사가들의 말장난에 의했든, 잇속
을 챙기려는 장사치들에 의했든, 또 국민들의 비판의식을 흐리게 하
려고 우민정책을 쓰려는 정치꾼들에 의했든, 억지로 만든 단어라고
먼저 지적하고 싶기 때문이다. 또 '문화'라는 말이 나름대로 진보성
과 가치 지향성 및 도덕성의 의미가 있다면, 향락이나 퇴폐는 비도
덕성을 전제하기 때문이다. 그런 점에서 '향락 산업'이란 말도 쉽게
이해가 되지 않는다. 비생산적인 말과 '산업'은 어울리지 않기 때문
이다.

　'향락·퇴폐 문화'는 금전이 정신의 규제를 벗어났을 때 독버섯
처럼 일어난다. 그때 재물은 가치 생산적·창조적 기능을 수행하기보
다는 쾌락을 추구하려는 부패한 인간 심성을 교묘하게 부추겨 소비

위주의 이익 추구를 극대화시키려 한다. 즉 재화가 생산성에서 본분을 찾지 않고, 소비성에서 만족을 구할 때 소비 메커니즘이 가져다 주는 허영과 사치, 향락과 퇴폐는 우리 사회를 급속히 비도덕화시키고 황폐화시킨다.

그런데 조금만 주의를 기울여보면 우리는 소비 만능의 퇴폐 풍조가 근검·절약·청빈의 보편적 가치관을 짓누르는 이유를 쉽게 알 수 있다. 그것은 과소비를 가능하게 한 재화가 근검·절약을 통해 벌어들인 정당한 물질이 아니기 때문이다. 다시 말하면, 자신이 노력하여 피땀 흘려 번 돈이 아니기 때문에 과소비와 직결된 향락·퇴폐가 가능하다는 뜻이다. 근검·절약이 무시되고 피땀 흘려 합리적으로 재화를 획득하는 풍조가 정착되지 못한 사회는 이른바 '자본주의'가 발전하면 할수록 근검절약과 합리성·정당성을 바탕으로 한 자본주의 정신에서 일탈하게 되고, 더 나아가서는 퇴폐·향락의 기반이 그만큼 광범하게 확산·조성된다.

미국이 1991년도 예산에서 마약 퇴치를 위해 우리나라 1991년 예산의 거의 1/3에 해당하는 돈을 배정했다는 소식을 듣고, 그것이 우리와 결코 무관하지 않은 날이 곧 오리라고 생각했다. 그러기에 정부가 유흥업소의 심야 영업을 강력히 단속하려고 나서는 일은 만시지탄이나 환영하지 않을 수 없다. 불평등하다는 업자들의 여론을 전폭적으로 수렴하여 관계 당국은 퇴폐·향락 문화의 뚜쟁이 역을 일삼아온 외국인 상대의 관광업소에도 심야 영업을 강력히 규제했으면 한다. 그리하여 이제는 휴식과 향락이 구분되고, 오락과 퇴폐가 다르다는 국민적 합의를 하여, 향락·퇴폐를 극복하기 위해 휴식·오락의 건전성을 고양해가야 하겠다. 천년제국 로마가 멸망한 이유는 외세의 침략 때문이 아니라 내부의 퇴폐·향락 때문이란다. 땀 흘리지 않은 소득이기에 그것을 가지고 쾌락 추구에만 눈독을 들이다 보면, 몸도 마음도 병들기 마련이다.

도덕성이 수반되지 않는 경제성장은 이제 더는 이루어지지 않아야 우리 사회에 유익하리라고 경고하는 저 광야의 소리를 무심히 흘려보내서는 안 된다. 고삐 풀린 향락·퇴폐 '풍조'를 '문화'라는 말로서 수용할 것이 아니라 더는 용납지 못할 망국적 병으로 인식하고, 그것을 추방하기 위한 결연한 의지가 국가정책 차원에서 수립되고 실천되어야 한다. 개인적으로는 청빈을 미덕으로 추앙하면서 신독(愼獨)의 고독한 투쟁을 끊임없이 전개해야 한다.

성경은 말한다. 입과 귀와 말초적인 감각을 즐겁게 해주는 쾌락적 풍조 속에서 "너는 돌아서라"고. 이것이 향락·퇴폐 문화를 추방하고, 우리 사회의 건강성을 유지하기 위한 최소한의 노력 아니겠는가? (1990년)

지금 자본주의 얼굴은?

동구권의 사회주의 체제가 무너지면서 기대와 실망, 희비의 평가가 엇갈려 들린다. 그 내용은 대체로 둘로 요약되는데, 한쪽에서는 이 현상이 자본주의 체제의 승리를 의미한다고 주장하고, 다른 한쪽에 서는 동구권의 실패가 사회주의의 이상을 포기한 것은 결코 아니라 고 우긴다. 불과 70여 년간의 실험에서 사회주의 체제의 성패를 단 정하기에는 인류 역사가 너무 길고, 그 체제가 표방했던 이상은 그 동안 젊은이들을 너무 매료시켰던 게 사실이다. 그러므로 그 체제가 역사의 어느 시기에 다시 부활하여 성공한다 할지라도 오늘의 실패 는 솔직히 인정하는 것이 정직하다. 그 이상을 실현하기 위한 제도 적인 장치가 붕괴되었다고 하여 애석해하는 이라 할지라도 지금은 오히려 그 실패의 원인을 점검할 때다. 그것이 더욱 현명한 자세라 고 본다.

사회주의권의 붕괴는 잘못 진단한 인간관에서 이미 엿보였다. 인간은 선한 의지 못지않게 끝없는 탐욕과 부패한 심성을 가진 존재 다. 그러나 사회주의는 그들의 이상인 평등사회의 실현이 인간의 이 탐욕을 잠재울 수 있으리라고 낙관했다. 그들은 평등사회의 이상이 인간의 또 하나의 부패성인 게으름을 조성시키리라는 것을 예측하 지 못했다. 사회주의권을 여행해본 많은 관찰자는 평등사회 실현의 이상 못지않게 조직화된 그들의 게으름과 이를 가속화시킨 관료주의와 획일주의가 생산성을 떨어뜨릴 수밖에 없고, 이것이 그들의 체제마저 붕괴시켰다고 진단하고 있다.

타산지석이란 말이 있다. 남의 허물을 나의 교훈으로 삼는다는 뜻이다. 두 체제의 대결에서 자본주의의 승리는 상대적이지, 결정적이지 않다. 자본주의 또한 많은 약점을 지니고 있기 때문이다. 더구나 우리 사회가 자본주의 체제를 표방하면서 사회주의 실패의 결정적 요인인 게으름과 획일주의를 그대로 방치한다면, 그 약점은 기우가 아니라 현실일 수밖에 없다.

자본주의 정신의 일단을 프로테스탄트 윤리에서 찾으려고 한 막스 베버(Max Weber, 1864-1920)는 자본주의 정신이야말로 정직·근면·절약의 청교도적 윤리와 합리성에 있다고 주장했다. 그러나 우리 사회의 자본주의적 형태는 불행하게도 자본(돈)이 모든 것을 가능하게 한다는 '물질 만능주의적'인 의미만을 지나치게 부각시키고 있다. 그리하여 정직하게 땀 흘리며 절약하는 자본주의 정신의 실천자보다는 부동산 투기 같은 불로소득·일확천금의 졸부적 천박성이 우리 사회를 멍들게 하고 있다.

그 증거는 여러 곳에서 드러나고 있다. 힘든 일을 꺼리는 노동 현장에서, 이 좁은 국토에서 국민 건강이라는 그럴싸한 명분과는 달리 계층 간의 위화감을 조성하는 골프장과 향락 산업의 번창에서, 고급 승용차에 기대앉아 끼어들기를 예사롭게 하는 자기 자가용의 기사에게 미소를 머금는 문화 감각에서, 그리고 매일 산더미만큼씩 쏟아내는 쓰레기에서, 우리는 그것들을 본다.

인간의 이기심을 극도로 자극하여 이윤을 극대화하기에만 혈안이 되어가는 자본주의의 천박성은 종교조차도 상업화할 만큼 공룡을 닮아가고 있다. 식욕을 적절히 통제할 정신력을 갖지 못했던 공룡은 자신의 덩치를 감당하지 못해 지구상에서 사라져야 했다. 그렇다면 정직·근면·절약·합리성·창의성 등 본래의 정신이 자신의 물질적 이기심을 더는 통제하지 못하고 있으며, 이제는 그 대항 세력마저 사라져가는 자본주의는 앞으로 어떻게 될까? (1991년)

빈방의 전등을 끄는 마음

직무에 충실하기 위해 나는 대부분의 시간을 밤늦게까지 학교 연구실에서 보내고 있다. 연구실이 있는 건물에는 야간에 대학원 학생들에게 강의하는 교실이 많아 밤에도 불이 켜져 있는 경우가 많다. 대부분 강의가 끝나는 밤 9시경이면 나는 이 복도, 저 강의실을 기웃거리는 습관이 있다. 아무도 없는 방에 훤하게 켜져 있는 전등을 끄기 위해서다.

전등 스위치를 내리면서 여러 가지 생각을 떠올린다. 거의 매일 저녁, 왜 필요 없는 전등이 켜져 있어야 할까? 맨 뒤에 나가는 학생은 이제 저 전등이 필요하지 않다는 것을 느끼지 못하는 걸까? 저 학생이 가정 살림을 책임질 주부가 되었을 때에도 자기 집의 전등을 제대로 끄지 않을까? 모습으로 봐서 학생 중에는 낮에 직장에서 근무하는 여성과 이미 결혼한 듯한 여성들도 많고, 그들 정도면 에너지 절약이 몸에 배었을 법도 할 텐데 하는 생각들이다.

그런 생각을 하면서 우리 주위의 일상적인 생활을 살펴보면, 그 비슷한 모습을 가끔 발견한다. 동네 골목길의 보안등이나 가로등이 가끔 낮에도 켜져 있다. 때로는 공공건물에서 고장 난 수도꼭지 때문인지 수돗물이 마냥 흐르고 있는 경우도 본다. 그뿐인가? 포장한 지 얼마 되지 않은 도로를 다른 공사를 이유로 파헤치는 것을 자주 보는데, 이런 일도 같은 경우라고 하겠다. 공중화장실은 내 집이 아니기 때문인지, 지저분하고 악취가 나기 일쑤다.

왜 그럴까? 그 이유의 하나를 우선 공익관념의 부족에서 찾을 수 있다. 모르긴 하지만 앞서 말한 학생주부들도 자기 집에서는 필요 없는 전등을 철저하게 소등할 것이다. 그런 사람들일수록 주부 대학원생답게 가정에서 수돗물을 아끼지 않거나 전기를 함부로 쓰는 가정부를 보면 잔소리로 닦달하리라 본다. 그런데 왜 교실의 전등은 불을 켜둔 채 나가버리는 걸까? 그것은 '나의 것'이 아니기 때문이다. 그냥 두어도 자신이 손해 볼 일이 없다고 생각하기 때문이다. 그런 사고에는 공공의 이익이 나의 이익과 직결되어 있다는 소박한 공익관념이 들어앉을 틈이 없다.

가끔 관청을 찾거나 공공단체에 볼일이 있어 간다. 그럴 때 가끔은 담당자가 자리에 없거나, 그리 바쁘지도 않은 관청 내부의 일을 핑계로 방문자를 오래도록 기다리게 한다. 그것은 잘못된 관료주의, 권위의식에서 나온 태도이기도 하지만, 더 중요한 점은 공공관념의 결여 때문이다. 관공서나 회사에서 근무하는 사람들의 생각에 근무 시간은 개인의 사사로움을 위한 시간이 아니라 공익과 기업을 위한 시간이라는 아주 기본적인 의식만 있어도 그럴 수는 없을 것이다. 또 관공서나 회사의 일을 바로 '자기의 사업'이라고 생각한다면 그렇게 불성실한 자세로 시간만 때우겠다는 생각을 하지는 않을 것이다.

그뿐인가? 공공의 이익을 자신의 이해관계와 결부시키지 못하는, 말하자면 공익관념이 부족할수록 앞서 말했던 시간뿐만 아니라 공공 기물의 사용에도 낭비적인 경향을 나타내게 된다. 공공 물건이나 회사 공용품을 사용화(私用化)하는 현상은 우리 주변에서 너무 흔하게 본다. 데모 진압에 사용되는 최루탄도 그러한 실례라고 여론은 지적한다. 공공 기물의 낭비는 결국 내가 올려받아야 할 봉급 비율을 낮추거나 세금을 더 많이 내야 하는 결과를 초래한다. 아니, 세금보다 더 중요한 일은 보이는 손해보다 보이지 않는 인격 훼손을 가져오리라는 점이다.

공익관념이 희미해진 원인을 뚜렷하게 끄집어내기는 힘들지만, 우리 사회의 경우 그 단체의 장(長)에게 상당한 원인이 있음을 부정할 수 없다. 왜냐하면 그는 한 조직을 조직원 개개인에게 '자기 것'이라는 수준으로까지 신념화시키지 못했기 때문이다. 공익관념을 강화하는 첩경은 '이 회사가 바로 내 것', '이 나라가 내 것'임을 확신시키는 일이다. 우리 회사, 우리 사회는 구성원에게 이 확신을 주고 있는가? 확신을 주는 것은 경영자의 철학과 그 조직의 분위기다. 이 점에서 우리의 기업과 국가에는 고도의 경영철학과 분위기의 전환이 필요하지 않을까?

다시 소등하는 이야기로 되돌아가자. 학교 '소등 습관'이 가끔 집에까지 연장될 때가 있다. 집의 두 사내아이가 각기 제 방을 쓰는데 가끔 불필요하게 전등이 켜져 있는 경우를 보기 때문이다. 그럴 때마다 "방에서 나올 때는 전등을 끄는 것이 좋아요" 하고 타이르지만 아이들의 버릇은 좀처럼 고쳐지지 않는다. 그 이유 중 하나를 극히 최근에 발견했다. 아버지의 타이름을 잔소리로 들었는지 어느 날 큰애가 이런 말을 했다.

"아버지, 저는 전등을 그냥 켜두는 것이 경제적일 때가 있다고 생각하는데요?"

"그게 무슨 말이냐?"

"학교에서 배웠는데 한 번 켜는 데 소요되는 전력이 켜져 있는 형광등을 그냥 15분 정도 켜두는 전력의 소모량과 같대요. 그러니

방을 잠깐 나오는 동안에는 그냥 켜두는 것이 경제적이라고 생각되는데요."

'아하, 큰애가 아버지의 절약 강조에 이론적으로 맞서는구나' 하고 생각하면서 소등을 강조하는 일이 경제적인 이유 이상의 의미도 있음을 설명하지 않을 수 없었다. 사실 나는 큰애가 배웠다는 그 과학의 내용이 사실인지 아닌지 모른다. 그런데 큰애가 그런 과학지식을 동원하는 데는 아버지 '잔소리'의 초점이 단순히 경제적인 데만 있다고 판단했기 때문일 듯하다.

'나는 소비 절약을 습관화하므로 인간 생활 전체에 절제를 생활화하자는 인격 형성의 측면을 더 강조하고 있는데, 큰애는 나의 진의를 모르고 있구나' 하고 한순간 섭섭한 마음도 들었다. 그러나 나는 곧 큰애의 뜻을 긍정적으로 받아들이기로 했다. 그 계산이 사실이라면 큰애의 주장은 소비 절약을 효용화하자는 뜻이라고 말할 수 있기 때문이다. 다시 말해 아버지 세대가 명분과 습관적인 점을 강조한다면 아들 세대는 실용적이고 합리적인 방식을 주장하고 있는 것이다.

그렇다. 우리 사회는 작은 기업체에서부터 거대한 공조직에 이르기까지 명분과 실용, 습관과 합리가 뒤섞여 있어서 때로 조화와 균형을 찾기도 하지만 대부분의 경우 갈등과 투쟁을 빚기 마련이다. 여기에 우리의 고민이 있다. 실용만 강조하다 보니 문명의 이기 발달에 정비례하여 사회의 도덕성과 고상한 가치와 인격은 도외시되고 있다. 한 조직이 습관이라는 타성에 젖어 있으니까 젊은 세대의 합리적 사고가 무한한 창의성을 발휘할 기회조차 얻지 못한다. 합리적 사고에 근거한 창의성이 발휘되지 않는 한, 우리의 기업과 사회의 발전은 곧 한계가 드러나고 말 것이다.

앞서 우리 가정에서 나눈 부자 간의 대화처럼, 소등하는 체질인 아버지의 인격이 존중되어야 함과 동시에 아들의 합리적인 주장이 수렴되어 조화와 균형을 유지하면서 새로운 방향이 모색되어야 한다. 이 방향 모색을 부단히 계속하는 개인과 기업 및 사회가 새 시대의 창조 역군이 되리라 확신한다. (1986년)

절제하는 삶

얼마 전 미국에서 신학 공부를 하다가 잠시 귀국한 후배를 만나 한국 사회와 교회의 여러 문제에 관해 의견을 나눈 적이 있다. 그는 우선 오랜만에 보는 조국의 성장과 변화에 대해 상찬을 아끼지 않는 예의를 갖추었다. 그러나 그 후 곧 드러내는 그의 본심은 그 상찬을 무색게 하는 비판으로 화살을 돌렸다.

우선 그는 우리나라 경제가 얼마나 성장했길래 살림살이와 치장이 저렇게 화려하냐고 했다. 언뜻 보기에도 1인당 연간 국민소득이 이제 겨우 6천 달러에 이른 우리나라가 2만 4천 달러를 넘는 미국보다 더 화려하고 씀씀이가 몹시 헤퍼 보인다고 했다. 더욱 충격받은 사실은 우리 사회가 돈에 환장한 것 같이, 이상도 목표도 그 '돈'에 맞추어 날뛰고 있는 것처럼 느껴진다고 했다. 그 때문에 사회가 공유해야 할 고급 가치는 상실되고, 인생을 어떻게 무엇 때문에 살아야 할 것인가에 대한 고민이 없는 듯하다고 했다. 이 후배의 말이 아니더라도, 떠들썩했던 수서비리 사건이나 오대양 사건을 보면서 우리는 사회의 물질만능 사고와, 돈벌이를 위해서는 모든 수단을 동원하는 듯한 풍조에 대해 개탄해온 지 오래다.

집권에 실패한 러시아 공산당이 '새 강령안'에서도 "목적은 수단을 정당화한다"는 종래 공산주의 원칙을 영원히 폐기한다고 주장하는 판국인데, 우리 사회는 아직도 돈을 위해서는 모든 수단을 정당화하려고 할 뿐만 아니라, 도덕도 정의도 인권도 무시해버리려는 풍조가 점점 가열되어가고 있는 형편이다. 돈벌이에 혈안이 된 풍조와 관련한 우리 사회의 걱정거리는 무절제한 소비와 향락 생활이다. 이 둘은 어쩌면 공생관계에 있지 않나 싶다. 땀 흘려 번 돈이 아니기 때문에 아까움 없이 소비 생활에 탕진한다. 무절제한 소비와 향락 생활을 위해서는 정당하지 않은 방법으로라도 물질을 추구하게 된다.

해마다 휴가철이 되면 나타나는 현상이지만, 유흥비 마련을 위해 살인까지 해야 했던 젊은이들의 무절제한 행태는 안타깝지만 우리의 현실이요, 우리 사회의 풍조를 적나라하게 보여주는 단면이다. 최근 노동 현장에서 힘든 일을 기피하는 경향과 생산직 노동 인력이 감소하는 새로운 풍조가 나타나고 있다. 차라리 놀지언정 힘들고 고통스러운 일은 하지 않겠다는 뜻이고, 적게 벌지언정 힘들게 일하며 많이 벌지는 않겠다는 태도다. 이런 경향은 생산직의 인력을 서비스업으로 몰아가, 어떻게든 쉽고 편안한 삶을 누리자는 사회 풍조를 만들어가고 있다.

이렇게 우리 사회는 전에 존재했던 가치관이 바뀌면서 건전성이 무너져가고 있다. 사회 전체가 새로운 가치관 정립을 위해 노력해야 하겠지만, 개개인은 나름대로 우리 사회가 더 이상의 파국에 이르지 않도록 슬기를 모으고 자세를 가다듬어야겠다. '절제하는 삶'을 거론하는 이유도 바로 여기에 있다. 절제는 한마디로 '자기 통제'를 의미한다. 자율(自律)이니 극기(克己)니 하는 말이 흔히 쓰이는데, 이는 절제와 통한다. 절제는 '자기 통제'를 통하여 인간의 악한 의지와 행동을 제어하는 한편, 선한 의지와 행동을 고양하고 격려하는 것이다. 자율이니, 극기니 하는 뜻에서도 보이듯이 이것은 남의 간섭이나 지시에 의해서가 아니라 자신을 스스로 통제하는 것이다.

공자도 "자기를 이긴다"는 의미의 이 극기를 얼마나 강조했는지 모른다. 주자(朱子)와 입장을 달리한 명나라 왕양명(王陽明)은 "성을 치는 것보다 자기 마음을 다스리는 것이 더 어렵다"고 했다. 여기서 먼저 자기 마음을 다스려야 하는 절제의 어려움을 본다. 절제의 심(心)적 표현은 인내와 온유(부드러움)로 나타나고, 물(物)적 표현은 절약으로 나타난다. 어떤 일에나 성내지 않고 부드러우며 잘 참는 것은 절제하는 삶을 살아가는 이들의 승리적 특권이다. 그러나 이것은 절제의 훈련을 쌓지 않은 이들에게는 고통이요, 불평의 소지일 뿐이다. 물건을 아낄 줄 알고 낭비를 줄일 줄 아는 일은 절제의 경험이 갖다준 지혜다. 게다가 이 지혜는 물건의 참 가치를 알게 하고 돈의 참 가치를 알게 하기 때문에, 절약은 거기서 저절로 우러나온다.

지금은 조였던 허리끈을 풀지 말고 한 10년간 더 버텨보자는 호소력이 국민의 심금을 울려야 할 때라고 보는데, 그런 광야의 소리는 들리지 않는다. 지도자는 비전을 보여주지 않고, 국민은 선악과의 맛을 알아버린 하와처럼 사치와 향락을 맛보아버렸다. 이제는 언제 그랬느냐는 듯이 낭비와 무절제가 예사로운 풍조가 되어버렸다.

낭비는 인간이 물질과 돈에 대해 저지르는 죄악일 뿐 아니라 낭비하는 이의 심성을 파괴하고 심전(心田)을 황폐하게 만든다. 낭비로 황폐된 심전은 뒷날 다시 기경(起耕)코자 하나 좀처럼 옥토로 변하지 않는다. 절제는 언어, 행동, 시간, 정력(힘) 및 물질생활에서 구체적으로 나타나야 하는 미덕이다. 부드러운 언어, 듣는 이의 마음을 평안하게 하는 언어, 비판하면서도 사랑을 느끼게 하는 언어, 그런 것은 절제 생활의 열매다.

절제된 언어는 수다스럽지 않고, 남을 흠집 내지 않고, 남의 허물보다는 장점을 말하며, 꾸짖으면서도 포근하게 감싸주며, 남의 말 꼬리를 물고 늘어지는 것이 아니라, 상대방의 진심을 드러내 주려고 한다. 성경은 언어의 절제를 가장 중요시하여, "만일 말에 실수가 없는 자면 곧 온전한 사람이라. 능히 온몸도 굴레 씌우리라"고 하였다. 그래서 행동의 절제는 언어생활의 절제와 밀접히 관련되어 있다.

절제를 거론하면서 간과하기 쉬운 점은, 절제를 언어·행동·물질과 관련시키기는 해도 시간과 정력의 절제와 관련시키지 않는다는 점이다. 시간과 정력은 곧 인간의 생명이다. 생명은 시간과 힘으로 계산될 수 있기 때문이다. 시간과 정력의 낭비는 곧 생명의 낭비라고 할 수 있기에 시간과 정력의 관리는 절제의 가장 중요한 과제다. 그것을 선한 의지의 실현과 봉사와 희생, 자신과 사회의 성장을 위해 사용할 수 있어야 한다.

권력이나 재력을 가진 사람이 자신이 가진 그 힘을 절제한다면 얼마나 추앙받을까. 절제는 자신의 야망과 힘을 다 써버리지 않고 그것을 통제할 수 있다는 점에서 여백(여유)의 의미를 지니고 있다. 절제는 내가 세울 수 있는 공도 다른 사람의 몫으로 남겨놓을 줄 안다. 우리 세대가 응당 개발할 수 있는 산천도 후손들의 삶의 터로, 창의의 시험장으로 유보해놓을 줄 알아야 한다는 생각 또한 현재를 절제할 줄 아는 미덕이다. 후손에게 물려줘야 할 바로 그 산천이 공해와 환경파괴의 희생물이 되어가고 있다. 그 주범은 향락과 사치, 무절제와 낭비로 표현되는 과소비다. 공해와 환경파괴로부터 삶의 터와 후손들의 보금자리를 보호하는 길은 자원절약이라는 '절제'의 묘약밖에는 없다는 사실이 우리의 현재 결론이다. (1991년)

결혼 풍속도, 이래도 좋은가?

며칠 전 다소 충격적인 뉴스거리가 있었다. 한 시어머니에게 위자료를 물게 한 법원의 판결이다. 아마도 그 시어머니는 아들 부부를 이혼시키는 데 상당한 압력을 넣은 것으로 추측된다. 혼수를 빌미로 시어머니는 아들을 충동하였고, 모자는 며느리를 괴롭혔으며, 시달리다 못한 젊은 여성은 이혼한 후에 모자를 상대로 위자료를 청구하여 그런 판결을 법원으로부터 받아낸 것이다.

정작 놀라운 것은 그 소식과 함께 드러난 혼수 문제였다. 신부는 결혼할 때 3천만 원이 넘는 액수의 혼수를 마련하였고, 지참금 조로 5천만 원을 준비해갔다고 한다. 시어머니는 거기에 불만을 품고 기어이 아들 부부를 이혼하게 만든 것이다. 법원의 판결에서 명령한 위자료 7천만 원은 그 며느리가 들인 액수에는 미치지 못하지만, 역시 우리의 상상을 초월했다.

몇 년 전에도 혼수 문제로 일어난 비슷한 일이 사회문제화한 적이 있다. 의대를 졸업하고 결혼한 한 수련의가, 혼수 문제에 불만을 품은 어머니의 사주를 받아 임신한 신부를 때려 유치장 신세를 진 사건이었다. 당시에 전해진 말로는 그 여성 역시 1억 원이 넘는 혼수를 준비했단다. 애정과 신뢰에 기초해야 할 결혼이 시장판의 상거래로 타락한 것이다.

신문에 보도되는 호화판 결혼은 말할 것도 없고, 우리 사회의 결혼 풍속도는 이제 되돌아보고 고쳐나가야 할 점들이 많다. 당일 예식에 들이는 막대한 경비와 혼수, 마구 남발되는 청첩장, 어떻게 생각하는가. 청첩장을 받고도 거기에 적혀 있는 여섯 사람의 이름을 전혀 떠올리지 못한 경우나, 결혼 시즌을 맞아 겹치는 시간 때문에 마음 썼던 적은 없는가. 마음으로부터 축복받아야 할 결혼이 저주스러운 관행이 되어간다. 고쳐야 한다. 끊어야 한다. 남의 체면 때문에 주저하지 않아야 한다. 그동안에 투자한 부조를 아깝다고 생각하면 이 악순환의 고리는 끊을 수 없다. 흐르는 물에 씨앗을 뿌린 걸로 생각하자. 그것이 굳이 내 자손에게 보상으로 돌아오지 않더라도, 먼 훗날 우리 공동체를 풍요하게 만들 거름으로 돌아올 것이라고 기대할 수는 없을까.

예부터 사치와 호화는 '망국적 풍조'라고 했다. 그것은 사회의 위화감을 조성하고 선량한 서민들에게 좌절감을 안겨준다. 혼례에서 조상들이 남긴 상부상조의 공동체 정신은 계승해야겠지만, 행여 상거래 같은 불로소득 풍조로 타락해간다면 막아야 한다. 조선 후기 정동유라는 학자는 "재물로써 자손을 죽이는 일이 없게 하라"고 했다. 혼례 때 정도 이상의 재물을 남긴다면 "자손을 죽이는 일"이 되지 않을까. 아무리 막대한 혼수인들 어떻게 순수한 사랑만 하겠으며, 여기저기 청첩장을 남발해서 억지로 걷어 들인 거금의 부조라 한들 어찌 마음으로부터 우러나온 하객들의 진정 어린 축복을 대신할 수 있겠는가.

최근 조용하고 간소하게 혼례를 치르면서 참으로 축복받는 가정을 꾸미는 젊은이들을 본다. 격려해주자. 부모 된 마음치고 어느 누가 자식의 결혼이 단칸 셋방에 초라한 가구로 시작하는 것을 안쓰럽게 생각하지 않겠는가. 그러나 뜻있는 사람들은 그런 자그마한 출발에서 부부로서의 끈끈한 애정이 도타워지고, 생활인으로서의 자립심이 자라나는 것을 본다. (1994.5.16, KBS)

다산 정약용 선생의 민본정신

다산(茶山) 정약용(丁若鏞) 선생은 오늘날 남북의 학자나 경세가들이 존경하는 분이다. 그는 18세기 후반에 탄생하여 1836년에 돌아갔다. 올해는 그분이 돌아간 지 꼭 160년이 되는 해다. 이 시간 우리가 그를 회상하는 것은 그분이 갖고 있던 민본사상(民本思想)이 통일운동의 기초가 되어야 하기 때문이다. 즉 백성본위, 인민본위의 사상이 통일운동에 절실히 필요하기 때문이다.

다산 선생은 총명하여 과거에 합격하고 벼슬길에 나섰다. 당시 학문을 좋아하던 정조(正祖)를 모시고 젊은 뜻을 펴보려고 했다. 그러나 1800년 정조가 돌아가고 그 이듬해 신유사옥(辛酉邪獄)이 벌어지자 남인계였던 그는 관직에서 내쫓기어 19년간 귀양살이를 하였다. 귀양살이 대부분은 전남 강진에서 보냈다. 그는 이 괴롭고 고통스러운 생활을 통하여 많은 불후의 저술을 남길 수 있었다. 시련이 그를 민족사에 더 기여할 수 있는 존재로 만들었던 것이다. 귀양살이는 다산 선생의 생애를, 부귀영화를 누리는 생활에서 고난받는 백성들의 어려운 생활에 눈뜨게 했다.

고난 속에서 다산 선생은 우리가 잘 알고 있는 『목민심서』(牧民心書)를 비롯하여 『흠흠심서』(欽欽心書)와 『경세유표』(經世遺表) 등을 남겼다. 이런 저술들은 조선 후기 우리나라의 정치와 경제, 관료와 행정, 농촌과 인민을 살릴 수 있는 길을 모색하는 명저다. 그 밖에도 주자학에 관한 저술을 많이 남기기도 하였다. 그의 민본·민족·민중 사상은 바로 그러한 저술들에 잘 나타나 있다.

　　다산 선생의 논술 중에 「원목」(原牧)과 「탕론」(湯論)이 있다. 이 글에는 그의 민본사상이 잘 나타나 있다. 이 두 글은 '권력'과 '군주'를 논한다. 다산 선생이 이 권력론을 근거로 제시한 명제는 왕이나 권력이 백성을 위해 존재한다는 것이다. 원문 그대로 말한다면 "목위민유야"(牧爲民有也)다. 거듭 말하지만, 군주나 권력은 인민을 위해 존재한다. "목위민유야"라고 하는 엄연한 명제 위에서 그의 권력 생성론이 출발하고 있다. 다산 선생은 왕이나 제후, 관찰사나 군수 등의 관료가 처음부터 위에서 하향식으로 임명된 것이 아니라 백성의 합의에 의해 밑으로부터 위로 올라가며 이루어진 존재라고 주장했다. 그러니까 요즘 말로 하면, 한 지역의 통·반에서 대표를 뽑고 다시 동장을 만들고 구청장을 선출하고 시장, 나아가 나라의 지배자를 만들어갔다는 것이다. 이것은 말하자면 아래에 있는 백성들의 합의에 의해서 관료사회와 지배권력을 이룩해갔다는 것이다. 백성으로부터 출발하여 상향적으로 만들어졌다는 뜻이다.

　　따라서 정권이나 권력은 원래 백성의 합의에 기초한 것이요, 인민에게 봉사하기 위하여 존재했다. 그런데 언제부터인가 한 독재자가 나타나 자신이 황제가 되고 그 밑에 제후를 임명하고 각도의 관찰사를 두고 군수와 아전들을 두면서 백성에게 군림하는 존재로 변하게 되었다. 상향식으로 만들어진 원래의 권력이 이제는 독재자에 의해 하향식으로 되어 본래의 취지와는 거꾸로 나타나게 된 것이다. 과거에는 상향식으로 된 것이 정도였는데, 이제는 그것이 반역이 되어버렸다.

　　다산 선생은 이럴 때 어느 것이 옳은가 판단해야 했다. 그 판단의 기준이 무엇이라 했을까. 여기서 다산 선생은 바로 그의 권력론의 핵심인 "목위민유야", 즉 지배권력인 목(牧)은 인민을 위해 존재한다는 명제를 내세웠다. 권력은 백성을 위해 존재한다. 그렇다면 그것은 바로 백성의 합의에 의해 만들어지고 인민을 위해 봉사하는 권력이어야 함을 강조한 것이다. 조선조, 군주권의 서슬이 퍼렇던 시절, 다산 선생은 백성과 인민을 위해 존재하지 않는 권력은 존재해서는 안 된다고 외치며 대담하게 개혁을 강조했다. 나아가 인민을 위하지 않는 지배권력은 바꾸어야 한다는 점도 암시했다.

통일문제를 논하면서 왜 우리가 다산 선생의 민본사상을 말해야 하는가. 지금 남북에 존재하고 있는 권력은 과연 국민과 인민을 위해 존재하는가. 그렇다면 국민이 그렇게도 통일을 원하는데, 권력층은 왜 통일문제에 대해 허울 좋은 구호만 내세우고 요지부동한 자세를 취하고 있는가. 언필칭 국민을 내세우고 인민을 위한다고 하는데, 국민과 인민의 고통의 소리에 왜 귀를 기울이지 않는가. 권력은 국민을 위해 존재한다. 다산 선생은 거의 300년 전에 이 점을 분명히 강조했다. 인민을 위해 존재하지 않는 권력은 이미 자신의 존재의 정당성과 근거를 상실한 것이다. (1996.7.9, CBS)

통일 베트남의 교훈과 지도자 호찌민

지난해 말, 베트남을 여행할 기회가 있었다. 목적은 베트남의 통일 과정을 살피고 우리나라의 통일에 어떤 교훈을 얻을 수 있을까를 배우기 위해서였다. 마침 우리나라의 대통령이 그곳을 다녀온 지 얼마 되지 않아서인지 한국인에 대한 베트남인들의 자세가 부담스럽게 느껴지지 않은 것은 퍽 다행한 일이 아닐 수 없었다.

우리 일행은 우선 베트남 전쟁 때 우리나라가 남(사이공)측을 도왔기 때문에, 베트남인들이 저들의 소위 '통일전쟁'을 방해한 데 대한 책임을 묻고 적대 의식을 표출하지 않을까 염려했던 것이 사실이다. 그러나 표면적으로는 그런 점을 느낄 수 없었다. 우리 일행을 안내한 분들은 관광 안내인이었지만 사회주의 국가의 관습상 그들은 대부분 국가의 통제를 받는다고 보아야 할 것이다. 그들 스스로도 공산당원이라 하였고, 심지어는 과거 베트콩으로 활동하였다는 사실도 자연스럽게 알게 되었지마는 그들은 우리에게 어떤 적대 의식을 가진 것처럼 느끼게 하지는 않았다. 그들의 말로는 과거는 과거고 지금은 신뢰를 쌓아야 한다고 했다.

우리의 목적이 과거 베트남의 통일 과정과 현재 당면하고 있는 사회통합 과정을 탐구하는 것이었기 때문에 우리는 여러 대학과 연구소, 관련 기관을 방문하여 학자들과 전문가들의 이야기를 들으려고 노력했다. 우리 일행이 여러 방면의 전공 분야로 이루어져 있었기 때문에 일률적으로 말할 수 없지만, 우리의 공통된 관심은 이념과 체제가 달랐던 남북 베트남이 통일되어 어떻게 사회통합 과정을 추진하고 있는가 하는 데 있었다. 또 10여 년 전부터 추진하고 있는 개혁·개방을 의미하는 소위 '도이모이' 정책의 진전 과정과 실태를 살피는 것도 중요한 목적이었다. 우리가 관찰한 것은 그곳 학자들이 강조한 것과 같이, 비록 이념과 체제가 달랐고 전쟁을 오랫동안 겪었다 할지라도 사회통합에는 문제가 거의 없다는 것, '도이모이' 정책을 시행하면서부터는 경제적인 면에서는 거의 자본주의적인 방식을 거부하지 않는다는 것이었다.

나는 우리 일행의 연장자로서 인사말을 할 기회가 많았는데, 그때마다 개인적 견해임을 전제로 다음과 같은 말을 했다. 첫째는 당신네 나라는 아시아 아프리카의 나라 중에서 유일하게 서구 제국주의 세력 특히 프랑스와 세계 최강국이라고 자타가 공인하는 미국을 물리친 나라다. 바로 그런 나라에 와서 외세에 의해 분단된 민족을 통일한 그 경험을 교훈받고 싶다는 것이었다. 또 하나는 당신네들이 '통일전쟁'을 치를 때 우리나라가 당신들과 적대관계에 있었다는 것, 그 적대관계의 조성이 당시 세계 역학 구도상 어쩔 수 없이 우리에게 강요된 선택이었다 할지라도 나는 개인적으로 당신들께 용서를 구하고 싶다는 것이었다. 나는 그 자리에서 지금 우리의 경제성장의 한 요인이 베트남전쟁 참전과 어느 정도 관계가 있다거나, 하등 관계가 없다거나 하는 말은 차마 할 수 없었다.

하노이와 호찌민 시의 전쟁기념관에서 본 전쟁의 참화와 미국 전폭기 B52의 잔해 등은, 1954년 프랑스에 대한 결정적인 승리를 가져온 디엔비엔푸 전투의 승리와 함께 베트남인들의 민족적 자존심을 한껏 부풀리고 있겠구나 하는 마음을 금할 수가 없었다. 내가 특히 그들에게 개인적으로 사과하지 않을 수 없었던 것은, 일본이 우리에게 자행한 과거사와 관련하여 과거의 과오를 먼저 시인하고 사죄하며 배상해야 한다는 것을 강조해왔기 때문이다. 다시 말하면 특히 군 위안부와 강제 징용된 자, 사할린 동포와 BC급 전범자들의 문제에 대해서는 일본 정부가 반드시 배상해야 한다는 것을 주장해왔기 때문이다. 우리의 주장이 우리 민족만을 위한 이해관계에서 출발한 것이 아니고 세계의 보편적인 가치관과 정당성에 근거한 것이라면, 우리가 베트남을 향해 저지른 행위도 세계의 보편적 가치에서 볼 때 비판되어야 한다고 느꼈기 때문이다. 나는 우리가 베트남에 끼친 일이 과연 어떤 의미를 갖는가를 심각하게 반성하지 않을 수 없었다. 역사학도로서 나는 우리나라가 일본을 향해 사죄를 요구할수록 그 못지않게 우리도 베트남에 사죄할 수 있어야 한다고 생각한다.

베트남을 돌아보면서 얻은 중요한 교훈은 또 있었다. 베트남이 프랑스를 이기고 미국을 굴복시켜 통일국가를 이룩한 것은 공산주의 이념 못지않게 신념에 찬 저항적인 민족주의 의식이 투철하였을 뿐 아니라 호찌민(胡志明) 같은 민족주의적인 영명(英明)한 지도자가 있었기 때문이다. 이 두 요소가 어우러져 베트남은 통일을 이룩할 수 있었고, 그들의 말대로라면 현재 사회통합에도 큰 문제를 겪지 않으며, 자신감 넘치는 국가를 이룩하고 있다. 우리 일행은 베트남이 화해와 용서, 개방과 개혁이 넘치는 모범적인 통일국가를 이룩하기를 진심으로 기원했다. 이것은 민족통일을 시대적인 지상 과제로 삼고 있는 우리에게도 빼놓을 수 없는 통일의 요체라고 생각한다.

1969년이었다. 베트남에서 남북이 치열하게 싸우고 있었고, 미국의 비행기는 북부 월맹의 상공을 폭격했다. 그때 북부 월맹의 지도자 호찌민 대통령이 돌아갔다. 서방세계는 소리 없이 웃음을 감추었다. 지도자 없는 월맹이 이제 더는 전쟁을 계속할 수 없을 것이라고 판단했을지도 모른다. 그러나 의외의 일이 북쪽 월맹과 싸우고 있는 남쪽의 월남 사이공시에서 일어났다. 사이공 시민들이 북쪽의 월맹 대통령 호찌민의 사망을 애도하기 위해 철시를 단행했기 때문이다. 이럴 수가 있는가. 우리의 처지로서는 도저히 상상할 수 없는 노릇이다. 비슷한 경우를 우리도 3년 전에 겪었지만, 존경은커녕 오히려 그에게 6·25 전쟁의 책임을 지워 마지막 가는 그의 짐을 더 무겁게 했던 것으로 기억한다.

베트남을 다녀온 지 벌써 몇 주가 되었지만 베트남의 지도자 호찌민 대통령에 대한 감동은 여전하다. 그는 젊은 시절 프랑스 지배 아래에 있는 자신의 조국에서 방황하다가 방랑길에 오르기도 했다. 그러나 방황과 방랑은 그에게 민족과 조국에 대한 깊은 애정을 확인시켜주었다. 그는 한때 민족 해방 이념의 화신처럼 보였던 사회주의 이념에 심취한 적이 있었고 그것을 조국 해방의 중요한 도구로 활용하기도 하였다. 그러나 프랑스와 미국과의 전쟁을 통하여 사회주의가 가진 국제주의적인 성격을 극복하면서 오히려 민족주의적인 지도자로서 더욱 뚜렷이 부각되었다. 이 점은 우리나라의 지도자라는 인물 가운데서도 유사한 예를 찾아볼 수 있고 북쪽의 소위 주체사상의 탄생을 그런 관점에서 이해하는 사람도 있다.

지도자 호찌민은 우리의 지도자들에게 없는 장점을 갖고 있다. 우선 그는 일생 결혼하지 않았다. 그가 결혼하지 않은 이유가 무엇인지 정확하게 알 수 없지만, 자기 민족과 조국을 위해서 자신의 사사로운 욕망을 절제하였기 때문이라고 생각한다. 물론 그에게 결혼과 관련한 루머가 없는 것은 아니지만, 우리가 이렇게 생각하는 데는 이유가 있다. 그가 개인적인 욕망을 제어하려고 노력했던 흔적이 여러 곳에서 보이기 때문이다. 다음의 이야기는 과장처럼 들리기도 하고 지도자를 지나치게 성화시켜왔던 사회주의권의 선전 같아서 믿기지 않는다. 그러나 베트남인들은 호찌민이 평생 옷 두 벌 이상을 갖지 않았다고 믿고 있었다. 그는 화려한 대통령궁보다는 초라한 초가집을 집무실로 선호했고, 그가 사용했던 책상과 의자, 침대는 아마도 베트남의 중류층이 사용하는 것보다 나았다고 생각되지 않을 정도였다. 이는 전시라서 그러리라 생각할 수 있다. 그뿐만이 아니었다. 그는 주위에 친족들을 두지 않았다. 그가 변성명하여 국가 지도자가 된 것을 알고 그의 누이동생이 뒷날 찾아왔을 때 그는 대통령 관저에서 나가서, 그의 누이동생이 가져온 고향의 별미를 나누면서 회포를 풀고 누이동생을 돌려보냈다는 일화가 있다.

그는 또한 사회주의 국가의 지도자들이 흔히 넘어지는 유혹에서도 자신을 철저히 지켰다. 그는 유언으로 자신의 시신을 셋으로 나눠 베트남의 남·중·북부에 각각 묻어달라고 당부했다고 한다. 그러니까 지금 방부 처리하여 호찌민 묘에 안장한 것은 결코 그의 뜻이 아니다.

이것은 무엇을 말하는가. 지도자가 갖추어야 할 청빈의 덕목을 실천했다는 말이다. 그가 자기 백성을 위해 모든 것을 내어놓고 무소유를 실천한 것이 백성의 마음을 움직일 수 있었고 끝내 베트남을 사로잡았다. 프랑스와 미국과의 대결에서 오는 온갖 압박과 곤경에도 불구하고 베트남인들이 끝까지 그를 신뢰하고, 그가 이룩하고자 하는 반외세자주독립통일을 이룩했던 것은 이 때문이다. 베트남인들은 지도자 호찌민이 통일을 이루어 자신의 영화를 누릴 것이라고 절대 생각하지 않았기에 목숨을 내놓고 통일전쟁에 임할 수 있었다.

그 지도자는 자신의 생활을 베트남인들의 중류 수준 이상으로 높이지 않음으로써 그가 젊은 시절 이상으로 생각했던 사회주의의 평등 이념을 몸소 실천했다. 그는 또한 자기의 친인척을 가까이 두지 않음으로써 베트남의 전 국민을 친인척 이상으로 끌어들일 수 있었고, 심지어는 다른 지도자에 의해 통치되는 남쪽 사이공 시민들의 마음까지도 자기 가까이에 두고 움직일 수 있었다.

베트남은 그런 지도자를 가졌기 때문에 프랑스와 미국 같은 막강한 외세의 끊임없는 방해에도 불구하고 자기의 조국을 통일할 수 있었다. 그런데 우리는 어떤가. 한쪽은 동상천국을 만들었고, 한쪽은 자신들이 갈취한 돈으로 스스로를 감옥에 내던지는 자들을 한때 지도자로 받들었다. 어느 쪽이라 할 것 없이 지도자는 권력을 거의 독점하다시피 했고, 족벌들에 의한 폐단은 끊어지지 않았다. 그러면서 지도자란 이들은 끊임없이 통일을 들먹이고 있다. 그럴 때 그 통일이 온 백성을 위한 것이며, 누구나 목숨을 걸고라도 이룩해야 할 것이라는 확신을 과연 줄 수 있을까. (1997.1.15, CBS)

IMF 위기를 초래한 책임

IMF 위기가 불어닥쳐 정부와 기업이 구조조정에 나서고 노동자들은 실직의 위협을 받고 있으며 국민은 물가고와 사회불안의 위기에 처해 있다. 그런데도 정작 그 위기를 초래한 책임을 묻자는 운동은 시원스럽게 전개되지 않는다. 지금은 그것을 따질 때가 아니라 일치단결하여 위급한 상황에 지혜롭게 대처해야 한다고 판단했기 때문인지, 아니면 그 책임 소재 규명은 새 정권이 들어서서 수행해야 한다는 계산 때문인지 그 이유를 잘 모르겠다. 그러나 정권 이양의 시기에 문서파기설이 떠돌고 있는 정황을 고려한다면, 어느 시기가 지나고 나면 그 책임을 제대로 따질 수 있겠느냐는 의구심도 없지 않다. 그런 관점에서 보면 정치권이 서로 봐주기를 하는 것 같다는 의심도 일단 해볼 만하다.

이런 의구심들이 나도는 가운데 최근 정권인수위에서 외환위기의 책임 규명을 감사원에 요청하였다는 보도가 있었고, 당선자와의 대화에서는 경제청문회를 꼭 열겠다는 약속도 했다. 그 소식을 들으면서 우리나라와 같은 정부 구조에서 과연 그 책임 규명이 확연히 이뤄질 수 있겠는가 하는 생각과 함께, 국정 최고 책임자인 대통령에게 그 책임을 따지지 못할 형편이라면 또 한두 명의 전·현직 관리가 희생되는 선에서 마무리되지 않겠느냐는 비관론이 앞선다.

금융 위기의 가능성은 오래전부터 언론에 비친 바 있고, 전문

기관에서는 구체적으로 연구하여 보고까지 했다고 한다. 오늘날과 같이 정보 시스템이 발달한 국가기관을 고려한다면 국정의 최고 책임자가 그것을 몰랐을 리 없다. 다만 체계적인 통로를 통해 담당 책임자가 얼마나 진지하게 또 성실하게 그 위험성을 자주 보고하여 국정의 최고 책임자가 조처를 취하게끔 하였는가는 따질 수 있다. 그러나 그럴 때도 우리 관료들의 관행상 윗사람에게 한두 번 건의하고 눈치를 살피지 않을 수 없는 상황을 고려한다면, 애써 자주 고언(苦言)하기는 어려웠을 것이다. 관료 시스템이 민주화되고 직업 관료제가 확립되어 공무원의 신분 보장이 제대로 이루어진 사회가 요청되는 것은 바로 이 때문이다. 여기서 교훈을 얻어야 한다.

우리가 당한 외환위기와 그로 인한 IMF 체제는 다각적인 관점에서 원인을 규명할 수 있다. 첫째, 문민정부(文民政府)에 들어서서 방만하게 설립된 금융 기관이 무절제하게 외환을 차입한 것을 들 수 있다. 그들은 이자가 싼 외환을 들여다가 국내에서 '돈 장사'를 하는가 하면, 그것을 동남아에도 투자하였다. 돈이 제대로 돌아갈 적에는 별문제가 없으나, 돈의 흐름이 이상을 일으키면 문제가 심각하다. 마치 우리 몸의 혈액 순환이 순조롭지 못하면 그 파장이 몸 전체에 미치는 것과 같다. 국내의 부실 기업과 동남아의 금융 위기는 이들 금융 기관의 외채 상환을 어렵게 만들었고, 이를 눈치챈 외국의 금융 기관들이 자금 회수를 재촉해 이 같은 위기를 초래했다. 둘째, 기업들의 부실한 경영이다. 한국 기업의 대부분은 자기자본의 4배 이상의 은행 빚을 지고 있는데, 작년에 들어서서 굵직굵직한 대기업까지도 무너졌다. 부실채권을 안게 된 은행은 외국 금융 기관에 신뢰도를 잃게 되었고, 이로 인해 일상적인 외화차입은커녕 장단기채의 상환 연장도 불가능해져 외환 수급에 급격한 차질을 빚게 되었다.

우리가 정작 관심을 두는 부분은 금융 기관과 기업의 위와 같은 형편에도 불구하고 정부가 신속하고 신중하게 대처했더라면 어렵지만 이런 위기는 극복할 수 있었을 것이라는 점이다. 최근 관료들이 예상되는 금융 위기에 적절하게 대처하지 못했다고 반성하는 것을 보면, 정부의 안이한 대처가 이 같은 위기를 초래한 가장 중요한 요인이라고 지적하지 않을 수 없다.

더욱 한심한 것은 작년 초부터 외환 위기의 조짐이 보였는데도 불구하고 정부는 위기 가능성을 국민에게 알려 국민의 방만한 무절제를 경고하지 않았다는 것이다. IMF에 자금을 요청할 때까지도 해외여행에서 1인당 1만 달러를 펑펑 써댈 수 있었고, 여행에서 돌아올 때는 공룡처럼 싹쓸이한 외제 상품을 자랑했다. 누가 이렇게 국민을 오만방자하게 만들었는가. 국민은 정부의 방침에 순응한 잘못밖에 없는데도 IMF 시대의 가장 가련한 피해자가 되었다.

우리가 좀 여유가 있을 때, 굶주리는 제3세계를 돕고 북한의 동포들을 염려하면서 그 고난에 조금이라도 기꺼이 동참하였더라면, 오늘의 고난이 부끄럽지는 않을 것이다. 그러나 무절제한 생활의 결과로 그렇게 되었으니 내 동족 앞에서는 물론 세계 앞에도 부끄럽기 짝이 없다. (1998.2, CBS)

'한국 자본주의'에 대한 반성

IMF 시대를 맞으면서 우리 국민이 어른이나 아이 할 것 없이 체험적인 경제학 공부를 착실히 하고 있다고 한다. 약간의 비아냥이 없진 않지만, IMF나 절제·절약이라는 용어를 모르는 국민이 없는 형편이다 보니, 그 말에 어느 정도의 진실은 있다. 기업 부도와 대량 실업, 살인적인 물가고와 사회불안이라는 값비싼 수업료를 치르면서, 그 정도의 반성과 체험을 공부하지 못한다면 정말 구제 불능의 인생이라고 자학하지 않을 수 없다. 부딪친 고통이 지금까지 우리의 자본주의적 생활 자세에 근본적인 개혁을 기약하는 기회가 된다면, 예상되는 고통은 우리 민족을 경제적으로나 도덕적으로 더욱 수준 높게 만드는 계기가 될 것으로 확신한다. 그러기 위해서는 지금껏 우리가 생활해온 한국식 자본주의 체제에 대한 근본적인 반성이 필요하다.

자본주의를 말할 적에, 흔히 자본주의 정신과 기독교의 청교도 윤리를 결부시킨다. 독일의 사회학자 막스 베버는 서구사회에서 자본주의가 발생한 지역이 칼뱅주의적인 개신교가 발생한 지역임을 들어, 자본주의 정신과 프로테스탄트 윤리 사이의 상관관계를 규명했다. 흔히 자본주의라고 하면 그저 돈이나 물질로 모든 것을 지배하는 이념이라고 생각하기 쉽지만, 자본주의가 발전하는 데는 독특한 정신이 있었다. 신의와 근면과 절약이 바로 자본주의의 근본정신이다. 「젊은 상인에게 보내는 글」에서 미국의 정치가요 과학자였던 프랭클린은 "신용이 자본"이라는 유명한 말을 남겼다. 이 같은 자본주의 정신은 칼뱅주의적 프로테스탄트 윤리가 지향하는 정직, 근면, 절제와 상통한다. 종교개혁 때부터 프로테스탄트 윤리는 일상생활에서 정직을 강조함으로써 신의를 쌓았고, 항상 부지런해야 한다는 명제를 하나님께로부터 받은 소명 의식과 연결했으며, 소비 생활에서 낭비와 사치를 가장 부도덕한 죄악으로 강조하였다. 그 결과 정직으로 쌓은 신의는 많은 일거리와 거래처를 제공하고 제품의 질을 믿을 수 있게 만들었고, 부지런함은 생산성을 높였으며, 절약은 잉여가치를 창출하여 재투자·재생산을 가능하게 만들었다.

서양에서 발달한 자본주의는 그 바탕에 정직과 신용, 근면을 통한 생산성 그리고 절제와 절약을 통한 자본의 축적이 있었으며, 기독교적인 청교도 윤리가 이를 뒷받침하였다. 서양 자본주의의 원래 정신은 돈만 있으면 모든 것이 가능하다는 '천민자본주의'와는 근본적으로 달랐다. 그들은 자본주의 체제를 유지하기 위해 정직과 신용을 가장 중요한 가치관으로 여겼으며, 땀 흘리지 않은 소득을 즐기지 않을 뿐만 아니라 그것을 죄악시하며, 돈이 있어도 싹쓸이 소비는 엄두도 내지 않고 계획소비와 저축을 미덕으로 여겼다. 그들은 아무리 부유하다 하더라도 신용을 쌓아야 했고 쌓은 신용을 입증하지 못하면 은행 거래가 원활하지 못했다. 아무리 하찮은 직장이라도 그 직업을 하나님이 자신을 이 땅으로 부른 소명과 일치시키려고 노력했기 때문에 직업의 귀천이 없으며, 맡은 일에 최선을 다해 성실하려고 했다.

금세기를 지배해온 자본주의와 사회주의 사이에는 근본적으로 다른 면이 있다. 그것은 부지런함이다. 사회주의는 평등한 분배를 강조한 나머지 공평한 경쟁성을 무시하였다. 부지런하게 일해도 더 받지 않고 게으름을 피워도 손해 보지 않는 저질의 평등을 지향한 결과 생산성은 급격히 떨어졌다. 자본주의는 최소한 부지런히 일한 만큼 더 주겠다고 약속하고 근면을 유혹했다. 그 결과 돈이라면 뼈가 빠지도록 일했다. 그것이 그 결과의 잘잘못을 떠나서 오늘날 사회주의와 자본주의 사회의 낙차로 나타났다.

　지금까지 한국 사회가 체험한 자본주의에 서양의 청교도 윤리와 같은 정신적 기반이 있었는가. 돈을 벌면서 정당성을 따졌는가. 부지런하게 번 적은 돈을 귀하게 여겼으며, 땀 흘리지 않은 일확천금의 불로소득을 죄악시하였는가. 돈이란 거기에 배어 있는 땀의 양만큼 가치가 규정된다. 땀 흘리지 않은 일확천금은 땀이 배어 있지 않기 때문에 쓰는 데에도 땀의 양을 헤아리지 못한 채 날개 돋친 듯 날아가 버린다. IMF 시대를 맞아 우리가 가졌던 재화가 과연 땀이 배어 있는 정당한 것이었으며, 우리의 자본주의가 정직과 신용, 근면함과 직업의 소명 의식, 그리고 검약 정신과 절제 생활을 기반으로 했는지 철저히 점검해보지 않으면 안 될 것이다. IMF 시대가 이런 반성을 실천으로 옮기는 계기가 된다면, IMF는 민족사에 전화위복의 계기를 만들어줄 것이다. (1998.1.22, CBS)

'금모으기 운동'을 보면서

금모으기 운동이 전국을 메아리치고 있다. 며칠 전까지의 통계로는 여러 방송 언론사와 은행들이 참여하여 애쓴 결과 이 운동에 참여한 인원이 140만을 넘어섰는데 이 숫자는 한국의 총가구 수의 약 7분의 1에 해당하며, 수집한 금도 16톤이 넘어섰다고 한다. 이제는 금을 수출할 뿐만 아니라 한국은행에서도 매입하는 등 다양한 방안을 강구하고 있다. 이 운동은 일반 국민의 적극적인 동참을 유도했을 뿐 아니라 각 기업체와 종교계도 협력하기로 했단다. 따라서 그 호소력은 당분간 더 광범위하게 확산할 것이다. 외국 언론에도 '금모으기 운동'이 소개되어, 한국인들의 나라 사랑하는 저력의 한 사례로 혹은 위기에 대처하는 국민적 단결의 한 모습으로 비치기도 했다. 외국 언론들은 이 운동이 한국의 국가적 신인도(信認度) 평가에도 큰 영향을 미칠 것이라고 말한다.

이렇게 뜨겁게 달아오르고 있는 금모으기 운동은 1907년의 국채보상운동을 연상케 한다. IMF라는 국제기관에 빚을 지고 간섭을 받아야 하는 오늘의 상황은, 1907년 당시 우리의 외교권을 장악하고 있던 일본으로부터 1,300만여 원에 달하는 빚을 지고 그들이 파견한 재정고문 메가타 다네타로(目賀田種太郎)의 간섭을 받아 한국의 금융·재정이 일본의 예속에 들어가던 때와 비슷하다. 운동의 주체 역시 예나 지금이나 민간이며 언론 기관이 중추적인 역할을 담당하였던 점도 공통적이다. 국채보상운동은 처음에는 2천만 국민이 3개월 간 담배를 끊어 국채를 보상하자는 것이었으나, 운동이 진행되는 동 안에 금반지와 금비녀까지 헌납하는 뜨거움을 드러내기도 하였다. 90여 년간의 시차는 있지만 국민의 의식 속에 면면히 흐르는 나라 사랑하는 정열은 변함이 없다.

금모으기 운동은 나라 사랑하는 충정을 보이는 국민적 결단임 이 틀림없지만, 여기서 간과해서는 안 될 점도 있다. 그것은 첫째 이 운동은 국민적인 열의에도 불구하고 우리나라가 보유하고 있는 금 에 비해서는 아직 소량밖에 모이지 않았다는 점이다. 전문가들은 우 리가 보유하고 있는 금을 약 3천 톤으로 계산하고 있으며 그것은 현 시가로 약 300억 달러에 해당하는 가치라고 한다. 그 정도의 액수는 G7 국가들이 이미 대여를 약속했으나 까다로운 절차를 요구하고 있 는 80억 달러에 비하면 거의 4배에 해당한다. 지금까지 모은 금이 상대적으로 적은 이 운동에 아직도 많은 국민이 외면하고 있으며 더 욱이 금괴(金塊)를 가진 자들이 거의 참여하지 않고 있다. 아직 20여 톤 수준에도 미치지 못한 것을 감안한다면, 다량의 금붙이를 가진 사람들이 흔쾌히 참여하지 않는다는 것은 명백하다.

금모으기 운동에서 국가를 더 염려하는 측은 오히려 소시민들 이고 소위 '가진 자'들은 관망하거나 아예 무관심하다고 한다. 사실 이라면 이 기회에 '지도층들'과 '가진 자'들의 적극적인 동참을 호소 하고 싶다. 앞으로 다시 금 부족 사태가 올 것에 대비하여 기회를 엿 본다면 돈은 벌 수 있겠지만 부끄러운 재산이 될 것이다. 그렇지 않 아도 어려운 때 수십만 수백만 달러를 금고에 넣어둔 분들이 없지 않다는 소문인데, 금모으기 운동을 외면하는 것은 고락을 같이해야 할 공동체의 일원으로서는 취할 자세가 결코 아니다. 국난 극복의 역사에서 보여주었듯이, 이 운동에서도 국민이 더 적극적으로 참여하는 것을 보면서 '지도층'과 '가진 계층'의 반성을 다시 촉구하는 것은 서글픈 일이 아닐 수 없다.

열화와 같이 일어나는 이 운동은 더욱 지속적이면서 냉철해져야 한다. 이 정열을 한편으로는 자기반성의 기회로 삼고, 또 한편으로는 현재 일어나고 있는 애국적인 다짐을 평소의 일상적인 생활에 적용할 수 있도록 해야 한다.

또 하나 이 운동이 국민의 애국적인 정열을 조직화하는 점에서는 긍정적이지만, 그동안의 정부의 실정에 대한 '국민적인 분노'를 희석시키거나 약화시키려는 의도를 내포하고 있다면, 이 운동의 진면목을 직시할 필요가 있다. 이런 운동에 방송·언론사가 앞장서는 것이 마땅하지만, 지금껏 그들은 금융 위기에 대한 예언자적 감시 역할을 제대로 수행하지 못했고, 국민의 사치·향락·퇴폐를 조장시켜온 점을 감안한다면, 그들이 이 운동에 참여함으로써 국민적인 분노를 애국심과 뒤범벅 시키고 면책의 그늘에 숨는 행태를 보일까 의심이 든다. 국민은 이 운동을 단순히 애국적인 금모으기 차원에서만 전개할 것이 아니라 금융 위기를 초래한 정권과 그것을 조장한 세력들에 대한 국민적인 분노를 지속적으로 견지하면서, '분노'를 생산적인 국가 자원으로 승화시켜나가는 데도 혼신의 힘을 기울여야 할 것이다. (1998.3.21, CBS)

자본주의 정신의 산업화

『프로테스탄트 윤리와 자본주의 정신』을 쓴 막스 베버는 '근대자본주의 정신'으로 합리주의와 신용·근면·절약의 윤리를 들었다. 그는 또 이 책에서 근대자본주의가 일어난 지역이 칼뱅주의적인 프로테스탄트가 발달한 곳임을 들어 프로테스탄트 윤리와 자본주의 정신 사이의 상관관계를 규명하였다. 베버의 주장은 그 뒤 가톨릭계를 포함한 일부 경제사학자들의 비판을 받았지만, 자본주의의 기원을 설명하는 이론치고 이만한 것이 없다.

화두를 이렇게 꺼내는 것은 최근의 경제위기를 맞으면서 우리 경제의 건강성 문제를 따져볼 때가 되었고, 건강성의 규명은 그 경제체제의 정신적 기반이 얼마나 튼튼한가를 따지는 것도 한 방법이기 때문이다. 우리는 서구 문화와 접촉한 지 수백 년이 되었고, 서구에서 시작된 근대자본주의 경제를 실험해온 지 어언 50년이 넘었다. 현행 경제체제가 말 그대로 '자본주의적'인지는 알 수 없으나, 우리 경제가 세계 경제에 편입되어 이제는 그것을 외면하고는 경제활동을 할 수 없는 상황이다 보니, 세계경제의 넓은 틀인 자본주의 체제와 우리의 경제 제도는 다르다고 변명할 이유는 없다. 그렇다면 오늘의 경제 위기의 심층적인 원인 규명도 근대자본주의 정신과의 관계에서 따지는 작업이 선행되어야 한다. 여기서 해법을 찾아야 앞으로 건강한 경제를 일으킬 수 있을 것이다.

자본주의 정신은 뒷날 청교도 정신으로 계승된 칼뱅주의 윤리와 불가분의 관계에 있다는 것이 베버의 주장이었다. 청교도 정신에 나타난 프로테스탄트 윤리는 직업(근로)이 '신(神)의 소명'이라는 의식과 정직·근면·절제를 윤리로 하고 있다. 여기서 양자는 하나로 묶일 수 있는데, 그것은 합리주의와 직업의 소명 의식을 근거로 하여 정직과 신용, 근면, 절약과 절제를 그 윤리로 하고 있다는 것이다. 한국에서 실험된 자본주의가 어떠한 얼굴을 하고 있든, 그 근저에 이 같은 정신과 윤리가 있었기에 온갖 부패에도 불구하고 지금까지 생명력을 지속시켜올 수 있었다. 고상한 이론으로 말하면 사회주의만 한 것이 어디 있으며, 추악한 모습으로 말하면 자본주의 같은 것이 또 어디 있겠는가. 그런데도 자본주의가 궤멸하지 않는 것은 그 정신과 윤리가 그런대로 자신의 건강성을 지탱하고 있기 때문이다.

그런데 50여 년 이상 실험해온 우리의 자본주의는 과연 이러한 정신과 윤리를 바탕으로 했던가. 아무리 생각해봐도 그랬던 것 같지는 않다. 자본주의가 추구한 열매는 따 먹으려 했지만 그 씨앗 격인 정신과 윤리는 중요시하지 않았다. 자본주의 사회가 보여준 화려한 모습은 닮아가려고 했지만, 그 실현 과정은 자본주의 정신과 윤리에 근거하지 않았다. 산업화 초기에 경제개발과 수출을 강조하면서, '소비가 미덕인 시대'가 올 것이라고 강조했다. 이렇게 경제 건설을 인간의 야수적인 욕망을 성취하는 수단으로 전락시킨 것은 자본주의 정신과 거리가 멀다.

지난날 우리 경제는 계획과 실천이 합리적이고, 투명성과 신뢰성이 정직에 기반했으며, 욕심이 절제되고 자원을 절약하는 바탕 위에서 전개되어왔는가. '한강의 기적'이 한국인의 근면성에 근거한다고 자랑해왔지만, 최근 빚더미에 올라앉아 흥청망청 써댔다는 것이 드러나면서, 우리의 근면성과 절제성은 이미 부도가 난 것이 아닌 가. 언제부턴가 '3D 업종'이란 말이 나왔는데 이는 물불 가리지 않고 부지런히 일하던 모습이 사라졌음을 의미하는 것이 아닌가. 그런 상황에서 직업에 대한 소명 의식을 운운하는 것은 격에 맞지 않는다. 한국이 '샴페인'을 너무 일찍 터뜨린다고 외국인들이 자주 충고했을 때에도 우리는 '파이'를 자르는 데에만 혈안이 되어 있었다.

조선 후기 서양 문화의 수용과 관련하여 '동도서기론'(東道西器論)이란 말이 있었다. 즉 우리(東)의 정신(道)을 주체로 하여 서양 문화(西)를 도구(器)로 받아들여야 한다는 말이다. 중국에서는 중체서용(中體西用), 일본에서는 화혼양재(和魂洋才)라 했다. 이는 동양 삼국이 비슷하게 고민하였다는 증거다. 서세동점의 위협에 어쩔 수 없이 서양 문화를 받아들여야만 했던 긴박한 상황에서, 동양의 지도자들은 서양 문화 수용의 원리를 이렇게 한계 지우면서 마지못해 받아들였다. 그 결과 서양의 기계 문화는 받아들였지만 운용에 필요한 합리적인 과학 정신은 받아들이지 않았고, 민주주의 제도는 받아들였지만 그 근본정신인 개인의 자유성과 인민의 평등성은 배제하였다. 자본주의는 수용하였지만, 자본주의가 갖고 있는 정신과 윤리는 수용하기를 주저하거나 거부하였다. 자본주의의 기능적인 측면만 보고 그 형식과 허상만 따라갔던 것이다.

모든 제도는 그것을 배출시킨 정신과 원리가 있다. 그 뿌리를 배제하고 건실한 열매를 기대할 수 없다. 지금의 경제 위기는 그 정신을 엄격하게 적용하지 않았던 우리의 자본주의 운용 행태와 무관하지 않다. 우리 경제의 허약성은 부분 치유로 불가능하다는 것이 이미 드러난 만큼, 기능적이고 구조적인 개혁 못지않게 그 정신을 산업화하는 노력을 기울여야 할 것이다. 이것이 우리 경제를 윤리가 있는 건강한 경제로 만들어가는 첩경이다. 정직과 신뢰, 근면과 절제를 산업화한 선진국은 그래서 우리의 스승이다. (1998.4.11. CBS)

내가 만난 사람들

역사의식과 살아 있는 사람

언젠가 졸업생들이 마련한 사은회 석상에서 축하의 뜻을 듬뿍 담은 색다른 격려사를 한 적이 있다. 요지는, 졸업하는 여러 학생이 이 사회의 주인공이 될 21세기 초반에 우리가 어떤 사회를 건설할 것인가를 그려보면서 그때를 대비하는 것이 지금부터의 과제라는 내용이었다. 그 격려사에서 내가 전망한 21세기 초반에 이루어질 사회의 성격은 대강 이러했다.

첫째, 국제화와 개방화가 더욱 급속히 이루어져 경제적인 측면뿐 아니라 정치 사회적인 측면에서도 '국경이라는 담'이 상당히 약화할 것이다. 둘째, 과학 기술 개발과 정보화 사회가 급속히 이루어져 현재의 생활양식과 가치관, 전통 등의 문화는 새로운 것으로 대치될 것이다. 셋째, 우리 민족은 어떠한 형태이든 통일을 이룩할 터인데, 분단으로 야기된 고통과 불신의 문제들이 증폭되는 사태를 맞을 수도 있을 것이다. 이러한 몇 가지 전망 위에서 젊은이들이 21세기를 준비하는 것이 합리적이지 않겠느냐. 대충 이런 내용이었다. 말하자면 때를 알고 준비하자는 요지였다.

성경은 그리스도인들에게 자기의 때를 인식하라는 귀한 교훈을 남기고 있다. "때가 찼고 하나님의 나라가 가까이 왔다"는 복음서 첫머리에 나오는 말씀은 신약의 새 역사를 여는 첫 경종이다. "도둑이 몇 시경에 임할 줄을 알았더라면 그 주인이 대비했을 것이라"는 예수님의 말씀이나, "파수꾼이여, 새벽이 어느 시점에 와 있느냐"고 외치는 예언자들의 음성은 그리스도인들에게 때를 알고 때에 맞게 살아가라는 교훈을 준다. 예수님은 "너희가 기상 조건은 분별할 줄 알면서 어찌 이 시대는 분별할 줄 모르느냐"고 우리의 '때 읽지 못함'을 책망하신다. 사도는 성도들에게 "지금은 자다가 마땅히 깰 때라"고 하면서, 그리스도인들이 깊은 잠에 빠져 있음과 나태의 잠에서 깨어날 것을 경고하고 있다.

이러한 말씀들은 우선 그리스도인들이 자기의 시대를 분별할 줄 알아야 한다고 강조한다. 역사의식은 자신의 때를 아는 데서부터 시작한다. 지금 우리는 영적으로 어떤 위치에 서 있으며 교회사 및 민족사적으로는 어떤 시점에 도달해 있는가. 자신의 때를 분별할 줄 아는 역사의식을 가진 사람들은 역사가 어느 방향으로 움직여왔으며, 어느 방향으로 움직여갈 것인지에 대한 방향 감각을 갖고 있다. 마찬가지로 역사의식을 가진 그리스도인들은 역사가 진행하는 방향이 어느 곳인가에 대한 정확한 판단을 근거로 그 방향을 향해 용력하고, 매진한다.

지금까지 하나님께서는 인류 역사를 그의 나라가 확장되는 방향으로 이끌어오셨고 앞으로도 그 방향으로 인도할 것이다. 즉 하나님의 통치를 받는 백성들이 사랑과 공의를 실천하는 나라를 이룩하는 것이다. 하나님은 인간을 해방시키시고 자유롭게 하시고 정의롭게 하시며 서로 사랑하게 하는 방향으로 이끌어오셨다. 이것이 하나님의 역사다. 역사의식이 있는 그리스도인들은 이 확신을 가지고 하나님의 역사 방향을 따라 살려고 하는 용기를 품게 된다. 그러나 역사의식이 없는 그리스도인들은 하나님이 원하시는 방향을 모르기 때문에 주요 시점에서 어떻게 행동해야 할지를 모른다.

역사에는 수많은 사람이 등장한다. 그중에는 역사에 살아 있는 사람이 있는가 하면 죽어 있는 사람도 있다. 역사에 살아 있거나 죽어 있다는 말은 어떤 뜻인가? 그 실례를 조선 후기 실학 시대에서 찾아보자. 실학사상을 공부하다 보면, 그 시대에 살아 움직이는 사람이 있다. 반계 유형원(柳馨遠, 1622-1673)과 성호 이익(李瀷, 1681-1763), 다산 정약용(丁若鏞, 1762-1836)이 그런 사람이다. 그들은 어떤 사람들인가?

유형원과 이익은 초야에 묻혀서, 당시 백성의 대부분을 차지하는 농민들과 고락을 같이했다. 그곳에서 농촌을 살찌우는 방법이 무엇이며, 농민을 살리는 길이 어떤 것인가를 두고 고민했다. 두 분은 뛰어난 머리를 가졌지만 벼슬할 생각을 하지 않았고, 양반의 후예였지만 천민과 빈민의 처지를 이해하고 동정했다.

정약용은 어떤 분인가. 명민했던 그는 젊어서 벼슬길에 올라 한때는 정조의 총애를 받기도 했으나, 그 뒤 인생의 황금 같은 시절 20년 가까운 기간을 유배 생활로 보냈다. 그러나 그는 그 유배 생활을 통해서 역사에 살아 있는 사람으로 새롭게 태어났다. 백성의 아픔을 전혀 이해하지 못했던 그는 유배의 참담한 생활을 통해 민중의 고통을 이해하게 되었다. 고난이 그를 역사에 살아 있는 존재로 만들었던 것이다.

어떤 사람이 역사에 살아 있는 분인가? 자신들이 살던 시대에 부귀와 영화를 누렸던 사람들은 결코 아니다. 당시에는 영향력이 별로 없었지만 의지할 데 없는 백성들이 아파하는 것을 같이 아파하면서 민족이 나아갈 길을 제시한 사람들이 바로 그들이다. 널리 알려진 이름과 거대한 무덤과 치적으로 가득히 채운 비석에도 불구하고 실학의 역사에서는 죽어 있는 사람들이 있다. 어떤 사람들인가? 그 시대에 온갖 부귀와 영화를 누렸지만 그 지위와 벼슬로 민족과 백성에 봉사하지 않고 자신을 더 아끼며 살았던 자들이다. 그 시대 왕후장상들이 그런 사람들이다. 그들은 권력과 부를 쥐고 자신들의 시대를 좌지우지하였다. 자신들이 살던 시대에는 그들만이 역사의 주인공인 것 같았다.

그러나 불쌍하게도 역사에는 그들이 죽어 있다. 실학 시대를 떠올릴 때 저 시골에 묻혀 있는 하찮은 실학자들은 살아 있고, 부귀와 권세를 누렸던 사람들은 죽어 있다는 사실을 우리 그리스도인들은 어떻게 보아야 할까? 이것이 역사다. 그리고 이 역사는 이런 역사의식을 가진 사람들만이 볼 수 있고 창조할 수 있다.

하나님의 역사에서 살아 있다는 것은 이보다 더 감동적이다. 모세와 바울을 보자. 모세는 바로 왕의 공주의 아들로서 왕자 신분이다. 당시 세계 최고의 궁중 교육까지 받았으니 야심이 만만하고 앞날이 창창했다. 예정된 길대로 살았다면 모세는 이 땅에서 말할 수 없는 부귀와 영화를 누렸을 것이다. 또 이집트 역사에 한 페이지를 장식했을지도 모른다. 그러나 그 길은 하나님의 역사의 길이 아니었다. 그 길을 걸었다면 그는 책 중의 책, 역사 중의 역사인 '성경의 역사'에는 이름조차 거론되지 않은 '죽은 자'가 되고 말았을 것이다.

그것을 알았기에 모세는 히브리서 저자가 표현했듯이, '바로 왕 공주의 아들이라 칭함'을 거절하는 용단을 내렸다. 그는 '도리어 하나님의 백성과 함께 고난받기를 잠시 죄악의 낙을 누리는 것보다 더 좋아'했다. 그리고 하나님의 백성이 겪는 고난에 참여함으로써 하나님이 원하시는 역사의 길에 들어섰다. 그는 이집트의 순간적인 영화와 쾌락을 박차고 천민 히브리인들에게 몸을 던짐으로써 영원한 삶을 택했다. 이것이 하나님의 역사다. 역사의식을 가진 그리스도인만이 이런 역사 해석에 동의하고, 그런 삶을 축복으로 생각한다.

신약 시대의 바울도 마찬가지다. 그의 회고(빌 3:4-6)에 의하면 그는 가문과 학식, 재산 등으로 보아 세상에서 부러운 것이 없던 사람이다. 그는 베냐민 지파로서 '히브리인 중의 히브리인' 가문 출신이며, 가말리엘 문하에서 공부한 학자로서 공회(국회) 의원이었다. 또 당시 지중해 연안을 풍미하던 그리스 문화에 정통하였으며 선대부터 재산이 많은 듯, 유대인이면서도 로마 시민권을 갖고 있었다. 세속적인 가치관으로 볼 때 그는 더 출세할 것이 없는 사람이었다. 그러나 그가 그것으로 만족했다면 하나님의 역사에서는 죽어 있는 사람이 되었을 것이다.

그는 예수 그리스도를 알고 난 뒤에 세속적인 것들을 모두 다 해(害)로 여겼고, 심지어 배설물로 여기기까지 했다. 그는 역사의 주관자이신 그리스도 앞에 발견되기 위하여 세속적인 모든 것을 포기하였다. 거기서 그는 세상의 역사에는 죽고, 하나님의 역사에는 살게 되었다. 그리스도인이 하나님의 역사에 사는 것은 이런 것이다.

하나님의 역사에 살아 있는 사람이 되기를 원하는 "오직 너 하나님의 사람아"(딤전 6:11), 너는 이런 역사의식을 갖고 있으며 이 역사의식을 따라 살고 있느냐? 가슴에 손을 얹고 시대와 역사 앞에서 조용히 자신을 점검해보자. 자신과 한국교회, 나아가서는 한민족과 세계의 새로운 역사를 개척하기 위하여, 그리고 21세기를 준비하시는 하나님의 새로운 역사에 동참하기 위하여. (1993년)

단군 문제를 다시 생각하다

사직공원 안에 있는 단군전을 보수하려는 문제에서 발단된 '단군 신전' 논쟁은 급기야 신앙의 영역을 벗어나 학문적인 영역에까지 이르게 되었다. 어떠한 동기에서 시작되었든 간에 처음에 당국은 당시 보수공사와 함께 차제에 '단군 성전' 혹은 '단군 신전'으로 확대 건립해야겠다는 의도가 없지 않았던 듯했고, 그 의도는 지나간 저 군국주의 국가에서 국민의식을 통일시키기 위해 신사(神社)를 만들고 조상신을 숭배해야 한다고 국민을 몰아세우던 역사를 연상하게 했던 것이 사실이다.

이런 판국에 일제하 신사참배 문제로 갖은 수난을 당했던 한국 기독교계가 문제를 제기하고 나선 일은 오히려 당연하다고 생각한다. 기독교계 내에서도 일부 인사들이 단군 성전 건립에 찬동했지만 대부분은 반대하였고, 시간이 흐름에 따라 반대 여론은 거교단적인 움직임으로 발전해갔다. 어느 시대나 국민적 기반을 제대로 갖고 있지 못하는 정권일수록 국민정신 통일 운운하는 것을 즐기는 편인지라, 우리 정부는 그렇지 않음을 증명이라도 하려는 듯, 그런 어리석은 짓을 계획한 적이 결코 없다고 기회 있을 때마다 변명해왔다. 거대한 세력으로 등장한 그리스도인들을 적으로 만들지 않겠다는 계산에서였으리라 짐작한다.

나는 신사참배 반대 투쟁의 전통 위에서 수립된 고신 교단에 속한 신도로서, 단군 신전 건립을 반대한 교계의 움직임에 전폭적인 지지를 보내는 입장이고, 그런 입장에서 계몽적인 활동을 펴왔다. 이것은 말하자면 신앙의 영역으로서 우리가 결코 양보할 수 없는 자세라고 생각한다. 나아가 단군 신전 건립 발상의 사상적 기저라 할 '단군 신격화' 자체도 절대로 용납할 수 없다는 것이 내 생각이다. 어떠한 사물이나 세력도 하나님 앞에서 신격화할 수 없고, 절대화시킬 수 없기 때문이다. 절대화·신격화시키는 일은 우상화의 작업이다. 그런데 단군 신전을 지어 단군을 신격화·우상화하려는 일련의 자세에 반대하던 그리스도인들의 동태가 단군의 역사화 혹은 단군신화의 사실화에 반대하는 움직임으로 발전하여, 여러 교단의 공식적인 조직체를 통하여 성명서 형식으로 표출되고 있는 형편이다. 이런 움직임을 접하면서 기독교도이며 국사학도이기도 한 나는 한마디로 착잡한 심경을 금할 수 없다.

기독교계의 '단군 사실화 반대' 움직임을 선의로 해석하자면, 단군 신격화 혹은 단군 우상화의 근거가 단군신화에 있는 만큼 그 신화를 비역사적인 사실로 규정해버리고 다시는 역사의 무대에 오르지 못하게 하자는 뜻으로 이해할 수 있다. 그렇게 된다면 단군 신격화 문제와 거기에 따른 단군 신전 건립은 역사적 근거를 상실하여 재론될 여지가 없으리라는 계산도 들어 있는 듯하다.

나는 이러한 선의에 근거하여 쓴 듯한 여러 목회자의 '단군 사실화 반대 이론서'들을 접한 적이 있다. 그중에는 상당한 시간과 정력을 기울였다고 자부하는 글도 있고, '반대 이론서'로서는 너무나 빈약한 글도 있었다. 어떠한 종류이든, 한마디로 학문을 너무 안이하게 보고 있다는 인상을 금치 못했다. 반대 이론의 요점이라는 것도, 첫째 단군신화가 불교도에 의해 편집되었다는 점과, 둘째 그것이 신화이기 때문에 사실화될 수 없다는 주장이었다. 불교도에 의해서 인용된 『위서』(魏書)나 『고기』(古記) 같은 원전은 거의 언급되지 않았고, 신화의 배경이 된 고대인의 사유나 고대 사회에 대한 이해, 나아가 신화의 비신화화에 관한 문제에 대해서는 전혀 학문적으로 접근하지 않았다. 그랬던 만큼 그 신화를 통해서 고대인의 세계관과 가치관이 어떠했으며, 또 그 신화 속에는 어떠한 사실적 요소가 반영되었는지에 대한 이해도 할 수 없었다.

단군신화에 관해서 학계에는 수십 편의 논문이 있고 오랜 기간에 걸친 연구가 있다. 그에 비해 기독교 목회자들의 어설픈 주장들은 단기간에 걸쳐서 쏟아져 나오다 보니 기존 학계의 연구들에 대해 설득력을 가질 수 없음은 당연하다. 이런 설득력 없는 이론으로 단군 사실화를 반대한다는 논지는, 적어도 그것을 학문의 영역에서 본다면 난센스에 불과하다. 결국 이 문제는 기독교도들이 자신들의 신앙에 '열심'인 나머지 저지를 수 있는 과오가 아닐까?

단군 사실화 여부는 아직은 누구도 단정할 수 없을 만큼 결정적인 연구가 없는 단계다. 그리고 『삼국유사』의 단군 관련 기록에는 신화적인 요소가 아닌 부분도 있는데, 이 점에 대해서도 고고학과의 일치 여부 때문에 단정적인 학설을 내지 못하는 단계다. 그러므로 학문적으로 정리해야 할 단군 사실화 문제에 대해서는 전문적인 학자에게 맡겨야 한다. 그 방면 학자들의 결론이야말로 가장 권위 있는 해답이기 때문이다. 참고로 말하자면, 단군신화의 내용 그대로를 사실화하려는 어리석은 학자가 국사학계에 학문하는 분으로는 존재하지 않음도 알 필요가 있다.

이런 학문적인 이유 외에 단군 문제는 한말 일제하에서는 반침략 자주독립의 상징으로서 기능했다는 저간의 사정과, 그렇기 때문에 일제의 식민주의 사학이 굳이 신화라는 이름으로 단군을 말살하려 했다는 지나간 날의 경험을 복합적으로 갖고 있다. 단군 사실화를 반대하는 기독교도들의 논리 전개에는 일제의 식민 사관론자들의 논리에 근접할 만한 소지가 없지 않다. 따라서 자칫하면 필요 없는 오해를 뒤집어쓸 가능성 또한 없지 않고, 그렇게 되면 지금까지 공감을 불러일으키며 전개시켜온 '단군 신전 건립 반대', '단군 신격화 반대' 운동에도 차질을 빚을지도 모른다.

기독교도들이 우상 반대 운동의 일환으로 단군 신전 건립 반대와 단군 신격화 반대 운동에 때로는 피를 흘리면서까지 적극적으로 참여하려고 한다면, 그것은 자신들의 신앙과 민족과 국가를 위해서라고 이해될 수 있다. 그러나 단군 사실화 문제와 관련한 학문적인 영역은 학자들에게 맡김이 온당하다. 이 경우야말로 '가이사의 것은 가이사'에게 돌려야 하지 않을까 생각한다. (1987년)

깊은 사랑을 '엄격함'으로 표현한 아버지

학교생활에서 제자들과 어느 정도 격의 없는 대화를 나눌 때쯤이면 그들에게서 듣는 말이 있다.

"선생님은 처음 만났을 때는 너무 엄격했고 무섭기까지 했어요."

이 말은 시간을 두고 사귀어 보니 그렇지 않은 면도 있다는 뜻인 것 같아서, 지금은 그런 말을 들어도 별로 놀라지 않는다. 그러나 처음에 그런 말을 들었을 때는 충격이 아닐 수 없었다. 바깥으로 표현하는 냉정함과는 달리, 속에서는 아직도 뜨거움이 있다고 자부하였기 때문이다. 교실이든 교정이든, 지나치다 싶으면 그 즉석에서 학생들에게 충고하는 모습이 이런 반응으로 나타난다고 생각한다. 그러나 교육자로서 '엄격하다'는 인상은 결코 바람직한 스승상이라고는 할 수 없다.

나의 '엄격하다는 인상'은 가정교육에서도 나타났다. 우리 아이들 역시 나를 두려워했다. '자식이 아버지를 두려워한다.' 이것은 가정이라는 공간에서는 용납될 수 없는 말이다. 삼강오륜(三綱五倫)에 '부자유친'(父子有親)이라는 대목이 있다. 부모와 자식 사이에는 애정이 넘쳐야 한다는 유교적 표현이다. 그런데 나의 가정에서는 이런 애정 대신 '아버지에 대한 두려움'이 있다고 하니, 가정교육에서 바람직한 아버지상을 만들지 못하였다는 뜻이다. 아이들이 그렇게 느꼈다면, 칭찬이나 따뜻한 격려보다 꾸지람이나 윤리적 당위성만 지나치게 강조했기 때문일 것이다. 자식들에게 어른 기준의 도덕성만 요구한다면 그들은 어린이로, 정상적인 인간으로 자랄 수 없다.

이 같은 자기반성은 곧 나의 어린 시절을 돌아보게 한다. 그럴 때마다 떠오른 분이 나의 아버님이다. 별로 설득력이 없는 변명은 이렇게 해서 나오게 된다. '내가 엄격한 인상을 주게 된 것은 우리 아버지한테 그런 교육을 받았기 때문이야.' 이렇게 생각하면 어느 정도 자기 합리화가 된다. 나의 아버님은 무척 엄한 분이셨다. 내가 기억하는 아버님에 관련된 추억은 '엄한 인상'의 범주를 벗어나는 것이 거의 없다고 해도 과언이 아니다.

아버님은 1녀 6남 중 장남이었다. 결혼 때 처가에서 한 손으로 마당에 있던 술독을 들어 대청마루로 올려놓아 그 동네 사람들의 기를 꺾어놓았다는 '무용담'을 남긴 할아버지(泰淳)는 어머님의 회고담에 의하면, 농사지을 땅이 없어 집에 거한 시간이 많지 않았고 이곳 저곳으로 다니다가 집으로 돌아와 몇 푼의 가용(家用)을 남기시곤 했단다. 그 덕에 집안 살림의 책임은 일찍부터 장남인 아버님에게 상당 부분 주어졌다. 어머님은 종종 당신이 갓 시집왔을 때를 회상하면서, 사흘 되던 날부터 시부모와 아래 다섯 시동생의 땟거리와 의복 걱정을 해야만 했다고 말씀하셨다.

결혼 후 얼마 안 되어 할아버지가 돌아가시자, 식구들의 생계를 도맡은 아버님은 '돈벌이'를 위해 일본으로 건너가 야와타(八幡) 제철소에서 일했다. 뒷날 아버님이 일구었던 3천여 평의 논밭과 몇 정보(町步)의 산판(山坂)은 아마도 이때 마련하지 않았나 싶다. 이 덕분에 슬하의 10남매가 기초교육을 받을 수 있었다. 내 위에 여섯 분의 누님(한 분은 일찍 돌아가심)은 그 당시 시골 형편으로서는 힘겹다고 할 수 있는 소학교 교육을 모두 받았다. 한편, 아버님은 조선인들을 위해 설립된 야와타 교회에서 한때 중추적인 역할을 한 듯하다. 「기독신보」는 야와타 교회의 소식을 전하면서 몇 차례나 아버님의 함자(仁植)를 떠올렸다.

아버님은 나를 낳고 퍽 기뻐하셨던 것 같다. 내 위로 누님들을 여섯 낳고 이제 단산한 줄 알았는데 아들을 낳았기 때문이다. 이 바람에 막내 누님과 나는 터울이 6년이나 된다. 딸 여섯 뒤에 아들을 낳은 일은 경사였다. 당시 아들을 갖기 위한 여러 유혹이 있었을 터인데, 아버님이 그런 유혹을 이길 수 있었던 것은 기독교 신앙 때문이었으리라 추측하면서 감사하는 마음이다. 내가 걸어 다니기 시작할 무렵, 할머니가 돌아가셨는데 그 산소를 위해 구입한 산판을 내 이름으로 등기한 것을 보면 아버님이 나를 얻은 기쁨이 어땠는지 알 수 있다. 이렇게 한 것은 물론 할머니께서 나를 무척 사랑하셨기 때문이다. 할머니가 돌아가셨을 때 건넛방에 안치된 관을 향해 아장아장 걸어가서 할머니를 부르던 것이 지금도 기억난다.

늦게 둔 아들이지만, 아버님은 나를 향해 웃거나 인자한 모습을 보인 적이 거의 없다. 식사 때는 당신 혼자 독상을 받으시고는 옆에 두레상에 둘러앉은 우리 남매들에게 조용히 식사하라고 '엄명'하신다. 그럴 때면 한 마디 소리도 못 내고 밥을 빨리, 그것도 아버님이 숟가락을 놓기 전에 끝내야 한다. 아버님은 공자 님의 식불언(食不言)의 말씀을 철저히 가정교육에 적용한 듯하다. 늦게 끝내면 한 말씀 하신다. 밥알을 한 톨이라도 흘리면 야단을 맞는다. 농사지으면서 얼마나 많은 땀을 흘렸는데, 이러느냐는 것이다. 국을 마시면서 소리를 내어도 꾸중이 뒤따른다. 그것이 반드시 유교적인 예법과 부합하는지는 몰라도, 일상생활에서 가져야 할 몸가짐에 대한 교훈은 지금도 나의 평소 처신을 지배하고 있다.

어른이 들어오거나 나가시면 앉은 자리에서 반드시 일어나야 한다. 세배 때나 집안의 항렬 높은 어른에게 절을 할 때는 반드시 문외배(門外拜) 혹은 문하배(門下拜)를 해야 한다. 가령, 물을 마시고 싶다고 하더라도 옆에 어른이 계시면 반드시 그분에게 먼저 권하고, 어른이 사양하면 들어야 한다. 조상들의 묘소를 잘 돌보고 성묘를 해야 한다. 지금 생각하면 봉건적인 예도에 관한 교훈을 많이 받았다.

아버님이 동네 구장을 하실 때 우리 집에서 동네일을 의논하며 서류를 꾸미던 일이 기억난다. 그 때문이었는지 제기차기를 위해 필요한 미농지가 우리 집에 있었고 그것을 동무들에게 나눠주기도 했다. 아버님은 어린 나에게 천자문을 가르쳤으나, 한문이나 전통적인 가르침을 불필요한 것으로 간주하던 해방 후의 풍조 때문이었는지 그 이상의 한문은 가르치지 않으셨다. 당신은 한복을 가끔 입으셨으나 양복이 더 어울렸고, 갓을 쓴 모습은 한 번도 보인 적이 없다.

아버님은 종종 우리 집안의 내력을 설명해주셨고, 내가 "인천(仁川) 이씨, 공도공(恭度公) 파이며, 그중에서도 부사공(府使公) 파에 속한다"는 것만은 꼭 외우도록 강조했다. 이것을 모르면 '상놈'으로 놀림을 받게 된다고 하면서 외우고 있는지 자주 확인하셨는데, 어쩌다가 아버님의 질문에 제대로 답하지 못하면 호된 꾸지람을 들었다. 그리고 새해에는 친척들을 찾아가 세배하도록 하고 그 관계(촌수와 호칭)를 자세히 설명하셨는데, 이때도 게으름을 피우면 역시 꾸지람이 뒤따랐다. 이런 추억 속에서 각인된 아버님에 대한 인상은 '두렵다'는 것 외에는 없다. 오죽했으면 교회에서 '불꽃 같은 눈으로 살피시는 하나님'이라는 설교를 들으면서 그 하나님의 모습이 아마도 우리 아버님의 모습과 같을 것이라는 상상까지 했을까? 왜 그런 엄한 모습만을 나에게 보이셨는지 아직도 알 수 없다.

그러던 아버님도 꼭 한 번 눈물을 보인 적이 있다. 6·25 전화가 우리 동네 앞에까지 밀어닥쳐, 갑작스럽게 내가 동생들을 데리고 의령에 있는 자형 댁으로 피난해야만 했다. 피난길은 그 뒤 의령에서 합천·삼가 방향으로, 인민군이 내려오는 쪽으로 이어졌다. 약 한 달 동안 부모님과는 소식이 두절됐다. 그 무렵 어머님이 천신만고 끝에 우리를 찾아오셔서 우리 가족은 다시 합칠 수 있었다. 내가 당시 인민군 주둔 지역이었던 고향 동네를 찾아가서 이미 일부가 불타버린 우리 집 사랑채에서 아버님을 뵈었을 때, 아버님은 초췌한 모습으로 눈물을 흘리면서 나를 감싸 안았다. 그 모습이 내가 철이 든 후, 아버님이 나를 사랑한다는 것을 보인 단 한 순간이었다.

본채가 불타버린 집에서 우리는 전란의 아픔을 견뎌야 했다. 그런 데다 아버님은 전란 전부터 이미 간디스토마병을 앓고 있었다. 뒤에 안 사실이지만, 낙동강 민물고기를 날것으로 먹으면 흔히 걸리는 병이라고 한다. 전란 전에는 외국에서 수입한 좋은 약이 있어서 병을 억제할 수 있었지만, 전란 중에는 약도 구하지 못하고 영양도 고르게 섭취할 수 없어 건강을 제대로 지킬 수가 없었다. 게다가 아버님은 어머님과 함께 인민군이 점거하고 있던 전투 지역의 집을 계속 지키고 있다가, 인천 상륙으로 낙동강 전선에서 유엔군이 북진을 개시할 때 민간인 포로가 되어 잠시 마산수용소에서 곤욕을 치른 적도 있다.

전란이 일어난 지 1년 반이 지났을 때 아버님은 더는 몸을 가누지 못하고 세상을 떠나셨다. 임종을 지켜본 맏누님은 임종에 앞서 아버님이 확실한 신앙고백을 했다고 우리에게 종종 위로의 말을 했다. 해방 후 아버님은 교회와 일정한 거리를 유지했기에, 맏누님의 말씀은 큰 위로가 되었다. 6·25는 나의 아버님과 함께 종형 두 분을 전선에서, 그리고 자형 한 분을 서울에서 하늘나라로 데려갔다. 결혼 후에는 처남 한 분이 역시 6·25의 희생물이 되었음을 알게 되었다. 우리나라 남쪽에서 자란 내가 6·25의 상처를 씻어버리지 못하는 것은 이 때문이다.

아버님이 돌아가신 날은 1952년 2월 29일이다. 중학교 1학년 말, 학교에서 3·1절 행사 연습을 하고 돌아온 나에게 평소에 그렇게도 정이 많던 작은아버님은 큰 소리로 우시면서 비보를 전했다. 그때까지만 해도 죽음이 그렇게 철저하게 인간 사이를 갈라놓는지를 알지 못했고, 거기에다 평소 아버님에게 정을 못 느꼈기 때문에 슬픔이 크지 않았다. 그러나 많은 날을 살아오면서 그날이 정말 슬픈 날이었음을 두고두고 기억하게 되었다. 평소 냉정하시던 아버님은 죽음에 이르러서도 자식들에게 정을 두고 가지 않으려고 했는지, 양력으로 4년 만에 한 번 돌아오는 그날에 돌아가셨다. 자식에게 그런 방법으로밖에는 사랑을 전달하지 않던 아버님, 이제는 그 엄격하고 냉정했던 성품 뒤에 숨겨진 사랑을 느낄 수 있는 나이가 되어간다.

나약한 아버지상이 넘치는 요즘 같은 세상에서 '엄격함'도 아버지가 사랑을 표현하는 구체적 방법일 수 있다. 이것을 자녀들에게 전해야겠다고 느끼는 순간, 자식들은 나의 '엄격함' 밑에서 이미 다 자라버렸다. 이제는 자상하게 설명할 겨를도 없어졌다. 그저 아버님이 나에게 했던 것처럼, '엄격함과 냉정함'도 아버지의 사랑일 수 있다는 것을 그들 스스로 깨달을 때까지 내버려 둘 수밖에 없다.

(이 글은 아버님이 돌아가신 지 꼭 44주년이 되는 날에 아버님을 회상하면서 초했다.) (1996년)

등잔불 밑에서 성경 이야기를 들려주던 어머니

> 내 평생 소원 이것뿐
> 주의 일 하다가
> 이 세상 이별하는 날
> 주 앞에 가리라

이 찬송가는 웬만한 그리스도인이라면 잘 부르는 곡이며 우리 가정에서 특별히 애창하는 곡이기도 하다. 나는 어릴 때부터 이 찬송을 자주 불렀고 지금도 외우고 있다. 그것은 어머님 덕분이다.

기억으로는 해방 후 우리나라가 기독교 신앙의 자유를 회복한 뒤, 그러니까 내 나이 8살 때부터 우리 가정은 새벽에 가정예배를 드렸는데, 등잔불도 제대로 켜지 않고 드리는 이 예배에서는 으레 어머님이 외우고 있는 찬송을 주로 불렀다. 그때 자주 불렀던 찬송은 〈내 주를 가까이하려 함은〉, 〈갈 길을 밝히 보이시니〉, 〈인애하신 구세주여〉, 〈구주 예수 의지함이 심히 기쁜 일일세〉, 〈성령이여 강림하사〉, 〈만세반석 열린 곳에〉, 〈믿는 사람들아 군병 같으니〉, 〈주 안에 있는 나에게〉, 〈환난과 핍박 중에도〉, 〈지난밤에 보호하사〉, 〈죄짐 맡은 우리 구주〉, 〈주 예수의 강림이 불원하니〉 등이 있다.

그동안 서너 차례의 찬송가 개편으로 가사가 많이 바뀌어 가끔 옆 사람과 하모니가 깨져서 그렇지, 나는 아직도 어릴 때 부르던 찬송가를 많이 외우고 있다. 혼자 길을 갈 때나 운전을 하면서 또는 연구실에서 적적할 때 찬송가를 부르곤 한다. 그리고 찬송을 부를 때마다 기쁨과 용기를 얻는다. 나는 '아, 이것이야말로 어머님께서 남겨주신 훌륭한 믿음의 유산이구나' 하고 생각하지 않을 수 없다.

어린 시절을 회상할 때마다 새벽에 드렸던 가정예배가 떠오르고, 지금에 와서야 고마운 마음이 든다. 아직 날이 채 새지 않았는데도, 어머님은 우물에서 세수하고 우리를 깨운다. 잠이 덜 깬 채로 예배를 시작한다. 어머님의 기도는 매번 들어도 비슷한 내용이다. 십자가의 보혈 공로를 감사하고, 오늘도 죄 짓지 말고 부지런히 일하도록 해주시며, 자녀들의 건강을 지켜주시며, 공부할 때 지혜와 총명을 주시며, 장차 하나님의 위대한 자녀가 되게 해달라는 내용이다. 가끔 친척과 이웃과 나라를 위한 기도가 있었으나 오늘날처럼 이론적으로 정리된 기도는 아니었다. 그 기도 덕분에 슬하의 6자매 중에서 권사가 세 사람이고, 3형제 모두가 목사 장로다. 그리고 어머님 당신은 인근 교회에서 명예권사로 하늘의 부르심을 받을 때까지 봉사하셨다.

어머님은 15세 때 네 살 위의 아버님과 결혼했다. 좀처럼 결혼 당시의 이야기를 들려주지 않았지만 나를 아끼는 둘째 누님에게 결혼 초기의 어려웠던 일들을 간접적으로 들은 적이 있다. 시집온 지 사흘째 되던 날부터 부엌에 들었는데 시어른 내외에 남자 시동생만 다섯 있는 그 집에서 그날부터 죽을 끓여야 했다. 다섯 시동생의 빨래 수발 이야기는 나에게도 가끔 들려주셨는데, 일제 강점 초기 한국 농촌의 처참한 경제 상태를 훤히 비춰주는 것 같기도 했다. 오줌에 지린 옷들을 잿물에 삶아 빨아야 했고, 당시 농촌 아낙들이 그랬듯이 겨울에는 시냇가에서 얼음을 깨고 빨랫감을 두들겨야 했다. 거기에다 시아버지가 돌아가시자 장남인 남편과 함께 시어머님을 모시고, 시동생 다섯을 결혼시켜 분가까지 시켜야 했다. 중학교에 다닐 때 나는 막내 숙부님 댁에서 잠시 하숙을 한 적이 있는데, 그때 숙부님이 어려서 큰형수(나의 어머님) 등에 업혀서 자랐다고 귀띔해준 적이 있다.

어머님은 결혼 후 얼마 안 있어 예수를 믿게 되었다. 내가 어렸을 때 살던 동네에서 약 5km 남짓한 사촌(舍村)이라는 곳에 1897년에 이미 예수교회가 설립되었다는 『장로회사기』 기록이 있고, 그보다 15년 후인 1910년도 중반 무렵이면 그 지역에 복음이 널리 전파되었을 것으로 추측된다. 먼저 할머니가 복음을 받아들이자 아들 며느리도 모두 교회에 출석했다. 다섯 분의 삼촌 중에서 큰삼촌이 1920년대 초에 평양 장로회신학교에 입학하여 목사가 된 것은 할머니가 믿은 신앙의 결실이었다.

어머님은 평생 글을 읽지 못했다. 초등학교 다닐 때 글을 모르는 어머님이 안타까워 한글을 깨우쳐 드리려고 했지만, 어머님은 농사꾼이 글을 알아서 무엇하겠느냐면서 거절하셨다. 나는 이 일을 두고두고 후회했다. 가끔 찬송가 몇 장을 찾아주시는 걸 보면 글을 전혀 모르는 것 같지도 않았지만, 어머님은 한사코 글 배우는 데 관심을 두지 않았다. 글을 모르셨기 때문인지 사실의 대부분을 기억력에 의존하였다. 찬송가와 성경을 잘 외웠던 것도 그 때문이라 생각한다. 어릴 때 등잔불 밑에서 들은 옛날이야기나 성경 이야기는 어머님의 기억력이 매우 맑았음을 입증한다. 스스로 기억력에 의존하고 사셨기 때문에 연세를 많이 드신 후에는 자녀들과 지나간 사실을 두고 견해를 달리하여 자녀들의 입장이 난처해진 적도 종종 있다.

어머님은 10남매(누님 한 분은 일찍 돌아가심)를 낳았고, 당시만 해도 소학교에 보내기 어려운 여건 속에서 모두 정도 이상의 교육을 시켰다. 결혼 이래 상경할 때(1964년)까지 약 50년간 농사를 지으셨는데, 아버님이 돌아가신(1952년) 때부터 12년간 손수 삯꾼을 데리고 15마지기 남짓한 땅을 경작했다. 딸만 여섯을 둔 후 40세에 첫아들(나)을 낳아 농사일에 아들들의 도움은 거의 받을 수 없었던 탓이다. 그러나 나도 여름철 아침과 오후에는 으레 소(牛)를 먹이러 들과 산으로 나가야 했고, 겨울에는 새벽 가정예배 후 쇠죽부터 끓이는 어머님의 모습을 항상 보았다. 봄철에 늦은 비라도 오면 고추 모종을 옮기거나 채소 씨앗을 뿌리던 어머님의 모습이 떠오른다. 뒷간에 묵힌 오줌을 통에 담아 당신이 직접 이고 밭에까지 가시거나 머슴을 시켜 옮기기도 하였다. 중고교 시절 나도 오줌장군을 지게에 지고 밭일을 도운 적이 있는데, 장군을 운반할 때는 통이 꽉 차 있어야 흔들리지 않고 운반이 편하다.

어머님의 농사일은 당신 손가락 하나가 잘린 후에도 계속되었다. 대학 시절 어느 방학에 귀향했을 때 어머님의 집게손가락이 절반가량 없어진 것을 알게 되었다. 작두에 소의 여물을 썰다가 손가락 절반이 절단된 것이다. 얼마나 아팠을까. 그 사실을 알고 나는 '대학 공부가 무엇이길래 늙으신 어머님을 이토록 고생시킨단 말인가' 하고 가슴 아파하며 어머님께 대학을 그만두고 싶다는 뜻을 비쳤다. 어머님은 내 뜻을 알겠다면서 이제는 다 나았으니 걱정할 것 없다고만 하셨다. 어머님의 절단된 검지는 지금도 어머님을 회상할 때마다 나에게 '불효자식'이라는 마음의 파문을 거칠게 일으킨다. 죄의식을 씻기 위해서라도 나는 어머님을 단둘이서 뵐 때는 가끔 절단된 손가락을 만져보곤 했다.

어머님은 1983년 가을이 한창일 때 85세 나이로 돌아가셨다.

생전에 불초자식이 해드린 것이라고는 '출필고 반필면'(出必告 反必面)밖에 기억나는 것이 없다. 이것은 집을 나설 때 아뢰고 돌아와서는 얼굴을 보이라는 유교의 교훈이다. 어머님이 돌아가시기 3년 전인 1980년 7월 나는 소위 해직교수가 되었다. 아내와 의논해 어머님께는 알리지 않기로 했다. 당장 문제 되는 일은 매일 되풀이하던 '출필고 반필면'이었다. 어머님이 눈치를 채지 못하도록 하기 위해 나는 아침마다 가방을 들고 "어머님, 다녀오겠습니다"를 반복했다. 단지 어머님께 거짓말할 수는 없어 '학교에'라는 말은 뺐다.

때로는 나간 지 얼마 안 되어 귀가하곤 했는데, 그때 어머님이 "요즘은 빨리 돌아오는구나" 하여 약간 착잡하기도 했다. 그러나 돌아가실 때까지 아들의 해직 사실을 모르셨다. 게다가 다행이랄까, 나는 해직 기간 중 1년 반가량을 해외에 나갈 수 있었다. 지금도 안타까운 일은 1년만 더 살아 계셨더라면 아들이 복직하여 그동안 숨겨온 해직 사실을 떳떳이 아뢸 수 있었을 텐데 하는 것이다.

어머님은 가실 때도 자녀들을 위해 청명한 가을날을 택한 듯 나흘 동안 호흡곤란을 겪다가 평소에 즐겨 부르던 찬송을 자녀들이 부르는 가운데 조용히 하나님의 품에 안겼다. 호흡곤란을 겪으면서 말문을 닫으셨는데 그때 나는 주일을 맞아 혼자 어머님 곁을 지키며 몇 번이나 살아 있는 당신의 의식을 향해, "어머님, 예수님이 우리의 구주이심을 믿으시죠?", "하나님이 함께하심을 믿으시죠?", "예수님을 믿으면 죄 용서함 받고 천당 가는 것을 확실히 믿으시죠?" 하고 물었고, 어머님은 그럴 때마다 고개를 끄덕이며 응답해주셨다. 이것이 숨을 거두시기 전에 어머님께서 자녀들에게 남긴 '영생의 확신'이라는 마지막 선물이었다. (1990년)

민족주의의 씨앗을 심어준 스승, 문성주

사람마다 자기 생애에 극적인 전환을 마련해준 '만남'이 있을 수 있다. 그 만남은 일생을 두고 소중한 추억이 되고, 인생의 여정이 고달프거나 시련을 겪을 때는 생의 방향을 굳건히 하는 귀중한 담보가 되기도 한다. 나에게는 그런 의미의 어떤 극적인 만남 같은 것은 없다. 다만 평범한, 그러면서도 항상 머리에서 떠나지 않는 몇 분에 관한 추억이 있을 뿐이다. 문성주 선생님도 그런 분 중 하나다. 그는 내가 주일학교 학생 시절 시골 교회의 스승이셨고, 지금도 고향 교회를 떠나지 않고 묵묵히 좌정해계시는 분이다. 몇 년 전 그는 우리 시골 교회에서 장로 직분을 받았는데, 이는 그의 초지일관스러운 신앙 여정의 결실이기도 하다.

　내 고향은 낙동강의 지류인 남강이 믿음직한 방어산 기슭을 돌아 와룡정 및 월촌 앞을 굽이쳐 흐르면서, 임진왜란 때 왜적의 간담을 서늘하게 한 홍의장군 곽재우가 활약한 정암(鼎岩)을 대안에 바라보고 있다. 이곳은 또 일찍부터 문풍과 지조를 숭상했던 고장인지라, 백이·숙제 두 산이 이 고장의 정신적인 지주로 우람하게 서 있다. 이 고장에서 비교적 깔끔하게 양반 행세를 하던 인천이씨 문중 몇몇 가정이 당시로서는 사교로 취급되던 기독교로 개종하였는데, 나의 할머니도 그중 한 분이었다. 아들 대에 와서 평양 장로회신학교를 졸업하여, 목사로 활약한 분이 있고, 손자·증손자 대에 와서 여섯 목사가 나왔으니 할머니가 주신 신앙의 음덕은 가히 여기까지 뻗치고 있는 셈이다.

내가 문성주 선생을 처음 만난 곳은 해방 후 이곳 군북교회의 주일학교에서다. 집에서 거의 3km 정도 떨어진 주일학교에 그렇게 열심히 다녔던 것도, 지금 생각해보니 문 선생님 때문이었다. 그는 당시(그 후에도 줄곧 그래 왔다) 유년주일학교 부장으로 교사들과 학생들을 책임 있게 지도하였다. 전 학년 통일 공과를 사용했던 주일학교에서는 분반공부 후에 전체를 상대로 질의응답 시간을 가졌는데, 문 선생님은 우리가 담임 선생님에게서 잘 배우지 못한 부분까지 잘 정리해주셨다.

무엇보다 기다려지는 것은 문 선생님의 '동화' 시간이었다. 동화래야 요즈음 전문적으로 말하는 그런 종류가 아니고, 구약성경에 나오는 역사와 인물에 관한 이야기였다. 노아 홍수와 아브라함의 믿음, 에서와 야곱의 이야기, 모세와 여호수아, 어린 사무엘과 다윗, 다니엘과 그의 친구들 이야기 등, 그의 음성과 제스처를 통해 전달되는 내용은 매번 어린이들의 주의력을 집중시켰고, 가슴을 죄게 했다. 나는 그의 말씀을 듣기 위해 해 질 무렵에 모이는 주일 오후 공부에도 늘 참석했다.

자칫 산만하기 쉬운 어린 마음들을 사로잡을 수 있었던 것은 확실히 그의 교수 방법이 요즈음 말하는 '아동심리학'을 체험적으로 간파하였기 때문이다. 그 점에서도 그는 훌륭한 스승이었다. 그러나 그 못지않게 중요한 것은, 앞에서 말한 인물과 역사를 소개하면서 표현하는 생생한 현장감과 마무리하면서 정리해주는 놀라운 교훈이었다. 그의 이야기를 듣는 동안 우리는 모세가 홍해를 건너는 장면을 직접 체험하였고, 어린 다윗이 되어 거대한 악의 상징인 골리앗을 쳐부수는 용기와 쾌감을 맛보았다. 또한 다니엘이 되어 사자 굴에 던져졌지만 하나님의 보호하심을 받아 구원받는 신앙인이 되어가고 있었다.

그의 교훈에서 항상 떠나지 않은 주제는 '신앙과 민족'이었다. 내가 가장 강렬하게 받은 민족교육은 어린 시절 주일학교에서 그를 통해서다. 모세와 다윗, 사무엘과 다니엘의 교훈은 일제가 물러난 지 얼마 되지 않았던 그 시절, 그 신앙인들을 통하여 그들의 조국이었던 이스라엘을 나의 조국, 나의 민족으로 바꾸어 생각하게 하였다. 그리하여 나에게는 소박하지만 민족주의의 기틀과 방향의 틀이 이때 잡히지 않았나 생각해본다. 내가 '신앙과 민족과 역사'의 틀 속에서 인생과 학문을 정립하려고 노력하는 몸부림도 결국 어린 시절 문 선생님의 영향이 크다고 하지 않을 수 없다.

지금도 내 고향 군북에는 백이산이 좌정해 있고, 남강이 흐른다. 그 못지않게 어린 시절 우리들의 신앙과 인생관 수립에 영향을 미쳤던 문성주 선생이 이제는 교회의 장로로서, 그가 키웠던 후세들이 거의 떠나버린 그 고향을 묵묵히 지키고 있다는 사실은 나에게 고향을 회상할 적마다 안온함과 기쁨을 더해준다. (1987년)

시골교회를 섬긴 학자풍의 유봉춘 목사

유고집『하늘의 별 유봉춘劉鳳春 목사의 생애』를 읽고

유봉춘 목사님의 전기를 접하게 된 것은 큰 기쁨이다. 이 책은 유대
안 선생이 그 아버님 유봉춘 목사의 기록을 중심으로 부친의 생애를
정리하여 출간한 것이다. 어릴 때 내게 큰 영향력을 미쳤던 분이기
도 하기에 나로서는 더욱 기쁘게 생각한다. 어릴 때 유 목사님을 뵈
었지만, 그 뒤 목사님의 소식이 궁금했고, 고향 교회를 언급할 기회
가 있을 때마다 거의 빠뜨리지 않고 유 목사님과 주일학교 선생님인
문성주 장로님을 떠올렸다. 교회사와 신학에 관심을 갖게 되면서,
한국에서 신구약 성경 주석을 가장 먼저 펴낸 이가 고려신학교의 박
윤선 교장이고,『성구사전』(聖句辭典)을 가장 먼저 펴낸 이는 고려신
학교에서 박윤선 목사님의 가르침을 받은 유봉춘 목사님이라는 것
을 자랑했다. 유 목사님이『성구사전』을 펴낸 때가 내 고향 군북교회
에서 두 번째 시무하셨을 때라는 것도 빠뜨리지 않았다. 이렇게 내
어린 시절, 우리 교회의 담임 목회자였던 유봉춘 목사님을 나는 늘
마음속에 간직하고 있었다. 내가 학문을 하면서부터는 그 추억이 더
했다.

　유 목사님은 경남 지역에 선교지를 마련한 호주 선교사를 통
해 기독교를 받아들였다. 이후 호주 선교사 집에서 잠시 생활했고,

1920년대에 전국적으로 선풍을 일으킨 이용도(李龍道) 목사의 집회에도 참석했다. 신학 공부가 하고 싶어진 그는 신사참배 문제로 평양신학교가 문을 닫자 만주로 가서 정경옥(鄭景玉) 목사가 1939년에 개설한 '사평가(四平街) 신학교'에서 공부하려고 시도한다. 그러나 신앙 노선이 맞지 않아 귀향했다. 정경옥 목사도 이용도 목사와 같은 감리교인이었기 때문일까. 그 뒤 일제가 신사참배를 강요하자 솔가하여 만주로 올라가 장춘(長春, 당시 新京) 근처의 만보산(萬寶山) 교회에서 해방될 때까지 시무하면서 한인들의 신앙을 지도하며, 말씀과 의술로 봉사했다. 해방이 되자 그는 가족을 데리고 천신만고 끝에 향리이기도 한 경남 거제로 와서 무너진 고향 교회들을 재건하는 데 온 힘을 기울였다.

유 목사님의 일기를 중심으로 아드님이 재구성한 책을 보니, 역사적 기록으로서 중요한 성격이 눈에 띄었는데 특히 다음 두 가지 측면에서다. 첫째는 해방 후 만주의 동포들이 귀환하는 과정을 생생하게 잘 그려주고 있다는 점이다. 유 목사님의 기록은 당시 귀환 과정에서 겪었던 어려운 체험을 직접 일기로 써서 남겼기 때문에 역사 기록으로서의 현장성을 갖고 있다. 당시 일본(의 관동)군이 패하고 소련군이 만주와 북한으로 들어왔는데, 재만동포(在滿同胞)들의 귀환 과정을 이렇게 생생하게 기록한 것은 그렇게 흔치 않다. 귀환 과정의 기록은 유 목사님 개인의 일기지만, 당시 우리 민족이 처한 현실을 적나라하게 보여주기에 자료적 가치가 크다. 둘째로 이 책은 해방 후 한국교회를 다시 세우는 과정의 일단을 보여준다는 점에서 사료적 가치가 크다. 일제 말기 한국교회는 신사참배 강요에 순응하거나, 거역하면 문을 닫아야 했다. 따라서 신사참배 거부로 수십 명의 순교자와 출옥 성도를 냈다. 유봉춘 목사님은 만주에서 거제도로 귀환하여 그 지역의 무너진 제단을 수축하는 데 온 힘을 기울였다.

나는 그 아드님이 새로 정리한 이 책의 내용을 소개하기보다는 유 목사님이 해방 후 목회했던 군북교회를 통해 내가 어떻게 유 목사님을 마음속에 간직하고 있는가에 초점을 맞춰 몇 자 쓰려고 한다. 내가 군북교회에서 유봉춘 목사님을 뵙게 된 것은 해방 이듬해 (1946)였다. 해방되던 해 초등학교 1학년이었던 나는 그때 비로소 할머니 때부터 출석해왔던 군북교회 유년주일학교에 다니게 되었다. 교회는 우리 동네(텃골)에서 3-4km 정도 떨어진 곳에 자리하고 있었으며, 우리 동네에서 가자면 군북초등학교와 백정들이 사는 마을을 지나 신창이라는 동네에까지 가야만 했다. 군북교회 예배당은 당시 시골에서는 우람하다고 할 정도의 자연석 석조 건물이었다. 예배당 건물 뒤 수백 미터 떨어진 곳에는 큰 시내가 있었는데, 여항산에서 내려오는 맑은 물이 흘렀고 그곳의 돌들이 매우 아름다워 예배당을 짓는 데 유용하게 사용됐다. 예배당 앞에도 도로와의 사이에 역시 맑은 물이 흐르는 좁은 도랑이 있었다. 내가 해방 전에 예배당에 다녔던 기억이 없는 걸 보면, 아마도 일제 말기 핍박으로 교회의 문이 닫혀 있었던 것이 아닌가 생각된다. 1909년에 창립된 군북교회는 할머니와 우리 온 가족이 섬기던 교회였다. 큰 삼촌(李弘植)은 이 교회를 섬기면서 평양신학교에 입학하여 목회자가 되었고, 약국과 이발소를 경영하던 넷째 삼촌(李圭植)은 영수로서 이 교회의 석조 건물을 짓는 데 큰 힘을 보탰다.

연보(年譜)에 의하면, 유봉춘 목사님은 군북교회에 두 차례 봉직했다. 처음에는 1946-1949년이었고, 두 번째는 1954-1956년이었다. 처음 시무할 때는 전도사(助事)로서 부산의 고려신학교에 적을 두고 공부할 때였고, 두 번째는 목사 안수를 받은 후 목사로서 군북교회에 부임했다. 이때 한국 최초의 『성구사전』을 출판(1954년 9월)한 것이다. 당시 나는 1952년에 간행된 새 판형의 개역판 성경을 읽고 있었기에, 『성구사전』의 중요성을 어렴풋이 인지하고 있었다. 따라서 고향 군북교회의 목사님이 『성구사전』을 펴낸 데 대해서 상당한 자부심을 갖게 되었고, 은근히 자랑까지 했다. 그 뒤 마산고등학교에 진학한 나는 학생회 모임에서 말씀을 전할 기회가 있으면 이 『성구사전』으로 내가 원하는 구절을 찾아서 활용하기도 했다.

두 차례나 우리 모교회에서 시무하셨기 때문에 내게 유 목사님에 대한 추억은 여러 가지 형태로 남아 있다. 두 경우 모두 목사님은 반듯한 모습에 흐트러짐이 없었고 언어에도 지극히 부드럽고 신중하셨으며 사근사근한 음성이어서 꾸지람을 할 때도 음성의 성조가 높았던 기억은 없다. 주일학교 학생을 대할 때도 온공한 품위를 잃지 않으셨고, 우리에게 말씀을 가르칠 때도 조용조용히 전했다. 자녀들도 옷차림이 말쑥하여 마치 외국에서 온 듯한 느낌을 주었다. 이것은 사모님의 노력에 의한 것이 아니었나 생각된다. 키가 그렇게 크지 않았던 사모님은 옷매무새와 머리 모양도 시골의 부녀자들과는 달리 품위가 있어 보였고, 단아한 모습에 지적인 풍모를 풍겼다. 사모님께서 군북 지방에서 해방 후 여성단체에 관여했다는 증언을 최근에 듣고는 '아 그랬구나, 내 느낌이 틀리지 않았구나' 하는 생각을 하게 되었다.

유 목사님과 관련한 추억을 더 소개하는 것이 좋겠다. 군북교회를 다녀간 목회자 가운데 기억나는 분으로는 유 목사님과 배삼술 전도사님이 있다. 그 뒤 목사 안수를 받은 배삼술 목사님은 6·25 후에 부산 동래에서 큰 양로원을 경영했다. 유 목사님이 군북교회에서 처음 시무하셨을 때는 내가 너무 어렸기 때문에 기억나는 것이 많지 않다. 한 번씩 주일학생들을 상대로 말씀을 전했던 적이 있는데 그때도 늘 조곤조곤한 말씨로 부드러웠던 것으로 기억한다. 두 번째 시무는 내가 마산서중과 마산고등학교에 다녔을 때였다. 나는 방학 때 귀향하여 군북교회의 여름성경학교를 돕기도 했다. 어떤 날은 유 목사님이 아침에 얇은 재킷을 입고 머리도 다듬지 않은 채 약간 부스스한 모습을 보일 때가 있었는데, 내 경험에 비춰보면 아마도 목사님이 『성구사전』 편찬을 위해 골몰하느라 밤을 거의 새워 그런 모습을 보이신 게 아닌가 싶다. 지금에 와서 그런 생각이 든다.

이때 내게는 잊지 못할 추억이 있다. 방학 때 유 목사님의 따님인 유순덕(劉順德) 선배로부터 풍금을 배운 일이다. 유 선배는 부모로부터 음악적 자질을 이어받아 풍금을 잘 쳤다. 마산서중을 다닐 때 나는 제갈삼(諸葛森) 선생님으로부터 음악을 배웠는데, 제갈 선생님은 반드시 계명으로 악보를 익힌 후에 노래 가사를 붙여 부르게 했다. 그렇게 몇 년을 훈련받고 나니 이제 웬만한 악보는 먼저 눈으로 읽을 수 있게 되어 교회 성가대나 한국남성합창단원으로 봉사할 때도 큰 도움이 되었다. 악보에 익숙했던 만큼 유 선배에게 풍금을 배우는 것도 그리 어렵지 않았는데, 그 덕분에 뒷날 피아노 근처에도 갈 수 있게 되었다. 유순덕 선배는 그 뒤 내 종형 이주열(李周烈)과 결혼하여 종수(從嫂)가 되었으나 아까운 나이에 일찍 돌아갔다. 군북교회의 아름다운 돌담을 세울 때 크게 공헌한 이규식 삼촌의 아들인 주열 형님은 그 뒤 중고등학교 교장으로 있다가 공직에서 물러났다.

유 목사님이 군북교회를 떠나시고 난 뒤 나 같은 젊은이에게 목사님의 소식이 전해질 리가 없었다. 그저 『성구사전』을 활용할 때만 목사님의 학은(學恩)과 영적 감화를 느낄 뿐이었다. 이번에 그 넷째 아드님이 쓴 '유고집'을 보니, 군북교회를 떠난 뒤 목사님은 거의 시골교회에서 목회하신 듯하다. 고려신학교 3회 졸업생으로 『성구사전』까지 펴낸, 당시로서는 영성과 지성을 겸비한 분이어서 웬만한 도시교회에서도 그만한 목회자를 구하기 쉽지 않았을 터, 또 현재 남아 있는 설교 원고를 보더라도 도시교회의 어떤 목사님도 따를 수 없는 설교 준비를 했던 분이기에 시골·도시 어디에서도 훌륭하게 목회하실 수 있는데, 굳이 시골교회에서만 봉사하신 이유가 무엇인지 의문이 든다. 아마도 의도적이지 않았나 하는 느낌도 든다. 당시로서는 한국교회의 앞날이 바로 시골교회를 건강하게 키우는 데 있었기에, 그것을 '당신'의 사명으로 생각했던 것은 아니었을까. '당신'이 소유한 영성과 지성으로 시골교회를 부양하는 것이 한국교회는 물론 한국사회를 끌어올리는 데 도움이 될 것이라는 어떤 거대한 목표와 신념 같은 것이 있었던 것은 아니었을까.

무의촌이 대부분인 시골을 목회지로 삼은 것은 그가 공부한 의학도 한몫했으리라 생각된다. 군북교회에서도 가끔 환자를 진맥하는 것을 본 적이 있지만, 그때만 해도 목사님이 의학 공부를 전문가 수준으로 독학했다는 것을 누구도 몰랐고, 이번에 아드님의 글을 통해서 알게 되었다. 그러고 보니 예수님께서 이 땅에서 사역하신 중요한 내용이 생각난다. 예수님의 중요 사역은 말씀을 '선포하시고' '가르치시고' 나아가 병자를 '고치신' 일이다. 바로 이 사역을 유 목사님은 시골교회를 섬기면서 실천해간 것이 아닌가 하는 생각이 든다.

어린 시절 시골의 한 목동·초부로밖에는 자랄 수 없었던 내게 영성적 꿈을 꾸게 해주었고, 학문적 사표가 되어주셨으며, 인격적인 모범을 보여주신 유봉춘 목사님, '사랑하고 존경합니다'라는 고

5장 내가 만난 사람들

301

백으로 목사님을 향해 오랫동안 간직했던 가슴속의 말을 전한다.
(2019.12.12.)

민족의 큰 스승, 백범 김구

네 소원이 무엇이냐 하고 하나님이 물으시면 나는 서슴지 않고, "내 소원은 대한 독립이요" 하고 대답할 것이다. 그다음 소원은 무엇이냐 하면 나는 또, "우리나라의 독립이요" 할 것이요, 또 그다음 소원이 무엇이냐 하는 세 번째 물음에도 나는 더욱 소리 높여서, "나의 소원은 우리나라 대한의 완전한 자주독립이요" 하고 대답할 것이다.

이것은 평생을 조국의 완전 자주독립을 위해 항일투쟁에 앞장섰고, 해방 후에는 숭고한 목숨마저 민족통일의 제단 위에 바친 백범(白凡) 김구(金九, 1876-1949) 선생이 「나의 소원」에서 밝힌 말이다. 「나의 소원」에서 그는 우리 민족과 신생 국가의 이상도 밝혔다. 백범 선생은 우리 민족이 세계사에서 수행해야 할 과제를 이렇게 설명했다.

내가 원하는 우리 민족의 사업은 결코 세계를 무력으로 정복하거나 경제적으로 지배하려는 것이 아니다. 오직 사랑의 문화, 평화의 문화로 우리 스스로 잘 살고 인류 전체가 의좋게 살도록 하는 일을 하자는 것이다. 어느 민족도 일찍 그러한 일을 한 이가 없었으니 그것은 공상이라고 하지 말라. 일찍 아무도 한 자가 없길래 우리가 하자는 것이다.

그의 '소원'은 또한 새로이 건국할 독립국가의 이상에서도 분명히 드러난다.

나는 우리나라가 세계에서 가장 아름다운 나라가 되기를 원한다. 가장 부강한 나라가 되기를 원하는 것은 아니다. 내가 남의 침략에 가슴이 아팠으니 내 나라가 남을 침략하는 것을 원치 아니한다. 우리의 부력은 우리의 생활을 풍족히 할 만하고 우리의 강력은 남의 침략을 막을 만하면 족하다. 오직 한없이 가지고 싶은 것은 높은 문화의 힘이다. 문화의 힘은 우리 자신을 행복하게 하고 나아가서 남에게 행복을 주기 때문이다.

여기서 우리는 백범 선생의 민족적·국가적인 꿈을 발견한다. 그는 조국의 완전한 독립을 부르짖는 한편, 독립한 우리 민족과 국가가 강조해야 할 목표는 높은 문화건설이라고 했다. 따라서 백범 선생을 두고, 이봉창(李奉昌) 의사와 윤봉길(尹奉吉) 의사의 의거와 관련하여 일종의 '테러리스트'로 간주하려는 인식은 잘못된 것이다. 그는 나라의 독립을 위해 폭력적인 수단을 배제하지는 않았지만 결코 테러리스트는 아니었고, 국제 간의 평화를 이룩하기 위해서는 무엇보다 문화의 힘을 배양해야 한다고 강조한 평화주의자였다. 그것이 일제의 사슬에서 벗어나 민족을 새롭게 해야 하고 이상적인 새 국가를 건립해야 할 해방 공간에서 외쳤던 그의 소원에 극명하게 나타나 있다. 백범 선생이 그렇게도 소원했던 민족통일에 바탕한 완전 자주독립의 국가도, 문화에 바탕한 평화국가도 이룩하지 못한 현실을 살아가면서 백범 선생의 일생을 다시 생각해본다.

한말 조선조와 대한제국, 일제 강점기를 거쳐 미군정과 대한민국 수립기에 이르기까지, 역사에 살아 존경받는 인물로 단연 백범 김구 선생을 손꼽지 않을 수 없다. 백범 선생은 한말에는 구국 운동 가로서 애국계몽운동에 나섰고, 일제 강점기에는 임시정부를 이끌고 조국광복운동에 헌신하였으며, 해방 후에는 조국의 완전자주통일국가를 설립하기 위해 애쓰다가 쓰러진 애국자다. 그동안 백범 선생에 대한 평가가 만족스럽지 못했던 것은 남북분단을 겪고 있는 우리 민족의 아픔과 관련되어 있다.

그의 생애는 긴장과 파란의 연속이었다. 그가 살아온 기간이 세계사적으로나 민족사적으로 격동의 시기였기 때문이다. 그의 생애는 대략 세 시기로 나눌 수 있다. 한말·일제 초기 국내 구국운동의 시기(1876-1919)와 일제 강점기의 민족 독립운동기(1919-1945), 해방 후의 통일 독립운동기(1945-1949) 이렇게 세 시기다.

먼저 그의 생애의 첫 시기에 해당하는 한말·일제 초기에는 구국운동과 애국계몽운동을 전개하였다. 백범 선생은 우리나라가 일본에 대해 문호를 개방하는 1876년에 태어났다. 그는 이렇게 태어날 때부터 일본과 숙명적인 관계에 있었다. 몰락 양반의 후예로서 그는 어린 시절부터 이웃 마을의 강 씨, 이 씨 등의 양반들로부터 설움을 당해 울분을 참아오던 김 씨 문중의 분위기를 체험하면서 자라났고, 이 때문에 현실적으로 겪고 있던 '상놈'의 대우를 벗어나기 위해서도 남다른 향학열을 보였다. 과거 합격을 통해 가문의 신분을 상승시켜보겠다는 의지도 불태웠다. 그러나 1892년 임진년의 과거 시험에 응시했다가 사회의 부패상에 깊은 상처를 받고, 과거 공부를 걷어치웠다.

18세에 동학(東學)에 입문하여 교주 최시형에게 접주(接主)의 직첩을 받은 그는 곧 황해도 동학군의 해주성 공략 때 선봉장으로 나섰다. 그 후에는 청학동에 들어가 한때 안태훈(安泰勳)의 도움을 받았으며, 그의 아들 중근(重根), 정근(定根), 공근(恭根)을 만난다. 이때 맺은 안 씨 일가와의 인연으로 뒷날 안중근 의거 때는 얼마간 옥에 갇히기도 했고, 1910년 11월 '안명근 사건' 때는 5년간 옥살이를 했으며, 안공근과는 독립운동을 같이 하게 되었다. 그는 여기서 당시 해서 지방에서 고명한 유학자 고능선(高能善)을 만나 충(忠)·효(孝)·의(義)의 큰 가르침을 받았다. 고 선생이 백범에게 과단성을 가지라고 격려하면서 준, "나무에 오름에 가지 잡음은 이상하지 않으나(得樹攀枝無足奇) 벼랑 끝에서 손을 놓는 것은 장부로다(懸涯撒手丈夫兒)"라는 구절은 늘 결단이 필요할 때마다 큰 교훈으로 작용했다고 한다.

그 후 백범은 북도를 유력하면서 한때 김이언(金利彦)의 의병부대에 참가하여 활동하였다. 귀향길에 그는 1896년 2월 대동강 하류의 치하포(鵄河浦) 나루에서, 명성왕후를 시해한 원수를 갚고자(國母報讐) 일본인 쓰치다(土田讓亮)를 살해하여 체포된 후 사형 선고까지

받았다. 인천 감옥에서 탈옥(1898)한 백범은 삼남 지방과 쌍계사, 갑사 등을 거쳐 마곡사에서 한때 원종(圓宗)이라는 법호를 받고 승려 생활을 하였으나 환속하였다(1899).

감옥생활에서 『태서신사』(泰西新史), 『세계지지』(世界地誌) 등을 읽으며 세계관을 새롭게 넓혔던 백범은 1904년경에 기독교에 입교하고, 교육과 결사 등 애국계몽운동을 통해 구국운동에 나섰다. 특히 그는 진남포교회의 청년회 조직인 엡워드(懿法會)의 총무가 되어 상경해, 상동교회에서 전덕기·이동녕·양기탁 등 개화 계통의 많은 애국인사를 만나 독립운동의 새로운 활로를 발견한다. 이때 대한문 앞에서 열린, 이준(李儁)도 참여한, 을사조약 무효운동에도 참여하고, 비밀애국단체인 신민회에도 적극 가담한다.

여기서 우리가 눈여겨보아야 할 것은 백범 선생이 학문적으로 깊이 연구하지는 않았으나, 동학·유교·불교 및 예수교에 접근하여

우리나라의 대표적인 종교 사상을 섭렵했고, 그랬던 만큼 사상적인 이해의 폭이 넓었다는 점이다. 한말의 구국운동이나 일제 강점기의 조국광복운동에서 운동 방략의 폭과 실천 면에서 강경과 온건을 자유로이 넘나들던 것은 그의 사상적인 범주와 깊이 관련되어 있다. 그가 대범한 실천성에다 다원주의적인 사상을 가지게 된 것은 젊은 시절의 지적·종교적인 방황과 밀접한 관련이 있을 듯하다. 이렇듯 그는 여러 사상을 종합하여 민족적인 이상을 실현하려 하였다. 그의 말이다.

> 나는 공자, 석가, 예수의 도를 배웠고 그들을 성인으로 숭배하거니와 그들이 합하여서 세운 천당, 극락이 있다 하더라도 그것이 우리 민족이 세운 나라가 아닐진대 우리 민족을 그 나라로 끌고 들어가지 아니할 것이다.

이랬던 만큼 선생은 해방 공간에서 "혈통의 조국을 부인하고 소위 사상의 조국을 운운"하며 '민족주의'를 배격하면서 극단적인 사상 대립을 주장하던 좌익에 대해 매우 비판적이었다. 선생은 1909년 안중근 사건에 이어 1910년에는 '안명근 사건'에 연루되어 17년 언도(강도 혐의 15년, 보안법 위반 2년)에 5년간이나 옥살이를 하였다. 이때 이름을 구(龜)에서 구(九)로 고치고, 호를 연하(蓮下)에서 백범(白凡)으로 고쳤다. 이를 두고 『백범일지』(白凡逸志)에서는 이렇게 설명했다.

> 이름자를 고친 것은 왜놈의 국적에서 이탈하는 뜻이요, '백범'이라 함은 우리나라에서 가장 천하다는 백정(白丁)과 무식한 범부(凡夫)까지

전부가 적어도 나만 한 애국심을 가진 사람이 되게 하자는 내 원을 표하는 것이니 우리 동포의 애국심과 지식의 정도를 그만큼이라도 높이지 아니하고는 완전한 독립국을 이룰 수 없다고 생각한 것이다.

'백범'이란 결국 '백정'과 '범부'의 뜻을 취한 것으로서, 그는 이렇게까지 낮은 사람이 되고자 했다. 전날 양반에게 수모를 당해 과거에 합격하여 그에게 복수하겠다고 생각했을 때와는 전혀 다른 차원에 이르게 된 것이다. 이것은 백범 선생이 혈통 신분 관념을 완전히 벗어던졌음을 의미한다. 임시정부 운동에서 그가 앞장서서 목표로 했던 것은 조국의 독립과 함께 독립된 조국이 가져야 할 이상(그것은 백정과 범부 같은 사람이라도 나라의 주인이 되고 최고 지도자가 될 수 있는 나라였다), 즉 민주공화국의 설립이었다.

　　3·1운동이 일어난 후 백범 선생은 망명길에 올라 상해 임시정부를 찾아가서 경무국장의 임무를 맡는다. 그가 전에 감옥에서 뜰을 쓸고 유리창을 닦을 때마다 하나님께 "우리나라가 독립하여 정부가 생기거든 그 집의 뜰을 쓸고 유리창을 닦는 일을 하여 보고 죽게 하소서"라고 빌었기 때문에, 그는 이 직책을 사양하다 감사하는 마음으로 받아 충성했다.

　　임시정부가 내분으로 흔들릴 때 백범은 끝까지 임시정부를 붙들었다. 한때는 하루에 수백 명이 뒤끓던 청사였지만 어떤 때는 파리가 날릴 정도로까지 무시되었던 그 임시정부의 기둥뿌리를 끝까지 붙들고 있었던 분은 오직 백범이었다. 근대 세계사에서 해외 망명정부가 9번이나 장소를 옮겨가면서 27년간이나 버틴 것은 우리의 임정을 제외하고는 그 예를 찾아볼 수도 없거니와, 이렇게까지 지탱할 수 있었던 것은 오로지 백범의 공헌이라고밖에 아니할 수 없다.

백범은 처음 경무국장에서 내무총장, 재무총장을 거쳐 국무령에 이르렀고, 헌법이 개정된 후에는 주석(主席)에 이른다.

임시정부가 한때 독립운동가들에게는 물론 중국인들에게까지 무시당할 때, 그 위상을 높여 만인이 우러러볼 수 있는 위치에 올려놓고, 한국독립운동의 중추적인 역할을 하도록 만든 것도 바로 백범이었다. 1931년 한인애국단을 조직한 백범은 그 이듬해 1월 8일에는 이봉창 의사가 일왕(日王)을 저격하게 하였고, 4월 29일에는 상해에서 윤봉길 의사의 의거를 성공시켰다. 이것은 우선 그 장소를 일본의 중심부와 침략 현장으로 골랐다는 점에서 주도면밀함을 알 수 있다.

이 사건 후 장제스는 "중국 30만 상해 방어군이 하지 못한 것을 김구와 윤봉길이 감행했다"고 칭찬하는 한편, 이를 계기로 임시정부를 깍듯이 대접하고 도와주었다. 그 뒤 한국 독립군을 그들의 군관학교에서 훈련받도록 배려한 것이라든지, 중국 안에서 광복군을 조직하여 연합 활동을 펴도록 한 것, 나아가 미·영·중 세 거두의 카이로 선언에서 한국 독립을 보장하게 된 것 등은 모두 이 사건에서 보여준 백범 선생의 독립운동과 깊이 관련되어 있다.

해방 후 백범 선생의 활동에 대해서는 우리가 비교적 잘 알고 있다. 미군정의 고집 때문에 임시정부의 주석 자격이 아니라 개인 자격으로 환국했던 백범 선생은, 모스크바 3상회의(1945.12.)에서 한국의 신탁통치 문제가 거론되자 신탁통치 반대 투쟁에 단연 앞장섰다. 그는 '제2의 독립운동'이라는 신념으로 이를 밀고 나갔다. 그러나 신탁통치 문제에서 좌·우와 남·북이 견해를 달리함으로써 결국 국토 분단을 초래한다.

백범 선생은 분단을 막아보고자 남북협상을 위해 평양을 다녀오기도 하고 남·북의 단독정부 수립을 한사코 반대하는 한편, 그 어떠한 단독정부 수립의 움직임에도 참가하지 않았다. 백범 선생의 주장은 옳은 처사였지만, 이미 세계 냉전 질서의 최초의 실험 장소로 화한 한국의 남·북은 거기에 귀 기울이지 않았을 뿐만 아니라 '완전 자주통일독립'의 조국 건설을 부르짖던 그를 제거해버렸다. 1949년 6월 26일이었다. 그는 갔지만, 통일독립을 염원하는 우리 민족과 더불어 백범 선생은 역사에 살아 있는 '민족의 영원한 스승'이시다.

(1995년)

미국 속의 한국인과 다민족 사회, 그리고 안창호

90여 년 전 미국 남가주 지역을 중심으로 한민족의 독립과 인류의 보편적인 가치를 지키기 위해 노력한 바 있는 도산 안창호(1878-1938) 선생을 기리면서, 그분의 뜻이 우리 공동체 속에 더욱 의미 있게 되새겨지고 전개되기를 바라는 마음이다. 안창호 선생은 오래전에 우리 곁을 떠났지만, 그의 고귀한 뜻은 지금까지 우리 속에 살아 있기 때문이다.

다민족 사회에서 한국계 미국인을 말하자면 먼저 오늘날 세계가 더욱 가속적으로 관심을 두는 개방화·국제화의 문제부터 언급하는 것이 좋겠다. 세계는 개방화와 국제화를 급속히 서두르고 있다. 이런 추세는 지금까지 민족과 국경을 경계로 선을 그어놓고 폐쇄적으로 자기 민족과 국가의 이익을 추구해왔던 국제 간의 이해관계를 극복해보자는 것이다. 다시 말하면 지금까지 각 국가가 배타적으로 소유하고 있던 지적인 유산과 물질적인 자원을 공유하여 더욱 풍요로운 지구촌을 만들자는 것이다.

따라서 국제화·개방화의 주된 목적은 인종과 국적, 피부색과 생활 정도에 관계없이 모든 인류가 좀 더 평화롭고 풍요로운 세계를 만들자는 데 있다. 이것은 긍정적으로 말하면 지금까지 제1세계에서 제3세계까지로 구분해왔던 인류의 불평등한 삶을 모두 제1세계의 수준으로 끌어올리려는 순진한 이상이 깔려 있다. 이 이상은 고

상한 만큼 지금까지 인류가 기울여온 어떠한 노력보다 더 피나는 노력을 요구한다.

개방화와 국제화가 이상으로 하는 평화롭고 풍요로운 사회를 만들기 위해서는 유의해야 할 점이 있다. 무엇보다 먼저 개방화와 국제화는 지난날 약육강식 시대에 식민주의가 갖고 있던, 그 속에 침략성을 교묘하게 숨긴 또 다른 형태의 침략주의를 의미해서는 안 된다. 우리는 지금까지도 그 상처가 아물지 않은 침략주의의 잔재를 세계 곳곳에서 발견하고 있다. 아직도 계속되는 민족 간, 국제 간 분쟁은 물론 제3세계가 지금껏 절대적 빈곤으로 허덕이는 것 또한 지난날 이들 지역에 대해 '개방'을 강요했던 나라들의 책임이라는 것은 구태여 말할 필요가 없다. 세계에서 한국 민족만이 유일하게 멍에로 짊어지고 있는 국토 분단도, 따지고 보면 지난날 일제의 침략주의가 남긴 산물이다.

이렇게 보면 개방화와 국제화가 필연적으로 가져올 국제 간의 의존성과 연대성이 국가(민족)의 자주성과 개성을 파괴하지 않고 어떻게 서로에 대한 존중과 협력을 유지하면서 조화를 이룰 것인지는 큰 숙제가 아닐 수 없다. 여기에 개방화와 국제화를 이상적으로 실현해야 할 인류의 경험과 지혜가 더 절실히 요구된다. 개방화·국제화와 더불어 조화를 이루어야 할 민족적 자주성과 개성은 각 민족과 국가가 현실적으로 갖고 있는 다양성을 인식하고 그것을 살려 나가려는 데서 가능하다.

과거 침략적인 제국주의 국가들은, 오랫동안 삶의 체질이 전통화하여 형성된 한 나라의 개성적인 문화가 다른 나라의 문화와 쉽게 비교되거나 우열을 가릴 수 없는 것임에도 불구하고, 약한 나라들을 강제로 개방시키는 과정에서 그 나라가 갖는 자주성의 기반인 문화적 개성을 야만시하고 미개시하며 정복 대상으로 삼았다. 인류의 보편적인 가치관에 의해 우열을 가린다고 하지만, 그 가치관이 보편화되기 전에 힘이 강한 자가 자기 논리로 모든 가치를 재단해온 것이 과거 세계사의 현실이었다. 그러한 논리와 가치관이 바로 과거 사회진화론과 함께 어울려 침략주의·식민주의를 정당화하는 이론으로 등장했던 것이다. 오늘날에 와서 다시 그것을 되풀이할 수는 없다. 각 민족의 개성을 인정하는 다원적 세계관이 식민주의의 미몽을 깨우쳐 인류로 하여금 '나' 아닌 실체를 인정하게 하고, 그와 더불어 서로 협력하게 하며 평등한 관계를 만들어가도록 할 것이기 때문이다.

다양성과 관련하여 도산이 일찍 제창한 바 있는 '꽃밭'론을 상기해보고자 한다. 참으로 아름다운 꽃밭은 같은 종류, 같은 색깔의 꽃이 만발해 있는 화단이 아니라 각양각색의 꽃들이 자신의 아름다움을 자랑하는 꽃밭이다. 아무리 아름다운 꽃이라 할지라도 같은 종류의 한 가지 색깔일 때, 사람들은 곧 싫증을 낸다. 이것은 음악에서도 마찬가지다. 제창(unison)보다는 합창(chorus)이 더 아름다우며, 한 가지 악기보다는 여러 종류의 악기가 제각기 소리를 자랑하며 조화를 이루는 교향악(symphony orchestra)이 훨씬 장엄하고 음악적이다. 세계를 구성하고 있는 문화도 마찬가지다. 각 민족과 나라가 개성적인 문화를 자랑할 때 서로에 대해 자극을 주고받기도 하면서 세계문화는 더욱 발전한다. 이러한 원리는 거시적인 세계문화뿐만 아니라, 한 국가 혹은 어느 지역 단위의 문화에서도 마찬가지로 적용된다. 더구나 미국처럼 다민족으로 구성된 복합국가이면 더욱 그럴 것은 두말할 필요가 없다.

한국계 미국인은 20세기 초 하와이 이민에서 시작한다. 하와이 이민을 적극 주선한 존스(George Heber Jones) 목사에 의하면, 하와이 이민은 1902년에서 1905년까지 약 7천여 명에 달했고 1905년에는 이미 20%가 미국 본토로 이주했다. 이들은 대부분 캘리포니아주의 샌프란시스코나 로스앤젤레스로 옮겨 열악한 노동 시장에 몸을 던졌다. 바로 이즈음 1902년에 도산 안창호 선생도 미국 북장로교 선교사 밀러(F. S. Miller, 閔老雅) 목사의 주선으로 부인과 함께 샌프란시스코로 유학을 떠났다.

일제하에서도 완만하게 추진되던 미국 이민은 1924년 동양계 이민금지법(Oriental Exclusion Law)으로 중단되고 만다. 그 후 1968년 로스앤젤레스의 왓츠(Watts) 폭동 이후 미국이 황인종을 이민으로 받아들이려고 이민법을 개정한 데다가, 1972년 유신 선포 이후 한국의 정치적 불안과 인권 상황의 악화가 미국 이민을 확대시키는 결과를 가져왔다. 1994년 미국에 거주하는 한국계 미국인은 대략 100만 명으로 추산되며(2020년 현재는 약 200만 명 정도로 추산된다), 한때 눈에 띄게 나타나던 역이민(외무부 자료에 의하면 1995년에 4,610명이 신청)도 최근에는 주춤한 실정이다.

미국이 오늘날과 같은 사회로 성립된 것은 17세기에 유럽계가 이민하면서부터다. 근대 이민으로 성립된 이 나라는 세계 각양각색의 민족이 살고 있는 다민족 사회를 이루고 있다. 한국계 미국인은 이 다민족 사회에 가장 뒤늦게 동참하기 시작한 민족이다. 이들의 사회적 지위도 다양하여 유학 혹은 전문직 취업으로 이민한 비교적 학식이 높은 계층부터 자녀들의 초청으로 들어와 이제는 사회복지 연금으로 연명하는 노부모 연령층도 있다. 한국계 이민사회가 느슨하게나마 그 연대성을 잇고 있는 것은 종교 기관을 통해서다. 한국계 미국인의 60%가 기독교회와 관련을 맺고 있다는 말은 전혀 근거 없는 소문만은 아니다. 이것은 유대계 미국인이 회당을 중심으로 공동체를 형성하고 있는 것과 흡사하다.

　　미국과 캐나다 정부는 소극적이긴 하지만 소수 민족의 권익을 인정하고 그들의 문화를 보호하려는 정책을 추진해왔다. 도가니(melting pot, 문화 융화 상태)가 아닌 샐러드 접시(salad bowl, 문화 공존 상태)의 복합문화를 추구하는 미국의 다민족 사회에서 한국계 미국인은 먼저 자신의 독특한 정체성(identity)을 확인해야 한다. 한국계 미국인은 자신의 외모의 특이성에 상응하는 문화적 개성을 확보함으로써 다원적인 미국 사회의 발전에 공헌할 수 있다. 이 문화적 개성을 토대로 하여 다원적인 여러 흐름에 도전하고 자극을 주고받으며 조화를 꾀해야 한다는 뜻이다.

　　한국계 미국인이 자신의 개성에 충실하다는 것은 곧 미국 사회의 다양한 흐름을 이해하고, 그것들과 공존하기 위한 방안을 모색하기를 게을리한다는 뜻이 아니다. 오히려 그 반대다. 우리는 자신의 개성화에 충실한 만큼 다양한 다른 문화권에 대해 폐쇄적 편견을 불식하고, 그들을 이해하고 격려하는 열린 자세를 취해야 한다. 이것은 한국계 미국인뿐만 아니라 다원사회 시민이라면 으레 갖추어야 할 기본적인 덕목이다. 다민족 사회에서 이해관계를 달리하는 여러 민족 간의 갈등 해소와 화해 추구가 중요한 과제 중 하나라면 이런 덕목이야말로 그것을 성취하는 지름길이다. 또한 우리는 이러한 덕목을 바탕으로 다민족 사회에서 '개성과 다양성을 다 같이 추구하는 것'이 가능하리라 생각한다.

　　다민족 사회에서 이해 갈등을 조정하고 화해를 추구하는 것은 말처럼 쉬운 일이 아니다. 수년 전 로스앤젤레스 폭동(1992년 인종차별에 격분한 흑인들에 의해 발생한 유혈 사태)이 보여주었던 것처럼 갈등의 불씨는 언제나 내재해 있다. 이것을 외면하는 것이 치유의 방법일 수 없다. 적극적으로 그 불씨를 찾아내 미리 예방하는 것이 지혜로운 태도다.

한국계 미국인은 자신의 세대와 후손들을 위하여 한국인 종교기관 혹은 공동체 안에 '제민족 간 이해와 일치 위원회' 같은 기구를 상설하여 주변의 다른 민족들과의 갈등을 미리 방지하고, 화해와 일치를 추구하는 공동 프로그램을 개발하여 그것을 지속해서 실행하는 열린 자세가 절실하게 필요하다. 이들은 피식민의 경험과 제1세계의 경험을 동시에 갖고 있기 때문에 제1세계 문화와 소수 민족을 접맥시켜주는 데도 상응하는 역할을 수행할 수 있다. 더 적극적으로는 한국계 미국인이 갖는 특유의 근면성을 바탕으로 기업을 공동으로 경영하는 방안도 검토해볼 일이다.

한국계 미국인은 다른 민족과 협동하여 인류의 공동선과 가치관을 창조해가는 데 깊은 관심과 노력을 기울여야 한다. 이것은 그동안 소홀히 했던 부분이 아닌가 싶다. 민족적 개성을 강조할 때 간과하기 쉬운 부분이 보편적 가치다. 다민족 사회에 사는 사람들은 어떤 민족을 막론하고 그 나라가 이상으로 생각하는 보편적인 진리와 가치를 추구하고 세워나가야 할 책임이 있다. 아울러 한국계 미국인은 그동안 다른 민족에게 비쳤을 수도 있는 자신의 약점을 발견하고 시정하는 일에 적극적이어야 한다.

우리 민족은 해방 이후 자연스럽게 받아들인 서구 편향적인 교육 때문에 소수 민족에 대한 편견을 갖고 있다. 이 점은 한국계 미국인이 극복해야 할 약점이며 개방해야 할 폐쇄성이다. 이러한 약점과 폐쇄성을 극복하는 것이 바로 공동의 가치와 보편적인 진리를 성립시켜가는 지름길이다. 한국계 미국인을 비롯한 미국 내 여러 민족이 함께 건설한 공동선과 보편적 가치가 정치·군사적으로 막강한 리더십을 가진 미국을 정의와 도덕적인 측면에서도 더욱 강력한 지도력을 발휘하는 국가로 만들어가기를 바란다.

　일찍이 미국에 와서, 조국을 떠나 눈물겨운 생활을 영위해야 했던 자신의 동포를 섬기는 한편, '독립과 문명'을 동시에 가르치며 봉사와 희생의 길을 살아가신 도산 안창호 선생은 지금까지 말한 바와 같이, 미국 땅의 한국계 미국인이 살아가야 할 모범을 솔선하여 보인 우리의 위대한 스승이다.

(이 글은 1994년 2월 로스앤젤레스에서 개최한 도산 안창호 기념 국제학술대회 도중, 남가주대학교〔USC〕에서 행한 만찬 연설이다.)

현실에 집착하지 않는 선견자, 유일한

오래전부터 교회에서 대학생들을 지도하면서 그들에게 빼놓지 않고 당부하는 말은, "적어도 10년 후에 내가 어떤 위치에 서야 할 것인가를 생각하면서 오늘을 살아가라"는 것이다. 그 말귀를 듣고 자극과 격려를 받은 후배 중에는 오늘날 자신의 위치에서 영향력을 크게 미치고 있는 사람들이 더러 있다. 그들은 적어도 자신의 인생을 설계하고 살아간다는 점에서는 남보다 앞서갔던 사람들임이 틀림없다. 그중 변호사, 교수, 기업체 연구실장 등의 전문직에 종사하는 후배들을 보면서 나는 적어도 10년 후를 대비하라는 평소의 당부를 더 강화하고 싶은 심정이다.

앞서가는 사람이란 남보다 앞서서 단순히 빨리 달리는 사람을 의미하는 것이 아니다. 미래에 대한 정확한 예측, 특히 사회변동에 대한 선견적인 진단을 예리하게 기하면서 그 미래에 적응하기 위한 사전 준비를 충실히 수행해가는 것이 앞서가는 사람들이 먼저 할 일이다. 따라서 이들은 자신을 선두대열에 과감히 투신함에 앞서서 예측되는 미래의 사회변동에 대한 예리한 통찰력을 앞세워야 한다.

미래에 대한 통찰력은 주로 역사적 경험을 통해서 얻을 수 있다. 역사란 인간 경험의 보고로서 똑같은 경험을 얻지는 못하지만 비슷한 경험은 찾아낼 수 있다. 역사에서는 발전법칙이 유추되는데, 그 법칙에 따라 미래의 전개 과정을 희미하게나마 떠올릴 수 있다.

과거의 비슷한 경험이 조건으로 주어질 때 비슷한 결과가 나타날 것이라는 예측도 이렇게 해서 주어진다. 굳이 먼 역사가 아니라도, 선진국들이 체험한 사례들은 그 뒤를 밟아가는 국가나 사회에서 흔히 비슷하게 나타나기 마련이다. 내가 1980년대 해외에서 보았던 자본주의 문화의 여러 형태가 오늘날 우리 사회에서 거의 그대로 보이는 것도 그 한 사례다. 그러니까 앞서가는 사람들은 역사적 경험에서 얻은 통찰력을 미래를 예견하는 도구로 삼지 않으면 안 된다.

나는 수십 년 전에 오늘날 당면한 우리 민족의 문제를 벌써 예견하면서 살아간 몇 분을 기억하고 있다. 그들은 오늘날 우리 사회의 가장 예리한 문제를 이미 수십 년 전에 예견하고, 그것을 해결하려고 노력하다가 가신 분들이다. 그중 산업이 발달하고 자본가가 출현하면서 기업 경영의 모범적인 선구자로 앞서간 유일한(柳一韓, 1895-1971) 선생을 생각한다. 그는 유한양행의 창업주로서 기업을 사회에 환원시킨 선각자로 알려져 있다. 소유를 자기 것으로 알고 마음대로 처분하는 대부분의 기업가와는 다른 기업관을 갖고 있었기 때문이다.

그는 기업가의 소유가 자신의 것이 아니고, 잠시 위탁받아 관리하는 것에 불과하다고 생각했다. 또 사업을 유지하는 데 필요한 인격체들은 모두 사회에서 교육을 받았으며 기업을 유지하는 바탕도 바로 사회이기 때문에 기업의 모든 이윤은 마땅히 사회에 환원시켜야 한다고 생각했을 뿐만 아니라 그것을 몸소 실천했다. 1971년 77세의 일기로 돌아가셨는데, 그가 기업을 경영하는 동안 세무조사에서 경리상의 부정이 없었다고 한다. 돌아가실 때 아들에게는 "대학까지 졸업시켰으니 앞으로는 자립해서 살아가라"고 했고, 당시 7세였던 손녀에게는 대학을 졸업할 수 있도록 학자금으로 1만 달러를 남겼다고 한다.

　이렇게 보면 오늘날 가장 중요한 사회문제로 등장한 노사문제의 한 원인을 그는 이미 예견했던 것이다. 아직까지 노사문제에서 사용자의 경직된 사고가 더 문제시되고 있는 것이 사실이라면 유일한 선생은 벌써 몇십 년 전에 자본주의 사회에서 기업가 정신이 어떠해야 함을 실천적으로 보여준 선구자였음이 틀림없다. 오늘날 많은 기업가가 기업의 이윤을 사회로 환원시켜야 한다는 기업윤리를 가진다면, 그리고 기업이 자신과 자손을 위한 사유물이 아니라는 것을 확신한다면, 지금도 각처에서 노출되고 있는 노사문제가 저렇게 첨예하게 전개되지는 않을 것이라고 생각한다. 그는 벌써 노사가 공존·공유하는 사회를 실천하고 있었다.

　앞서가는 사람들은 외롭고 괴로운 길을 걷는다. 같은 시대의 사람들은 그들을 잘 이해하지 못한다. 그들은 몇십 년 후를 예견하면서 계획하고 살아가기 때문에 눈앞의 현실에 집착하는 사람들에게는 비현실적인 인물로 보일 수밖에 없다. 목전의 이해관계에 얽매여 있는 평범한 사람들에게는 몇십 년 후를 예견하며 실천하는 '앞서가는 사람들'이 위험한 인물일 수밖에 없다.

　그리하여 역사에서는 현체제를 부정하는 위협적인 존재라 하여 그들을 제거하려 했다. 밤낮 민족통일을 생각하며 그것을 실천하던 백범 김구 선생이 분단을 통해 이득을 얻었던 현실주의자들에게 희생될 수밖에 없었던 것은 이 때문이다. 토지제도와 신분제도의 개혁을 주장하고 전제군주권에 대한 민권(民權)의 저항을 정당시하며 시대를 앞서갔던 다산 정약용이 당시 기득권을 고수하려는 무리에 의해 19년간이나 유배 생활을 했던 것도 이 같은 맥락에서 이해된다.

　그러나 우리는 알고 또 믿는다. 시대를 앞서가는 사람들은 비록 자기 시대에는 실패한 사람처럼 보일지라도 역사 앞에서 조금도 부끄럽지 않은 영원한 의미에서 성공자로 나타나고 있다는 점을, 그리고 그들이야말로 역사를 창조해가는 분들이며 역사와 더불어 살아가는 분들임을 말이다. (1989년)

한 역사학도가 만난 함석헌 선생

내가 함석헌(咸錫憲, 1901-1989) 선생을 처음 알게 된 것은 1957년 대학 입학 후에, 같은 학과에서 공부하게 된 천안 출신 임한순 형을 통해서다. 그는 천안 출신의 여러 친구를 소개해주었고, 가끔 동숭동에 있던 화학연구소의 김용준 선생을 같이 찾아가기도 했다. 그 무렵 임 형은 천안에 농장이 있는 함석헌 선생을 소개했고, 함 선생이 서울에 오셨을 때 함께 그의 강연에 참석하기도 하였다. 덕분에 나는 저 유명한 "생각하는 백성이라야 산다"의 주인공을 직접 볼 수 있었고, 당시 한국 기독교에 대해 신랄한 비판을 가한 논객이 바로 어떤 분인가를 눈으로 확인할 수 있었다.

훤칠한 키에 빛나는 옥색 두루마기를 입고 거기에 흰 고무신을 신은 긴 수염의 늙지 않은 노인, 이것이 그때의 함 선생의 모습이었다. 그 무렵에서야 나는 이분이 바로 『성서적 입장에서 본 조선역사』를 집필했음을 알게 되었다. 그러나 문학과 신학에 더 흥미를 느끼던 나는 역사학도답지 않게, 한국 사학사(史學史)에 기억될 그 명저를 이해하지 못했다. 군 제대 후 우리나라 역사에 대해 조금씩 고민하기 시작하면서 그 책을 탐독하게 되었을 때에서야 비로소 깨우칠 수 있었다. 그만큼 이 책은 한국사에 대해 고민하는 사람이나 사관(史觀)을 가지고 역사를 대하려는 사람에게만 감동을 불러일으킨다. 한국사를 연대기적인 사건의 나열로 파악하려는 이들에게 이 책은 아직도 별로 흥미를 주지 못한다고 생각한다.

함 선생에 대한 내 느낌은 그 뒤에도 어떤 직접적인 사제 관계를 통해서 얻은 것은 없다. 5·16 이후 군사정부에 대해 예언자적인 포문을 열면서 갑자기 함 선생은 나에게 한말 격동기의 언론인이었던 장지연·신채호와 같은 인물로 비쳤고, 우리 시대에 겁을 모르는 용기의 화신이라는 인상을 주었다. 논리적이지는 못하나 직관적인 그의 논설은 5·16 이후의 민족·민중 문제에 대한 새로운 과제를 제시해주었고, 어설픈 듯하면서 비수가 숨어 있는 그의 비판은 한국의 군사독재 문화에 대한 날카로운 거부, 그것이었다. 용기 없이 움츠리고 있기만 했던 우리에게 함 선생은 직관적인 혜안과 거침없는 논변으로 경외의 대상이 되었다.

그 무렵 자주 대하던 함 선생의 글 한 토막이 내 생애에 결정적인 계기를 만들어준 사건이 있었다. 1980년 5·17 후 학교가 휴업에 들어갔을 때 지금은 그 제목과 내용조차 거의 잊어버린, 함 선생이 쓰신 글 한 편을 읽었다. 희미하게 기억나는 대목은 비폭력 저항의 논리가 담긴 "힘을 대적하지 말라"는 꽤 감동적인 내용이었다. 그 글을 읽은 지 며칠 안 되어 나는 수사기관에 의해 현재 경찰청 건물 근처에 감금되었고, 강제로 사표를 쓰고서야 풀려날 수 있었다. 그 안에서 나는 함 선생의 글에서 읽은 비폭력의 논리를 곱씹고서 그야말로 '무사히' 사표까지 쓸 수 있었다. 한때 내게 함 선생의 영향이 이 정도로 크게 미쳤다는 것은 지금 생각해도 놀랍기만 하다.

이런 연유로 해직 기간 동안 나는 명동에서 정기적으로 열리던 함 선생의 노장(老莊) 강의에 몇 번 참석했다. 함 선생 자신도 초기의 무교회주의 기독교 신앙에서 퀘이커 교리에 접목되었던 때였고, 그보다는 인도·중국 등의 동양사상에 심취해 있던 터라 그의 강의는 논리적 일관성이 별로 없는 반면, 이것저것 건드리지 않는 것이 없었고 통하지 않는 것이 없었으며 거침이나 막힘이 없었다. 그러기에 만년의 그는 정통적인 기독교 사상으로는 도저히 포착할 수 없는 범종교적·범동양적 사상의 경지에 이르렀다고 할 수 있다.

1980년대 초 나는 아세아연합신학대학교 대학원(ACTS)의 '길균 강좌'에서 "한국사의 기독교적 조명"이라는 제목으로 사흘 동안 강의한 적이 있다. 거기서 기독교 수용 이후의 근대 한국사의 흐름을 사학사적 관점에서 검토하였는데, 민족주의 사관과 유물 사관 및 식민주의 사관과 함께 자연히 기독교적 역사관에 관해서도 강의했다. 나는 이때 함 선생의 『성서적 입장에서 본 조선역사』를 비로소 본격적으로 검토할 수 있었다.

큰 그릇은 거침이 없어서일까? 1980년대에 들어 나는 세인의 평가와는 전혀 다른 측면에서 함 선생을 보여주는 『거짓 예언자 함석헌』도 우연히 접했다. 그에 대한 호기심이 왕성했던 때라 정치적 모략까지 곁들인 고의적인 저술일 것이라는 충고에도 불구하고 그것을 읽었고, 그 책에 등장하는 한 인물을 만나 사실을 확인하려 했으나 그는 오히려 화제를 바꾸었다. 그래서 함 선생이 가졌을지도 모르는 인간적인 약점들은 '악의'로 조작된 '모함'의 결과라고밖에는 확인할 수 없었다. 그에 따라 역사에서 가끔 위대한 이의 실수가 오히려 그의 인간적인 매력을 보여주는 것과는 달리, 함 선생에게 주어진 '구설수'는 그를 인간적으로 돋보이게 하는 역설로서 내게 확고하게 각인되지는 않았다고 생각된다.

이렇게 먼발치에서 거의 소문으로만 알고 있던 이 시대의 사람 함 선생에 대해 역사학도로서 어떻게 평가해야 할지, 평소 인물 연구에 이렇다 할 준거를 갖지 못한 나로서는 곤혹스럽기만 하다. 더구나 한길사에서 정리하여 출간한 방대한 『함석헌 전집』을 소화하지 못한 나로서는 더욱 그렇다. 그러나 그의 생애에서 몇 차례 마디를 이룬 부분이 눈에 띄기에 그 마디마디의 의미를 새겨보려는 의도에서 이 글을 시작해볼까 한다.

우리 시대 가장 용감한 언론인이자 탁월한 역사학자 천관우(千寬宇)는 함 선생의 『성서적 입장에서 본 조선역사』를 두고, "한국 근대사학사에서 어떤 특정한 사관을 가지고 한국사를 일관되게 꿰뚫어 본 거의 유일한 역사책"이며, 책을 손에 잡은 후 시간을 잊고 탐독했다고 극찬했다. 물론 이 평가는 그 책의 역사관 시비를 논하거나 서술의 정확성과 객관성이 유지되었는지를 논하는 차원에서 이뤄진 것이 아니다. 그러고 보니 한국 근대사학사의 입장에서 어떤 개성적인(특별한) 역사관으로 한국의 통사를 서술한 역사책이 이전에는 없었다.

신채호·박은식 같은 민족주의 사학자가 있다고는 하나 신채호가 『조선상고사』를, 박은식이 한국의 근대사 몇 권을 쓰기는 했지만 결국 통사(通史)를 쓰지 못하고 부분적인 시대사를 남긴 것에 불과하다. 1920년대 후반부터 본격화한 유물사관론자들도 어떤 시대사를 끊어서 서술한 단대사(斷代史)는 남긴 적이 있어도, 전(全) 역사를 일관되게 서술하지는 않았다. 소위 실증주의 사학자들도 일제하에서는 역시 마찬가지였다. 일제하 통사치고 개성적인 사관에 의한 통사는 거의 없다고 보아야 한다.

『성서적 입장에서 본 조선역사』는 일본 유학 시절 무교회주의에 심취했던 저자가, 귀국 후 신앙 동지들과의 모임에서 강론한 조선사를 김교신(金教臣, 1901-1945)이 주관하여 간행하던 동인지 「성서조선」에 연재한 내용으로 해방 후에 묶어 펴냈다. 뒷날(1965년) 『뜻으

로 본 한국역사』로 제목을 바꾸긴 했지만, 제목을 바꾼 사상적 동기와는 달리 그의 역사관이나 역사 서술은 거의 바뀌지 않았다.

함 선생의 역사관 배경은 뒷날 스스로는 바꾸었노라고 선언하였지만, 기독교에서 출발한 일종의 우주적인 종교 사상에 있다. 그렇기 때문에 "성서적 입장에서라야만 역사를 쓸 수 있다"고 고집한 때나, 후에 "기독교가 유일의 참 종교도 아니요, 성경만 완전한 진리도 아니다"라고 개방성을 보인 때도 그는 다 같이 '하나님'을 말하고 있었고, 일종의 신 중심의 역사관을 가지고 있었다.

그는 '성경'에 의해서 말한다는 단서를 달고 있으나 다음 몇 가지를 역사관의 근거로 삼았다. 첫째, 역사의 근본을 하나님께 구한다는 것, 둘째, 우주는 하나님이 창조하였다는 것, 셋째, 원시(元始)가 있는 이상 종말이 없을 수 없다는 것(1965년 판에서는 이것이 비과학적이라고 비판하면서도 역시 가르치는 진리 중에 성경처럼 독특한 사상은 없다고 했다), 넷째, 창조에서 종말에 이르는 중간 기간에는 신의 통치, 즉 하나님의 다스림이 있다는 것, 그래서 하나님은 창조주일 뿐만 아니라 또 통치주라는 것, 다섯째, 성경은 인간을 역사에 대한 도덕적 책임자로 본다는 것 등이다.

이러한 역사관에 근거하여 함 선생은 한국의 역사에 관류하고 있는, 그리고 한국사를 꿰뚫어 볼 수 있는 핵심 개념을 '고난'이라고 하였다. 그래서 한국사를 '고난의 역사'라고 부르기를 서슴지 않았다. 그는 스스로 "씨알의 역사를 나는 고난이라 하였고, 그 고난의 모습을 그려보자는 것이 이 조그마한 책"이라고 했다.

그러면 함 선생이 말하는 '고난'은 어떤 것이며, 그 의미는 무엇인가? 그는 우리나라 4천 년 역사를 훑어본 후 "우리는 고난을 위하여 났다"고 결론 내리고, 이를 우리 역사의 성격으로 규명했다. 그에 의하면 4천여 년 역사에서 이날까지 우리나라에는 승평(昇平) 시대가 없었는데, 특히 삼국시대 이후로는 하루도 평안할 날이 없었다는 것이다. 대충 헤아려도 전쟁이 백여 회나 있었는데, 내란을 제외하고 이족(異族)의 침입만 해도 50-60회가 되고, 그중에서도 전국적인 규모의 침입만 해도 30회에 달하며, 그것도 고구려 때의 몇 회를 제외하고는 모두 우리 국토 내에서 치러진 방어전이요, 결과는 패전이다. 이렇다 보니 백성은 전화(戰禍)를 벗어날 날이 없었고, 먼저 당한 전쟁의 상처가 채 낫기도 전에 새 적을 맞아야 했으며, 따라서 2-3백 년간 계속되었던 다른 나라의 평화 시대가 우리에게는 1백 년을 넘긴 적이 없었다. 그는 이렇듯 우리는 평화가 무엇인지를 몰랐고, 그래도 웃었다면 그것은 쓴웃음이요, 춤추었다면 미쳐서 한 짓이었다고 지적한다.

따라서 "우리는 잔인한 로마인에게 일시의 쾌감을 주기 위하여 원형극장 안에서 싸우는 검노(劍奴)와 같이, 수욕(獸慾)에 불타는 사나이에게 일괴(一塊)의 몸으로 취급을 당하는 창부와 같이, 한갓 다른 사람을 위하여 고생하고 학대받기 위하여 나온 축생이 아니고 무엇인가?"라고 그는 잔인할 정도로 그 고난의 실상을 묘사했다.

그러나 그가 우리나라 역사를 고난의 역사로 보는 것은 단순히 그것을 비판하려는 데 목적이 있는 것은 아니다. 오히려 고난의 의미를 바르게 찾고 고난을 극복하여 세계사에 적극적으로 참여하려는 데 있다. 그는 고난을 인류 역사의 필연적 과정으로 이해하면서도 그것이 무감각한 자연현상이나 잔혹한 운명의 우롱은 결코 아니라고 하면서, 고난은 곧 "신의 섭리다"라고 외친다. 그에 의하면 고난은 "생명의 한 원리"이기 때문에 고난 없는 생명은 상상할 수도 없으며, 그렇기에 십자가 고난의 도(道)가 생명의 도가 된다고 했다.

그는 고난의 의미를 다음과 같이 네 가지로 설명한다.

> 고난은 죄를 씻는다. 가성소다가 때를 씻는 것같이 고난은 인생을 씻어 정화한다. 불의로 인하여 상한 영혼의 상처는 고난의 고즙(苦汁)으로 씻어서만 회복이 된다.
>
> 고난은 인생을 심화(深化)한다. 생명의 깊은 뜻은 피로 쓰는 글자에 의하여서만 체험할 수가 있다. 평면적·세속적 인생관을 가지는 자는 고난의 잔을 마셔보지 못하였기 때문이다.
>
> 고난은 인생을 위대하게 한다. 고난을 견딤에 의하여 생명은 일단의 진화를 한다. 박해를 견딤으로써 우리는 적수를 포용하는 관대를 얻을 수 있고, 궁핍이나 형벌을 참음으로써 생명의 자유와 고귀를 나타낼 수 있다. 개인이나 민족이나 고난 없이 고상한 품격을 얻을 수 없다.
>
> 고난은 인생에게 하나님을 가르친다. 곤궁에 주려본 후에야 아버지를 찾는 탕자같이 인생은 고난을 통하여서만 생명의 근원인 하나님을 찾는다. 이스라엘 종교는 이집트의 압박과 광야의 고생 중에서만 자라났고, 동양사상의 진수가 되는 인도의 종교도 고난 중에서 정련(精鍊)되어 나온 것이다. 안일과 신은 서로 반대의 극에 선다. 생명의 세계는 눈물을 렌즈로 삼아야만 보인다(1954년 판, 257-258쪽).

고난은 죄를 씻고, 인생을 심화시키고, 위대하게 하고, 인생에게 하나님을 가르친다는 것이 그가 말하는 고난의 참된 의미다. 고난을 통하지 않고는 정화·심화되지 않으며 위대해지지도 않고 하나님도 알 수 없다. 이렇게 고난의 참 의미를 발견하게 되면 우리 민족에게 주어졌던 고난의 역사는 더는 '고난' 그것만의 역사일 수 없다. 그것은 오히려 축복의 역사다.

여기서 함석헌에 의해, 우리나라 고난의 역사가 축복의 역사로의 대전환이 시도되었다. 고난의 역사로서 고난을 극복한 우리 민족은 이제 고난의 가시관을 쓰고 아시아의 골목에 서서 세계사적인 사명을 짊어져야 한다. 그것은 "이 세계의 불의한 짐을 지고 인류의 역사를 도덕적으로 한층 높이는" 것으로, 여기서 불의한 짐이라 함은 동양문명의 보수적·퇴영적·형식적인 요소와 서양문명의 침략적·물욕적·향락적인 악의 형체들을 의미한다. 이것이야말로 고난의 역사를 체험한 한국이 그 고난으로 인류를 구하는 숭고한 책임을 지니게 되는 배경이다. 함 선생의 고난사관은 여기서 적극적인 의미를 갖고 대전환의 계기를 맞는다.

『성서적 입장에서 본 조선역사』는 이렇게 그의 독특한 고난사관의 빛을 발하지만, 그의 역사 인식의 정도를 알게 하는 다른 대목도 보인다. 첫째는 그가 당시를 풍미하던 '지리적 결정론'에 큰 영향을 받고 있다는 점이다. 역사 전개에서 지리적 영향을 강조하다 보면 역사 주체인 인간의 역할을 등한시하게 된다. 일제의 식민주의 사관론자들이 지리적 결정론으로 한국사의 타율성을 강조했던 저간의 경향을 볼 때 함 선생의 지리적 결정론 수용은 역사 인식의 한계를 드러낸다고 하겠다.

또 하나, 그의 역사 인식은 앞서 말한 성경적(기독교적) 사관을 수용하는 한편, 당시 유행하던 영웅 사관과 계급 사관을 이해하고 있었다. 영웅 사관이 역사의 하담자(荷擔者)를 개인이라 보고 인생의 개인적 방면만을 강조한 사상이라면, 계급 사관은 역사의 하담자를 대립하는 계급으로 보고 인간을 사회생활에서 갖는 경제적 이해관계에 예속시킨다. 그러나 함 선생은 영웅 사관이나 계급 사관을 모두 부분적인 진실만 말하는 것으로 비판한다. 그 비판의 대안으로 민족을 내세웠다. 민족을 내세우지만 배타적 민족주의는 타기하고 있다. 그에게는 역사의 하담자는 개인도 계급도 아니고 민족이며, 개인과 계급은 다 민족적 세력의 대표자요, 대행자에 불과하다. 그래서 "조선역사는 조선사람의 역사"요 "조선사로 결과된 것은 조선사람이 책임지는 것임을 잊어서는 아니된다"고 갈파하고 있다. 함 선생의 '민족'은 뒷날 민중을 발견한 뒤에는 '씨알'로 확고하게 자리 잡는다.

함 선생의 역사학은 조선 시대까지 전승되어오던 중세적·유교적 사관과는 비교도 안 될 정도로 뚜렷한 사관을 가지고 전개되었다. 뚜렷한 기독교적 사관으로 한국사를 일관되게 조망했고, 또 고난의 의미를 적극화함으로써 일제 식민 사관론자들의 한국사 연구를 거부했다. 그러나 지리적 결정론 등에서는 일제하 교육의 영향을 완전히 벗어나지 못했다. 그는 당시를 풍미하며 대립하고 있던 개인주의적 영웅 사관과 사회주의적 계급 사관의 한계를 극복하고 그 대안으로서 개방적인 민족주의를 제시하였다. 나아가 민족의 실체인 '조선사람'의 책임을 강조했다. 뒷날 민중을 민족의 실체이자 핵심으로 발견하면서 씨알을 강조하게 되었고, 이는 그의 역사관이 씨알과 연대하여 운동성을 띠는 중요한 계기가 되었다.

나에게 비친 함 선생은 직관적인 역사가라는 점 외에 운동사적인 측면에서는 예언자적인 용기를 지녔고, 사상적으로는 순례자적 정진을 거듭한 분이다. 그는 자유당 시절과 군사 통치하의 독재 시절에 이를 비판하고 나선 가장 용기 있는 '언론인'으로서, 이 같은 용기는 구약성경에 나타난 예언자들의 그것과도 같았다. 오산학교 시절과 일본 유학 시절에 시작된 그의 기독교 신앙은 그 뒤 퀘이커 신앙으로 변전하는 한편 인도·중국의 고전적 사상(신앙)도 광범하게 포용하여 자신의 사상을 정진시켜갔는데, 그런 점에서 그는 어떠한 한 사상(신앙)에도 안주한 적이 없이 편력과 방랑을 곁들여 끝없이 구도의 길을 걸어간 사상적인 순례자로 느껴진다.

　자유당 시절 정치는 독재화의 길에서 파행을 일삼고, 사회는 전후의 가치 혼란이 거듭되어 소위 '자유부인'이 세태를 반영하고 있었으며, 기독교계에서는 문선명의 통일교, 박태선의 전도관이 물의를 일으키고, 불교계에서는 대처승과 비구승 간의 분규 등이 민심을 어수선하게 만들었던 그때, 함 선생은 「사상계」(1956)에 "생각하는 백성이라야 산다"라는 글을 기고함으로써 처음으로 예언자적 언론의 포문을 열었다. 그의 논지는 생각하는 백성답게 해방 후 남북전쟁의 민족적 비극과 남북정치의 독재화, 사회적 혼란 등의 총체적 원인을 규명하려는 데서 시작하였다. 그는 그 원인을 남북분단으로 보았고, 분단 현상이 우리 민족의 자의로 이뤄진 것이 아니라는 점에서 유명한 '꼭두각시'론이 나오게 되었다. 그에 의하면 분단체제 아래 있는 비민주적인 남북한 정부는 백성의 의사와는 관계없는 강대국의 꼭두각시에 불과했다. 그는 이렇게 힘차게 말했다.

　남한은 북한을 소련·중공의 꼭두각시라고 하고, 북한은 남한을 미국의 꼭두각시라 하니, 남이 볼 때 있는 것은 꼭두각시뿐이지 나라가 아니다. 우리는 나라 없는 백성이다. 6·25는 꼭두각시의 놀음이었다. 민중의 시대에 민중이 살았어야 할 터인데 민중이 죽었으니 남의 꼭두각시밖에 된 것 없지 않은가?

이를 두고 송건호(宋建鎬)는 『한국현대인물론』에서, "함석헌이 아니면 못할 소리다. 당시의 상황으로 감옥행을 각오하지 않고는 못할 말이다"라고 진단했다. 또 분단 상황을 정확하게 인식하자는 데서부터 시작된 그의 예언자적 언론 투쟁을 "직업적 언론인이 감히 엄두도 못 내는 한 시대의 본질적 문제에 핵심을 찌르는 행동"이라고 평했다.

초기의 『할 말이 있다』, 『한국기독교는 무엇을 하고 있는가』, 『정치와 종교』, 『청년 교사에게 말한다』, 『새 삶의 길』 등에서는 그의 관심과 비판의 폭이 정치·경제·종교·교육·도덕에 걸쳐 널리 퍼져 있었음을 확인할 수 있다. 따라서 그는 "한 시대의 바닥을 탁류처럼 무섭게 흐르는 풍조에 맞서 혼신의 힘과 용기로써 싸우는 종교인이요, 철인이요, 문명비평가"라고 평가받았다.

4·19 후 언론의 자유가 주어진 시기에 오히려 자중을 호소했던 그는, 5·16 후 요란스럽던 언론들이 숨소리조차 죽이고 있을 때 역시 「사상계」(1961)에 "5·16을 어떻게 볼까"를 발표했다. 그는 4·19와 5·16을 비교하면서, 칼을 뽑고 밤중에 몰래 한 5·16은 대낮에 맨주먹으로 일어난 4·19에 비해 "정신적으로 낮다"고 노골적으로 평가했다. 이어서 「3천만 앞에 울음으로 부르짖는다」에서는 박정희와 정치인, 지식인, 군인, 학생 및 민중에게 호소하였다. 이 글에서 함 선생은 5·16을 '군사쿠데타'로 규정하고 박정희에게 혁명 공약을 지켜 군 본연의 자세로 돌아갈 것을 권고하고, 지식인에게는 그 기회주의적 속성을 일깨웠다. 이 밖에도 「자유는 감옥에서 알을 까고 나온다」, 「언론의 게릴라전을 제창한다」 등의 글을 발표하여 군사 독재 통치에 투쟁하면서 고고한 예언자적 사명을 완수하였다.

함 선생의 이런 활동에 대해 각계의 반응도 다양하였다. 민중과 지식인들에게는 그 직관적이며 신념에 가득 찬 예언자적 언론 투쟁이 대체로 자신들의 눌린 목소리를 대변한다며 환영하는 분위기였으나 언론인 중에서는 그를 비판하고 중상하는 사람들도 없지 않았다. 특히 군부의 반응은 매우 날카로웠다. 박정희는 함 선생의 충고는 받아들이지 않았지만, 그의 집권 기간인 20여 년간 그를 감시하면서도 구속하지는 않았다. 당시까지만 해도 군사정권은 함 선생의 양심의 소리를 들을 만한 여유를 갖고 있었다.

언론을 통한 그의 예언자적 활동은 그 뒤 1970년대에 이르러 민중의 소리인 「씨알의 소리」 간행으로 이어졌다. 그는 매체를 통해 민중의 소리를 대변하면서 새로운 씨알운동을 전개하였다. 그가 상식적인 의미의 언론 활동에 종사한 일이 없었지만, 몇 차례에 걸쳐 언론상을 탔던 것은 현대 한국사에서 그의 위치를 알게 해주는 대목이다.

함 선생은 언론 활동 못지않게 사상가로서 한국의 지성계에 남을 분이다. 그는 일찍 한학 공부를 거친 후에 신학문을 접하였는데, 아마도 일생의 큰 만남 중 하나는 3·1운동 후 오산학교에서 이승훈과의 조우였을 것이다. 거기서 그는 이승훈의 애국심과 그것을 형성시킨 기독교 신앙을 접했다. 일본에 간 후에는 여러 동지와 함께 우찌무라 간조(内村鑑三)를 만나 무교회주의에 심취하게 되었고, 성경 연구를 열심히 하면서 민족의 현실을 고민하였다. 『성서적 입장에서 본 조선역사』는 그런 고민을 거쳐서 나온 산물이었다. 적어도 해방 후 한동안 그의 사상의 중심은 성서였다. 그 책을 초간할 때 '성서적 입장에서 본'이 일반인에게 걸림이 된다며 빼자고 하자, 글을 쓴 함석헌은 "그것은 사슴에게서 뿔을 제하는 것 같아서 그대로 두기로 했다"면서 그 이유를 다음과 같이 감동적으로 개진한 바 있다.

이 글의 이 글 된 소이는 성서적 입장인 데 있다. 저자의 생각으로는 성서 입장에서도 역사를 쓸 수 있는 것이 아니라, 성서 입장에서라야만 역사를 쓸 수 있다. 엄정한 의미의 역사철학은 성서 이외에는 없기 때문이다. 희랍에도 없고 동양에도 없다. 역사는 시간을 인격적으로 보는 이 성서의 입장에서만 성립이 된다(1954년 판 서문 3쪽).

이렇게 "성서적 입장에서라야만 역사를 쓸 수 있다"고 주장한 그가 그 뒤 현실 타협적인 한국 기독교계를 떠나면서, 이 책의 제목을 『뜻으로 본 한국역사』(1965년 초판 발행)로 바꾸었다. 그 이유를 그는 신앙과 관련시켰다. 즉 "성서적 입장에서"라고 했을 때는 기독교만이 참 종교요, 그 기독교는 성서에 있다고 하면서, 그것은 우찌무라를 통한 "무교회 신앙"을 의미했는데, 따지고 보면 그것은 내 종교가 아니었고 "남이 전해준 사상과 그 말을 그대로 외우는 것"에 불과하여 부끄러웠으며, 그래서 우찌무라에게서 해방되어 "차차 나로 서보고 싶었고 내 생각, 내 믿음을 가지고 싶었다"는 것이다.

사상적인 독자성을 가지려 했을 때 그는 종래까지의 기독교 신앙을 바탕으로 한 사상에서 떠나야 했을 뿐만 아니라, 편협한 국가주의와 반이성적인 태도를 벗어나야 한다고 생각했다. 그가 종래의 성경 중심의 기독교 사상에서 떠나게 되었을 때 책 제목도 바꾸지 않을 수 없었다.

고난의 역사라는 근본 생각은 변할 리가 없지만 내게는 이제는 기독교가 유일의 참 종교도 아니요, 성경만 완전한 진리도 아니다. 모든 종교는 따지고 들어가면 결국 하나요, 역사철학은 성경에만 있는 것이 아니다. 나타나는 그 형식은 그 민족을 따라 그 시대를 따라 가지가지요, 그 밝히는 정도의 차이는 있으나, 그 알짬 되는 참에 있어서는 다름이 없다는 것이다. 여기 곁들여서 내 태도를 결정하게 한 것이 세계주의와 과학주의다. 세계는 한 나라가 되어야 한다는 것, 그래서 국가주의를 내쫓아야 한다는 것이요, 독단적인 태도를 내버리고 어디까지 이성을 존중하는 자리에 서서 과학과 종교가 충돌되는 듯한 때는 과학 편을 들어 그것을 살려주고 신앙은 그 과학 위에 서서도 성립이 될 수 있는 높은 것을 찾아야 한다는 것이다. 그래서 책을 내게 되는 전 해 겨울, 해인사에 한 달을 가 있으면서 전체에 걸쳐 크게 수정을 하여 모든 교파주의적인 것, 독단적인 것을 없애버리고 책 이름도 『뜻으로 본 한국역사』라고 고쳤다(1965년 판 80쪽).

위의 인용은 『뜻으로 본 한국역사』를 간행할 즈음에 그의 사상적 편력이 얼마나 진전되고 있었나를 보여준다. 이 글에서는 더 언급할 수 없지만, 그는 이 무렵부터 산스크리트어를 공부하면서 인도 사상에 접근하였고, 사서오경은 물론 노장사상도 폭넓게 섭렵하여 사상가로서 새로운 경지에 들어갔다. 추측건대 그의 만년의 사상은 동서양의 사상을 종합하는 것이 아니었나 싶다. 서양의 합리적·분석적 사고와 동양의 원융적이고 통섭적인 사상이 그에게서 점차 귀일점을 찾아갔으리라고 본다. 이것은 어떠한 사상·이념에도 얽매이거나 안주하지 않는 그의 자유로운 성품 때문이요, 영원한 구도자가 되기를 원하는 그의 순례자적 정진 때문이리라 생각한다. (1991년)

분단의 아픔을 짊어지고 간 장기려 박사

1995년 12월 25일, 우리는 우리 시대의 위대한 성인 한 분을 잃었다. 그분에게 위대하다거나 성인이라거나 하는 말은 전혀 어울리지 않는다. 세상에 이름이 드러나기를 원치 않으셨고, 오직 하나님께만 인정받기 원했던 분이기 때문이다. 이 시간에 그분을 떠올리는 것은 장기려 박사야말로 이 민족의 분단 상처를 가장 진지하게 지고 가신 분이고, 분단과 민족 통일 문제와 함께 꼭 떠올려야 할 분이기 때문이다.

그분의 생애와 활동을 여기서 상술하지는 않겠다. 너무 잘 알려져 있는 데다가 그분을 흠모하는 많은 분이 그를 너무나 잘 알고 있기 때문이다. 장 박사 본인이 그것을 시인하였다고 들은 적은 없지만, 춘원 이광수가 그의 소설 『사랑』에서 의사 주인공의 모델을 장박사에게서 찾았다는 일화는 너무나 잘 알려진 사실이다. 젊었을 때부터 그는 의료를 통해 예수를 닮아가려고 노력했다. 일제 치하에서나 해방 후 북한에서도 그리스도 정신을 어떻게 의료 세계에 구현할수 있는가를 고민하고 그것을 실천했다.

6·25는 그분의 가족을 갈라놓았다. 한 아들만을 앞세우고 시작된 잠시의 피신은, 지금까지 그의 사랑하는 부인과 다섯 자녀와의 이별로 이어졌다. 그는 두고 온 부인과 자녀들에 대한 애틋한 사랑을 민족에 대한 헌신으로 승화시켰다. 6·25의 처절한 비극 속에서

그분의 민족을 향한 애정은 피난지 부산에서 복음병원을 시작하도록 했다. 의료 활동을 통해 예수를 닮아가려는 그분의 고민은 돈이 없는 국민도 골고루 의료 혜택을 받도록 하기 위한 청십자운동으로 나타났다. 이 운동은 일종의 민간 의료보험으로서 정부가 의료보험을 시작하기 이미 오래전부터 시작했던 사업이다. 기독의료인으로서 그분의 모습을 잘 보여주는 좋은 대목이다.

일시적이라 여겼던 전쟁은 남북의 혈육을 이생에서 끊어놓는 비극이었다. 피난 내려온 많은 사람이 분단의 장기화에 대비하고 피난지에 정착하려는 계획을 구체화하면서, 집을 마련하고 가정을 꾸리기 시작했다. 배우자와 자식을 북에 두고 가정을 새로이 꾸민 이들도 있었다. 성직자들도 예외가 아니었다. 우리는 이를 비난하기에 앞서 그분들의 외로움과 아픔을 이해해야 한다. 두고 온 식구들과 새로 정착한 현실 사이에서 고민하고 아파한 많은 분, 이것은 우리 시대가 겪는 또 하나의 비극이 아닐 수 없다.

이런 외중에서도 장기려 박사는 북에 두고 온 부인과 자녀들을 생각하면서 외로움을 달래고 참았다. 이것은 곧 북에 있는 아내와 자녀들과 그 고통을 함께한 것이라고 짐작한다. 영원한 사랑을 위하여 일시적인 고통을 참아야 한다는 것이 그분의 지론이었다. 남북에 있는 동포들이 서로를 위해 고통을 함께 나눌 수 있다면, 통일은 이미 이루어진 것이나 다름없지 않은가.

그분은 이렇게 북에 있는 가족들을 늘 생각하면서 민족의 아픔을 짊어지고 있었지만, 통일에 대한 견해는 좀처럼 표명하지 않았다. 그러나 필요한 때에는 시대적인 분위기와는 관계없이 자신의 생각을 표명했다. 1988년 문익환 목사의 방북운동으로 공안정국이 조성되고 있을 때였다. 기독교계마저 문 목사에 대하여 돌팔매질을 할 때, 장 박사님은 「한겨레신문」에다 문 목사의 거사에 대해 "통일을 위한 용기 있고 장한 쾌거"라고 상찬했다. 당시의 분위기로는 여간 해서 문 목사를 두둔할 수 없는 형편이었지만, 장 박사님은 평소에 조용하던 모습과는 달리 이 시대의 예언자적인 목소리를 발했다.

그때 나는 장 박사님의 기고문을 읽으면서, 이것이야말로 가족들에 대한 아픔을 통해 민족의 고통을 몸소 체험하고 있는 한 선각자의 경건한 신앙고백이요, 가슴 뭉클하게 하는 뜨거움과 강렬한 호소력을 지닌 글이라고 느꼈다. 장 박사 아닌 다른 분이 그런 글을 썼다면, 아마 당시의 공안정국과 기독교계의 편협한 분위기로 보아서 어떠한 수모를 당했을지도 모를 일이었다.

1995년 7월, 그를 일가상(一家賞) 수상 후보자로 정하고, 손봉호 교수와 함께 부산 복음병원으로 찾아가서 수상을 권했다. 그러나 장 박사는 이 세상의 어떤 상도 이제는 받지 않겠다고 하면서 불편한 거동으로 성경 공부 모임에 참석하셨다. 여든 고령에도 불구하고 우리에게 선하게 비친 그 모습은 구도자의 간결한 모습, 그것이었다.

장 박사를 보내면서, 누구보다 통일을 기렸던 그가 하나님 앞에서 담담하게 가시는 것을 보면서, 나는 마음으로 얼마나 울었는지 모른다. 그리고 기도했다. 저분처럼 북쪽에 부인과 자식들을 두고 눈을 감아야 하는, 애를 태우고 있는 동족들이 더는 존재해서는 안 된다며. (1996년 2월 23일 새벽, 기독교 방송)

한석희 선생 추도사

우리는 지금 존경과 사랑을 받아왔던 한 사람, 한석희(韓晳曦, 1919-1998) 선생의 장서(長逝)를 애달파 하며 선생을 추도하는 마음으로 여기에 모였습니다.

선생이 가시던 날은 선생의 생애에서 보인 한일 관계가 상징하듯, 하시모토(橋本) 수상이 이끄는 일본 정부가 한일 간에 맺은 어업 협정을 파기하는 날이었습니다. 부보(訃報)를 받은 우리는 일본 정부의 처사에 분노할 겨를도 없이, 선생의 가심이 바로 한일 관계의 또 하나의 상징성을 의미하는 것이 아닐까 하는 우려를 금치 못했습니다. 일제 강점으로 뒤틀어진 한일 관계가 3·1운동으로 새로운 관계를 요구하고 있던 1919년 8월 22일에 조선 땅에서 선생이 태어났듯이, 선생이 일본 땅에서 가시던 1998년 1월 23일은 한일 관계의 새로운 단계를 예고하고 있었습니다.

이렇듯 출생과 영면(永眠)에서 한국과 일본 사이의 관계를 시사해주었듯이, 선생의 80 평생은 한일 간의 관계 속에서 전개되었고, 그 관계를 새로운 차원으로 승화시키려는 노력으로 치열하게 산 생애였습니다. 그것은 바로 민족적인 정서를 넘어선, 기독교적인 사랑과 화해의 관계를 추구한 것이라고 해야겠지요. 사랑과 화해는 그가 실천한 삶의 기저를 이루는 가치로서 바로 예수 그리스도를 통하여 하나님께로부터 받은 은사였습니다. 그가 한국인이면서 일본의 경제계와 기독교계에서 보인 사업과 활동은, 민족적인 정서를 뛰어넘는 어떤 가치관에 입각한 것이었습니다. 그가 늘 겸손해하면서 전면에 내세우기를 자제한 학문은 한일 간의 기독교적인 화해를 염두에 두었음을 간파할 수 있습니다. 그의 내밀한 일본관이 어떠했는지는 자세히 모르지만, 선생이 한국인이면서 한국에서 살기를 고집하지 않았던 점이나, 한씨 대신 니시하라(西原)로 불리는 것을 거부하지 않았다는 점은 그리스도 안에서 그런 문제를 초월할 수 있었기 때문이라고 믿습니다. 선생이 일본인들에게 그의 고향인 니시하라로 불렸다고 해서 하나님 앞에서의 자신의 존재가 위축된다고 생각지 않았을 것이며, 한국인으로서의 주체의식이 사라진다고 의식하지도 않았던 것입니다. 그만큼 선생은 기독교 신앙을 통해 내셔널리즘을 뛰어넘는 포용력을 은사로 받았음이 틀림없다고 봅니다. 그렇기에 우리는 대도무문(大道無門)이라는 (이 단어가 최근 비난받는 어느 정치인의 상표처럼 되어서 사용하기에 거북하지만) 말로 선생의 일본에서의 수많은 업적과 활동을 설명한다고 하면 망발이겠습니까.

　선생은 제국주의자 일본과 그 후예들을 비판하는 말을 삼갔지만, 선생의 학문에서는 그리스도 안에서 일본의 '들을 귀 있는' 친구들에게 하고자 하는 진정한 말을 남겼다고 이해합니다. 선생은 동족인 한국인에게서보다는 일본인 지우와 동·후학들을 더 많이 두었고, 그들로부터 더 깊은 존경과 신뢰를 받았던 것을 우리가 모두 익히 알고 있습니다. 선생이 일본인으로부터 그만한 신뢰와 중망을 얻었던 것은 바로 민족과 국경을 초월하는 인격과 포용력 때문이라고 믿습니다. 그러기에 그리스도를 따르려고 하면서 학문의 길에 들어선 우리는 선생이 남긴 귀감을 통해 인간으로서는 불가능하지만 하나님의 자녀로서는 가능한, 민족의식을 초월한 사랑과 화해의 한 표본을 발견하게 됩니다. 선생의 체구에 어울리지 않은 그 넓은 포용력은 바로 선생이 신앙을 통해 성숙시킨 열매가 아닐까 생각되기 때문입니다. 그런 점에서 미련한 우리 후학들도 신앙을 통해 하나님이 주시는 능력 안에서 선생을 따라갈 수 있다는 위로와 가능성을 발견하게 됩니다.

선생의 생애는 그리스도께서 하나님과 인간 사이에 막힌 담을 헐었듯이 한일 간의 화해를 위한 가교 역할에 충실하였고, 양 국민을 향한 평화의 사도가 되려는 노력으로 일관하였습니다. 선생은 한국인이 갖는 일본에 대한 원한을 가슴속에 삭이고 '신앙과 학문'으로 승화시키면서 나머지는 무덤 속으로 가져갔습니다. 선생의 80년은 대부분이 한국을 강점한 그 본고장에서 이루어졌기에 겹으로 고통과 수난을 감내해야 했을 것으로 이해합니다. 그러면서도 선생은 왜곡된 한일 관계가 재래한 고통의 역사를 회피하지 않고 친히 체험하면서 묵묵히 십자가를 지고 갔습니다. 선생의 체구는 왜소하였지만, 선생의 가슴은 한국과 일본을 동시에 품을 수 있었습니다. 선생은 모국어에 어눌했지만 조국을 향한 애정과 일본에 대한 용서를 표현하는 데는 부족함이 없었습니다.

선생의 생애에서 더 열중한 곳이 실업 분야였으나 50세가 넘어 시작한 만학도의 학문적인 노력은 굉박(宏博)하고, 심오한 연구 업적을 남겼고, 학문적인 업적에도 불구하고 선생은 전문적인 학자이기를 자처하지 않고 아마추어로서의 학문을 더 즐기는 것 같았습니다. 틈틈이 남긴 업적에는 한·일어를 넘어서서 영문 서적을 번역하는 부지런함을 보여주었습니다. 선생의 학문이 넓이를 가늠하기 힘들다는 것은 이 때문입니다. 선생의 한국기독교사 연구에 대한 학문적인 정열은 하나님의 부르심을 입을 때까지 계속되었지만, 그 정열을 현실화하기 어려운 고령에 이르러서는 자신의 재력을 털어 후학을 격려하고 자료를 수집하면서 청구문고(靑丘文庫)를 세워 후학들의 학문 지원에 힘썼으니, 선생을 일러 평생을 학인(學人)됨에 소홀한 적이 있었다고 어찌 말할 수 있겠습니까.

오오, 선생이 가심에 마음속 깊은 곳에서 우러나오는 존경과 슬픔을 억제할 수가 없습니다. 우리는 좋은 스승을 잃었고 모범적인 한 신앙의 선배를 잃었습니다. 무엇보다 그리스도 안에서 한국과 일본을 연결해준 튼튼한 고리를 잃었고 비록 외국에서나마 남북 화해를 이룩하기 위해 조정 역할을 감당했던 정신적인 한 버팀목을 상실했습니다. 선생이 신앙과 학문을 통하여 한일관계를 새로운 차원으로 승화시키고자 노력한 많은 업적을 보면서, 이제 선생의 뜻을 계승해야 할 책임이 우리에게 주어졌음을 깨닫게 되었습니다. 선생께서는 생전에 한 번도 그 점을 말씀으로 강조하지 않으셨지만, 이제 우리는 선생이 실천한 그 삶을 거울삼아 무언으로 남긴 유언을 실천하지 않을 수 없게 되었습니다. 이제 선생을 추도하는 이 자리는 선생의 그 무언의 교훈을 되새기며 실천을 다짐하는 아름다운 공동체로 발돋움하는 계기가 되었음을 고백합니다.

다시 선생께 우리들의 진심 어린 존경과 감사를 삼가 표합니다. 아울러 선생의 유족들에게 하나님께서 내리시는 크신 위로가 넘치기를 빕니다. 선생의 부음(訃音)이 한일 두 나라의 그리스도인들이 기존의 우정 관계를 확인하고 새로운 유대를 모색하는 계기가 될 것을 기원하면서 이만 추도사에 대합니다. (1998.2.7.)

한국 기독교사 연구에 새 장을 마련해준 어른, 한영제 장로

늘 인자하고 대범하셨으며 큰 어른으로 후진들을 포용하셨던 한영제(韓永濟, 1925-2009) 장로님께서 우리 곁을 떠나신 지 벌써 1년이 되었습니다. 그동안 세월의 무상함은 말할 것도 없고 우리가 장로님의 유지를 얼마나 수행했는가를 되돌아보면 스스로 부끄러움을 금치 못하게 됩니다.

한 장로님을 처음 뵌 것은 1980년대 초였습니다. 당시 '기독교문사'는 한국 기독교 선교 100주년을 기념하기 위해『기독교대백과사전』을 준비하고 있었습니다. 그때 그 사전의 원고 중 한두 꼭지를 청탁하기 위해 이덕주 목사님께서 저를 찾아주셨습니다. 한국 기독교 민족운동과 관련한 항목을 부탁받았던 것으로 기억합니다. 당시 신군부의 등장과 함께 학교를 쉬어야 했던 저로서는 이 목사님의 방문이 반가웠고, 소문으로만 듣던『기독교대백과사전』집필에 동참한다는 것도 의미 있게 느껴졌습니다.

그럴 무렵, 1982년 9월에 '한국기독교사연구회'가 조직되었습니다. 이것은 한국 기독교사 연구사에서 보면 하나의 획기적인 사건이라고 말하지 않을 수 없습니다. 이를 계기로 한국 기독교사 연구에서는 질적·양적인 측면에서 몇 가지 변화를 보이기 때문이겠지요. 한 장로님을 추억하면서 이런 문제를 회고하는 것은 대단히 중요하다고 생각합니다.

우선 그전까지 우리 학계의 한국 기독교사 연구는 그다음 시기와 비교해볼 때 다음과 같은 몇 가지 특징이 있었습니다. 첫째, 개별적·독자적 연구입니다. 몇몇 선학이 개별적으로 한국 기독교사에 노력을 기울여 개척적인 연구 업적을 남기고 있는 정도였습니다. 그랬기 때문에 개별적인 연구가 지닌 한계도 드러났습니다. 귀한 자료를 독점하고 있다든지 연구의 선진성은 인정되지만 토론의 광장을 거치지 않았기 때문에 나타날 수밖에 없는 학문적 객관성과 치밀성에 문제가 없지 않았습니다. 기독교사 연구도 나름대로 과학적인 방법을 거쳐야 하는데 그런 방법에도 문제가 없지 않은 듯했습니다. 한국 기독교사 연구에 적용되어야 할 사료 비판 과정은 물론이고 발표와 토론, 비판과 논쟁의 광장이 생략되어 있었습니다. '한국기독교사연구회'의 결성은 종래의 이 같은 개별적 연구가 갖는 한계를 극복하고 공동 연구의 장점을 나름대로 기약할 수 있게 되었습니다. 그때부터 시작된 월례 및 특별 연구발표회가 통산 거의 300회에 이르게 되었고 연인원 1만여 명의 참여를 헤아릴 수 있게 된 것은 한국 기독교사 연구 공유의 실상을 잘 보여준다고 생각합니다.

둘째, 연구자의 폭이 좁은 것입니다. 한마디로 당시까지 한국 기독교사 연구는 주로 신학을 전공한 이들이 맡거나 신학의 일부로 취급되었습니다. 지금도 그렇게 생각하는 분들이 없지 않은 듯합니다. 종종 보이는 글에 한국 기독교사는 신학한 사람들이 해야 한다거나, 신학자가 아닌 사람은 범접할 수 없는 분야인 것처럼 용훼하는 이들이 없지 않기 때문입니다. 그런 상황에서 당시 '한국기독교사연구회'에는 신학 전공자가 아닌 분들이 다수 참여하게 되었습니다. 그중에서 국사학을 전공한 학도들의 참여가 눈에 띄었습니다. 그것은 어쩌면 당연한 일이었습니다. 19세기 후반에 수용된 기독교는 한국 근대사와 밀접한 관련을 맺고 있는데 국사학도가 한국 기독교사 연구를 외면한다면 직무유기일 것입니다. 당시까지 크리스천 국사학도들은 크리스천이 기독교사에 접근하는 것은 학문적인 객관성을 담보하기가 힘들다는 소박한 이유로 한국 기독교사 연구를 주저해왔습니다. 그러나 '한국기독교사연구회'의 결성을 계기로 국사학도들이 대거 한국 기독교사 연구에 참여하게 되었습니다. 그렇게 함으로써 한국 기독교사 연구가 그전보다는 역사학적인 방법에 더 접근할 수 있게 되었다고 생각합니다.

셋째, 사료(史料)의 사유화 경향입니다. 역사 연구에 가장 필요한 것은 사료의 확보입니다. 전에도 한국 기독교사 연구에 필요한 사료들이 공유되지 않은 것은 아니지만 공간된 것을 제외하고는 거의 공유가 어려웠습니다. 선학들이 가끔 사료를 인용하기는 하지만 어떤 때는 그것이 실재하는지, 또 정확하게 인용된 것인지조차 확인할 수 없는 경우가 있었습니다. 이런 의혹은 연구의 객관성은 물론 연구자에 대한 신뢰성조차 해칠 수 있습니다. 이런 의혹을 불식시키는 방법은 자료를 공유하거나 공간하는 것이라고 생각했습니다. '한국기독교사연구회'가 결성되면서 자료를 공유하고 공간하는 일에 힘썼습니다. 그 결과 연구자들끼리 끈끈한 연대성을 이루어 '신앙과 학문의 동지'라는 동지 의식까지 갖게 되었습니다. 한편 자료의 공간은 역사학도에게 필수적인 자료를 제공함으로써 한국 기독교사 연구를 일반 대학에까지 확산시키는 엄청난 결과를 가져왔습니다. 오늘날 일반 대학에서도 한국 기독교사 연구로 박사학위 논문이 적지 않게 나오게 된 것은 자료를 공유하려는 한국 기독교 사학계의 이런 노력의 결과라고 생각합니다.

바로 이 같은 '한국기독교사연구회'의 결성과 연구의 획기적 도약에 숨은 공로자가 바로 한영제 장로님이었습니다. 돌이켜보면 그 어른의 보이지 않는 지원과 격려가 없었다면 한국 기독교사 연구가 이렇게 장족의 발전을 기할 수 있었을 것이라고 상상하기 힘듭니다. 한 장로님은 당시 한국 기독교 선교 100주년을 맞는 중요한 시기에 『기독교대백과사전』이라는 기념비적 사업을 기획하여 묵묵히 실행하셨습니다. 그 사업에 부수적으로 병행된 것으로 다음 두 가지를 손꼽고 싶습니다.

첫째는, 한국 기독교사 연구자들을 발굴하여 협동하도록 한 것입니다. 앞서 지적한 바와 같이, 당시 한국 기독교사 연구자들은 개별적으로 작업하고 있었습니다. 『기독교대백과사전』의 작업은 많은 연구자를 필요로 했습니다. 여기에는 성서학자들, 신학자들 못지않게 역사학자들도 필요했습니다. 특히 『기독교대백과사전』에 수록된 한국 기독교사 관련 항목은 다른 대부분의 항목이 번역에 의존한 것과는 달리, 새롭게 집필하지 않으면 안 되었습니다. 이런 항목들의 집필에 기존의 한국 기독교사 연구자들 못지않게 신진 학도들도 참여시키지 않을 수 없었습니다. 여기에 당시 신학, 역사학 등을 전공하던 신진기예의 학도들이 참여하게 되었습니다. 이렇게 『기독교대백과사전』 집필에 필요한 한국 기독교사 연구자들을 발굴하여 협동적이고 효율적인 활동을 할 수 있도록 뒷받침한 분이 바로 한영제 장로님이었습니다. '한국기독교사연구회'도 장로님의 그런 지원에 힘입어 이뤄졌다고 생각합니다. 따라서 한국 기독교사 연구가 오늘날과 같은 장족의 발전을 이룩하게 된 데는 한 장로님의 기도와 배려와 지원이 컸다는 것을 잊을 수가 없습니다.

또 하나, 한국 기독교사 관련 사료의 수집이 본격화하는 한가운데에 역시 한 장로님이 우뚝 서 계십니다. 당시 '기독교문사'는 아마도 한국 기독교사 관련 자료를 최초로 광범위하게 수집하려고 했던 기관이 아니었던가 합니다. 한국 기독교사 연구가 짧았던 그 시기에 선구자적인 혜안으로 자료 수집에 남다른 열성과 자원을 투자한 분이 한영제 장로님이었습니다. 한 장로님은 기회가 있을 때마다 청계천 고서점을 들러서 필요하다고 생각되는 교회사 관련 자료들을 부르는 값에 관계없이 수집하고 있었으니까요. 그리고 그런 자료들을 깊숙하게 비장(秘藏)하지 않고 필요한 연구자들이 활용하도록 만들어주셨습니다. 여기에 한 장로님의 연구자들을 향한 열린 자세가 돋보였습니다. 보통의 경우 좋은 자료가 있으면 그것을 연구자에게 공개하지 않습니다. 공개하더라도 이런저런 조건을 붙이고 열람 과정을 까다롭게 합니다. 그러나 한 장로님은 그렇지 않았습니다. 혹시 같은 자료를 두 권 구하면 한 권은 필요한 연구자에게 선물하기도 했습니다. 그렇게 열려 있었던 분이었습니다. 『기독교대백과사전』이 제대로 이뤄진 것이나 그 뒤 『한국기독교의 역사』 같은 책이 '기독교문사'에서 간행된 이면에는 한 장로님의 이 같은 숨은 헌신이 있었습니다.

한 장로님이 한국 기독교사 연구와 관련하여 이룩한 업적 중에는 여러 가지 분야별 소책자들이 있지만, 가장 중요하다고 생각하는 것은 '한국기독교사연구회'(한국기독교역사연구소)에서 집필하고 '기독교문사'가 간행한 『한국기독교의 역사』 I, II권이라고 할 수 있습니다. 이 책은 한 장로님이 '기독교문사'를 통해 기획하고 재정 지원하여 이룩한 것입니다. 이 책이 최근 20쇄(1권), 13쇄(2권)까지 간행된 것은 한국교회에 끼친 영향력이 얼마나 큰지를 보여줍니다. 이 중 일제 강점기의 한국 기독교사를 다룬 제2권은 일본어로 번역 출간되었기 때문에 일본 기독교계에도 일정하게 영향을 미쳤을 것으로 기대합니다. 저는 이 책을 볼 때마다 한 장로님께서 필자들을 대접했던 광경을 떠올립니다. 그리고 이런 업적 뒤에 숨겨진 한 장로님의 세심한 배려와 파격적인 지원을 잊을 수가 없습니다.

한 장로님을 회상할 때마다 우리는 모두 그 무렵 정초에 충신동 자택으로 세배하러 가서 나누었던 정겨운 교제를 잊을 수 없습니다. 한복을 단정히 입으시고 마주 절을 하고 나눈 담소와 떡국은 정말 성도의 교제 그것이었습니다. 후진, 후학들을 깍듯이 예의로 맞아주신 어른의 모습이 아직도 눈에 선합니다. 이런 교제도 그 어른이 대한예수교장로회(통합) 총회의 큰 직책을 맡은 앞뒤 과정에서 좀 소원해지기는 했습니다만, 그 뒤에도 후진들을 대하는 모습에는 흐트러짐이나 소홀함이 없었습니다. 그러나 세월이 가고 후학들이 제자리를 찾아 분주한 나날을 보내게 되면서 한 장로님과의 교제가 전과 같지 못했습니다. 개인적으로는 입원하신 뒤 한두 번 뵈온 일이 마지막이어서 죄송한 마음을 금할 수 없습니다.

한 장로님이 가신 지 벌써 1년, 그 어른을 생각하면 늘 넉넉하셨고 삶에 여유가 있었으며, 성도의 생활에서 '온유와 겸손'을 실천하신 분이 아니었는가 하는 감사의 느낌을 갖게 됩니다. 교단 정치와 행정에서는 어땠는지 모르지만, 적어도 기독교 역사학계와의 관계에서만 본다면 한 장로님은 절대로 앞서지 않고 뒤에 서 계시면서 앞서 일하는 분들을 도우며 언제나 일이 되도록 이끌어주셨던 분이었습니다. 그리하여 마태복음 5:5의 "온유한 사람은 복이 있나니 그들이 땅을 기업으로 받을 것임이요"라는 말씀을 솔선수범하여 실천으로 보여주셨습니다. 한국 기독교사 연구를 위해 그 어른이 주신 교훈과 당부가 무엇인지, 또 이 시점에 제대로 실천되고 있는지 다시 생각하게 됩니다. (2009년)

고영근 목사님의 자료 간행에 부쳐

아, 고영근(高永根, 1933-2009) 목사님, 유신정권과 신군부정권 하에서 군사정권의 부패와 교회의 타락을 동시에 질타하면서 개혁을 주장한 가장 용기 있는 목회자를 꼽으라면 나는 단연코 고영근 목사님을 지목하기를 서슴지 않는다. 목사님만큼 믿음으로, 용기 있게, 끈질기게 그리고 목회적 심정으로 예언자의 사명을 수행한 이가 없었기 때문이다. 그는 분단과 군사정권의 엄혹한 조건에서도 나라 전체를 목양 구역으로 삼아 한시도 침묵하지 않고 강론과 저술로 이 민족과 교회를 깨웠다.

목사님은 유신체제와 신군부하에서 오랫동안 수감 생활을 했고 구류와 구속 또한 다반사였다. 그는 1976년 3월 12일 충북 단양 장로교회 설교가 긴급조치 9호를 위반했다 하여 구속된 후 1년 4개월을 복역하다가 병 보석으로 석방되었다. 보석 상태에서 1977년 11월 27일 강진교회 부흥회를 마치고 긴급조치로 다시 구속되어 옥고를 치르다가 박 대통령 서거로 긴급조치가 해제되자 1979년 12월 8일 석방되었다. 그는 유신정권하에서만 3년 4개월여 동안 수감 생활을 했다. 그 후 신군부 집권 후에도 목사님은 설교와 강연에서 정권의 부패와 교회의 개혁을 부르짖다가 연행과 구류가 되풀이되었다. 1986년 1월 20일 목요기도회 후에 구류된 것까지 합치면 모두 26회나 된다. 목사님의 직설(直說)과 정론(正論)은 그 뒤에도 그를 감옥으로 인도했다. 이렇게 30여 년에 걸친 군사정권하에서의 투옥과 구류·구속을 되풀이한 목사님은, "희롱과 채찍질뿐 아니라 결박과 옥에 갇히는 시련"(히 11:36)을 무수히 받았지만, "세상이 (그를) 감당하지 못"(히 11:38)했으며 그러기에 "믿음으로 말미암아 증거를 받았"(히 11:39)던 하나님의 사람이었다.

목사님을 처음 감옥으로 '안내한' 긴급조치 9호는 어떤 것인가. 군사 쿠데타로 집권한 박정희 대통령이 자신의 유신정권을 철옹성처럼 방비하기 위해 안출한 초법적인 법령이었다. 박 대통령은 유신 선포 이후 긴급조치를 발동하여 유신헌법과 그 헌법에 따른 독재정치를 방어하려고 그가 비명에 서거하기까지 9개나 되는 긴급조치를 양산했다. 그 마지막 9호는 유언비어를 날조하거나 유신헌법에 대한 부정·반대·왜곡·비방과 그 개정·폐지 주장을 하지 못하도록 하고, 또 9호 조치 자체를 비방하는 행위 등을 금지하기 위해 발포했다. 그들이 이 긴급조치를 위반한 자에게는 법관의 영장 없이 체포·구속·압수 또는 수색할 수 있도록 한 데서 우리는 이때 유신정권이 얼마나 초조해했는가를 읽을 수 있다. 국가가 법관의 영장 없이 국민을 구속할 수 있다는 것은 민주국가의 범주를 한참 넘어선 것이기에 이 조치를 취하면서도 유신독재정권은 국민을 매우 두려워하고 있었음을 엿볼 수 있다. '박정희 추종자'들은 그가 이렇게 법관의 영장 없이도 유신헌법 비판자들을 감옥으로 보냈다는 반민주적 사실을 기억하고 있기는 할까.

고영근 목사님이 긴급조치 9호 위반으로 구속되었다는 것은 유신헌법을 비방했거나 그 개폐를 주장한 '죄' 때문이었음을 알 수 있다. 여기서 그 무시무시한 유신 치하에서도 유신헌법에 대한 비판을 했다는 것은 목사님의 용기와 불굴의 의지를 보여준다. 그는 진실로

"만일 하나님이 우리를 위하시면 누가 우리를 대적하리요?"(롬 8:31)
라는 말씀과 "누가 우리를 그리스도의 사랑에서 끊으리요? 환난이
나 곤고나 박해나 기근이나 적신이나 위험이나 칼이랴"(롬 8:35)라는
말씀을 확신했던 하나님의 사람이었기에 유신독재정권과 맞설 수
있었던 것이다.

　고영근 목사님을 직접 뵙게 된 것은 그가 '목민선교회'를 창립
한 1980년경이라고 추정된다. 종로5가 기독교회관에 있는 사무실에
서 선교회 회원을 상대로 몇 번 강의를 요청한 것이 계기가 되었다.
1970년대 유신 치하에서 고난을 겪은 목사님과는 달리, 나는 80년
대 신군부에 의해 '해직'을 당했기 때문에 목사님 같은 '반체제 인물'
의 초청을 받는 것이 꺼려지거나 두려운 일이 아니었다. 이렇게 뵙
게 된 후 목사님은 내 강연장에 모습을 종종 드러내셨다. 목사님은
내가 강연을 하는 자리에 오셔서 맨 앞자리에 앉으시고는 당신의 뜻
과 부합하는 강연 내용에는 그 걸걸한 목소리로 거리낌 없이 '아멘'
'아멘' 하면서 나의 강연을 독려해주었고 강연장 분위기를 고조시켰
다. 판소리에서의 추임새처럼 목사님은 내 강연에 추임새를 넣으며
강연자와 청강자를 두루 격려했던 것이다. 목사님을 회고할 때마다
나는 목사님의 이 같은 '순진한' 모습을 잊지 못하고 감사하는 마음
을 갖는다.

　고영근 목사님은 한국 사회와 교회를 향해서, 구약의 예언자적
인 역할과 제사장적인 역할을 동시에 수행했다. 예언자적 사명이 하
나님의 말씀을 가감 없이 대언하는 것이라면, 제사장적 사명이란 백
성의 죄를 대신하여 하나님께 용서를 호소하는 역할이다. 예언자적
역할이 아버지와 같다면, 제사장적 역할은 어머니와 같다고 할 수
있다. 목사님은 목회자의 연민의 심정을 가지고 이 제사장적 사명을

감당하면서도 하나님의 말씀을 직설적으로 대언하는 예언자적 사명을 용기 있게 수행하기에 절대로 소홀하지 않았다. 19세 때 거제 포로수용소 공산주의자들 앞에서 이미 시작한 그의 설교는 그 뒤 군종부, 경목(警牧), 교회 담임 목회, 총회와 노회의 전도목사, 부흥사, 목민선교회 창립, 비전향장기수 후원 목회 및 인권 목회로 이어졌다. 그의 말씀에는 하나님의 추상같은 심판의 메시지가 들어 있었을 뿐 아니라 군사정권하에서 받은 백성들의 상처를 어루만져주는 자애로움도 있었다.

고영근 목사님은 그리스도교 신앙이 개인 구원과 사회 구원을 따로 떼어놓는다고 생각하지 않았다. 따라서 사회 개혁이 교회 개혁과 별개라고 보지도 않았다. 그는 월남한 실향민으로 누구보다 조국의 분단을 가슴 아파하면서 민족 통일에 깊은 관심을 가지고 외쳤다. 그에게는 민족 분열을 극복하는 과제가 바로 우리 사회의 지역적·계층적 분열을 극복하는 것과 맞물려 있었다. 그는 분열의 밑바닥에는 죄의 문제가 있으며 그리스도 앞에서 죄를 회개하고 죄 사함을 받아 민족의 상처를 치유해야 한다고 생각했다. 그리고 민족적 상처를 치유하기 위해서는 영적인 역할을 맡은 한국 그리스도인들과 한국교회의 회개가 선행되어야 함을 강조했다. 여기에 한 목회자로서 교회와 조국을 동시에 품는 그의 목민 목회가 자리 잡고 있었다. 민족과 교회를 동일한 폿대로 보는 이 같은 예언자적이고 제사장적인 신앙 사상이 그의 저술 곳곳에서 나타난다. 그의 주저에 해당하는 『한국교회 혁신과 사회정화 방안』, 『한국교회의 나아갈 길』, 『우리 겨레의 나아갈 길』이 대표적 예다. "순국열사의 핏소리", "느헤미야의 구국운동", "목회문제와 사회구원문제", "위대한 생활이념: 민족이 나아갈 방향" 등의 설교에서도 그의 사상을 잘 알 수 있다.

고영근 목사님은 1933년 북한의 평북 의주에서 태어났다. 해방 후 북한 땅에서 복음을 받았고, 신사참배를 반대하여 투옥되었다가 출옥한 이기선(李基善) 목사님의 지도를 받아 성경 공부를 했다. 그는 북한에서 인민군대 입대를 거부했으나 월남을 목적으로 입대하여 거제 포로수용소에까지 이르게 되었다. 반공 포로 석방 후에 다시 한국군에 입대하여, 군종 생활을 거쳐 신학 공부를 한 후 목사가 되었다. 그 후 앞에서 언급한 여러 분야의 목회를 경험하면서 유신시대에 세례 요한과 같은 예언자로 등장하게 되었다. 그는 그리스도를 통해 자유로움을 맛본 목회자로서 인간의 양심의 자유를 억압하는 군사정권은 물론 어떤 체제도 용납할 수 없었다. 이는 북한의 공산주의 체제하에서 자유가 상실되었을 때 그 체제를 용납하지 못하고 벗어나려고 했던 것과 같다. 여기에 신앙인으로서 자유로움을 누리는 목사님의 사상적 토대가 있다. 따라서 그의 예언자적·제사장적 활동의 저변에는 그리스도를 통해 구속함을 받은 사람들이 갖는 자유로움이 자리하고 있다. 기독교 신앙 안에서 발견한 그 자유로움이 북한 체제를 벗어나려고 했던 것처럼 남한의 군사정권을 비판하여 고난을 당하는 지경에까지 이르게 한 것이다. 따라서 유신정권하에서 침묵하면서 구차하게 일신의 안일을 추구하기보다는, 투옥되는 한이 있더라도 유신독재정권과 신군부 파쇼정권을 비판하면서 민족의 나아갈 길을 제시하는 것이 오히려 그에게는 더 큰 자유로움에 이르는 길이었다. 그가 비전향 장기수와 교제를 나누며 그들에게 힘이 되어주었던 것도 그들이 그리스도 안에서 참 자유를 누리도록 하려는 배려가 없지 않았던 것으로 보인다.

목사님은 많은 저술 작품뿐만 아니라 설교·강연의 원고, 편지, 특히 비전향 장기수들로부터 받은 편지 및 일기를 남겼다. 이것은 그 시대를 증언한다는 점 외에 군사정권 시대에 예언자적 목회로 독보적인 위치를 차지한 목사님의 신앙과 사상을 제대로 이해하는 데 없어서는 안 될 중요한 자료다. 이것을 제대로 정리해서 국내외에 보급하여, 아직도 각종 독재 체제와 신자유주의 체제 아래서 신음하는 세계인들에게 선한 영향력을 미치도록 하는 것이 후예들의 중요한 책임이라고 믿는다. 그의 유문(遺文)들을 정리하고 자료집을 간행해야 하는 이유가 여기에 있다. 목사님이 남긴 자료를 바탕으로 그의 목민 신학과 신앙·실천이 잘 정리될 수 있다면, 그가 이 땅에서 이루지 못한 사역이 믿음의 후예들에 의해서 계승되는 좋은 계기가 될 것이다. 그동안 목사님과 함께 고난의 삶을 살아오신 사모님과 자녀들, 그와 뜻을 같이하면서 이 땅에 목민적 이상을 실현하려고 노력한 많은 동지에게 이 자료집이 위로가 되기를 빈다. 그리고 이 자료집이 분단 조국에 고영근 목사님의 하나님 나라 실현의 이상을 새롭게 불붙이는 계기가 되기를 간절히 기원한다. (2012년)

'삶의 현장'을 직시토록 안내한 '복음주의자', 존 스토트

이번 여름에 나는 존 스토트(John Robert Walmsley Stott, 1921-2011)의 저서를 좀 더 체계적으로 읽어야겠다는 생각으로 그의 저서 몇 권을 서재에 갖다 놓았다. 그러다가 그가 7월 27일에 돌아가셨다는 소식을 우연히 보게 되었다. 그의 부음을 듣는 순간 그의 별세가 올여름 그의 저작을 숙독해야겠다는 내 계획과 무슨 상관관계 같은 것이 있지 않나 하는 생각이 퍼뜩 들었다. 그 때문인지 부음을 접하면서 그분에 대한 추모사라도 써야 하는 것이 도리가 아닌가 하는 부담감도 느꼈다. 그에 대한 연구가 평소 관심을 둔 만큼 깊지 못하기에 이 글을 초하기 위해 여러 자료를 살폈다.

　　추모사를 초했으면 하는 생각을 하게 된 것은 그가 기독교계에 남긴 거대한 영향력 때문만은 아니다. 다른 이유가 있다. 첫째는, 「복음과상황」이 그에게 진 빚 때문이다. 우선 「복음과상황」의 간행은 그가 초안에 깊이 관여한 '로잔 언약' 때문이다. 「복음과상황」의 간행이 로잔 언약에 근거했다는 것을 환기시키고자 창간호부터 그 제호 밑에 "「복음과상황」은 로잔 언약에 나타난 신앙고백에 기초하여 복음의 빛으로 역사와 사회를 조명하는 신앙지입니다"라고 썼다. 「복음과상황」이 로잔 언약에 나타난 이념을 구현하기 위해 간행되었음을 천명한 것이다.

　　「복음과상황」이 로잔 언약을 토대로 하여 간행되었다고 할 때 특히 주목할 사항이 있다. 그것은 로잔 언약이 갖는 신앙고백이다. 그러나 그 못지않게 중요한 것은 5장, 6장, 9장에 나타난 사회참여와 관련한 이념과 행동 강령이다. 이 점에 대해서는 내가 「복음과상황」 통권 243호(2011년 1월 호)에서 밝힌 바 있다. 특히 "그리스도인의 사회적 책임"이라는 제목으로 된 로잔 언약 5장이 당시 젊은 복음주의자들에게 사회참여의 근거를 제공해주었다. 되풀이하지 않기 위해서 그 절반 정도를 소개하면 이렇다.

> 우리는 하나님이 모든 사람의 창조주이신 동시에 심판주이심을 믿는다. 그러므로 우리는 인간사회 어디서나 정의와 화해를 구현하시고 인간을 모든 압박으로부터 해방시키려는 하나님의 관심에 동참하여야 한다.…이 사실을 우리는 등한시하여왔고, 또는 종종 전도와 사회참여를 서로 상반된 것으로 잘못 생각한 데 대하여 참회한다.…정치적 해방이 곧 구원은 아닐지라도, 전도와 사회 - 정치적 참여는 우리 그리스도인의 의무의 두 부분임을 인정한다.…구원의 메시지는 모든 소외와 압박과 차별에 대한 심판의 메시지를 내포한다.…사람이 그리스도를 영접하면 그의 나라에서 다시 태어난다. 따라서 그들은 불의한 세상 속에서 그 나라의 의를 나타낼 뿐만 아니라 그 나라의 의를 전파하기에 힘써야 한다.…행함이 없는 믿음은 죽은 것이다.

로잔 언약은 사회참여에 대한 복음주의적 입장을 명료하게 천명했다. 따라서 로잔 언약 중 "그리스도인의 사회적 책임"에 담은 내용은 당시 사회참여 문제를 고민하고 있던 한국의 복음주의권 젊은이들에게 큰 용기와 격려가 되었고 종래까지의 사회문제를 대하던 인식과 행동의 방향을 획기적으로 전환시켰다.

또 하나는, 내가 개인적으로 그에게 진 빚 때문이다. 1970년대의 유신독재 시대와 1980년대 신군부 파쇼 시대에 나는 젊은이들로부터 그리스도인의 사회참여에 대해 많은 질문을 받았다. 그런 질문들은 대부분 당시 한국교회의 목회자들이 언급하기를 꺼리던 문제들이었다. 한국교회는 지금도 그렇지만 당시에도 가령 인권과 소외, 핵무기, 자본과 노동, 노사 관계, 결혼과 성차별, 동성애와 낙태, 전쟁과 폭력, 군부독재와 민주화, 사회적 부패 등의 문제에 대해서는 거의 눈을 감고 있었고, 젊은이들의 질문에 대답하지 않았다. 아니, 목사님들에게는 아예 그런 문제들이 이 인간사회에 존재하지 않는 것처럼 되어 있었다. 그런 의미에서 당시 한국의 기독교 신앙은 이 땅 위의 문제와는 거의 관련이 없는, 그야말로 딴 세상의 것을 붙잡고 있는 듯했다. 한국교회의 설교와 성경 공부에서 그런 문제들은 거의 등장하지 않았다. 우리 사회에는 아예 그런 문제들이 존재하지 않는 것처럼 보였고, 기독교는 그런 문제들에 초연해야 하는 것 같았다.

교회 젊은이들의 문제의식에 제대로 답하지 못하던 상황에서 1980년대 중반에 이르러 나는 존 스토트의 『현대사회문제와 기독교적 답변』(Issues Facing Christians Today)이란 책을 접했다. 이 책에 의해서 그리스도인의 사회의식이 새롭게 개안되는 것을 느끼지 않을 수 없었다. 지금까지 많은 기독교 지성인들이 의식적으로 눈감아버렸던 문제들에 대해서 존 스토트는 회피하지 않고 과감하게 정면 대결로 수용하여 성경과 역사에 근거하여 고민하고 씨름하며 문제 해결을 위해 몸부림쳤다. 그 뒤에도 존 스토트의 이런저런 저술들을 읽었지만 나는 『현대사회문제와 기독교적 답변』 하나만으로도 그에게 큰 빚을 진 자가 되어버리고 말았다.

그는 목회자로서 준범(遵範)을 보였다. 1945년 교구사제로 목회를 시작한 그는 1950년 29세에 담임사제가 되어 1975년 은퇴할 때까지 30년간 올소울즈 교회(All Souls Church) 한곳만 섬기며 설교가로서도 선한 영향력을 미쳤다. 그의 설교는 말씀과 기도에 철저히 근거했고 하나님께 사로잡힌 그의 지성이 뒷받침되었기에 런던 시민뿐만 아니라 그 설교를 들으러 오는 세계의 많은 그리스도인을 감동시켰다. 그는 "설교자를 청지기, 반포자, 증인, 아버지, 종의 모습을 가진 자라고 했으며 한 영혼을 소중히 여기는 것을 설교자의 가장 중요한 태도로 여겼"고, "진정한 설교는 성경의 세계와 현대 세계 사이의 간격을 좁혀주는 것이요, 따라서 두 세계 모두에 똑같이 발을 디뎌야 한다"고 주장했다(신동식). 그를 흠모한다고 하면서도 설교를 예배 형식의 하나로 간주하여 땜질이나 하는 식으로 준비 없이 대하는 설교자나, 설교를 성경강해 정도로 생각하여 '오늘, 이 삶의 현장'과의 관련성을 무시해버리고 고고한 소리만 질러대는 한국교회 목회자들이 정말 귀담아들어야 할 말이다. 설교는 삶의 현장 속으로 부활하여 새롭게 나타나는 하나님의 말씀이며, 이미 주어진 하나님의 말씀이 오늘의 삶 속에서 다시 성육신되는 것이라고 믿기 때문이다.

그는 "기도 우선, 변증 전도, 정기적인 전도, 구도자와 회심자에 대한 세밀한 접근, 체계적 훈련 등을 통해 현대도시 사역의 새로운 모델을 제시"했고, "주중 점심예배, 주중 기도회, 환우를 위한 기도회, 어린이 교회, 가족 예배, 유학생 예배 등 획기적인 예배를 통해" 올소울즈 교회를 "모든 영혼을 깨우는 교회"로 자리매김시켰다. 복음주의자로서 성공회와 결별하고 자기와 동역하자는 마틴 로이드 존스의 제안에 끝내 동조하지 않고 성공회 소속으로 남아 교회의 연합을 꾀했던 것은 수많은 복음주의자를 지금까지 영국 성공회 내에 머물게 하는 데 결정적인 역할을 했다(김성원). 그는 복음주의자로서 끝까지 성공회에 남아 그리스도의 신실한 종됨을 그의 인품과 향기로 아름답게 증언한 사제였다.

그는 학인(學人)으로서 수많은 저술을 남겼다. 『기독교의 기본 진리』, 『그리스도의 십자가』, 『현대사회문제와 기독교적 답변』, 『리더십의 진실』, 『성령세례와 충만』, 『그리스도가 보는 교회』, 『살아 있는 교회』, 『균형 잡힌 기독교』, 그리고 마지막 저서에 해당하는 『제자도』와, 『로마서 강해』를 비롯한 여러 권의 강해와 『성경 주석』 등 50여 권의 책을 저술했고, 이 책들은 60개가 넘는 언어로 번역되었다. 그의 학문은 신실하신 하나님의 말씀에 기초하여 그 말씀을 탐구할 수 있는 지적 능력 또한 하나님께서 은총으로 주셨다는 확신 위에서 탐구된 결과였고, 그의 설교관에서 보여준 바와 같이, 기독교적 독단주의나 맹신주의를 극복하고 세상을 향해 열려 있는 지성으로 우뚝 서게 되었다.

그의 학문이 끼친 영향은 크다. 기독교적 반지성주의를 극복하는 기틀을 그에게서 발견할 수 있다. 복음주의가 사회참여에 대한 새로운 장을 그를 통해 새롭게 열어갈 수 있었다. 이 점이 그의 복음주의가 보여주는 가장 독특한 성격이라고 생각한다. 『현대사회문제와 기독교적 답변』은 그가 주도적으로 참여한 로잔 언약(1974)을 구체적으로 풀이한 것이지만, 이 같은 사회적 이념은 로잔 운동의 후속 조치로 이룩된 마닐라 선언(1989)과 케이프타운 서약(2010)에서도 일정하게 집약되어 나타났다. 『복음주의의 기본진리』(*Evangelical Truth*)에서 제시한 바와 같이, 그의 복음주의는 기독교 근본주의가 갖는 한계와 오류를 명쾌하게 밝히는 한편 복음주의의 소통성과 유

연성을 보여주었다. 즉 근본주의가 반지성주의적이고, 문자주의적이며, 기계주의적 성경영감설을 가지며, 교회연합운동에 소극적이며, 사회적 차별을 옹호하며, 교조적인 종말론 등을 갖고 있음에 비해서 복음주의는 이런 근본주의의 한계와 오류에 대해 그와 다르다는 것을 명확하게 밝히고 하나님의 주권적 영역 안에서 활동하는 인간의 지성과 자유의 가능성을 열어놓았던 것이다.

존 스토트는 현대를 사는 그리스도인들에게 귀감이 되었고 젊은 복음주의자들의 멘토가 되었다. 그것은 그가 만년까지 성공적으로 수행했던 수많은 저명한 직책 때문만은 아니다. 그는 영국성서공회 회장에 영국복음주의연맹(BEA) 회장이었으며, 대학기독인교류회(UCCF)를 설립했고, 1974년 스위스 로잔에서 열린 세계 복음화협의회(로잔 대회)에서 신학과 교육 위원장을 맡아 로잔 언약을 엮어내어 세계 복음주의자들에게 더 잘 알려졌다. 그가 돋보이는 것은 많은 사람과 세계의 언론으로부터 '가장 존경스러운 성직자', '개신교의 실제적인 교황'으로 칭송받았기 때문이 아니다. 오히려 '나는 친구이자 주인인 예수 그리스도에게 무익한 종일 뿐'이라고 자신을 진솔하게 평가한 데서 그는 더 빛났다.

그가 그리스도의 종으로서 보인 인격은 흠모의 대상이 아닐 수 없다. 그는 가족에 대한 책임이 사역에 어려움을 줄 것으로 판단하여 평생 독신으로 살았다. 주는 것이 받는 것보다 복이 있다는 말씀을 삶으로서 모범을 보였으며, 설교와 학문으로 하나님과 인간 사이의 소통자로서 큰 역할을 감당했다. 따라서 그에게 주어진, "새벽 5시에 일어나 기도와 말씀으로 하루를 시작하고 저녁 9시 반이면 어김없이 귀가할 정도로 자기 관리에 철저했던 학생", "거창한 타이틀을 거절하고 누구에게나 '엉클 존'으로 불리고 싶어 했던 친근하고 겸손한 목회자", "결혼하지는 않았지만 많은 청년의 영적 아버지로 일생을 헌신한 그리스도의 제자"라는 칭송은 하등 과장됨이 없다. 그리하여 그의 인격의 통전성은 바울이 언명한 "내가 그리스도를 본받는 자 된 것 같이 너희는 나를 본받는 자가 되라"(고전 11:1)는 말씀을 실천적으로 증명했다. 그는 세기를 넘나든 좋은 스승이었다. 그가 소속한 영국 성공회의 캔터베리 대주교는 그의 별세에 즈음하여 이런 헌사를 남겼는데, 그 헌사로 이 글을 끝맺겠다.

> 아낌없는 봉사와 증언을 실천한 일생 동안, 존은 그의 인격과 많은 책을 통해 그를 만난 모든 이들의 마음속에서 독특한 자리를 차지했습니다. 그는 보기 드문 자애로움과 깊은 인격적 친절함을 지닌 사람이었으며, 뛰어난 소통자였고, 민감하고 숙련된 상담가였습니다. 굳건한 복음적 신앙을 타협하지 않으면서도, 관습적이고 내면 지향적인 신앙에 대해 도전하려 했습니다. 그가 사회적·정치적 질문을 포함하여 삶의 모든 영역에 예수의 복음을 적용하는 '통전적' 선교의 필요를 주장함으로써 전 세계 복음주의의 얼굴을 바꾸도록 도왔다고 말하는 것은 지나친 말이 아닙니다. 우리는 그를 성서 해설자이자 신앙의 교사로서 마음 깊이 기억할 것입니다. 그는 온갖 새로운 방법으로 교리에 깊이와 단순성을 부여하여 살아 숨 쉬는 교리로 만들었습니다.

(2011년)

교우기
말에 책임을 지는 이 시대의 어른 이만열 장로님과의 인연

스승과 제자로 만나다

내가 이만열 장로님을 처음 뵌 것은 1973년 늦깎이로 총신대학교에 입학해서다. 그때 장로님이 신학대학 1학년에게 한국사를 가르치셨다. 신학대학 1학년의 교양 과목으로 한국사와 세계사가 들어온 것을 그때는 당연하게 생각했으나, 이제 와서 보니 아주 탁월한 아이디어였다는 생각이 든다. 지금은 고인이 된 이원설 박사님이 세계사를 가르치셨다. 나는 고등학교 때 국사를 매우 재미있게 생각해서 국사 점수가 높았다는 기억이 있을 뿐, 역사의식 같은 게 형성되지는 않았었다. 그런데 이만열 교수님께 한국사를 배우면서부터 소위 역사의식이 생기기 시작했다. 역사를 공부하면서 가슴이 뜨거워지는 체험을 한 것이다. 자연히 이만열 교수님께 가까이 다가갔다.

총신대에 입학하기 전에 나는 박철수 목사님이 만든 '겨자씨 모임'(겨자씨 형제단)에 들어가서 당시 유행한 언어로, 말하자면 의식화 교육을 받았다. 겨자씨 모임은 '국가정책 결정 과정에의 참여를 통한 사회구조의 복음화'를 목표로 하는 기독동아리였다. 철저하게 보수적 신앙에 기초했지만 예수 정신에 의한 사회구조의 변혁을 목표로 했기 때문에 사회문제에 깊이 천착하지 않을 수 없었다. 이런 의식을 가지고 총신대학교에 들어갔으나 그곳은 구중궁궐 같은 곳에

서 홀로 영성 훈련에 집중하는 분위기였다. 그 가운데 이만열 장로님의 한국사 강의는 꿀맛 같았다. 또 한 분의 영웅은 서양철학사를 강론한 손봉호 교수님이다. 서양철학사를 4년 동안 8학기를 수강해야 했기 때문에 아무래도 손 교수님의 영향력이 더 지대했다. 내가 그의 교회개혁에 대한 열정과 사상을 너무나 좋아하고 따랐기에 어떤 친구는 나에게 "당신은 발봉호야"라고, 싫지 않은 별명을 붙여줄 정도였다.

이만열과 손봉호, 나는 그때부터 두 분의 충성스러운 제자로 살아왔다. 내가 속해 있던 '겨자씨 형제단'은 매해 동하기 수련회를 개최했다. 기껏해야 30-40명 정도의 대학생들이 참여했지만 열기와 깊이만은 어떤 단체의 수련회보다 풍성했다. 이만열 장로님과 손봉호 교수님은 그 수련회의 단골 강사였다. 이만열 장로님의 첫 강의 제목을 나는 지금도 생생히 기억하고 있다. "민족사적 입장에서 본 한국교회"였다. 보통 강사를 초청할 때는 초청자가 강의 제목이나 방향을 요청하는 것이 상례다. 첫 번째 강의 제목을 구상한 것은 나였던 것으로 기억되는데 내가 그때 어떻게 그런 발상을 했나, 생각하면 혹시 강사 초청 과정에서 이만열 장로님이 역제안을 하신 게 아닌가 하는 의혹이 일어난다. 아무튼 이만열 장로님의 "민족사적 입장에서 본 한국교회"는 복음의 빛으로 한국사회의 구조적 변혁을 일으키기 원했던 젊은 청년들의 가슴에 불을 지르기에 충분했다. 뜻을 온전히 이해하지 못한 학생들까지도 민족과 역사와 신앙을 붙들고 고뇌하는 흔적으로 충만한 이 장로님의 모습과 태도에서 강한 인상을 받았기 때문에 나처럼 늘 가까이서 모시지 않는 형제들까지도 이만열 장로님을 오래오래 스승으로 기억했다.

세월이 한참 흐른 후, 1985년에 나는 합동신학대학원에 입학했는데 거기서 다시 이만열 교수님을 만났다. 이번에는 한국사가 아니라 한국교회사를 강의하는 스승과 제자로 만났다. 나는 이만열 장로님의 눈에 들어야 했기 때문에 한국교회사를 열심히 공부하지 않을 수 없었다. 대학원생이지만 여전히 학습 동기는 유아적 티를 벗어나지 못했다. 합동신학교(지금은 합동신학대학원대학교)는 신학적 성향이 거의 근본주의에 가까운 보수신학적 전통이기 때문에 이만열의 "한국교회사"는 그의 사회개혁 사상과 절묘하게 결합되어 학생들의 의식을 흔들고 복음과 사회변혁의 관계를 새롭게 하는 일에 경종을 울렸다. 당시 이만열 교수님은 고신교단에 속해 있었다. 아마도 보수적 신앙을 가진 교수들 중 전두환의 폭거 아래서 유일하게 해직된 교수가 아닌가 생각된다. 해직 기간 동안, 이만열 교수님은 합동신학교에서 학생 신분으로 전 과정을 이수했다. 동시에 한국교회사를 강론하셨으니 교수와 학생 두 신분을 가진 합신의 사람이었다. 아마도 이런 인연이 합신(교단)에 대한 남다른 애정을 쏟게 된 배경이 아닌가 싶다.

2013년으로 기억한다. 우리 교회 당회에서 발의하고 내가 속한 노회에서 헌의한 세습반대 헌의안이 교단 총회에서 부결되었다. 그 소식을 듣고 이만열 장로님은 크게 상심하셨다. 몇 달 후에 고 박윤선 목사님의 성서주석이 중국어로 번역되는 것을 기념하는 모임이 합신교단 지도자들 300여 명이 모인 가운데 개최되었다. 그 모임에서 축사를 맡은 이만열 장로님은 합신총회가 세습반대 헌의안을 부결시킨 것을 엄히 책망하면서 "내가 그 일로 합신교단과 연을 맺게 된 것을 처음으로 후회하게 되었다"고 일갈했다. 사실 이만열 장로님은 목사님들에 대한 기본 예의가 매우 깍듯한 분이다. 나는 그날 장로님의 의분을 잊지 못하고 있다.

희년선교회와의 인연

1993년에 '남북나눔운동'이 출범했다. 당시 통일부 장관이었던 한완상 부총리는 축사에서 남북나눔운동의 출범은 한국교회의 진보와 보수가 연합하여 남북의 평화통일에 이바지하는 획기적이고 역사적인 사건이라고 격찬했다. 한편 이문식 목사가 목회했던 '구로희년교회'는 여러 사정으로 교회 문을 내리고 새로운 목회를 준비하고 있었다. 다만 교회가 운영하던 희년선교회는 독립하여 계속 운영하기로 했지만 모판인 교회가 문을 닫게 되면서 어려운 국면을 맞았다. 이때 나는 남북나눔운동의 총체적 책임을 맡은 홍정길 목사님께 이문식 목사를 기획실장으로 추천했다. 이문식 목사가 남북나눔운동 기획실장으로 오게 되자 희년선교회의 운영도 크게 흔들리게 되었다.

그때 마침 이만열 장로님이 미국 프린스턴 신학교에서의 연구과정을 마치고 귀국하셨다. 장로님께서도 귀국 이후 교회 출석과 봉사를 어떻게 할까 생각 중이었다는 말씀을 후에 들었다. 이문식 목사와 나는 이만열 장로님을 찾아뵈었다. 우리는 희년선교회의 현황을 자세히 설명해 드리고 열악한 외국인 노동자들을 돕는 이 사역이 활성화되기 위해서는 장로님의 헌신이 긴요하다고 간청드렸다. 과연 이 장로님께서 이 작고 여린 선교단체의 이사장을 맡으시겠는가? 의구심을 잔뜩 안고 찾아갔던 우리의 걱정은 기우였다. 장로님은 흔쾌히 그 일에 헌신하겠다고 약속하셨다. "우리나라가 여기까지 온 것은 홀로 온 것이 아니다. 여러 나라에 빚을 지고 왔는데 우리도 이제는 어려운 나라에 빚을 갚아야 한다는 부채의식을 늘 가지고 있었다. 그래서 이 일이 하나님의 뜻이 아닌가 생각한다"는 것이 수락의 변이었다.

그날 이문식 목사와 내가 얼마나 기뻐했는지, 지금은 그런 순수성이 사라진 것 같아 아쉬울 뿐이다. 희년선교회는 이만열 장로님이 25년 동안 줄기차게 헌신한 결과 지금은 외국인 노동자들을 섬기는 사단법인 '국제민간교류협회'로 성장하여 부동의 자리를 지키고 있다.

성서한국운동의 영원한 지도자

성서한국운동의 근원을 추적하면 일제하 김교신, 함석헌 등 민족의 선각자들이 조국을 성서의 빛 위에 세우길 갈망하면서 성경공부를 시작한 것이 기원이었다고 말할 수 있다. 그 후 꾸준히 뜻있는 사람들에게 회자되다가 2000년 들어 복음주의권 젊은이들을 중심으로 성서한국이 조직되었다.

초대 이사장은 내가 맡았고 사무총장은 최은상 목사가 맡아 실무를 총괄했다. 지도위원으로는 이만열·손봉호 장로님, 김진홍·홍정길 목사님이 맡았는데, 이만열·손봉호 장로님이 큰 애정을 가지고 지속적인 지도 편달을 아끼지 않았다. 성서한국운동이 복음주의권의 청년운동으로 정착되는 데 지대한 영향을 끼친 것은 1986년에 결성된 복음주의청년연합(복청)이다. 복청의 지도위원 역시 상기한 네 분이었다. 그러고 보면 이만열, 손봉호, 김진홍, 홍정길은 현대 복음주의 사회운동의 선구자들이다. 네 분 중 김진홍 목사님은 복음주의 청년운동의 정신에 비추어 볼 때 아주 멀리멀리 떠나갔다. 참으로 안타까운 일이다.

여기서 내가 느끼는 이만열 장로님과 손봉호 장로님의 사상적 차이(?)를 언급하는 것도 재미있을 것 같다. 두 분 모두 복음주의적 신앙의 기초가 확실하고 그 기초 위에서 사회변혁에 일관되게 헌신하면서 특별히 지성인들과 청년 세대에 엄청난 영향력을 끼친 것은 명약관화한 역사적 진실이다. 사회변혁 과정에서 이만열 장로님은 사회 구조악을 척결하는 데 관심이 더 있다고 한다면, 손봉호 장로님은 개인의 인격적 변화에 더 초점이 맞추어져 있다는 것이 내 생각이다. 이 시대 거목인 두 분의 사상적 특징을 나 같은 사람이(충실한 제자가) 분석한다는 게 분수에 맞지 않는 일이지만 50년 가까이 존경심을 잃지 않고 따라가면서 지켜본 두 분의 특징임이 틀림없다. 내 생각이지만 이만열 장로님은 역사를 전공했고 손봉호 장로님은 철학을 전공했기 때문에 생긴 자연스러운 차이가 아닌가 싶다. 두 분 모두 사회구조 개혁과 개인의 인격적 변화에 철저한 분들이니 그 차이를 말해서 무엇하랴. 그럼에도 두 분의 제자들이 겹치고 한결같지만 사회구조의 변혁을 갈망하는 사람들은 이만열 교수님께, 개인의 변화를 갈망하는 사람들은 손봉호 교수님께 더 가까워지는 약간의 쏠림 현상이 나타나는 것은 분명해 보인다.

　1986년에 결성된 복음주의청년운동이 한참 사회참여운동을 전개하고 있을 무렵, 서울대에서 결성된 기독교문화연구원(기문연) 사건이 터졌다. 기문연에 참여하고 있는 형제자매들 대부분이 복청 활동과 겹쳤기 때문에 그 사건의 여파는 복음주의청년운동 전반에 걸쳐 심대한 타격을 주었다. 기문연 사건은 수련회를 마치고 선언서를 발표하면서 칼 마르크스의 공산당 선언 일부를 인용했다는 이유로 안기부에서 서울대에 공산주의자들이 침투했다는 식으로 침소봉대한 사건이다. 그야말로 당시 독재정권 시절에나 통용될 수 있는 소설이었다. 이 사건이 정국의 큰 이슈가 되자 막 태동한 복음주의사회운동은 치명타를 입고 수면 아래로 잦아들었다.

그 결과로 창간된 것이 「복음과상황」이다. 「복음과상황」은 목마른 사슴이 물을 찾듯 신앙과 삶의 바른 지표를 찾아 헤매고 있던 복음주의권 청년들의 갈증을 채워주기에 충분했다. 「복음과상황」의 공동대표 역시 이만열, 손봉호, 김진홍, 홍정길이었다. 이처럼 복음주의권 청년들이 있는 곳에는 항상 네 분의 지도자들이 함께했다. 특별히 「복음과상황」에 대한 이만열 장로님의 열정은 대단했다. 「복음과상황」이 경영난을 못 이겨 허우적거릴 때, 우리는 「복음과상황」을 살리기 위해 동분서주했다. 그때 장로님의 입장은 의외였다. "「복음과상황」이 시대적 사명을 다한 것 같다. 사명을 다했으면 장렬하게 죽어야지 살기 위해 자신의 정체성을 어겨가면서까지 몸부림칠 필요가 있겠는가?" 이것이 장로님의 입장이었다. 이와 같은 장로님의 견해 때문이 아니라 「복음과상황」은 경영난을 이기지 못하고 마침내 폐간 광고를 내기에 이르렀다.

그즈음 남북나눔 소속 연구위원회에서 분단국가 방문 기획으로 중국과 대만, 베트남을 함께 여행할 기회가 있었다. 그 기간에 나는 뜨거운 마음으로 장로님을 설득했다. "「복음과상황」을 살려야 한다, 「복음과상황」은 지금 죽을 때가 아니다." 내 기억이 맞는다면 장로님은 그때 소극적으로 동의하셨다. '복상'이 살아야 한다는 내 논리에 설득당했다기보다는 비록 제자의 주장이지만 타인의 생각을 존중하려는 장로님의 성품 때문이었다고 생각된다. 귀국 후 장로님은 같은 교회 후배인 우창록 장로님(법무법인 율촌 대표)을 설득하셔서 복상에 대폭적인 재정 지원을 하도록 결정했다. 복상이 이렇게 죽었다 살아난 잡지다. 우창록 장로님은 그 후 3년여 동안 복상을 위해 수억 원의 재정 지원을 하셨던 것으로 기억된다.

남북나눔운동과 한반도평화연구원(KPI)

위에서 잠깐 언급한 남북나눔운동은 원래 NCCK 총무인 권호경 목사님이 북한을 방문해서 김일성 주석과 남북나눔운동을 전개하기로 약속하면서 한국교회를 중심으로 남북상생을 목표로 세워진 진취적 기관이다. 당시 NCCK 통일국장이었고 후일 총무를 역임한 김영주 목사님이 기획했다. 이후 한국교회의 진보 보수가 연합해서 남북나눔운동이 전개되어야 한다는 취지로 보수교회를 대표해서 홍정길 목사님이 실질적 총책을 맡아 시작되었다.

지난 25년 동안 아마도 단일 NGO로서는 가장 많은 대북 지원을 한 단체일 것이다. 이 운동을 시작하면서 홍정길 목사님은 평소 교제해오며 신뢰가 두터웠던 이만열 장로님께 남북나눔운동 산하에 연구위원회를 설립하도록 부탁하고 모든 운영 책임을 맡기셨다. 연구위원회는 사실상 독립된 기구로 운영되었고 남북나눔은 재정 지원만 책임졌다. 나는 감사하게도 이 운동에 처음부터 참여하는 행운을 얻었다. 남북나눔의 이사 자격으로 연구위원회의 일원이 된 것이다. 연구위원회는 주로 대학 교수들이 연구위원이 되어 매달 정기모임을 갖고 모일 때마다 대북관계 학술세미나를 진행했다.

1993년 남북나눔이 출범하고 10여 년 동안 무려 100회가 넘는 세미나를 개최할 수 있었던 것은 페일언하고 이만열 장로님의 평화 통일에 대한 열정과 신실함 때문에 가능했다. 그렇게 100회 이상 연구모임을 진행하다가 연구위원회는 마침내 한반도평화연구원(KPI)으로 독립된 사단법인이 되었다. 초대 상임고문은 이만열 장로님이 맡았고 초대 원장은 윤영관 전 외교통상부 장관이 맡았다. 물론 윤영관 교수님이 장관이 되기 직전의 일이다.

숨은 비화라 해야 할까? 당시 한반도평화연구원은 남북나눔의 산하 기관으로 두기로 했던 것이 원안이었다. 그도 그럴 것이 10여 년 동안 남북나눔이 품어 온 연구위원회를 한 단계 발전시키기 위해 한반도평화연구원으로 격상하면서 우리가 이제는 독립해야겠다고 스스로 주장하기에는 인간관계상 어려운 분위기였다. 그때 나는 이문식 목사와 함께 KPI가 독립법인이 되어야 한다고 당시 회장이었던 홍정길 목사님께 건의했고 홍 목사님께서 흔쾌히 받아들여 마침내 독립법인으로 출범하게 되었다. 오늘날 KPI는 석·박사 중심의 연구위원이 80여 명에 이르는 연구기관으로서 한국사회에 지대한 영향력을 끼치는 부동의 NGO로 성장했다. KPI야말로 이만열 장로님의 눈물과 기도의 열매라는 데 이론을 달 사람은 없을 것이다.

여명학교, 하나로장학회, 남서울교회

여명학교는 서울시 교육위원회가 인가한 탈북자를 위한 유일한 중고등학교 과정의 대안학교다. 송파제일교회와 남서울은혜교회(홍정길 목사)가 중심이 되어 몇 교회들의 협력으로 세워진 가장 규모 있는 탈북 청소년 대안학교다. 학교법인 여명학교의 초대 이사장은 송파제일교회 담임이셨던 박병식 목사님이 맡았고 이만열 장로님이 2대 이사장을 맡으셨다. 이 장로님이 이사장으로 역임한 3년 동안 여명학교는 학교다운 행정체계가 완전하게 수립되었다.

장로님이 오랫동안 교육계에 몸담았던 탓도 있겠지만 더 큰 이유는 무슨 일을 맡으면 명목상의 지위로 남는 것을 용납하지 않는 그의 성실성 때문일 것이다. 매달 한 번씩 어김없이 운영위원회가 소집되었다. 이사장, 부이사장, 학교장, 교감 등 6-7명이 참석했고, 나는 그때 부이사장으로 장로님을 보필했다. 나도 20여 개 NGO에서 이사장이나 이사를 했지만, 당시의 여명학교 운영위원회만큼 빈틈없이 학교 운영을 점검하고 감독하는 이사회는 드물었다. 그때가 아마도 유일한 경험이었을 것이다.

1차 임기 3년이 끝나갈 무렵, 이 장로님은 나에게 날벼락 같은 말씀을 하셨다. 이명박 대통령 시절 청와대에서도 여명학교를 지원하기 위해 많은 관심을 두고 있었다. 보수정권으로서 북한이 싫어하는 탈북자 우대정책의 상징으로 여명학교를 주목했을 것이다. 그런 분위기를 읽은 이 장로님이 나에게 느닷없는 제안을 했다. 자신이 다시 이사장을 역임하는 것을 이명박 정권이 좋아할 것 같지 않다, 그러니 강 목사가 차기 이사장을 하면 좋겠다. 자신이 주요 이사들을 설득하겠다고 하시면서 말이다. 나는 펄쩍 뛰었지만 일은 그렇게 진행되었고 장로님을 이어 내가 3대 이사장에 취임했다.

장로님은 그렇게 후배를 키우고 아끼시는 분이다. 장로님이 아끼고 키운 수많은 제자 이야기를 내가 다 알 수 없지만 아는 일화 하나만 소개하고 싶다. 복음주의청년연합 창립에 참여했고 그 후 성서한국운동 등 복음주의 사회선교 사역에 항상 함께했던 이문식 목사, 김회권 목사에게 어느 날 아주 진지하게 이렇게 제안하셨던 것을 지금도 생생하게 기억하고 있다. 장로님은 이문식 목사와 김회권 간사(당시엔 ESF 간사였다)에게 해외 유학을 강권하면서 유학을 결정하면 당신이 장학금 모금에 발 벗고 나서겠다고 하셨다. 나도 동석한 자리였기 때문에 내가 거기 빠진 것이 약간 섭섭하기도 했지만, 나 자신의 한계를 잘 알 뿐 아니라 두 사람이 받은 학문적 은사는 자타가 인정했기에 그저 섭섭하지만은 않았고 후배들을 양성하려는 장로님의 순수한 열정에 오히려 마음이 뜨거워졌다. 김회권 교수는 그 후 다른 루트를 통해 공부 길이 열렸고, 이문식 목사는 본인의 은사가 학문이 아닌 목회라는 확신 때문에 유학 길을 포기하고 학자에 준하는 실력으로 목회에 전념하고 있다.

여명학교가 졸업생들을 배출하게 되면서 새로운 고민이 생겼다. 상당수가 대학에 진학했는데 졸업생들을 돕는 시스템이 빈약했다. 여명학교를 시작하는 데 지대한 역할을 했던 탈북자 출신 유대열 목사님이 중심이 되어 대학에 진학한 탈북대학생들을 돕기 위한 하나로장학회가 설립되었다. 하나로장학회 이사장은 다시 이만열 장로님이 맡았다. 하나로장학회는 탈북자로서 대학에 진학한 학생들이 아르바이트 등에 시간을 쏟지 않고 학업에 전념하도록 재정을 지원하는 일과 개인적 돌봄에 전념했다. 하나로장학회가 제 기능을 할 수 있기까지 이만열 장로님이 쏟은 애정과 열정을 필설로 형언하기는 쉬운 일이 아니다.

나가면서

나는 1986-1995년까지 만 10년 동안 반포 남서울교회(홍정길 목사 담임)에서 부목사로 섬겼다. 그 기간에 이만열 장로님 가족이 상당히 오랫동안 남서울교회에 출석했다. 당시 이 장로님은 숙명여대에 계셨고 내가 몇 번 학교를 방문했기 때문에 장로님이 밤늦게까지 학교에 계시다가 11시에야 학교를 나서는 것을 알고 있었다. 그런데 다음날 새벽 5시에 시작하는 새벽기도회에 어김없이 참석하셨다. 11시에 퇴근하면 12시에 잠자리에 드는 것도 쉽지 않을 텐데 5시 새벽기도회에 어떻게 참석하실 수 있나? 이런 의문이 생겨 지금은 대학교수로 있는 큰 자제 이기홍 군(당시 고등학생)에게 물어보았다. "야, 기홍아! 아버지가 밤 11시에 학교에서 나오신 것을 내가 알고 있는데 어떻게 5시 새벽기도회를 나오실 수 있지?" 그의 대답이 나에겐 지금까지 생생한 충격으로 남아 있다. 그는 이렇게 대답했다. "아버지는 한다면 하는 분이에요." 아버지는 한다면 하는 사람! 이것이 고등학생 아들의 증언이다. 무슨 말이 더 필요하겠는가?

그런데 또 한 번의 놀라운 증언이 있었다. 수년 전 이기홍 교수와 해외여행을 같이할 기회가 있었다. 자연히 함께 이야기할 기회가 많았다. 그에게는 아버지가 어머니나 자식들에게 그렇게 따뜻한 남편과 아버지가 아니라는 데 대한 불만이 내재해 있었다. 수많은 사람에게 그렇게 존경받는 스승이신데도 정작 가정에서는 따뜻한 남편, 따뜻한 아버지로 기억되지 않는다니, 한편으로는 가슴 찡하도록 슬픈 이야기였다. 연구에 대한 학자적 책무 때문에 밤 11시 30분에야 집에 들어오는 교수 남편, 교수 아버지, 근검절약 정신으로 평생을 살아오면서 난방비 절약을 위해 한겨울에는 집안에서도 항상 두꺼운 옷을 껴입는 독립투사 같은 사람, 이것은 장로님의 신실한 제자 윤환철 미래나눔 사무총장의 증언이다.

가족들에게 따뜻한 남편, 따뜻한 아버지로 기억되기보다 너무나 엄격하고 철저했던 분으로만 기억되기에 아들이 갖는 아쉬움 아니겠는가? 이런 생각을 하니 왠지 콧등이 시큰해진다. 하기야 나 같은 범인은 자신에게도 철저하지 못했고 아내와 자식들에게도 존경받지 못한 삶에 대한 회한이 얼마나 깊은가?

한 시대의 스승으로 존경받기에 넉넉하신 분, 내가 진정으로 존경하고 사랑하는 스승과의 아름답고 감격스러운 지난날을 회고하면서 영웅 이만열이 아니라 인간 이만열로 기억하고 싶은 마음 때문에 쓸데없는 뒷이야기까지 소개했다. 올해 장로님의 춘추가 83세다. 요즘엔 장로님을 존경하고 사랑하는 몇 지우들(백종국, 박득훈, 방인성, 이문식, 김회권, 강경민)과 정기적으로 장로님을 뵙고 세상 돌아가는 일을 이야기하면서 망중한을 보내는 것이 큰 즐거움이다.

"아, 이 시대와 나의 영원한 스승이신 이만열 장로님! 세월이 흘러도 이 시대와 저희의 가슴에 영원히 빛나는 어르신으로 남아주시길 진심으로 기도합니다."

강경민
평화통일연대 상임대표, 기독연구원 느헤미야 이사장

한 시골뜨기가 눈떠가는 이야기 개정판
이만열의 삶과 생각 1

Copyright ⓒ 이만열 2020

1쇄 발행 2020년 10월 27일

지은이	이만열
펴낸이	김요한
펴낸곳	새물결플러스

편 집	왕희광 정인철 노재현 한바울 정혜인
	이형일 나유영 노동래 최호연
디자인	윤민주 황진주 박인미 이지윤
마케팅	박성민 이원혁
총 무	김명화 이성순
영 상	최정호 곽상원
아카데미	차상희

홈페이지	www.holywaveplus.com
이메일	hwpbooks@hwpbooks.com
출판등록	2008년 8월 21일 제2008-24호
주 소	(우) 04118 서울시 마포구 마포대로19길 33
전 화	02) 2652-3161
팩 스	02) 2652-3191

ISBN 979-11-6129-177-2 03230

책값은 뒤표지에 있습니다.

이 도서의 국립중앙도서관 출판예정도서목록(CIP)은 서지정보유통지원시스템
홈페이지(seoji.nl.go.kr)와 국가자료공동목록시스템(nl.go.kr/kolisnet)에서
이용하실 수 있습니다. CIP2020043762